박종부 총감독의

전국
방방곡곡
페스티발

박종부 지음

박종부 총감독의

전국
방방곡곡
페스티발

초판 1쇄 인쇄 2022년 6월 10일
초판 1쇄 발행 2022년 6월 17일

지 은 이 박종부
편   집 백시나 김혜미
디 자 인 박애리
펴 낸 이 백승대
펴 낸 곳 매직하우스

출판등록 2007년 9월 27일 제313-2007-000193
주   소 서울시 마포구 모래내로7길 38 서원빌딩 605호(성산동)
전   화 02) 323-8921
팩   스 02) 323-8920
이 메 일 magicsina@naver.com
제이비축제연구소 / 02)455-7111 / jbshowbiz1989@naver.com
I S B N 979-11-90822-24-4

*책값은 표지 뒤쪽에 있습니다.
*파본은 본사와 구입하신 서점에서 교환해드립니다.

박종부 총감독의

전국
방방곡곡
페스티발

축제에 대한 삶의 지혜를 수록한 저서

박종부 지음

프롤로그

　나는 1986년 이벤트에 입문해 1989년 부일기획이란 이벤트사를 설립하여 36년 동안 이벤트 현장에서 CEO 총감독으로 활동하였다.

　1990년대 초반에는 기업의 행사를 위주로 체육대회 전문기획사로 활동하였으며 치어리더, 응원단, 무용단, 가수 댄스, 가수 안무 등의 사업을 하였다.

　1990년대 중반에는 인기 스포츠인 농구, 배구, 야구, 축구, 씨름 천하장사, 핸드볼, 태권도 등의 개막식과 올스타전 등의 TV 생방송의 현장 총감독으로 참여하여 총괄 진두지휘했다. 또한 스포츠 시즌 이벤트를 전문으로 대행하며, TV 생방송의 노하우를 축적하여 케이블 방송 특집방송과 Radio 전문 특집 공개방송의 대행을 하였다. 지상파 TV 빅쇼 생방송 경륜을 토대로 전국 로컬 방송과 민방의 방송대행을 전문적으로 하였다. 이러한 방송의 경륜을 토대로 1990년대 말에는 댄스그룹의 음반을 제작하기도 하였다.

　36년 동안 기업의 그룹(전사) 체육대회, 스포츠, 도민체전, 프로모션, 기념식, 방송 대행 등 3,000여 회를 CEO 총감독으로 참가하여 진두지휘하였다.

　1995년 신촌문화축제를 시작으로 축제에 관여하게 되었고, 1997년 IMF의 여파로 기업의 행사와 스포츠 등의 이벤트가 어려운 관계로 지자체를 대상으로 전문적인 축제 진행에 대한 영업활동을 하였다. 나는 30분 법칙으로 첫 도착지에 09:00경 도착하여 30분 미팅, 30분 이동으로 하루에 8~11군데를 방문하였다. 전국의 지자체 관공서는 246(69개 구, 75개 시, 86개 군, 구청 79개, 9개 도청, 7개 특대 광역시) 곳이다. 도청, 시(군)는 모두 방문하고 대도시의 구청은 축제에 관심 있는 곳만 방문하였다. 지방의 시(군)는 절박함과 열정으로 축제에 참여하지만 대도시의 구청은 축제에 관한 관심이 많지 않다. 매년 180여 지방자치단체를 25년이 넘는 동안 방문하면서 소통하고 있다. 지금은 명함을 주고받으며 메일로 소통을 하고 담당자가 바뀌는 곳만 방문한다. 또한, 지방자치단체마다 축제를 진행하는 문화재단이 설립되고 있다. 앞으로는 축제단의 멘토가 되어 경쟁력 있는 축제를 함께 만들어 가고자 한다.

축제 전문으로 참여하게 되면서 문화체육관광부 선정 대표축제인 보령머드축제, 무주반딧불축제, 문경찻사발축제 등 300여 축제를 70여 지방자치단체와 총감독으로 참여하여 함께하였다. 총감독으로 참여하지 않는 시기에는 전국의 축제를 방문하여 스케치하면서 분석하였다. 또한, 전 세계 주요 축제를 직접 방문하여 스케치를 통하여 성공 요소에 대해 분석하였다.

2017년에는 『총감독 박종부의 축제 현장 스케치』를 집필하여 많은 축제 담당자에게 호평받았고 지침서로 활용되었다. 축제에 대한 열정이 높은 분들은 포스트잇을 하면서 여러 번 탐독하는 예도 봤지만, 열정이 부족한 분들은 바쁘다는 이유로 책장에 진열하여 놓고 감상하는 분들도 있었다. 『총감독 박종부의 축제 현장 스케치』는 이론적인 내용이 아니라 현장에서 직접 활동하면서 작성된 도서라 현실적이고 이해가 빠르다는 호평을 받았다.

발명품은 실패하면서 보강하여 완제품을 출시하지만, 축제는 이론이 아니고 바로 실무로 들어간다. 바로 실무로 이루어지는 만큼 이론적인 정책은 추상적이라 실패할 확률이 높고 실패하는 만큼 정책이 수시로 바뀌어 혼란을 주기도 하였다.

이론적인 데이터나 논문과 전문 서적에서는 방향성을 제시하여 주지만 추상적이고 실패할 확률이 높다. 축제는 바로 실무이기 때문이다. 풍부한 실무의 경륜에서 나오는 노하우는 실무의 경험을 바탕으로 하여 기획, 연출하기에 현실적이고 실패할 확률이 거의 없다. 실무의 노하우는 실무에 대한 응용을 통하여 아이템을 제공한다. 그러나 이론적 데이터는 가보지 않은 길을 추상적인 계획으로 진행함으로 불안 요소가 높다.

이론적 연구는 데이터를 통한 머리로 계획을 수립하지만, 현장의 풍부한 경륜자의 노하우는 머리에 앞서 몸이 반사적으로 움직이게 되고 기획서나 현장을 스케치하면 현실성과 문제점 등을 정확하게 꿰뚫어볼 수 있다.

2021년에는 코로나19의 관계로 방송, 포럼, 전시, 박람회, 축제, 스포츠, 기념식 등 다분야의 대행사 선정 평가위원으로 90여 회 이상 참여했다. 잦은 인사이동으로 맡은 업무는 전문성이 담보되지 않는다. 그러다 보니 입찰을 준비하면서도 거의 평가나 실무에 대해서 제대로 알고 진행하는 경우가 없었다. 사전 준비도 그렇지만 업체를 선정하여 놓은 상태에서도 심도 있는 실무협상을 해야 하지만 제대로 협상을 할 수 있는 노하우를 갖춘 담당자가 거의 없었다. 제대로 된 평가와 분석을 통하여 협상을 진행해야 하지만 잦은 인사이동은 전문성을 잃어버리게 하고 제대로 된 협상을 할 수 없는 상황에서 대략적으로 마무리하는 것이 현실이다. 이러한 문제는 전문가의 도움을 받으며 함께 풀어간다면 쉽게 해결이 되는 방법이지만 아직 대한민국에서는 이러한 시스템이 작동되지 않고 있다.

문화체육관광부 관광정책의 기획위원과 한국관광공사에서 관광축제 컨설팅 위원으로 오랫동안 활동하였다. 36년 동안 다분야의 이벤트 현장에서 실무를 담당하다 보니 모든 것은 실무의 경륜을 통하여 분석할 수 있게 되었다. 축제의 현장에서 대한민국 대표적인 축제를 총감독으로서의 역할을 했으며, 전국의 축제를 방문 스케치를 통해 분석하다 보니 대한민국의 축제를 꿰뚫어 볼 수 있는 식견을 갖추게 되었다.

　또한, 전 세계의 주요 축제의 방문 스케치를 통한 분석은 대한민국의 축제에 대한 문제점과 방향성에 대하여 이해하게 되었고, 절박함을 가지고 진행하는 축제에 멘토로 참가하여 경쟁력이 있는 축제로 성과를 만들어 주고자 한다. 나는 대한민국 축제에서 아직까지 글로벌 관광축제가 없다는 것에 많은 아쉬움을 갖고 있는 관계로 경쟁력 있는 글로벌 축제를 개발해 놓았다. 어느 지방자치단체든 절박함을 가지고 개발하고자 하는 지방자치단체와 함께하고자 한다.

　25년이 넘는 동안 관광축제에 대해 함께하여 주신 경희대 이수범 교수님, 김봉석 교수님, 안양대 박철호 교수님, 가천대 이인제 교수님, 충청대 민양기 교수님, 대구대 서철현 교수님, 진주국제대 이우상 교수님, 건양대 지진호 교수님, 목포대 김병원 교수님, 한양대 이훈 교수님, 동신대 김희승 교수님, 경주대 변우희 교수님, 안동대 배만규 교수님, 한양명 교수님, 전주대 최영기 교수님, 류인평 교수님, 전남도립대 박창규 교수님, 광주대 박종찬 교수님, 오산대 김관호 교수님, 이덕순 원장님, 이각규 소장님, 정신 소장님, 문체부 류근태 부이사관, 김철 서기관님, 박양우 문체부 전 장관님, 한국문화관광연구원 오훈성 박사님, 김규원 박사님, 김덕기 박사님, 김영기 박사님, 양혜원 박사님, 김철원 원장님, 홍성일 감독님, 박강섭 청와대 전 관광정책담당관님, 장진만 감독님, 문호준 대표님, 우중식 총장님, 방형주 배우님, 김진환 대표님, 민병권 대표님, 현해섭 대표님 등 모두 기록은 하지 못하지만 그 외 분들에게 감사를 드리고 이 책을 바칩니다.

　　　　대한민국 관광축제계 레전드 멘토 박종부 총감독(관광경영학 박사) 드림

목차

제6장 글로벌 관광축제 여행기

제5장 2020~2021년 예비 문화관광축제 사례분석

제7장 경쟁력 있는 글로벌 관광축제 개발을 위한 제안

제8장. 문화체육관광부 축제 육성 전략

제9장 대한민국 축제 분석을 통한 멘토링

제10장 2022년 대한민국 지역축제 개최 현황

제1장

축제의
시대적 흐름

축제의 정의와 축제 현장 이야기

축제의 정의

축제는 인류가 공동체 생활 또는 사회생활을 시작하던 시기의 원시 신앙, 제천의식, 놀이 등으로부터 그 기원을 찾을 수 있으며, 제례 의식에서의 인간 유희 본능은 고대 원시인들의 춤과 노래로부터 기원하였다. 삼국지 <부여전>에서는 정월에 하늘에 제사를 지내고 음주와 가무를 즐겼다고 나오는데, 이것을 부여의 영고라 하였다. 이후 축제는 시대의 흐름에 따라 많이 달라져 왔다.

시대별 축제의 변화

고대사회에서의 축제는 제례, 종교, 화합을 의미하였으며, 축제가 본격적으로 등장한 시대는 신라시대로 팔관회와 연등회가 개최되었다. 신라 진흥왕 시기인 551년에는 팔관회를 국가적인 행사로 개최하였고, 정월 대보름에 연등을 보면서 마음을 밝혔다고 기록이 되어있다.

고려시대의 축제 또한 제례, 종교, 화합의 축제였다. 불교 국가로서 고려는 4월 초파일에는 부처님의 탄생을 축하하는 연등회를, 10월~11월에는 토속신에 대한 제례인 팔관회를 지내며 왕실의 안녕을 기원했다.

조선시대의 축제는 의식, 제례, 대동놀이가 주축이 되는 축제로서, 국가적인 의식의 행사, 기원의 굿, 축제 형태의 행사 그리고 백성이 어울려 함께하는 대동놀이를 했다(달집태우기, 줄다리기, 단오제, 별신굿, 당산제 등).

근대의 축제로서 국내에서는 풍습, 기념식의 축제가 이루어졌다면, 세계적으로는 일탈, 그리고 산업과 관련된 축제가 개최되었다. 즉, 공산품과 특산품을 활용하여 해방, 일탈, 예술, 전시를 테마로 한 축제가 세계적으로 개최되었고, 대한민국은 일제시대에 제약을 받았던 관계로 축제가 침체하여 정월 대보름 축제와 단오제 등 으로 그 명맥을 이어왔다.

현시대에는 역사, 인물, 스포츠, 예술, 특산물, 박람회, 환경, 여행 등 특화된 축제 들이 개최되고 있다

광복 후에는 대동놀이 성격의 축제와 역사성에 대한 인물축제, 전통 문화축제, 예술성 축제가 개최되었으며, 1968년 당시에는 문화공보부가 생기면서 지역마다 문화제란 이름으로 지역화합의 향토 축제가 개최되었다. 1980년대에는 야구, 축 구 등의 프로스포츠구단 개최, 1986년 아시안게임, 1988 올림픽 및 2002년 월드 컵 개최 등이 있었다. 1993년 대전 엑스포 개최(전시, 컨벤션, 박람회), 1996년 케 이블TV가 개국되며 전시, 박람회, 공연, 예술문화공연이 주를 이뤘다. 1995년 민 선 체제에서 많은 축제가 개최되었으며, 2004년 주5일 근무제가 도입되며 관광축 제로의 변화가 도드라졌다. 이러한 시대의 변화가 대한민국 관광, 축제, 스포츠, 문 화 등의 분야를 급성장시키는 계기가 되었다.

현시대에서는 관광산업 활성화를 위하여 전시, 엑스포, 인센티브 관광, MICE 등 이 활성화되고 있다. 즉, 제례, 종교, 역사, 인물, 지역공동체 축제에서 일탈, 힐링, 관광산업 체험 축제로 변하며 킬러 콘텐츠 중심형의 축제로 진화되었고, 마을 축제 에 관한 관심도 높아지고 있다.

현시대에서 요구하는 축제의 방향

현시대에는 시대적으로 지역공동체가 중심이 되는 화합의 향토문화축제에서 특 화된 콘텐츠 중심형으로 일탈적이고 즐거움을 주는 동시에 체류시간 확보로 관광

객을 유치하여 지역경제 활성화에 기여하는 관광산업축제로 변화하고 있다.

향토문화축제와 관광산업축제에 대한 비교분석

항 목	향토문화축제에 대한 분석	관광산업축제에 대한 분석
축제에 대한 방향	1. 지역민의 화합 축제 2. 콘텐츠 없이 무대 중심형의 축제 3. 지역민의 나눔 축제 4. 지역민 단체의 자축 축제	1. 관광객을 대상으로 함 2. 관광객을 유치하여 지역경제의 활성화를 위한 목적 3. 주최 측만 가지고 있는 가치와 콘텐츠형의 축제 4. 이슈를 만들 수 있는 킬러 콘텐츠 개발
축제에 대한 구성	1. 무대 중심형 가수 공연 축제 2. 지역 단체에 보조금 지원으로 부스 구성 및 운영 3. 콘텐츠형의 구성에서 벗어나 이벤트성 프로그램 구성	1. 관광명소를 만들어 지역을 명소화시킴 2. 무대공연 배제, 일탈적이고 관광산업을 연계 3. 문화 의식 육성, 지역민이 함께 참여하는 축제 4. 특화된 프로그램 개발 및 지역 인프라 육성
축제에 대한 결과	1. 지역에 남는 것이 없는 축제. 즉 낭비성의 축제로 지탄 2. 지역경제에 도움이 되지 않거나 정체성과 지속성이 없는 축제 3. 목적의식이 뚜렷하지 않고 성과가 없는 축제 4. 지역문화의 어울림 축제	1. 지역의 명소를 통한 브랜드 가치 상승 2. 지역의 특산물, 숙박 등의 직접적인 경제 활성화 3. 간접적인 브랜드 상승화로 지역경제 가치 상승 4. 활기가 넘치는 도시로서 문화적인 가치를 높이다. 5. 일자리 창출과 인재 육성으로 희망이 넘치는 도시
축제의 활성화 방안	1. 향토문화축제에서 관광산업축제로서의 인식 전환 2. 지역 인프라 육성 및 지속적인 '운영 관계 정착	1. 정치, 정략적으로 흔들림 없는 축제 조직체의 구성 2. 적어도 3년을 준비하는 조직체 구성 및 축제장 상설화 3. 관광축제전문가와 협업한 축제 개발 및 운영시스템

군소지자체는 절박함으로 축제를 준비한다. 1, 2차 산업의 붕괴로 인구가 감소되고, 1일권 교통으로 지역에 체류하지 않는 관계로 지역경제는 무너지고 있다. 군소지역에서는 생존을 위한 변화로 자연, 산 등의 지역 기반을 활용한 콘텐츠 개발과 힐링 및 웰니스 축제로 변화를 시도하고 있다.

축제의 성공조건으로는 확실한 콘텐츠가 있어야 한다

확실한 킬러 콘텐츠가 있는 대한민국 축제 사례 (축제명이 킬러 콘텐츠 / 사진 한 컷이 축제의 위상을 바꾼다)

화천 산천어 축제

산천어 낚시하기. 한겨울에 2만 명이 넘는 관광객이 얼음판 위에서 모두 엎드려 낚시로 산천어를 잡는 사진 한 컷이 겨울 불가사의 축제로 해외토픽에 보도되면서 급성장하였다.

보령 머드축제

머드 탕의 퍼포먼스, 슬라이드, 머드 팩 체험 등을 활용한 일탈의 체험축제로서 외국인들이 참여하여 함께 즐기는 사진 한컷이 브랜드를 만들어 급성장하는 계기가 되었다.

진도 신비 바닷길축제

신비 바닷길 걷기는 관광객이 참여하는 축제로서 직접 참여하여 갈라진 바닷길을 걷는 프로그램이 만족도를 높여주었고 많은 관광객이 참여하여 함께 걷는 사진 한 컷이 브랜드를 만들었다.

2002년 월드컵 길거리 응원의 탄생 (승리 염원에 대한 공동목표의 열망)

승리의 염원이라는 확실한 키워드로 자발적인 열망의 공감대를 형성하였기에 함께 어울릴 수 있는 문화가 형성되었다. 길거리 응원문화의 분위기와 열정으로 응원하는 모습의 사진 한 컷이 더 열광적으로 분위기를 이끌었다.

콘텐츠가 확실한 해외 축제 사례 (킬러 콘텐츠의 어울림)

스페인 뷰놀의 토마토 축제

한 시간 동안 진행되는 토마토 던지기는 일탈 속에 열광적으로 난장을 펼치는 사진 한 컷이 브랜드를 만들었다.

독일 옥토버 맥주 축제

맥주를 마시며, 함께 전통 노래를 부르고 즐기는 문화에 취한다.

영국 에든버러 타투 축제

군악대 90분의 경연대회만 5일간 진행한다. 90분의 군악대 공연에 대한 자부심으로 축제의 명맥을 이어 가고 있다.

공동체 문화축제로 이끌어가는 해외 축제 사례 (공동체 문화의 어울림)

일본의 하카타 기온 야마 가사 마쯔리

지역민 수만 명이 전통의상인 훈도시를 입고 출연하여 가마를 메고 달리는 경연대회 퍼레이드 축제(무대, 현수막 등의 설치물 없이 매일 장소를 이동하면서 2시간 정도 된다).

몽골 나담축제

칭기즈칸의 후예로서 자부심을 가지고 축제를 진행한다. 축제의 구성은 씨름과 활쏘기, 말타기 3개의 프로그램으로 진행한다. 활쏘기는 단순해 별로 볼 것이 없다. 말타기도 수십 키로미터를 달리는 경기로서 출발선과 도착선만 있어서 볼 것은 별로 없다. 개막식은 몽골의 역사문화에 대한 퍼포먼스를 식전행사로 진행하고 식후행사로는 씨름경기로서 2일간 생방송을 한다. 전 국민은 몽골 씨름의 우승자에 대한 기대를 하며 모두 시청을 한다. 즉 나담축제는 몽골의 국가 축제로서 징기스칸에 대한 자부심으로 개최되는 축제이다.

대한민국 축제의 현실에 대한 분석

대다수의 축제가 기본계획작성 시 전문성이 부족한 상태에서 작성을 하고 입찰하는 방식이 문제이다. 또한, 영혼 없이 진행하는 시스템이 큰 문제이다. 작년에 했으니까 올해도 한다는 사고는 아주 위험하다. 입찰 시 대행사는 기본계획을 작성하지 않는다. 대행사의 구성은 대체적으로 무대, 공연, 전시 중심형으로 구성을 한다. 대행사체제에서는 관광객을 유치하기 위한 콘텐츠 개발에 관심이 적고 전문성도 떨어진다. 즉, 이벤트사는 축제 전문가라고 할 수 없다. 관광축제는 기본계획과 콘텐츠 개발 단계부터 전문성을 가지고 진행되어야 한다. 경쟁력 있는 축제 기본계획서를 작성할 수 있는 축제 전문가 부족으로 인한 열악한 환경에서는 경쟁력 있는 축제를 만들기 쉽지 않다. 경쟁력 있는 축제를 만들기 위해서는 대한민국 축제 전체를 분석하고 시대가 요구하는 축제의 방향성을 제대로 읽으면서 계획수립을 할 수 있는 전문가, 즉 실무와 이론이 갖추어진 전문가가 필요하다.

담당자의 잦은 인사이동은 지속성을 상실하게 하고 전문성 부재는 경쟁력을 잃어버린다. 현재 지자체에서는 재단을 설립하여 축제를 맡기고 있다. 재단에서 모든 축제를 성공시킬 수 있다고 기대하는 것은 자유이지만, 현실은 쉽지 않다. 재단만 믿지 말고 관과 재단 및 시(군)민이 공존하여 함께 만들어가는 시스템이 현실적일 것이다.

축제는 사람이 하는 것이다. 경쟁력 있는 축제를 만들고자 한다면 능력 있는 축제 전문가를 직접 찾아 나서는 것이 현실성 있는 열정이라고 할 것이다. 그러나 대다수 축제 담당자는 서류로만 진행하고자 한다. 전문가들도 다양한 전문가들이 있다. 진정 축제의 성공을 바란다면 그 축제와 맞는 전문가를 찾아야 할 것이고 그러한 전문가를 만났을 때 성공적인 축제를 만들 수 있을 것이다.

대한민국 축제와 경쟁력 있는 해외 축제의 비교분석

경쟁력 있는 축제를 만들기 위해서는 기획력과 운영시스템을 현실적으로 갖추어야 할 것이다.

항 목	1. 대한민국 축제의 운영시스템	2.경쟁력 있는 해외 축제의 운영시스템
1. 축제의 운영조직	1. 잦은 인사이동에서 운영되고 있는 공무원 체제 2. 전문성이 없는 추진위원 체제 3. 관광산업축제 전문가가 아닌 예술축제의 　 전문재단의 전문성 결여 4. 지속성이 없는 조직단체, 영혼이 없는 담당자	1. 콘텐츠의 운영을 지역민이 직접 참여. 2. 20년 이상의 실무와 이론적으로 준비된 축제 　 전문가를 영입해 함께 준비하는 시스템 추천 3. 행정조직과 축제전문팀을 구성하여 행정조직은 　 행정지원, 축제전문팀이 전체적인 축제를 구성, 연출
2. 행사의 발주	1. 일괄적으로 발주 2. 매년 바뀌는 대행사로 인한 지속성이 없다. 3. 일괄 발주함으로써 지역민의 참여 기회 박탈 4. 지역의 인프라 저조 및 참여 의식 결여 5. 일괄입찰은 공식적인 대행료 10%, 관리비 7%, 　 재 하도급에 따른 13% 이상 지출로 합계 30% 　 이상 지출됨	1. 축제를 직접 기획, 연출 2. 직접 발주 및 운영 3. 연출팀이 4~5명 시작하여 점차 계약직 채용 4. 연출팀이 직접 운영 5. 축제의 참여에 대한 보람과 자부심 및 긍지를 심음
3. 프로그램 구성	1. 무대공연 구성 2. 특산물관 운영 3. 이벤트체험관 운영 4. 주제관 운영 5. 주차장 구성 6. 편의시설 구성 7. 운영본부와 지원센터 운영	1. 콘텐츠 하나의 프로그램만 구성 2. 스페인 토마토 축제는 1시간 토마토 전쟁만 진행 3. 일본의 가마 마쯔리는 2시간 퍼레이드만 진행 4. 옥토버 맥주 축제는 5천 석 규모의 10여 개 판매 및 　 시음장 운영 5. 태국 송끄란 축제는 물싸움 매일 3시간만 3일 운영 6. 에든버러 타투 축제는 매일 90분간만 5일 운영
4. 홍보 및 설치물	1. 무대 시스템 설치 2. 거리 현수막 설치 3. 지역의 방송, 언론 홍보 4. 다양한 부스 설치	1. 무대가 없다 2. 홍보탑이 없다. 3. 거리 배너와 현수막이 없다 4. 부스가 없다. 5. 화장실이 거의 없다 6. 편의시설이 없다. 7. 언론사 및 방송 홍보가 없다 8. 주차장이 없다(대한민국 지방은 고려해야 함)

대한민국 축제 현장의 현실적인 분석

대한민국의 축제는 1995년 이후 민선 지자체가 출범하면서 새로운 축제들이 많이 개최되었으며, 문화체육관광부에서는 관광축제를 육성하기 위하여 매년 관광축제를 선정하여 지원하고 있다. 1995년 전에는 역사인물축제, 기념제례, 민속풍속축제, 대동놀이 등의 축제가 진행되었다면, 민선 체제가 도입되면서 단체장들의 치적을 위한 환경축제, 예술축제 등의 축제가 많이 개최되었다. 지금은 치적을 남기기 위한 축제라기보다는 무너지는 지역경제를 살리기 위해 관광산업축제가 진행되고 있으며 문화체육관광부에서도 관광산업축제를 육성하고자 많은 노력을 기울이고 있다. 그만큼 지방에서는 지역경제를 살려야 한다는 절박함으로 관광축제에 관심을 갖게 되었다.

나는 25년이 넘는 동안 문화체육관광부 선정 관광축제를 현장에서 담당하다 보니 많은 관계자들과 소통을 할 수 있었다. 대한민국의 관광축제는 문화체육관광부의 축제 담당 사무관의 열정에 의하여 예산확보와 정책으로 전국의 관광축제 담당자들의 관심을 끌어낸다. 즉, 문체부 사무관의 열정에 의해 관광축제에 대한 데이터를 작성하여 기재부에서 예산을 확보하여 온다. 그러나 관심과 열정이 적은 사무관이 담당을 하게 되면 예산확보에 대한 관심이 부족한 관계로 예산은 줄어들고 정책 또한 부실해지는 것을 많이 지켜봤다.

2000년대 초반만 하여도 몇몇 축제 교수들이 전국의 축제를 콘트롤하였다. "ㅇㅇㅇ 교수하고 축제를 같이해야 문화체육관광부 관광축제에 선정된다."는 얘기도 있어 몇몇 교수가 거의 모든 축제에 참여하고는 하였다. 그러나 최근에는 지방의 교수들이 축제에 관여하게 되었고 지역에서 큰 역할을 하게 되면서, 그들만의 권역이 형성되었다. 지역 교수들을 축제에 대한 관심을 갖게하여 참여시키면서 그들을 육성하는 것은 매우 바람직하다. 그러나 자체 영역에서만 구성되다 보니 외부와 동떨어지는 소통의 부재가 여러 문제를 만들고 있다.

지자체의 축제 담당자들은 문화체육관광부에서의 평가에 앞서 지역의 광역시나 도에서 먼저 평가를 받는 과정에서 지역의 관계 교수를 벗어나 전국의 전문가와 소통을 하고자 하나, 지역의 관계 교수가 그 소통을 가로막고 있는 일도 있다. 예를 들어 어느 지자체 담당자와 미팅을 하면 관광정책에 대한 여러 사업이 있는데, 그 사업에 대해 평가하는 교수와 단절을 하지 못해서, 외부의 전문가와 소통하기가 어렵다는 하소연을 하기도 한다.

지자체에서 전문가의 추천을 요청할 때도 외부의 전문가 능력보다는 본인과 관계가 있는 총감독이나 전문가를 추천하여 실패하는 경우를 많이 보았다. 진정 축제에 대한 성공을 바라는 것인지 개인의 라인 구성을 원하는 것인지 묻고 싶다.

지역의 관계 교수 때문에 지역에서 벗어나지 못하고 경쟁력을 잃고 있는 축제를 많이 봤다. 문화체육관광부와 한국관광공사 등에서 자문, 컨설팅위원으로 활동을 하면서 느끼는 것은 이렇다. 지역축제는 현실적인 현장의 노하우보다는 어떠한 데이터로 연결된 이론적인 정책을 바탕으로 펼치고 있어 현장의 실무와 동떨어진 내용으로 운영하는 관계로 정착되지 못하고 실패를 반복하고 있다.

축제에 직접 참여하다 보면 소신과 열정이 없는 담당자들 때문에 답답함을 많이 느끼고는 한다. 소신과 열정이 없다는 것은 축제의 발전을 저해하는 가장 큰 원인 중에 하나이다.

2017년 12월에 나는 『총감독 박종부의 축제 현장 스케치』란 책을 집필하여 각 지자체에 기증하였고, 축제에 대한 소신과 열정이 많은 지자체에서는 포스트잇까지 하면서 참고 자료로 활용하고 있었다. 그러나 열정이 부족한 담당자는 책을 책장에 꽂아놓고는 항상 시간이 쫓기는 관계로 볼 시간이 없다고 한다. 그런 분들은 절박함과 열정이 없다고 할 수 있다. 당연히 그런 분들이 담당하는 업무는 좋은 성과를 내기 힘들다.

축제 담당은 시간을 많이 뺏기고 힘들다고 인식하는 관계로 기피하는 업무라고 할 수 있다. 그러나 관광축제도 소신과 열정만 있다면 얼마든지 재미가 있을 수 있다. 관광축제를 담당하는 분들은 성공한 축제를 벤치마킹하기 위하여 출장이 잦을 수밖에 없고 주말에도 일해야 하는 상황이 잦다. 그러나 긍정적으로 생각을 한다면 이벤트를 즐기면서 노하우를 축적한다는 것은 행복하다고 할 수도 있다. 일부러 관광, 여행도 다니지 않는가? 일이 아니라 재미있게 배움을 청하며 즐긴다는 생각을 한다면 행복할 것이다. 이러한 마인드 소유자에게 축제 담당을 맡겨야 경쟁력 있는 축제를 만들 수 있다. 시간 외 시간을 노력하여 성과를 낸 만큼 이런 담당자에게는 승진 등으로 합당한 보상을 해주어야 할 것이다.

나는 1995년 서울 신촌문화축제를 시작으로 관광축제 전문 총감독으로 참여하였다. 관광축제 전문 총감독을 하기까지는 총감독체제보다는 대행사체제로 활동하였다. 대행사로 참여하면서 축제에 대한 문제점을 알면서도 바꿀 수 없다는 것을 항상 답답하게 생각하였다. 그래서 회사의 수입을 위하여 대행사체제로 갈 것인가, 기본계획부터 참여할 수 있는 총감독체제로 갈 것인가에 대한 고민을 오랫동안 했지만, 결국에는 돈보다는 축제의 작품을 위하여 총감독체제를 도입하여 운영하기로 하였다.

총감독체제를 처음 도입시킬 당시에는 담당자들이 총감독의 역할에 대한 이해도가 없었다. 단체장도 축제 담당이 하면 되지 왜 총감독을 선임해서 별도의 예산을 낭비하느냐 하는 분위기였다.

모든 것에는 기본계획이 중요하고 프로그램과 운영계획, 홍보계획, 예산계획 등이 진행된다. 잦은 인사이동과 전문성이 부족한 상태에서 기본계획서를 작성하다 보니 전년도의 계획서를 약간 수정하여 진행하는 것이 현실이다. 전년도 축제에 대한 전문적인 분석 없이 작성되는 기본계획서로는 발전성 가능성이 거의 없다.

현재는 대행사체제로 많이 진행되고 있다. 축제의 기본은 지역의 인프라를 육성하여 지역민이 주축이 되어 진행되어야 한다는 것은 모두가 알고 있다. 그러나 일괄입찰제도는 지역민을 소외시켜서 지역에는 남는 것이 없게 된다. 모두가 알고 있으면서도 비생산적인 시스템으로 진행하는 것이 현재의 모습이다.

이런 비현실적 시스템을 극복하고자 총감독체제를 도입하게 되었다. 총감독체제는 전문성을 가지고 기본계획부터 프로그램계획, 운영계획, 예산계획을 함께 작성하면서 분리 입찰 및 지역민이 참여할 수 있는 시스템을 운영한다. 즉 콘트롤타워가 되어 지역민이 이끌어갈 수 있도록 지원하는 시스템이다. 콘트롤타워의 역할에 있어 행정도 중요하지만, 현장의 노하우가 풍부한 전문가의 역할이 매우 중요하다.

무대 진행과 연출의 작품은 틀리다. 무대 진행은 예정된 순서대로 진행하면 된다. 그러나 이것은 작품 연출이 아니라, 말 그대로 진행이고 초등학생도 할 수 있는 것이다. 단 매끄러움의 차이가 있을 것이다. 대다수 축제를 담당하는 공무원들은 이렇게 이해한다.

개막식을 예를 든다면 작품 연출은 사전에 작품의 목적에 부합하도록 프로그램 맞춤형의 음악편집, 영상편집, 조명, 구성, 공연팀 등 전체적으로 심도 있게 구성하고 제작한다. 현장에서는 시나리오 작가, MC 전담, 무대 상·하수 전담, 출연진 전담, 의전 전담, 질서 전담의 연출 스텝을 요소에 배치하고 리허설을 통하여 여러 번 수정하면서 보강하고, 조정실에서 연출 스텝과 시스템 감독들이 연계한 연출을 한다. 이러한 과정을 통하여 개막식 작품이나 주제공연의 작품이 메시지가 있고 감동이 있는 연출의 작품으로 탄생하게 된다. 이러한 작품의 연출과 관광축제의 작품 연출은 그 작품에 맞는 전문가가 연출하였을 때 가능하다.

요즘 총감독체제에 대한 이해가 높아지면서 총감독을 선임하여 운영하는 축제가 늘어나고 있다. 그런 만큼 총감독체제에서 실패한 축제의 사례도 많이 나오고 있다. 난 총감독체제가 잘못된 것이 아니라 총감독을 잘못 선정한 것이라고 말하고 싶다.

요즘 너도나도 모두 전문가라면서 활동하고 있다. 선무당이 사람 잡는다는 속담이 있다. 총감독도 전문성이 있고 맞춤형의 전문가와 함께할 때 성과를 낼 수 있다.

향토축제는 콘텐츠보다는 재미있게 이벤트성으로 구성하여 운영한다면 좋은 성과를 낼 수 있다. 그러나 관광축제는 특별한 콘텐츠의 구성으로 관광객을 유치해야 원하는 성과를 낼 수 있다. 관광객은 그 축제에서만 느낄 수 있는 특별한 가치가 있을 때 방문한다. 즉 일탈, 특별체험, 이슈, 힐링 등의 콘텐츠를 말한다.

예술감독이 관광상품의 중요성을 고려하지 않고, 무대 중심으로 구성, 연출하면서 실패하는 경우가 많다. 능력 있는 총감독이라면 관광, 여행, 홍보, 콘텐츠 등 축제에 대한 전체적인 분석을 통해 제대로된 방향성을 가지고 기본계획, 프로그램계획, 운영계획, 홍보계획, 예산계획 등을 직접 작성하고, 연출할 수 있어야만 한다.

말로 대행사를 콘트롤만 하고자 하는 자는 진정한 전문가라고 할 수 없다.

지역축제인 향토축제의 수준을 생각한다면 거기에 맞는 전문가를 선정하면 된다. 그러나 대한민국을 대표하는 축제로 도약시키고 싶다면 대한민국을 대표하는 대표축제 급을 연출한 경험자가 연출하였을 때 원하는 결과를 만들어낼 수 있다. 또한, 국제적인 축제의 구성을 원한다면 국제적인 정서와 방향성을 제대로 이해하고 있는 전문가와 함께할 때 가능할 것이다. 또한 인맥만을 통해 참여하는 총감독의 무능은 축제를 실패로 인도한다.

대한민국 축구 국가대표 감독의 목표는 월드컵에서 좋은 성적을 목표로 삼기에 월드컵에서 감독, 코치 등 월드컵에 대한 실무를 제대로 이해한 축구 전문가를 감독으로 선정하는 것 아닌가? 축제에서도 진정 성공하는 축제로 성과를 내고 싶다면 원하는 레벨에 맞는 이론과 실무를 모두 갖춘 전문가를 선임하여 함께 이끌어가는 것이 성공의 핵심 요소라 할 수 있다.

나는 연출에 있어 굉장히 개혁적이고 현실적인 변화를 시도하여 좋은 성과로 보답하고자 한다. 개혁성이 강하다 보니 절박하거나 진정 개혁적인 변화를 추구하는 지자체가 나를 찾게 된다.

대한민국 축제도 이젠 변화의 시대가 되었다. 대한민국 축제는 그동안 제례의식, 역사, 인물, 예술, 대동놀이 축제로 진행되었다. 그러나 현시대에는 체험, 공연, 역사, 환경, 힐링을 기반으로 한 관광산업축제로 변화하고 있다.

일본이나 중국, 유럽을 가면 모두 열차를 타고 관광한다. 대한민국의 도로 교통은 아주 잘 되어있다. 일제 강점기에 놓인 기찻길은 식량 약탈의 수단이다 보니 유생들이 많던 주요 도시를 피해 건설되고는 하였다. 지금은 도로 교통이 편리하고, 철도의 역세권이 주요 관광지이다.

1980년대 초에는 리조트의 분위기가 조성되었고 관광객은 모든 음식을 싸가서 해 먹는 시스템이었다. 그러나 지금의 분위기는 리조트에서는 힐링하고 식사는 맛집을 찾아가는 시스템으로 바뀌었다. 유럽에서는 축제가 평일에도 많이 개최된다. 평일이나 휴일의 관광객 참여는 거의 차이가 없다. 그러나 우리나라의 지방 축제에서는 평일에는 관광객이 거의 없다. 주로 토요일이나 일요일에 맞춰 축제를 진행한다. 그렇다 보니 주말에는 차가 막혀 지친다. 이젠 우리도 자가용 관광 시스템에서 벗어나 기차여행을 할 수 있도록 기차가 연결되어 있지 않은 시, 군, 면에 간선을 설치하고 관광교통비를 줄일 수 있도록 해야 할 것이다. 또한, 평일에도 축제를 즐길 수 있도록 근무를 탄력적으로 조정할 수 있는 시스템을 구축하여야 관광축제가 자연스럽게 지역과 상생할 수 있는 축제로 정착될 수 있을 것이다.

대한민국의 축제에서도 콘텐츠축제에서 필요 없는 프로그램과 시설장치물을 제외하고, 형식적인 홍보를 지양하며, 콘텐츠 위주로 프로그램을 육성해야 한다. 콘텐츠와 관계가 없는 이벤트성의 프로그램을 배제하고 콘텐츠 중심형의 프로그램으로 구성하고 연출해야 할 것이다. 즉 스페인 부뇰의 토마토 축제에서는 매년 마지막 날 수요일 오전 11시부터 정오까지 한 시간만 진행한다. 에든버러 타투 축제에서도 1만 석 규모의 무대에서 90분 공연만 진행한다. 70년이 넘는 일본의 반딧불 축제는 주간에 스탠딩 먹거리 부스와 야간 반딧불 탐사 투어만 진행한다. 일본 하카타 마쯔리는 장소와 시간대를 이전하면서 약 5km 달리기를 약 2시간만 진행한다. 태국 송끄란 축제에서는 3일간 자연스럽게 오후 3시경부터 6시경까지 물총 싸움만 진행된다. 여기에는 현수막, 배너, 안내소, 각종 부스, 이벤트 부스 등이 없고 콘텐츠만으로 진행한다. 우리나라도 차별화된 콘텐츠 프로그램 중심으로 축제를 구성하고 콘텐츠에서 벗어난 프로그램과 홍보 등에서는 예산을 삭감하여야 할 것이다.

제2장

박종부 총감독이 연출한
문화체육관광부 선정 축제

2019년까지 문화체육관광부 선정 관광축제는 40여 개 관광축제를 명예대표 축제 2개, 대표축제 5개, 최우수축제 8개, 우수축제 10개, 유망축제 20개를 선정해서 육성하였다. 또한, 육성축제 약 20여 개를 선정하여 관광축제에 선정되기 위한 평가를 받도록 하였다. 2020년부터는 관광축제의 등급을 없애고 관광축제 33개와 육성축제 20여 개를 선정하여 육성하고 있다.

이 장에서는 이해하기 쉽게 2019년 전에 지정되었던 등급을 기준으로 작성하여 기록을 하고 있다. 개최년도는 최초의 개최연도이고 예산은 2022년 문제부에 보고된 예산을 기록하고 있다.

관광축제계 레전드 멘토박종부가 총감독으로 참여한 축제의 사례분석

의령 홍의장군축제

2020 제48회 의령 홍의장군축제(의병제전) 박종부 감독 3년간의 변화.

축제 담담의 소신과 열정이 축제의 성과를 이끌어낸다

축제 개요

의령은 임진왜란 당시 망우당 곽재우 장군을 중심으로 17장령과 수천의 민중 의병이 왜적과 맞서 싸운 의병의 발상지로, 조상들의 충의로운 기상과 국난극복의 예지가 살아 숨 쉬는 곳이다. 임진왜란이 발발하자 의병을 일으켜 나라를 구하는 데 큰 힘이 되어 준 곽재우 장군은 항상 붉은 옷을 입고 다녀 홍의장군이라 불리었으며, 지역의 지형을 잘 이용해 기습 작전을 펼쳐 일본군을 따돌리고 무찔렀다. 의병제전은 의병의 의로운 얼을 기리고 의령군민의 화합을 다지기 위한 장으로 의병기념사업회 주최로 매년 4월 22일 기준으로 나흘 동안 열리고 있다. 2020년 축제의 대중성을 확보하기 위해 명칭을 <의병제전>에서 <의령 홍의장군축제>로 변경하였다.

임진왜란 시 곽재우가 최초로 의병을 일으킨 음력 4월 22일을 양력으로 환산해 호국보훈이 달 첫째 날인 6월 1일을 의병의 역사적 가치를 일깨워 애국정신을 계승하고자 법정기념일로 '의병의 날'을 제정하였다. 1회 기념식을 경남 의령에서 최초로 개최하였으며, 이후 의병의날 기념식은 전국으로 매년 6월 1일에 순환개최하고 있다.

축제 프로그램

의병 횃불 행진, 의병 승리 함성의 공연, 의병출정 퍼레이드, 불꽃놀이, 축등 행렬, 성화 안치, 추모 제향, 성화 채화 및 봉송, 성화 점화식, 한시 백일장, 읍면 대항 농악대회, 전국투우대회, 큰 줄 당기기, 마라톤대회, 전국궁도대회 등을 펼친다.

참여 동기와 사례분석

2017년 12월 『축제 현장 스케치』를 출간한 후 전국 관공서에 축제를 담당하는 분들에게 본 도서를 한 권씩 기증하였다. 발송한 후 의령군에서 3일 만에 연락이 왔다.『축제 현장 스케치』를 읽으니 풍부한 현장의 노하우와 경륜이 엿보인다면서 의령군의 축제도 자문과 컨설팅을 받고자 하니 방문을 원한다고 했다. 1차 미팅을 통하여 자문, 컨설팅이 아닌 총감독으로 참여하기로 했다. 발송한 책을 보니 3일 동안 팀장과 주무관께서 포스트잇하며 여러 번 읽은 흔적이 있었다. 참으로 감동받았다.

의병제전은 45년 동안 일괄입찰로 진행되던 축제였다.

나는 총감독으로 참여하여 먼저 전년도 예산서와 기본계획서 등의 자료를 받아 버릴 것은 버리고 새로운 예산 구성과 기본계획서를 작성하여 협의하면서 새로운 실행계획서를 만들었다. 전년도의 자료를 분석해 보니 의병탑 주변의 협소한 공간에서 진행된 관계로 행사의 구성이 단조롭고 공간의 여건이 좋지 않았다.

내가 제일 먼저 한 것은 2018년 제46회 의병제전의 장소를 서동 생활공원으로 이전하여 새로운 구성과 주제 퍼포먼스도 만들어 운영하였다. 축제를 담당하는 분들께서 개혁적인 추구에 열정을 가지고 많은 도움과 지원을 해주었다. 그러나 45년 동안 박혀있는 고정관념은 설득이 쉽지 않았다. 토요일에는 이호섭 가요제가 일요일에는 기념식이 운동장에서 진행되었다. 즉 서동 생활공원과 공설운동장으로 이원화되어 진행된 것이다. 토요일의 야간행사를 운동장에서 진행하다 보니, 본 축제장에서는 야간행사를 하지 못했다.

의령군의 인구는 약 26,000여 명으로서 젊은 층과 학생들이 많지 않다. 결론은 외부에서 관광객을 유치해야 한다는 것이다. 난 관광객을 적어도 8만 명을 기대하고 구성하였지만 45년 동안 박힌 고정관념을 깨는 것은 쉽지 않았다. 행사장이 이원화된 관계로 내가 기대했던 관광객의 유치는 어려웠지만 내용적으로는 기대속에 인정받는 축제였다.

축제장을 공원으로 이동시키고 새로운 구성을 한 것과 주제에 따른 킬러 콘텐츠를 만들어 운영한 부분에서는 축제에 참여한 분들과 관광객들에게서 신뢰와 찬사가 이어졌다. 원하는 관광객을 유치하지는 못했으나 나름대로 가능성과 만족도를 높여주었고 축제가 어떻게 가야 하는지에 대한 방향을 제시해 준 축제였다. 축제를 담당하는 오미선 축제팀장과 강선아 주무관, (사)의병기념사업회 정유성 과장님의 소신과 열정 및 개혁적인 추구가 있었기에 새로운 변화를 가져왔다고 할 수 있다.

난 항상 개혁적인 추구를 한다. 대한민국 축제를 꿰뚫어 보는 식견 속에서 축제에 대한 방향성을 세우고, 기본계획서 및 실행계획서를 개혁적으로 작성하는 과정에서 축제를 담당하는 축제팀장들이 기득권자들에게 저항을 받는 경우가 있다.

의령에서는 축제를 담당하는 팀장이 긴말은 하지 않고 "감독님 제가 많은 소리를 듣고 있는데 잘해 주셔야 해요."라는 말씀만 하셨다. 무슨 말인지 안다. 그만큼 축제팀장이 지켜주시며 뒷받침하여 주었기에 개혁적인 추구로 진두지휘를 할 수 있었다.

개혁적인 추구를 하는 데 있어 기득권자들에게서 저항을 받는 경우가 있지만 난 사례에 대한 정확한 분석으로 방향성에 대해 설득하여 결국은 만들어 내고는 했다.

2018년 제46회의 축제에서는 장소가 이원화되어 진행된 관계로 군민들도 참여하지 않은 분들이 많았다. 2019년에는 축제가 시작되기 전에 의령에 내려가 준비하는 과정에서 지역 군민들에게 유독 많이 듣는 말이 있었다.

"외지인인 것 같은데 어떻게 오셨냐?"는 질문이다.

"의병 축제하러 왔습니다." 하면

"의병축제 사람도 없고 재미도 없어요."

볼 것이라고는 운동장에서 진행하는 이호섭 가요제밖에 없다고 한다. 이호섭 가요제는 이호섭 작곡가가 의령군 출신이라 이호섭 가요제를 만들어 입상한 참가자에게 음반 제작과 활동을 관리해주는 가요제로써 인기가수가 약 8팀이 출연하는 관계로 볼 것이 있다고 생각하는 것이다. 군민에게는 45년 동안 의병제전에 대한 인식이 이렇게 박혀있었다.

2019년 제47회 축제에서는 전년도 축제의 기반과 신뢰의 명분을 가지고 설득하여 새로운 구성을 하였다. 본 축제장(서동 생활공원)과 운동장으로 이원화되어 있는 프로그램 구성을 본 축제장으로 모두 합쳤다. 또한, 향토축제에서 관광축제로의 도약을 위한 선포식을 하였다.

제47회에서는 이러한 프로그램들을 모두 통합하여 성황리에 마칠 수 있었다. 의령군에서 역사상 최고로 많은 관광객이 방문하였다는 평가를 받았다. 2019년 축제는 의령군민에게 새로운 인식을 각인시켜 준 축제였으며, 의령군민도 축제장에 참여하여 즐기는 축제가 되었다.

2020년 제48회에서는 2년간의 신뢰와 명분으로 새로운 관광축제로의 변화를 이끌어냈다. 의병제전이란 명칭에 있어서도 시대에 맞지 않는 면이 있었다. 2년 동안 축제 명의 변경을 요구해서, 2020년에는 '제48회 의령 홍의장군축제'로 변경하여 진행하고자 했다. 의령 홍의장군축제에는 곽재우 장군과 17 장군 후손들이 함께한다. 그들 중에는 의령군의 출생으로 삼성그룹의 이병철 회장 등 많은 기업 회장도 있다. 어르신분들의 자존감이 아주 강하고 변화가 쉽지 않은 고장이었으나 명분을 가지고 설득하여 변화를 추구하였다.

현재까지는 나는 많은 도움을 받으며 나름대로 개혁을 추구하고 있다. 2020년에는 축제 구성에 있어 내실을 갖추고자 했다. 축제 구성에 대한 이해 부족으로 킬러 콘텐츠 프로그램을 금요일에서 외지인이 많은 토요일로 이동하였다. 군민들의 기대를 크게 받고 있던 이호섭 가요제를 의병의 콘텐츠가 아니라는 명분으로 설득하여 일요일로 옮겼다. 적당한 요일을 선택해서 콘텐츠를 부각했고 관광객이 함께 즐길 수 있는 주제 퍼포먼스와 출정 퍼레이드를 중점으로 의병훈련소체험과 힐링 마당 등 다양한 구성으로 관광객을 맞이하고자 준비했다.

2018년에는 사람이 없어 장사가 안된다고 향토식당이 입점하지 않아 어렵게 설득하여 입점시켰다. 2019년에는 향토식당에서 많은 매출을 올렸다. 그동안은 무료로 주었던 부스를 2020년에는 향토식당과 푸드트럭, 참여 부스들에서 참여비를 받고 배정하고자 했다. 그만큼 흥행에 성공했다는 것이다.

향토문화축제에서 명실상부한 관광문화축제로의 도약을 꿈꾸고 있다. 관광객에게 만족도를 높여 다시 찾고 싶은 축제로의 구성을 하고 있다. 인구가 적은 의령군에서는 4월 18일(토) 전국의 관광객과 함께 어울리는 출정 퍼레이드와 승리 함성 등 다양한 메인 프로그램을 19:00~23:00까지 진행하고자 했다.

2020 제48회 의령 홍의장군축제는 2020년 4월 16일부터 4월 19일까지 4일간 의령읍 서동 생활공원 일대에서 진행하기로 했다. 메인 콘텐츠 프로그램은 4월 18일 19:00~23:00까지 진행할 예정이었다.

축제장의 구성은 1) 주제 퍼포먼스 승리의 함성 등이 진행되는 의병 특설무대, 2) 의병체험 무대와 의병의 훈련을 할 수 있는 의병 대형 체험 놀이와 전통 체험, 어린이훈련소, 의병독서 쉼터, 의병말타기 등, 3) 의령 예술인들이 펼치는 예술마당, 4) 의병 농·특산물 장터, 5) 향토식당 마당, 6) 푸드 간식 마당, 7) 글로벌 마당, 8) 의병체험마당, 9) 다채로운 움막과 편의시설, 포토월 등으로 구성된 쉼터의 힐링 마당 10) 어린이 물고기 잡어 구워 먹기 체험, 11) 의병 거리 이벤트 거리를 만들어 거리 퍼레이드, 거리공연, 프리 체험으로 구성된 의병 거리 이벤트 마당 외 의병탑, 의병박물관 등에서 멀티 드론 쇼 등 다채로운 프로그램을 계획했다. 2020년에는 대한민국의 의병들이 모두 참여하여 구국의 혼을 위한 횃불을 높이 들고 출정퍼레이드를 진행하기로 했다. 또한 18일(토)에는 늦게까지 의병 승리의 함성에 대한 주제 퍼포먼스로 전국의 관광객과 함께 어울리고자 했다.

하지만, 2020년, 2021년, 2022년 코로나19로 총감독에 대하여 계약과 취소를 반복하다가 계약금을 환급하여주었다. 2022년에는 단체장님과 담당자들의 개최에 대한 의지가 강했으나 행자부에서 승인해 주지 않아 결국은 3월 중순에 취소하였다. 대한민국에서는 코로나19 시기에는 축제란 명칭만 들어가면 축제의 개최를 허락하지 않았다. 그러나 기념식이나 전시행사, 엑스포, 박람회 등으로 명칭을 바꾸어 개최한다고 하면 방역지침에 의해 개최할 수 있도록 승인해 주었다. 의령군에서도 개최에 대한 의지가 강했던 관계로 2022년 4월 2일 의병탑 건립 50주년 기념식과 점등식을 개최하여 성황리에 마쳤다. 또한, 4월 1일부터 30일까지 한 달간 의병문화의 달이란 문화행사를 만들어 군민들이 쉴 수 있는 인디언 텐트, 타푸, 원터치 텐트, 해먹, 의병 스토리 유등 설치, 다양한 빛 설치, 버스킹 공연으로 진행하고 있다. 의병문화의 달에 대한 행사의 성과가 좋아 5월 8일까지 연장하여 진행하게 되었다. 홍의장군축제를 취소하면서 보름 만에 갑작스럽게 만든 의병문화의 달 행사이지만 지역민에게서 많은 사랑을 받았고, 외부에 홍보도 하지 않았지만 다녀간 외부인들의 구전과 카페, 블로그 등으로 의병의 달 행사는 행복한 이미지로 브랜드화되어 성황리에 개최되었다.

시사점

축제를 담당하는 분들의 소신과 열정 및 개혁적인 지원과 신뢰로 지원하여 주었을 때 어떠한 성과를 낼 수 있는지에 대한 결과물을 사례를 통하여 봤다. 새로운 변화는 늘 기존 기득권자들의 이권 개입과 불만의 표현으로 어려움을 겪는다. 어떤 축제에서는 축제팀장이 멱살까지 잡히는 것을 봤다. 의령의 축제팀장은 한마디만 하였다. "감독님 제가 많은 소리를 듣고 있는데 잘해 주셔야 합니다." 이말 한마디만 하였고 그 외는 전적으로 지원하여 주려고 노력하였다. 얼마나 많은 반발이 있었겠는가? 묵묵히 반발은 감수하고 개혁의 변화를 지원해 준 것에 대해 항상 감사를 드린다. 2개월 만에 총감독이 작성한 기본계획서를 대부분 수용하려고 노력한 점과 장소 이전에 관해서 소신 있게 결정해주고, 성공적인 축제를 위하여 절대적인 신뢰로 지원하여 주신 열정을 매우 높게 생각한다. 이제 의령 홍의장군축제는 모두가 인정하는 관광축제로서 도약하게 될 것이다.

무주반딧불축제 (전 대표축제)

개최년도 : 1997년 / 예산 : 2,000백만원 / 개최 시기 : 8월 말(9일간)

축제 개요

무주군은 완전한 외지의 산골 마을이었다. 지금은 대진고속도로가 있어 어디서나 쉽게 갈 수 있는 곳이 되었다. 민선 체제가 도입되고 경쟁력 있는 뭔가를 만들고자 하였다. 청정 자연의 자산을 활용하여 환경의 중요성을 외치며 청정지역에서 사는 반딧불이를 활용한 축제를 개최하게 되었다. 무주군에는 살기 좋은 청정지역으로서 리조트와 펜션이 많이 건설되었으며, 숙박과 연계한 체류형의 축제가 경제의 활성화에 큰 도움이 되고 있다.

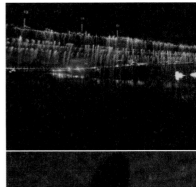

축제 프로그램

반딧불이 신비 탐사, 반딧불이 주제관 등.

참여 동기와 사례분석

나는 2000년부터 2008년까지 총감독으로 참여하여 총괄 진두지휘하면서 무주 반딧불축제의 성장과 함께했다. 총감독으로 참여할 당시에는 무주군에서 일어나는 이벤트는 거의 독점적으로 진행하였다. 동계올림픽을 유치하기 위해 무주군민들하고 함께 움직였다. 태권도공원을 유치하기 위해 전체적인 이벤트를 담당하였다. 현재 태권도공원이 설립되어 세계적인 성지로서 전 세계 태권도인들이 방문하고 있다.

반디랜드 또한 관광지로서 역할을 한다. 다른 지역의 대다수 축제는 주간용이지만 무주는 숙박형의 축제로 운영되고 있다. 무주군은 축제를 개최하기 위해 축제 위원회와 기획단을 구성한다. 기획단은 4~5팀의 약 20여 명으로 구성되어 진행한다. 1회부터 구성된 기획단은 담당 부서에서 총괄을 맡고 그 외 팀들은 약 3개월 전부터 차출하여 운영한다. 차출되어 진행하는 업무는 1회 때부터 참여하는 공무원도 있고 자주 참여하는 공무원들이 있다. 이러한 분들이 누구보다도 잘할 수 있는 것 아닌가?

무주의 반딧불축제가 발전하게 된 배경에는 이러한 조직구성이 한몫하고 있다. 대한민국에서 이러한 축제 조직을 구성하여 운영하는 곳은 무주밖에 없을 것이다.

2003년에는 해외 반딧불축제를 벤치마킹하기 위하여 기획단과 함께 일본 다쓰정에서 개최되는 제56회 신슈타쓰 반딧불축제를 다녀왔고, 2019년에는 혼자서 다녀왔다. 일본의 반딧불축제는 역사가 70년이 넘는다. 인구 약 9천 명 되는 작은 동네에서 반딧불 축제를 10일간 개최하면서 8만 명의 입장객을 유치한다고 한다. 축제장의 구성은 지역민이 구성하는 역전앞의 먹거리 및 체험부스 100여 동과 야간 반딧불 탐사만으로 구성하여 운영한다. 예산은 약 2천만 원 미만으로 분석된다. 입장료는 500엔 약 5,000원의 입장료를 환경보전기금으로 받고 있었다.

현재 무주반딧불축제에서는 반딧불 탐사가 많은 관광객으로부터 사랑을 받고 있다. 현재 대행사 체제로 운영하다 보니 이벤트성의 프로그램이 많다. 이벤트행사를 줄이고 콘텐츠 프로그램에 집중해 구성해야 할 것이다.

시사점

무주반딧불축제에서는 1회부터 축제의 기획단을 20여 명으로 4~5팀을 구성하여 매년 운영하는 관계로 자체 노하우를 축적했다. 2000년도의 시기에는 김세웅 군수의 열정이 세계화를 위한 기반을 닦았고, 그 이후 단체장들의 열정과 참여로 전 부서가 일사천리로 움직이며 축제를 성장시켜 왔다.

무주반딧불축제는 외형상 많은 발전을 했다. 이젠 의탁보다는 직접 운영하는 시스템을 갖출 때가 되었다. 자립도를 높이고 성공적인 관광축제를 만들기 위해서는 형식에서 벗어나 실무와 이론적으로 준비된 전문가의 컨설팅을 받으며 개혁적인 변화를 추구해야 할 것이다. 현재 힐링 관광지로서 숙박형의 축제로 활성화되고 있다. 무주군은 특별한 청정의 웰니스 관광지로 거듭 성장하고 있다. 그동안 기반시설을 확충했고 많은 변화속에 성정해왔다. 대한민국을 대표하는 관광축제를 위해서는 개혁적인 변화의 시도가 다시한번 필요한 시점이다.

문경 전통찻사발축제 (전 대표축제)

개최년도 : 1999년 / 예산 : 1,100백만원 / 개최 시기 : 5월(10일간)

축제 개요

옛날 문경에서는 서민들이 쓰는 막사발이 많이 만들어졌다. 경상북도로 가는 관문에 있는 문경은 도자기 굽기에 좋은 흙과 땔감, 교통수단이 발달해서 일찍부터 도공들이 많이 모였고, 가마터가 발달했다. 문경에는 우리나라 전통의 망댕이 가마가 많이 있다. 망댕이 가마에서 만들어진 사발은 서민들 누구나 부담 없이 사용할 수 있는 값싸고 질 좋으며 모양이 소담하고 깔끔해서 널리 쓰였다.

하지만 서구 문명이 들어오고 공업화가 되면서 사발을 쓰는 사람들이 점차 줄어들었지만, 문경의 사발이 해외에서 크게 인정받으면서 도공들은 더욱 부지런히 도자기를 굽기 시작했다. 전통가마에서 굽는 도자기의 작품에 높은 가치를 인정하여 주기 때문이다. 문경 전통찻사발축제는 전통 특산물인 전통 찻사발을 소재로 하여 도공들을 지원하고 지역경제의 활성화에 이바지하는 특산물 관광축제이다.

축제 프로그램

전국 찻사발 공모 대전, 도예 명장 특별전, 문경 전통도자기 명품전, 어린이 사기장 전, 사기장의 하루 등.

참여 동기와 사례분석

문경에서는 2009년부터 2013년까지 5년 동안 총감독으로 참여하여 축제 전체를 진두지휘하면서 축제를 급성장시켰다. 예전의 축제는 도자기 전시장 앞 주차장에서 개최하였다. 총감독을 하기 전에 방문할 때면 항상 컨설팅 요청을 했다. 나는 협소한 도자기 전시장 앞에서 축제를 개최하는 것은 발전성이 없다면서 성공하고 싶다면 1관문 앞 광장과 전통 사극 세트장으로 옮겨야 한다고 조언했다. 축제 담당 팀장이 몇 번 바뀌고, 2009년 축제 담당이었던 송만식 팀장이 같이 한번 변화를 시켜보자고 제안하여, 총감독으로 참여하면서 제일 먼저 장소를 1관문과 사극 세트장으로 옮겨서 구성하기로 했다.

2008년까지는 대행사를 선정하지 않고 공무원들이 직접 운영하면서 총감독 역할까지 한 것이었다. 그런 상황에서 총감독을 선정하여 총감독 시스템으로 운영하였지만, 총감독이란 타이틀도 정확히 명시하기 어려워했다. 실무계획서에서도 조직을 행사지원팀으로 명시하고는 했다.

나는 매우 개혁적인 변화를 추구하는 성향이다. 그때 당시도 20여 년이 넘는 동안 수천 회를 총감독으로 연출하며 산전수전 다 겪은 상황이었기에 두려움 없이 결정된 결과로 평가받았다. 축제를 총감독하면서 항상 기대치 이상의 연출로 늘 극찬을 받아왔다.

첫날은 차량통제 관계로 의견 차이가 있었다. 즉 VIP, 의원들의 차량은 축제장에 통과시켜주자는 것이었고, 나는 꼭 필요한 차량 외에는 안된다는 의견이었다. 결론은 통제 권한도 내가 모두 가지기로 하고 전체를 진두지휘하면서 개막식 연출을 성공적으로 진행해서 극찬받은 관계로 이틀째부터는 총감독으로 정식인정을 받으며 총감독체제가 실제로 운영되었다.

5년 동안 총감독으로 참여하여 전체를 진두지휘하면서 매년 업그레이드시켜야 한다는 압박을 나 자신에게서 받는다. 항상 대한민국 최고의 소재를 가지고 개막식 주제공연을 매년 업그레이드시킨다는 것은 매우 어렵다. 개막식 주제공연이 끝나면 많은 관계자로부터 "감독님, 감동이었어요, 눈물 흘렸어요." 하는 극찬을 받아왔다. 어떤 때는 "감독님, 작년의 개막식만 못한 것 같아요." 하면 정말 쥐구멍으로 숨고 싶은 심정이며 그때는 회의를 느끼고는 한다.

내가 전국의 축제를 스케치하면서 느끼는 것은 콘텐츠 중심의 작품 연출을 하는 것을 거의 본 적이 없다. 연출작품이 아니라 누구나 할 수 있는 것으로 구성하여 진행하는 것을 작품 연출이라고 한다. 작품 연출에 대한 인식과 연출력에 문제가 있다고 생각한다. 그러나 나의 현재 생각은 많이 바뀌었다. 예전에는 개막식 주제공연과 퍼포먼스 등의 연출에 대해서 많은 신경을 썼다. 그러나 지금은 개막식을 화려하게 할 필요도 없고 예산을 많이 지출하는 것도 낭비라고 생각한다.

개막식은 누구를 위해서 하는 것인가? 관광객은 개막식 및 공연보다는 그 축제만이 가지고 있는 콘텐츠를 찾는다. 예산은 가능한 관광객을 위한 맞춤형 콘텐츠에 집중해야 한다고 생각한다.

난 항상 현장에서 최선을 다해서 노력하다가 죽는 게 소원인 사람처럼 열심히 노력한다. 2009년 축제 개막식 1주일을 앞두고 나의 부주의로 동문 체육대회에 가서 배구경기를 하다가 오른쪽 발목의 아킬레스건이 완전히 끊어지는 사고를 당했다. 목발을 짚고 한쪽 발로 뛰어다니면서 행사를 마쳤다. 이후 12월 태백산 눈축제 조각가를 초청하기 위해 중국을 다녀와서 8개월만에 접합수술을 할 수 있었다.

전국의 축제 담당자들은 문화체육관광부 관광축제에 선정되고, 등급의 상승을 위하여 많은 노력을 한다. 문경시도 축제 담당자들이 인사이동으로 거의 매년 모두 바뀌다시피 하였다. 이러한 인사이동은 바람직하지 않다. 그러나 축제의 성공과 승급을 위하여 난 축제의 중심이 되어 안내하였고, 벤치마킹을 유도하여 이해할 수 있도록 하였다. 또한, 문화체육관광부 평가위원과 선정위원들의 네트워크를 활용하여 소개해주고, 안내하면서 대표축제까지 급성장하는 데 일조하였다.

내가 총감독을 한번 하면 거의 오랫동안 하게 된다. 오랫동안의 노하우로 전국의 성공한 축제와 비교분석을 하면서, 어떻게 하였을 때 경쟁력 있는 축제로 만들 수 있는지에 관한 결과를 알기 때문이다. 축제 담당자들이 믿고 지원하여 준 만큼 빠른 성장을 시켰다. 축제를 한번 하면 성장의 내용과 과정을 이해하기에 그다음에는 더 높은 신뢰와 지원을 받았다. 이러한 관계로 한번 하면 지속해서 총감독으로 참여를 하게 된다.

그러나 총감독에서 물러나는 때가 있다. 하나는 단체장의 지침에 의해 다른 총감독이 선정되는 경우, 또 한 가지는 축제의 담당자가 바뀌면서 총감독체제에 대한 이해가 없는 경우이다. 일괄입찰제도에서 총감독체제로 전환시켜 수의계약할 때는 축제 담당의 고민이 깊다. 왜 일괄입찰을 하지 않고 총감독을 수의계약으로 진행해야 하는가에 대한 확실한 이해도가 있어야 하기 때문이다. 축제를 담당하면서 일괄입찰과 총감독체제의 장단점을 분석하고 왜 박종부를 총감독으로 선임하여 같이 해야 하는지에 대한 확신이 있을 때 박종부에 대한 프로필을 조사한 후에, 더 확신을 가지고 계약을 하게 된다. 그러나 새로운 담당자는 이러한 이해와 신뢰에 대해 분석을 하지 못한 관계로 일반적인 입찰방식으로 다시 돌아간다는 것이다.

총감독은 축제에 대한 방향성에 대해 이해하고 콘텐츠 중심형으로 축제를 구성하고 전반적으로 지원하면서 업그레이드를 시켜주고자 한다. 문경 전통찻사발축제를 5년 동안 총감독으로 참여하여 급성장시켰고, 직거래 방식으로 운영하였다.

내가 총감독에서 물러나면서 다른 사람을 후임 총감독으로 위임했지만, 제대로 된 성과를 올리지 못한 관계로 총감독에 대한 불신으로 일괄입찰제도로 바꾸었다.

총감독체제에서는 기본계획부터 현실에 맞게 구성하며 프로그램계획, 운영계획, 홍보계획, 예산계획을 전반적으로 작성하고, 지역 인프라를 육성하여 함께 진행하고자 한다. 총감독으로서의 자질이 부족한 경우에는 많은 마찰도 생기고 지탄받기도 한다.

일괄입찰에 참여하는 대행사는 기본계획을 작성하지 않는다. 처음 담당하는 담당자는 전문성을 갖추기 전이라 전년도의 기본계획서를 바탕으로 계획서를 작성하다 보니 매년 똑같다는 평가를 받게 되고, 변화의 시도가 매우 어렵다. 일괄입찰 받는 대행사는 콘텐츠보다는 이벤트성의 행사로서 과업 지시서에 나온 내용만 합법적으로 무탈하게 진행한다. 결론은 이벤트성의 전시행사 중심으로 진행이 되풀이되어 매년 똑같다는 평가를 받고 있다.

진정 경쟁력 있는 관광축제를 위해서는 새로운 개혁의 변화가 필요한 시점이라고 할 수 있다.

축제장은 넓은 1관문, 오픈세트장 등의 관광지를 갖추고 있고 대한민국 최고 수준의 주차장을 확보하고 있다는 것은 매우 큰 장점이다.

시사점

담당자의 소신과 열정이 장소를 이전시키고 급성장시키는 계기가 되었다.

입찰에서는 콘텐츠 개발을 하지 못하고 전시와 이벤트성의 프로그램만 반복적으로 구성함으로써 만족도를 높여주지 못하고 있다. 매년 비슷하다는 평가를 받는 것이 아쉽다.

관광객의 니즈에 맞는 변화를 추구해야 한다.

다시 한번 개혁적인 운영시스템을 도입하여 기본계획부터 변화를 시도하여야 하나 개혁과 운영시스템을 바꾸는 데 있어 어려움을 가지고 있다. 즉 소신과 열정이 다시 한번 필요한 시기라고 할 수 있다.

현재는 재단이 설립되어 재단에서 운영하고 있다. 재단에서는 일괄입찰을 통해 운영은 하고 있지만 콘텐츠를 살리지 못해 점점 관심도가 떨어지고 있다. 또한 매년 변화가 없이 똑같다는 평가를 받는다. 경쟁력있는 축제를 위해서는 재단에서 직접 운영하는 시스템에서 변화에 대한 돌파구를 찾아야 할 것이다. 부족한점은 전문가들의 컨설팅을 받으며 함께 변화의 시도를 하였을 때 가치있는 축제로 돌파구를 찾을수 있을 것이다.

보령 머드축제 (전 대표축제)

개최년도 : 1998년 / 예산 : 2,470백만원 / 개최 시기 : 7월(10일간)

축제 개요

보령 머드축제가 개최되는 해수욕장은 진흙 때문에 지저분한 바닷물로 인식되었다. 여름 성수기 한 달을 벌어 일 년을 산다는 말이 있을 정도로 바가지요금이 심해 관광객에게 외면받던 위기의 해수욕장에서 무엇을 해야 할까를 고민하다가 TV 영화에서 온몸에 진흙을 바르고 데이트를 즐기는 장면에서 착안하여 대천 해수욕장 인근에 널려있는 머드(진흙)를 활용한 핵심적 관광상품으로 머드팩 화장품을 개발하였다.

머드축제는 머드 체험이라는 확실한 컨텐츠를 바탕으로 머드 화장품의 산업화와 머드축제의 활성화를 통하여 지역경제에 큰 도움이 되는 축제로서 보령시의 대표적인 브랜드가 되었다.

축제 프로그램

머드체험, 다양한 머드 슬라이드 등의 놀이 체험.

사례분석

보령은 지역경제의 위기를 극복하기 위해 지역에 풍부한 머드를 활용하여 산업화의 계기로 삼았고 흥미를 유발하는 머드축제를 통하여 브랜드화시켜 나감으로써 대한민국을 대표하는 축제 중 하나의 축제가 되었다. 잘된 축제는 지역의 이미지를 바꾸어 놓는다. 이 이미지는 지역경제에 활력를 넣는다.

축제를 처음 시작할 때는 머드탕을 펼쳐 놓아도 한국 사람들은 잘 들어오지 않는 분위기였다. 그래서 관광축제로의 도약을 위해 외국인을 유치하기 위한 노력을 많이 했다. 관광축제에서는 외국인의 참여에 대한 점수가 평가 데이터에 있기 때문이다. 축제에 참여한 외국인들은 일탈적으로 즐겼고 그러한 사진을 적극적으로 홍보함으로써 큰 효과를 보았다. 지금은 외국인과 내국인들에게 많은 인기를 받는 축제가 되었다.

머드축제는 재단이 설립되어 직접 운영한다. 재단에서 직접 기획, 연출하는 관계로 일괄대행사 의탁 시스템으로 운영을 하지 않고 필요한 부분에 따라 분리 입찰을 통하여 직접 운영하고 있다. 머드축제에서는 지역민의 참여를 통해 분위기를 조성하고, 외부의 관광객이 주로 참여하여 즐긴다. 현재 유료화를 통해서 자립도를 키워가고 있다. 매우 바람직하다. 점차 만족도를 높여주고 유료화와 협찬 유치 등으로 자립도가 높은 축제를 구성, 연출해야 할 것이다.

시사점

킬러 콘텐츠는 어렵게 생각할 것이 없다. 주변에 있는 콘텐츠를 선정하여 관광객에게 관심을 이끌고 만족도를 높이면 된다. 보령은 대한민국 어디에나 있는 진흙을 선점하여 머드축제를 개최하여 산업화로 이끌었다. 처음부터 적극적으로 외국인을 유치하여 외국인들을 홍보로 활용하였던 점도 매우 도움이 되었다. 앞으로는 이벤트성의 프로그램 보다는 콘텐츠형의 축제로 구성해야 더 경쟁력있는 축제로 만들어 갈 수 있을 것이다.

보령 머드축제는 우리의 일상이고 대단한 연출 작품력이 필요로 하지 않는 축제이다. 일상의 생활에서 산업화의 축제로 구성하여 만족도를 높여준다면 더욱더 발전될 것이다. 아쉬운 점이 있다면 콘텐츠는 있지만 확실한 킬러 콘텐츠가 없다는 것이다. 적어도 한 장소에서 5천 명 이상의 인원이 참여해서 일탈적이며 상징적인 킬러 콘텐츠를 만들어가는 것이 축제의 가치를 더 높여 줄 것이다.

2022년 보령머드엑스포를 개최한다. 엑스포를 통하여 기반시설을 확충하고 경쟁력 있는 관광상품을 만들어 경쟁력 있는 글로벌 축제로 도약하길 바란다.

충주 세계무술축제 (전 우수축제)

개최년도 : 1998년 / 예산 : 1,200백만원 / 개최 시기 : 9월(8일간)

축제 개요

충주는 찬란했던 중원문화의 중심지이자 한반
도의 중심이며, 국가 지정 중요 무형 문화재이며,
UNESCO 인류무형문화유산에 등재된 택견의 본
고장이다. 택견과 세계무술이 어우러진 충주세계
무술축제를 통해 세계무술의 메카로 자리 잡았다.
UNESCO가 공식 후원하는 충주세계무술축제는 세
계무술과 문화의 만남이라는 주제로 세계무술연맹
단체를 비롯한 국내외의 수준 높은 무술팀들이 대
거 참여하여, 풍성한 볼거리와 다양한 체험이 어우
러진 축제이다.

축제 프로그램

국제무예 연무대회, E 무술(스포츠)대회, 무술체험, 무술 전시, 세계무술공연 등.

참여 동기와 사례분석

충주 세계무술축제가 한때는 이슈와 흥미가 있는 축제로 성장했다. 오랫동안 대
행사체제에서 진행되었지만, 새로운 변화를 모색하고자 하는 담당자들의 열정으
로 총감독체제를 도입하였고, 나는 총감독으로 참여하여 몇 년 동안 총괄 진두지
휘를 하게 되었다.

그러나 변화에 대한 욕구와 열정이 있던 담당자들의 인사이동으로 인하여 다시
원점인 입찰시스템으로 돌아가고 말았다. 충주는 나의 고향이다. 애정이 많은 도시

다. 고등학교까지 충주에서 생활하였고 태어난 신니면에는 이벤트 창고까지 있다.

충주의 옆 동네인 문경 전통찻사발축제를 총감독하면서 인정을 받아, 문경사과축제, 문경오미자축제, 문경한우축제 등 문경에서 진행되는 모든 축제에 총감독으로 참여하였다. 충주에서 문경 축제장까지는 40분 거리이다. 그런 관계로 사무실은 서울에 있었지만, 충주로 집을 옮겨 생활하면서 충주의 관광축제를 세계적인 축제로 도약시키고자 하는 욕망이 컸다.

충북도지사인 이시종 도지사는 충주시장 시절 충주 무술축제를 개최하였고, 무술축제에 대한 애정이 많다. 충주세계무술축제는 정치적인 요소가 크다. 민주당에서 단체장이 되면 축제를 활성화하고, 보수당에서 단체장을 맡으면 축제를 축소했다. 한번은 축제를 없애고자 충주 MBC에서 충주시민 토론을 진행한 적이 있었다. 나는 그때 전문가 토론자로 참석하여 유지하는데 일조하였다.

지금은 국민의힘에서 단체장을 맡고 있다. 그래서인지 충주 세계무술축제를 격년제로 돌렸다. 관광축제를 격년제로 운영하는 곳은 없다. 격년제로 운영하는 만큼 국민의 관심에서 축제는 멀어지고 있다. 매년 입찰을 통하여 진행하는 관계로 개혁적인 변화를 추구하지도 못하고 있다. 가끔은 컨설팅 요청으로 조언을 해주기도 하지만 개혁적인 변화가 요구되는 상황이다.

2019년에는 충주 세계무술축제의 정확한 분석을 통한 발전 방향에 대하여 용역을 맡아 진행하였다. 충청북도와 충주시에서는 세계적인 무술 마스터쉽을 진행하고 싶어 한다. 종목별로 무술 경기대회를 종합적으로 진행한다는 계획이다. 내가 보기에는 성공 가능성이 없다. 예를 들어 태권도 하면 올림픽경기가 있고 세계선수권대회가 있다. 충주에서 진행하는 마스터쉽에서 올림픽경기와 세계선수권대회보다 권위 있는 대회, 즉 그 이상의 경기대회를 진행한다는 것은 명분 등에서 가능성이 없다. 경기장에 가면 경기에 참여하는 선수와 관계자들만 있고 관중은 없다. 관중이 없는 축제는 성공의 가능성이 없다.

그러나 충주세계무술축제에 대해 분석한 결과를 재정리한다면 성공의 가능성이 충분히 있었다. 현재는 각 무술의 시연을 중심으로 진행하고 있다. 약속된 시연이라 박진감이 없었고 매년 보는 시연이라 식상하였다. 그러나 관람객이 가까이서 호흡할 수 있는 전용 무대를 만들고 집단 무술 군무의 경연대회를 진행한다면 난이도가 높고, 일체감의 형태를 갖춘 경연으로써 흥미의 요소를 충분히 가지고 있다. 집단 무술 군무를 킬러 콘텐츠로 개발해서 가치 있는 경연대회를 만든다면 충분히 성공 가능성이 있는 무술 축제라고 할 수 있을 것이다.

킬러 콘텐츠의 프로그램이 있으면 그 외의 프로그램은 서브의 프로그램으로서 그리 중요하지 않다. 성공한 축제를 만들고 싶다면 킬러 콘텐츠에 대한 프로그램에 집중해야 한다.

나는 나의 고향이 세계 속의 관광예술 도시가 되길 바랬고, 그렇게 되도록 지원하고 싶었다.

시사점

축제를 운영하는 데 있어 단체장의 소신과 열정이 매우 중요하다. 축제는 지역경제 활성화를 위하여 시민만 보고 개최해야 할 것이다. 축제가 정치적인 논리에 의해 진행된다면 절대로 성공할 수 없다. 세계적인 브랜드의 가치가 없는 경연대회는 국민에게서 외면받는다. 아울러 격년제 축제의 운영은 국민에게 잊혀지는 관계로 성공할 수가 없다.

축구장도 선수와 관중이 함께 호흡하기 위해 전용구장을 운영한다. 집단군무의 경연대회도 관중과 호흡할 수 있는 전용 경기장이 필요하다. 영국 에든버러 타투축제의 1만석, 브라질 리우 삼바 경연대회는 거리에 스탠드 좌석을 설치하여 전용 축제장처럼 운영하고 있다. 축제는 점차 일시적으로 만들어가는 축제가 아니라 전용 축제장이라는 기반시설을 갖추어 가고 있다.

충주세계무술축제도 성공하고자 한다면 소신과 열정으로 진행할 수 있는 권한을 주고, 충주 세계무술연맹에서 개최할 수 있도록 지원하여 주는 것이 바람직하다. 무술의 성지로 만들고 싶다면 시민이 모두 무술에 관심을 가지고 참여하며 무술의 도시로 만들었을 때 가능할 것이다.

순창 장류축제 (전 우수축제)

개최년도 : 2006년 / 예산 : 828백만원 / 개최 시기 : 10월(3일간)

축제 개요

천 년의 장맛! 백 년의 미소!

순창은 천혜의 자연환경과 장류 문화의 역사가 살아 숨 쉬는 고장이다. 순창은 대한민국의 대표 먹거리인 고추장의 본고장으로 장류를 테마로 다양한 체험 거리와 볼거리, 푸짐한 먹거리로 구성된 장류축제를 개최하고 있다. 멋스러운 전통가옥의 정취와 맛깔스러운 어머니의 장맛을 느낄 수 있는 순창고추장민속마을에서 열리고 있다.

축제 프로그램

순창고추장 만들기, 순창 떡뽁이 만들기, 장류를 테마로 한 공연, 전시, 체험, 고추장 진상 행렬 등.

참여 동기와 사례분석

순창 하면 고추장이 옛날부터 유명하였다. 1990년대에는 '고추장 아가씨 선발대회'를 개최하였고, 난 고추장 아가씨 선발대회를 총감독한 적이 있다. 1990년대에는 전국에서 아가씨 선발대회가 많았고 난 미스코리아 선발대회를 포함하여 많은 '아가씨 선발대회'를 연출한 경험이 있다. 지금은 여성을 상품화시킨다고 하여 많이 없어졌다.

2006년 내가 하동 야생차 문화축제를 총감독하고 있을 때였다. 하동에서 미팅하고 퇴근 시간인 6시경 서울로 올라오면서 잠시 순창군청에 방문하여 한상철 팀장을 만났다. 약 5분 만나 총감독체제를 설명하였고, 며칠 뒤에 총감독체제에 대한 문의와 함께 군수님을 한번 만나 달라는 요청이 왔다.

그동안 '고추장 아가씨 선발대회'로 홍보하였지만, 2006년에 처음으로 '순창 장류축제'를 개최하게 되어 전문가인 박종부를 총감독으로 선정하여 함께하고 싶다는 것이다. 그래서 군수님과 미팅하고 총감독으로 참여하여 전체적인 구성과 운영 시스템 등에 관한 전권을 받아서 성황리에 마치었다. 하지만 함께 진행하였던 축제 팀장이 인사이동으로 바뀌면서 총감독체제에서 입찰체제로 전환되었다. 그 이후에도 많은 축제 담당들이 다시 한번 총감독으로 참여시키고자 했지만, 여러 일정상 총감독으로 참여하지 못하고 자문과 대행사 평가, 강의로 참여하였다.

지금은 다채롭게 프로그램을 진행하고 있으며, 소스 박람회까지 함께 진행하고 있다. 소스의 보관장소인 토굴의 동굴은 특별하다. 또한, 전용 축제장으로서 자리를 잡아가고 있다. 순창 장류에 대한 기반을 조성해서, 축제는 정착해 가고 있다.

축제 담당으로 오랫동안 축제를 진행하였던 노홍균 팀장의 열정은 매우 높게 기억된다. 그러나 콘텐츠는 다양하지만, 확실한 킬러 콘텐츠는 지금까지 부족한 측면이 있다. 순창 장류축제는 확실한 킬러 콘텐츠를 개발하고 브랜드화시켜 가는 것이 더 큰 성공의 요소라 할 것이다.

시사점

축제 담당자의 소신과 열정으로 총감독으로 참여하였고, 처음부터 전문가의 지원을 받으며 개최를 한 축제였다. 오랫동안 축제를 준비하면서 소스 토굴의 동굴시설과 전용 축제장을 조성 구축하여 가는 것은 산업단지로서 매우 긍정적인 면이다. 관광객에게 확실한 느낌을 줄 수 있는 킬러 콘텐츠가 개발되기를 바란다. 운영시스템을 바꾸어 볼 것을 제안한다.

하동 야생차 문화축제 (전 최우수축제)

개최년도 : 1996년 / 예산 : 520백만원 / 개최 시기 : 5월(4일간)

축제 개요

천년의 역사를 자랑하는 하동 야생차는 한국 차의 시배지(始培地)이다. 섬진강과 가까워 안개가 많고 다습하며 일교차가 커서 차나무 재배에 좋은 환경을 갖춘 하동의 녹차는 예부터 왕에게 진상되던 '왕의 녹차'라 불렸다. 축제 기간에는 하동 야생차의 재배 과정과 우수성, 효능 등을 한눈에 알아볼 수 있는 하동 차문화센터를 중심으로 다양한 전시와 체험행사가 펼쳐진다. 전통 다례 체험부터 세계 차 문화 페스티벌 등을 운영하고 있다. 하동 야생차 문화축제는 섬진강 줄기의 화동장터와 쌍계사 입구에서 진행하고 있는 관계로 많은 관광객이 찾고 있다.

축제 프로그램

대한민국 아름다운 찻자리 최고 대회, 다례 경연대회, 좋은 차 품평회, 차 전시 판매 등.

참여 동기와 사례분석

대한민국을 대표하는 차 하면 보성 녹차와 하동 야생차이다. 예전에는 보성 녹차는 알아도 하동 야생차를 모르는 사람이 많았다. 보성 다항제는 축제의 역사가 깊었지만, 늦게 시작한 하동 야생차 문화축제는 담당자들의 개혁적인 변화의 추구로 문화체육관광부 최우수축제까지 도약하였고, 그 우수성을 알리어 하동 야생차가 대중적으로 인정받기 시작하였다.

나는 2003년 대행사로 참여하여 총괄하였고, 그 이후에는 총감독체제를 도입하여 오랫동안 진두지휘하였다. 하동 야생차 축제 주변의 계곡물이나 자연환경의 분위기는 색다른 매력을 주었다. 그러나 협소한 장소로 인해 한계성이 있는 것이 아쉬웠다.

지금은 2023년 하동 세계 차 엑스포를 준비하고 있다. 오랫만에 엑스포 조직위원회 관계자들의 엑스포 강의도 다녀왔다. 항상 다른 지자체보다 앞서가는 노력이 엑스포까지 개최하게 했다. 엑스포의 성공을 기원한다. 열정으로 함께하였던 김형동 팀장, 김용규 팀장 등의 노고에 감사를 드린다.

시사점

비교적 뒤늦게 축제를 시작하였지만, 개혁적인 추구로 최우수축제까지 인정받았으며 명예졸업을 했다. 앞서가는 기획으로 엑스포까지 개최하면서 차의 첫 재배지로써 평가를 받고자 하고 있다. 엑스포를 개최하면 직간접적인 소득도 있지만, 기반시설이 남게 되고 그 기반시설을 활용하여 고품질의 축제를 만들어 갈 수 있게 되었다.

영동 난계국악축제 (전 우수축제)

개최년도 : 1965년 / 예산 : 1,100,000,000원 / 개최 시기 : 10월(4일간)

축제 개요

난계 박연은 충북 영동에서 출생하였으며, 피리를 잘 불고, 가야금을 잘 연주하였다. 세종 때 음악을 정리한 음악이론가로 향악, 당악, 아악의 율조를 조사하고 악기 보법 및 악기의 그림을 실어 악서를 만들었으며, 많은 아악기를 제작하였을 뿐 아니라 악기들의 음을 모두 정확히 조율하여 연주 시에 깨끗한 화음을 낼 수 있도록 했다.

박연은 고구려의 왕산악과 신라의 우륵과 함께 한국 3대 악성으로 추앙되고 있다. 영동 난계국악축제는 박연의 업적을 기리기 위해 매년 개최되는 예술축제이다.

축제 프로그램

전국 국악 동요 부르기 대회, 국악을 주제로 한 공연, 전시, 체험 등.

참여 동기와 사례분석

난계국악축제는 오랫동안 난계기념사업회에서 진행해왔고, 지금은 영동 관광재단에서 축제를 진행하고 있다.

나는 영동군의 옆 도시인 무주군에서 10여 년간 무주반딧불축제 등을 총감독으로 총괄 진두지휘하고 있었다. 영동군의 축제 담당자들은 매번 무주반딧불축제를 벤치마킹하면서 나와 함께하고 싶어 했지만, 내부의 조직적인 문제로 쉽지 않았으나, 우여곡절 끝에 한번은 인연이 되어 총감독으로 참여하였다. 그러나 개혁적인 변화를 추구하는 담당 공무원의 열정은 높았으나, 민간인 의탁으로 진행되는 기념사업회의 내부 문제로 축제의 방향성을 제대로 구성하는 데 어려움이 있었다.

콘텐츠 중심보다는 인기가수에 관한 관심이 더 많았다. 기념사업회에서 많은 인기가수를 섭외하면서 많은 적자를 봤다며, 연출료와 인건비까지 깎자고 하는 상황이 되었다. 이러한 운영방식으로는 성공할 수 없는 시스템이었다.

지금은 재단에서 구성하여 연출하고 있지만, 항상 답습형의 축제로서 변화에 대해 아쉬움이 있다. 축제는 그 축제만이 가지고 있는 콘텐츠형으로 구성하고 킬러 콘텐츠를 만들어 그 가치로 축제를 이끌어간다.

영동 난계국악축제에서는 다양한 국악 경연대회를 통한 예술축제로 개최하지만, 경쟁력 있는 브랜드로 만들지 못하게 되면, 결국에는 경쟁력을 잃게 된다. 무엇보다 인기가수 등의 섭외로 콘텐츠 중심보다는 주민의 화합축제에 맞추어져 있어 관광축제로서는 경쟁력을 갖추지 못하고 있다.

시사점

현재 확실한 킬러 콘텐츠 프로그램이 없는 것이 브랜드의 가치로 활성화시키지 못하고 있는 것이 현실이다. 또한, 음악의 도시로 만들었을 때 그 도시의 예술성이 함께해야 가치가 높아질 것이다.

모차르트 고향인 잘츠부르크에서 매년 진행되는 음악 예술제는 예술단체가 중심이 되고 품격있는 공연으로 예술축제의 도시로 성장시키고 있다. 에든버러축제는 8월에 열리는데, 다양한 주관단체가 주최하는 콘텐츠 공연으로 역사 도시의 환경과 어울려 분위기를 조성하며 개최하고 있다.

축제의 성공요소는 콘텐츠 프로그램의 가치를 만드는 것부터 시작된다. 축제의 방향성에 대한 이해도를 높이고 축제의 개최에 대한 환경이 조성되었을 때 성공할 확률이 높다.

함양 산삼축제 (전 유망축제)

개최년도 : 2001년 / 예산 : 1,926백만원 / 개최 시기 : 9월(10일간)

축제 개요

함양군은 민족의 영산인 지리산과 덕유산이 자리
하며 백두대간을 이루는 1천 미터 이상 되는 산이
15개나 되는 전형적인 산골지역이며 과거에는 산간
오지의 대명사로 불리어 왔으나, 환경변화에 따라
과거 원시 자원이 천혜의 건강웰빙 자원으로 변모
하였다.

함양군은 원시적인 산지 자원을 토대로 21세기 세
계 최고의 건강웰빙 먹거리를 생산하여 국민건강에
이바지하고 FTA에 대응코자 산삼, 약초산업을 중점
적으로 육성하고 있다. 전 지역이 게르마늄 토양으
로 분포되어 있어 산삼, 약초의 품질에 대하여 소비
자들에게 각광받고 있다. 함양군에서는 이러한 인프라를 활용하여 건강웰빙·항노
화의 대향연인 함양 산삼축제를 개최하고 있다.

축제 프로그램

산양삼 캐기 체험, 황금 산삼을 찾아라, 심마니 여정, 산삼주제관, 심마니 체험
장 등.

참여 동기와 사례분석

함양군하고의 인연은 축제에 대한 열정이 대단하신 정민수 과장님과의 인연이 되
어 참여하였다. 정민수 과장님에 대한 열정은 경상남도에서도 많이 알려진 분이었

다. 2011년 관광축제에 선정시키고 싶은 열정에 축제 개최 한 달을 남겨놓고 관광축제 전문가인 박종부를 총감독으로 선임하여 함께 만들어가고자 하였다. 운이 좋게 문화체육관광부 관광축제에 선정되었다.

함양군과의 인연은 나의 능력을 아는 분이 축제 담당으로 오면 총감독체제를 운영하면서 나를 다시 찾고, 나를 모르는 담당이 오면 입찰로 진행을 한다. 오랫동안 함께하며 노력한 결과로 함양 세계항노화 엑스포를 승인받아 개최하였다. 엑스포를 개최하면서 전용 축제장을 확보해서 산업축제로 가기 위한 기반시설을 갖추는 계기가 되었다.

시사점

함양 산삼축제는 산업축제로서 산삼유통을 기반으로 조성되어야 하는 축제이다. 흥미 있는 콘텐츠 축제로 브랜드화시키고 유통 거점도시를 만들어야만 경쟁력 있는 축제가 될 수 있다. 열정이 있는 축제 담당자가 있어 엑스포 개최까지 진행되었다.

성공적인 축제를 위해서는 흔들림 없는 조직체를 운영해야 한다. 현재의 장소 여건은 매우 좋다. 기반시설을 잘 갖추고 있는 것이다. 실무와 이론적으로 풍부한 전문가들의 현실적인 컨설팅이 필요한 축제이다.

김해 분청도자기축제 (전 육성 축제)

개최년도 : 1996년 / 예산 : 307백만원 / 개최 시기 : 10월(10일간)

축제 개요

분청사기는 청자에서 백자로 넘어가는 중간단계
인 15, 16세기의 번성했던 생활자기의 하나이다.

투박하지만 형태와 문양이 자유롭고 표현이 분방
하면서도 박진감이 넘쳐 서민적 예술성이 뛰어난 자
기가 분청사기이다.

분청도자기축제가 만들어진 이유는 가야토기 2천
년 역사의 향기가 묻어있는 곳으로, 약 40여 년 전
부터 전국에 흩어져있는 도공과 학자들이 하나둘 김
해로 모여 복원작업을 하면서부터다. 김해는 잃어버
린 분청사기의 빛과 색을 되찾았을 뿐만 아니라, 명
실상부한 우리나라 최대의 분청사기 도예촌으로 발
전했다.

백파선은 노비에서 면천되어 평범한 도공의 아내로 살다가 임진왜란이 닥치자 흙
을 주무르던 손에 활을 들고 의병으로 왜적과 맞서 싸운 여인으로서, 목숨을 구걸하
기 위해 왜군의 길잡이가 되었다가 일본으로 끌려간 남편 김태도를 찾아 일본으로
건너가 예기치 않은 임신으로 어쩔 수 없이 타국 땅에서 새로운 삶의 뿌리를 내려
야 했다. 조선의 도공 이정이는 고향에 대한 그리움과 민족혼으로 조선 자기를 빚
으며, 남편과 함께 도예촌을 만들어 그 기술을 조선의 후손들에게 전수하였다. 아
흔이 넘은 나이까지 왕성하고 맑은 기운으로 자기를 빚어 흰머리의 선녀, 백파선(
百婆仙)으로 불린 조선 최초의 여자 사기장 이정이를 기념하고 분청사기의 브랜드
화로 분청도예의 활성화를 위하여 축제를 개최하게 되었다.

축제 프로그램

백파선 갤러리, 도자기 발굴체험, 도자기 전시 판매 등.

참여 동기와 사례분석

김해 분청도자기축제와의 인연은 열정이 있는 축제 담당이 개혁적인 변화를 추구하고, 관광축제로의 도약을 위하여 관광축제 전문 총감독이 필요하다는 공감대가 형성되어 총감독으로 참여하였다. 도자기 축제는 관 주도형이 아닌 김해 도자기협회에서 주관하고 있었다. 관에서는 축제의 개혁적인 변화를 추구하여 전문가를 투입하였지만, 도자기협회에서는 잘할 수 있는 데 관여를 한다는 분위기였다. 처음에는 힘들었지만 많은 지원으로 소기의 성과를 내기도 하였다. 나는 개혁적인 변화와 새로운 구성으로 최선을 다해 진행한 결과 관광축제의 예비축제에 진입하는 성과를 냈다.

나는 문체부 대표축제인 문경 전통찻사발 축제를 오랫동안 총감독으로 지휘하면서, 도자기 축제에 대한 분석을 해왔다.

도자기협회에서는 나름대로 축제를 개최하는 조직과 열정을 가지고 있으나, 김해시의 지원 한계로 성장에 한계가 있다. 열정이 있던 축제 담당의 인사이동으로 다시 원점으로 돌아가는 아쉬움도 있었다.

김해시에는 가야국의 수도로서 가야국 수로왕을 모티브로 하는 축제가 있다. 20여 년 전부터 축제 담당이 총감독체제를 도입하여 함께 변화를 시켜가고자 하였으나, 내부 조직시스템이 따라 주지 못해 깊은 인연은 갖지 못하고 퇴직하였다.

시사점

자생력을 갖추지 못한 상태에서 타 관의 축제에 비해 김해시의 지원이 열악한 관계로 경쟁력 있는 산업관광축제를 만드는데 어려움을 갖고 있다. 지금은 전용 축제장을 만들어가고 있다. 확실한 킬러 콘텐츠와 축제장의 확장 등 여러 가지 면에서 개혁적인 추구가 필요한 상황이다.

서천 한산모시문화제 (전 우수축제)

개최년도 : 1989년 / 예산 : 1,200백만원 / 개최 시기 : 6월(3일간)

축제 개요

1,500년의 전통과 역사를 가진 '한산모시짜기'는
2011년에 유네스코 지정 인류무형문화유산에 등재
되었다. 서천 한산모시문화제에는 '한산모시짜기'
중요무형문화재 제14호 방연옥 선생님이 가르치는
한산모시 학교, 한산모시 이불, 한산 모시떡, 서천
김 등 서천의 특산품이 한자리에 모인 실시간 서천
장터를 비롯해 한산모시 디지털 패션쇼, 신진 디자
이너 경진대회, 저산팔읍 길쌈놀이 등의 프로그램을
구성하여 개최한다. 한산모시문화제는 유네스코 인
류무형문화유산 '한산모시짜기'의 전통문화 계승과
그 우수성을 널리 알리고 지역사회의 경제 활성화를
위해 개최되는 축제이다.

축제 프로그램

모시 패션쇼, 모시 주제 다양한 공연, 전시, 체험 등.

참여 동기와 사례분석

한산모시문화제의 축제 담당 김맹선 팀장은 열정을 가지고 많은 축제를 벤치마킹
하러 다녔다. 그러던 중 내가 총감독하고 있었던 문경 전통찻사발축제를 방문 스케
치하면서 많은 컨설팅을 요청하였다. 여러 번 자문을 위한 미팅을 했다.

한산모시문화제는 문화체육관광부 선정 우수축제였다. 최우수축제로 승급을 위

한 전략을 부탁하였다. 난 비교적 냉혹하게 자문하였다. 현재의 협소한 축제 장소에서는 최우수축제로 승급하기는 힘들다. 유망, 우수, 최우수, 대표축제들을 보면 장소의 환경, 예산, 조직적인 열정에 대한 레벨이 있다. 일단 협소한 장소인 현재의 장소에서는 최우수축제에 걸맞은 레벨을 맞추기 어려우니 장소의 확장이나 이전에 대해 고민해야 한다고 하였다.

축제 담당이 장소 확장을 위하여 행사장 주변을 불도저로 밀어서 완벽하지는 않지만, 축제장의 확장을 시도하였고 내년에는 더 확실하게 확장하기로 했다.

전체적으로 프로그램을 재구성하고 변화를 주었다. 그러나 행사기반시설을 모두 마친 상태에서 행사 2일 앞두고 신종플루의 확산으로 부득이 연기하였다가 결국에는 취소하게 되었다.

신종플루 관계로 연기하였다가 너무 쉽게 포기한 것은 아쉬움이 크다. 신종독감이 일찍 종식되었고 충남도청이나 문체부에서도 축제를 권고하였고, 주관부서에서도 예정대로 진행하고자 하였지만, 간부회의에서 취소를 결정하였다.

그동안 일괄입찰을 통하여 축제를 진행하다 보니 축제는 대행사가 하는 것이라고 인식되었으며, 그만큼 주관부서가 아닌 다른 부서에서의 열정은 부족했다는 사례로 남게 되었다. 그다음 해에는 열정을 가지고 담당하던 팀장이 인사이동으로 인하여 더이상 개혁적인 추구는 펼치지 못하고, 다시 입찰제도로 변경되었다.

시사점

위의 사례에서 본다면 일괄입찰이 여러 부서와 지역민의 관심을 멀게 한다는 것이다. 또한, 축제 담당의 소신과 열정이 얼마나 축제를 변화시킬 수 있는지 사례를 통하여 알게 되었을 것이다. 한산모시문화제는 전통 의류를 활용한 특산물 축제이다. 모시에 대한 가치는 높으나, 불편함으로 활용성이 떨어진다. 모시에 대한 현대화가 매우 필요한 때이다. 성공한 축제는 확실한 킬러 콘텐츠와 브랜드 가치를 인식하고 구성·연출하였을 때 가능하다. 이벤트성의 프로그램은 배제하고 콘텐츠 중심으로 축제장을 구성하는 것이 성공을 위해 매우 필요한 요소이다.

괴산 청결고추축제 (전 유망축제)

개최년도 : 2001년 / 예산 : 1,050백만원 / 개최 시기 : 9월(4일간)

축제 개요

천혜의 자연환경을 자랑하는 유기농의 심장 괴산은 전국 최고의 맛을 자랑하는 괴산 청결 고추를 비롯한 농특산물과 다양한 체험 거리, 볼거리, 먹거리를 한곳에서 즐길 수 있는 '괴산 청결고추축제'를 개최하고 있다.

축제 프로그램

황금 고추를 찾아라, 속풀이 고추 난타, 고추 주제 전시 체험, 지역 농특산물 판매 등.

참여 동기와 사례분석

괴산 고추축제와의 인연은 고추축제를 개최하는 초창기부터 총감독으로 오랫동안 함께했고, 지속적으로 자문하면서 참여했다. 축제팀장이 관광축제로 도약하기 위해서 관계자들을 초청하였으나 연락이 없다며, 관광축제전문가로서 도와달라고 해서, 나의 주선으로 많은 축제관계자가 방문해 참여하고 홍보할 수 있도록 하였다. 괴산 청결고추축제는 관광축제에 진입하기도 하였다.

괴산 청결고추축제는 오랫동안 유망축제에서 우수축제로 승급하지 못하고 있었다. 임각수 군수 시절 군수님은 축제에 대한 열정은 매우 높았다. 그런데 왜 우수축제로 승급하지 못하고 있는가에 대한 의문을 분석하게 되었다. 관광축제에 대한 열망은 높았으나 열망에 비해 예산지원이 없었다. 다른 우수축제보다 많지도 않은 예산은 거의 매년 동결되었다. 매년 같은 예산을 가지고 변경을 하다 보니 꼭 집행해야 할 예산을 투입할 수 없게 되었다. 담당자들의 열정과 노력으로 아기자기한 내용은 업그레이드시키고 있으나 진짜 큰 것을 보지 못하고 있는 것이 안타까웠다. 즉 대한민국의 대표급축제로 승급하기 위해서는 그만한 킬러 콘텐츠가 있어야 하는데 그것이 부족했다.

괴산 청결고추축제는 청양 고추축제와 음성 고추축제보다도 인지도가 낮았다. 축제의 시작은 '괴산 문화제' 속에 한 부분으로 고추축제가 진행되었다. 그러나 고추축제의 성과로 문화제 속의 고추축제가 아니라 고추축제 속에 문화제 행사가 참여하게 되었다. 마침내 주변의 고추의 브랜드를 모두 잠재우고 대한민국을 대표하는 고추축제를 만들었다. 또한, 대한민국의 고추에 대한 단가를 괴산의 고추 축제가 좌우하는 브랜드 가치를 얻게 되었다.

시사점

축제는 열정만 가지고 되는 것이 아니다. 열정과 의지가 있다면 그만한 예산과 기반시설에 대한 투자 및 추진력이 필요하다. 경쟁력 있는 대한민국 대표급의 축제를 원한다면 그만한 내용을 분석하고, 그만한 식견을 가지고 있어야 한다. 부족한 것은 실무와 이론적 능력을 갖춘 전문가의 도움을 받는 게 경쟁력 있는 축제로 갈 수 있는 정도이다.

강경젓갈축제 (전 최우수축제)

개최년도 : 1997년 / 예산 : 975백만원 / 개최 시기 : 10월(5일간)

축제 개요

강경젓갈은 모든 재료를 원산지에서 직접 가져와 선조로부터 이어받은 전통 비법에 현대화된 시설로 정갈하게 제조하여 옛 고유의 참맛을 그대로 간직하고 있다. 대표적인 산업형 축제로 발전한 강경젓갈축제는 당초 IMF가 한창이던 1997년 경제 극복의 일환으로 지역경제 활성화 및 상인들의 소득증대 취지에서 강경젓갈 상인들의 뜻을 모아 개최한 축제이다. 강경젓갈은 단순히 젓갈이 염장식품이라는 개념에서 탈피하여 세계

속의 젓갈, 발효음식이라는 인식을 확고히 다지고 있다. 축제는 예전의 강경포구 일대 둔치에서 개최되고 있다.

축제 프로그램

만선 배 맞이 행사, 젓갈을 주제로 한 판매, 공연, 전시, 체험 등.

참여 동기와 사례분석

강경젓갈축제와의 인연은 마라톤, 강에서 뗏목 타기 등의 프로그램을 진행하다가 사람이 죽는 사고가 남으로써 축제팀장이 경찰서에 조사받으러 다니다 보니 축제가 끝났다고 하면서 축제의 진행을 위해서는 축제 전문가가 필요할 것 같다면서

총감독으로 참여해 달라는 요청으로 참여하게 되었다.

내가 축제에 참여하기 전에는 야간행사가 없고 관광객도 없다면서 축제에 식당들이 참여하지 않으려고 하였다. 내가 참여한 첫해에는 사정하고 사정해서야 겨우 향토식당이 참여했으며, 야간행사를 구성하는 데 있어서 관계자들이 강경젓갈축제에서는 야간행사가 안 된다고 반대했지만, 콘텐츠 중심으로 개혁적인 추구로 구성하여 진행하였다. 많은 반대가 있었지만 나는 확실한 소신이 있었고, 소신대로 진행하여 참여한 첫해에 인산인해를 이루는 성과를 냈다.

두 번째로 참여하는 해에는 전년도에 참여하지 않고자 하였던 향토식당이 서로 입점하려고 난리가 났다. 난 총감독으로서 전체 구성 및 연출만 하였고, 시스템 등은 시와 특별한 관계가 있는 회사들이 참여함으로써 질적인 성과를 낼 수가 없다고 판단한 나는 2년 만에 총감독을 사임했다. 그래도 축제가 성황리에 진행되다 보니 젓갈 상가가 확장되면서 보람을 느끼는 축제였다.

기반을 닦아 놓은 상태에서 성장하다가 지금은 방향성에 대한 콘트롤타워와 전문성을 잃어버려 문화체육관광부 축제에서도 빠졌다. 활성화할 수 있는 장점도 많지만, 전문성의 결여로 더는 경쟁력을 잃어버린 점이 매우 아쉽다.

시사점

축제 담당의 소신과 열정이 축제에 대한 성공 요소를 좌우한다. 축제팀장의 확실한 소신과 열정이 있었기에 개혁적인 추구로 변화를 추구하여 성과를 냈지만, 그 이면에 특수 관계자들로 인하여 더 이상의 정체성 있는 변화에 어려움을 겪었다. 지속적인 변화 속에 정체성을 찾아가야 하지만 전문성의 결여로 방향성을 잃게 되면 축제가 쇠퇴한다는 것을 보여줬다. 지금은 투명하게 진행하고 있지만, 방향성에 대한 전문성은 그냥 얻어진다는 것이 아니라는 것을 이해해야 한다.

풍기인삼축제 (전 우수축제)

개최년도 : 1998년 / 예산 : 1,000백만원 / 개최 시기 : 10월(9일간)

축제 개요

소백산록의 유기물이 풍부한 토양에서 생산되는 풍기인삼은 타지방 어느 곳 인삼보다 내용조직이 충실하고 인삼 향이 강하며 유효 사포닌 함량이 매우 높다. 신진대사의 기능에 효과가 탁월한 효능이 있다고 동의보감에도 기록되어 있다. 그만큼 풍기인삼은 효능과 가치가 높다. 특산물 축제로서 지역경제 활성화에도 기여하고 있다.

축제 프로그램

인삼 대제, 주세봉행차재연, 인삼 깎기 경연대회, 풍기인삼 블랙프라이데이, 인삼 캐기 체험, 인삼우량선발대회 등.

참여 동기와 사례분석

풍기인삼축제는 풍기역 주변과 풍기인삼 유통단지 및 둔치에서 진행하였으며 축제 실무위원회 중심으로 진행되었다. 변화에 관한 대화가 잘되지 않았다. 그러나 담당이 바뀌면서 내가 총감독하고 있는 보령머드축제에 벤치마킹하러 왔고 총감독 체제에 대한 자문을 구하고 총감독으로 참여를 원하여 참여하게 되었다.

전국의 관공서를 방문하며 느끼는 것은 영원한 거래처가 있는 것도 아니고 영원히 거래되지 않는 것도 없다는 것이다. 인사이동으로 인하여 축제팀장이 바뀌면 소신과 열정 및 추진력에 따라 분위기가 바뀐다는 것이다.

축제는 성황리에 끝났으나, 팀장이 바뀌면서 주도권을 시에서 실무위원에게 뺏기면서 총감독을 1년하고 말았다. 새로운 팀장도 총감독체제를 하고자 하였으나 실무위원회의 의지가 강하여 주도권이 바뀐 상황이었다.

대한민국의 축제 진행에 있어서 군에서 직접 예산을 집행하는 경우는 소수이다. 대부분 축제위원회를 만들어서 진행하고 있다. 축제위원회를 구성하여 운영하지만 거의 관에서 기획, 운영하고 예산만 위원회를 거쳐 실행한다. 그러나 가끔 위원회가 강한 데는 관의 콘트롤을 받지 않으려고 하는 상황이 있다. 이때 당시 풍기인삼축제가 그랬다. 관과 위원회가 주도권을 갖고자 하였다. 풍기인삼축제는 문체부 우수축제까지 도약하였지만 더는 승격하지 못하고 우수축제 일몰제 기간에 걸려 퇴출되고 말았다.

지금은 사단법인 풍기인삼축제 조직위원회를 설립하여 주도권을 가지고 진행하고 있다. 또한, 재단법인 영주 관광재단을 설립하여 운영하고 있다.

시사점

축제 담당의 소신과 열정 및 개혁적인 추구에 따라 운영시스템이 변화된다는 것을 사례로 볼 수가 있다. 위원회와 관이 서로 주도권을 갖고자 하였다. 이러한 경우는 발전에 한계성이 있다. 축제는 전문성에 대한 이해와 현실적인 시스템으로 뒷받침해서 발전 방향에 대해 정확히 인식하고, 운영하였을 때 성공할 수가 있다.

양양 송이축제 (전 최우수축제)

개최년도 : 1997년 / 예산 : 539백만원 / 개최 시기 : 10월(4일간)

축제 개요

설악산 화강암 토질의 송이 산지에서 자연산 송이
의 생태를 직접 관찰하고 채취할 수 있는 체험형 축
제이다. 송이 산지인 양양군 남대천 둔치에서 열리
는 축제로 대한민국 최고의 송이 유통시장을 확보하
고 운영되는 축제이다.

축제 프로그램

송이보물찾기 체험, 표고버섯 따기 체험, 특산물
전시 판매 송이 채취, 송이 생태 견학, 송이 동산 견
학 등의 체험행사 외에 송이 돌이 양초 만들기 등의
문화예술행사와 송이 요리 만들기, 송이길 건강달리
기대회 등.

참여 동기와 사례분석

양양 송이축제는 문화체육관광부 선정 최우수축제로까지 도약하였던 축제이다.
최우수축제에서 더 이상 도약하지 못하고 일몰제에 걸려 명예졸업을 했다. 양양 송
이는 대한민국을 대표하는 송이 생산단지이고 브랜드의 가치가 높다. 한때는 일본
에서 전세기로 관광객이 참여하기도 하였다. 전국의 송이가 양양축제에 와서 양양
송이로 둔갑하여 비싼 송이값을 받기도 하였다.

나는 오랫동안 수시로 자문 및 컨설팅에 참여하였고 때로는 총감독의 협의도 진
행하였지만 20년이 넘은 후에야 총감독으로 참여하게 되었다. 총감독으로 참여하

게 된 경위를 밝히자면, 몇 년 동안 축제팀장과의 미팅을 통하여 신뢰를 쌓으며, 대대적인 변화를 모색하며 총감독으로 위촉되었다. 몇십 년 동안 스케치하였던 내용을 바탕으로 프로그램과 운영시스템을 전체적으로 재구성해서 운영하였다. 행사를 준비하던 중 함께 진행하던 축제팀장이 축제 한 달을 남겨두고 이명으로 인하여 휴직을 내고 빠졌다. 그로 인하여 변화에 제동이 걸리고 말았다.

축제팀장은 개혁을 시도하였지만, 그 외 분들은 개혁보다는 무난하게 진행되기를 바랐다. 축제의 개혁이란 새로운 변화를 시도하는 과정에서 재정리를 해야 하는데, 기존에 참여하던 분들은 축제의 성공은 두 번째이고 기득권을 지키려는 과정에서 불만을 표시하는 등 저항이 컸다. 이러한 불만은 축제 담당들에게 돌아갔는데, 축제 담당자들은 그들을 설득했어야 했지만, 그러한 불만이 제기되는 것에 관해 부담을 느끼고, 그들이 불만을 제기하지 않도록 해달라고 나에게 주문을 했다.

결론은 성공적인 변화보다는 무난하게 진행하는 것을 원하는 추세로 전환되어 더 이상의 변화를 추구하지 못하고 멈추게 된 매우 아쉬운 축제였다.

시사점

양양군에도 현재 재단이 설립되어 앞으로는 재단에서 개최하고자 한다. 대한민국에는 축제를 위한 많은 재단이 설립되었고 재단에서 운영하는 시스템을 갖추고 있다. 그러나 재단에서도 변화가 힘든 것은 여전히 단체장의 입김이 작용하거나 관에서 개입하여 콘트롤하고자 하는 현상 및 지역단체들의 기득권 주장으로 변화를 시도하지 못하는 경우가 많기 때문이다. 대다수 재단이 소신 있게 진행할 수 있는 운영시스템을 갖추지 못하고 있다. 재단이 합법화된 업무에서 소신과 열정은 찾아볼 수 없고, 형식적인 합법화에 대한 업무만을 진행하는 곳이 많다. 이러한 운영시스템에서 진행되는 축제는 발전적으로 변화시키기가 매우 어렵다. 관에서 진행할 때는 축제 담당 팀장의 소신과 열정 및 개혁적인 추구만 있다면 변화에 대한 가능성이 있었지만, 재단에서 진행할 때는 오히려 더 어려움이 있을 수 있다.

청송사과축제 (현 관광축제)

개최년도 : 2004년 / 예산 : 717백만원 / 개최 시기 : 11월 초(5일간)

축제 개요

청송사과의 우수성 등을 홍보하기 위해 열리는 청송사과축제는 다채로운 행사들로 꾸며지며 매년 10월 말에서 11월 초순 사이에 개최된다. 방문객 남녀노소 누구나 쉽게 참여하고 즐길 수 있는 하늘에서 떨어지는 수천 개의 사과 풍선 중 황금사과를 찾는 '만유인력-황금사과를 찾아라', 사과 선별을 통해 로또 번호를 추첨하는 '도전 사과 선별 로또' 등의 프로그램을 구성하여 개최한다.

축제 프로그램

청송사과 퍼레이드, 사과꽃 줄 엮기, 황금사과를 찾아라, 사과 조형물 전시, 농산물품평회, 사과 요리 시식 및 전시회, 청송사과 퍼레이드 등.

참여 동기와 사례분석

청송사과축제는 내가 총감독으로 참여하기 전에는 문화원에서 진행하고 있었다. 축제를 담당하고 있는 강병극 팀장은 축제의 새로운 변화를 시도하기 위해 사과협회를 중심으로 축제위원회를 새롭게 구성하고 총감독체제로 구성하여 축제의 개혁적인 변화를 시도하였다.

총감독으로서 기본계획서 작성 및 전면적인 개혁적 변화를 시도하여 운영했다. 전체 보고회에 가면 기득권자분들이 축제에 대해 질문을 던지며 현장의 분위기를 너무 모른다고 제기하였지만, 난 수십 년 동안 축제 현장에서 기획, 연출하여왔기에 그런 말에는 전혀 흔들림 없이 진행하였다.

지역의 이벤트를 운영하는 분은 축제팀장에게 "친구야 이렇게 하면 안 된다."면서 멱살을 잡기도 하였다. 그래서 "친구세요?" 하고 물었더니 이 지역이 고향도 아닌데 친구라고 한다면서 반발하였다.

새로운 변화를 추구하다 보면 기득권자들의 이러한 반발은 늘 있고, 이러한 저항에도 흔들리지 않고 변화를 추구하였을 때 경쟁력 있는 축제로 만들어 갈 수 있다. 이러한 반발에도 청송사과축제 역사상 최고로 많은 인파가 몰려들어 그야말로 대박이라고 할 수 있는 성과를 얻었다. 군수님께서도 성과에 만족하고 식사대접을 하고 싶다며 일정을 빼달라는 연락을 받았다.

그러나 행사가 끝난 후에도 소수의 몇 명이 총감독인 나를 타겟으로 잡고 주변에 불만을 표출하고 다녔다. 소수의 인원이지만 지역에서는 나름대로 기득권을 가진 자들이었다. 그다음 해에는 이러한 불만으로 인해 총감독으로 참여하지 못하고 자문과 비공식적인 지원으로 참여하였다.

축제는 매년 성장하여 지금은 원하는 대로 관광축제로 선정되어 대한민국의 사과를 대표하는 축제가 되었다. 아기자기한 프로그램을 다채롭게 구성하여 운영하고 있다.

시사점

축제팀장의 소신과 열정 및 개혁적인 추구가 있었기에 대한민국을 대표하는 사과축제라는 성과를 올릴 수 있었다. 축제를 담당하는 팀장의 역할이 얼마나 중요한지에 관한 결과로 증명한 곳이다.

태백산눈축제 (전 유망축제)

개최년도 : 1994년 / 예산 : 1,324백만원 / 개최 시기 : 1월(17일간)

축제 개요

해마다 겨울이면 하얀 눈으로 뒤덮이는 설경(雪景)과 주목 군락(群落) 등 웅장한 태백산을 배경으로 지역 관광산업과 연계해 강원도 태백시에서 개최하는 겨울철 관광축제이다.

행사 장소는 태백산도립공원과 태백시 일원이며, 눈축제 개막식을 시작으로 해마다 약간씩 다르기는 하지만 상설 이벤트인 국제 눈 조각품 전시회, 눈사람 페스티벌, 눈 터널, 눈으로 만든 그리스신전, 설원에서 만나는 사계(四季) 외에 태백산 등산대회, 오궁썰매타기, 설상 미니 축구대회, 개썰매 타기, 전통 민속공연, 겨울 놀이마당 등 다양한 프로그램으로 개최한다.

축제 프로그램

대형 눈 조각 전시, 눈 미끄럼틀, 얼음 미끄럼틀, 썰매 등 체험행사, 전국대학생 눈 조각 프로그램 등.

참여 동기와 사례분석

난 오랫동안 방송대행사의 역할과 방송연출을 하였다. 대한민국 공개 방송계 일인자라는 자부심을 갖고 활동하였다. 태백산 눈축제의 참여는 2000년 개막식 공연이었다. 당시 트로트 가수 3명에 1천2백만 원이 책정되어 있었다. 난 3백만 원만 더 보태어 1천5백만 원을 준다면 가수 열다섯 명에 인천방송에 광고스팟 40여 회를 홍보하여 준다고 제안하여 수주하였다.

김교복 과장님이 개혁적인 변화를 추구하면서 서로 간에 이해가 맞아 총감독으로 참여하여 전체행사를 진행했다. 그러나 예산의 한계성으로 예산을 줄이는 과정에서 발전차 대신 태백시에서 한전의 지원을 받아 변압기를 지원받았으나, 그 변압기가 개막식 리허설을 하는 과정에서 문제가 발생해서 어려움을 겪었다. 다행히 발전기를 조달하여 행사를 무사히 마무리지을 수 있었다. 2010년 이정우 팀장과 손선욱 주무관의 열정은 대단하였다. 그 당시에 추진위원회의 권한이 매우 컸지만, 이정우 팀장과 손선욱 주무관의 열정으로 많은 변화를 시키고자 하였다.

자문, 컨설팅 및 평가위원으로 지원하여 주다가 해외 눈 조각 초청전을 맡아 중국에서 눈 조각가들을 초청하여 운영하였다. 태백시에서는 예산의 한계성이 있기도 하였겠지만, 중국의 인건비는 저렴하다는 인식으로 예산을 매우 적게 편성해 놓았다. 태백시의 요청에 따라 예산은 작지만 어떻게 하든 잘 연결해 주어 좋은 성과를 만들어 주고 싶었다. 중국의 눈 조각가를 섭외하기 위해 하얼빈, 장춘, 대련 등 많은 곳을 타진하였다. 세계적으로 많은 조각가가 있는 곳은 하얼빈이었지만 하얼빈의 단가는 우리가 예상하는 것보다 비쌌다. 책정된 예산으로는 불가능하였다. 대련에 있는 한인회 사무국장인 중학교 동창을 만나 추천을 받은 것이 장춘한인회였다. 장춘한인회의 사무국장의 고향은 태백 옆 동네인 영월군이었고, 같이 있는 지인은 태백이 고향이었다. 사무국장은 고향인 강원도에서 하는 행사인 만큼 최선을 다해서 지원해 주겠다고 했다. 한인회에서 같이 준비하는 한 분은 고향인 태백시에서 하는 만큼 이윤 없이 모든 것을 지원하겠다고 했다. 그래서 장춘대학교에 근무하는 눈 조각 교수와 그 외 교수와 학생들로 구성하여 준비했다.

사무국장과 함께하게 된 지인들은 존경하는 장춘한인회 사무국장의 친구이시니 같이 형님으로 모시겠다고 하면서 의기투합을 했다. 그러나 진행하는 과정에서 태백 출신 지인이 주도하였고, 그분이 행사날짜가 다가오면서 봉사를 한다더니 수입이 없다고 추가 수입을 요구하였다. 난 예산을 오픈한 상태에서 진행한 것이기에 추가로 줄 돈이 없다고 하면서 조각가들이 장춘에서 출발할 때까지 많은 스트레스를 받았다.

어렵게 한국에 도착하여 눈 조각을 하였다. 그러나 조각하는 과정에서 기온이 올라가서 눈이 녹고 폭우 등이 쏟아져서 조각하는 데 매우 어려웠다. 눈이 녹으며 얼기를 반복해 고운 눈 조각이 아니라 얼음 조각이 되어 버리는 관계로 어렵게 진행이 되었다. 나는 계약서대로 체계적으로 중국에 조각가의 인건비를 입금해 주었지만, 조각가를 맡아 운영하였던 이가 조각가들에게 비용을 지급해 주지 않아 어려움을 겪었다. 국제 조각을 진행하는 데 있어서 매우 조심해야 하는 상황들이라고 할 것이다.

중국 하얼빈의 눈축제에서 눈 조각은 인공눈을 만들어 틀을 짜고 크레인 쇠로 다져가면서 구멍이 없이 눈을 만들고 조각하기에 몇 달 동안 작품을 보존한다. 대한민국은 기온의 문제로 눈이 녹다가 어는 과정이 반복으로 이루어지면서 눈 조각이 아니라 얼음조각으로 변하면서 고운 눈 조각을 유지하기가 어려운 게 눈축제의 현실이다.

시사점

하얼빈에서는 세계적인 빙설제와 빙등제를 운영한다. 기온은 보통 영하 20~40도를 유지함으로 한번 제작한 눈 조각은 2개월 정도 보존된다. 하얼빈에는 눈과 얼음 조각을 하는 기업이 많다. 기업구조로 진행이 된다. 일본의 삿포로 눈 조각은 자위대가 참가하면서 노하우를 집단으로 축적하여 간다. 대한민국은 눈 조각을 전문으로 하는 기업이 없다. 얼음조각을 하는 조각가가 눈 조각에 참여한다. 대한민국 얼음조각가는 자영업자들이고 기존의 거래처 얼음 조각을 하느라 바쁘다.

결론은 눈 조각에 참여할 수 있는 인력이 거의 없다는 것이다. 이젠 중국에서도 눈 조각가의 가격이 저렴하지 않다. 기업형이기에 기업의 이윤까지도 책정한다. 눈 조각이나 얼음조각을 진행하는 데 있어 중국의 인건비가 싸다는 인식을 버리고 적정한 금액을 책정하고 섭외하여야 할 것이다.

대관령눈꽃축제 (전 예비축제)

개최년도 : 1993년 / 예산 : 900백만원(2018년) / 개최 시기 : 1월(10일간)

축제 개요

예로부터 백두대간을 넘는 큰 관문이었던 대관령은 눈이 많이 내리는 지역으로 전국에서 가장 먼저 서리가 내린다는 곳이다. 1993년 1월 대관령면의 지역 청년들이 삼삼오오 모여 대관령의 겨울 문화를 알리기 위해 시작한 것을 계기로 대한민국 대표 겨울 축제로 발전되어 개최하고 있다. 눈 조각의 볼거리와 체험 놀이를 더하여 종합 눈 테마파크와 같은 공간을 만들어 운영하고 있다.

축제 프로그램

눈 조각 전시, 세계 길거리 음식 체험, 알몸마라톤, 겨울철 레포츠 체험 등.

참여 동기와 사례분석

대관령눈꽃축제는 2000년대 대한민국을 대표하는 겨울 축제다. 대관령눈꽃축제는 관 주도형 축제가 아니라 완전히 민간중심형으로 운영되는 축제다. 난 1999년 방송전문 대행사로 활동한 능력을 바탕으로 개막식에 1천만 원을 받고 댄스 가수 15팀 100분의 공개방송을 해주기로 하고 총감독으로 참여하여 진두지휘하였다. 그때 당시 SBS 라디오 특집공개방송을 섭외하여 영하 약 20도 되는 상황에서 개막식을 진행하였다. 매우 추웠다. 대한민국 최고의 가수들을 섭외하여 출연을 시켰고 성황리에 마쳤다.

대관령눈꽃축제는 청년단체에서 주관하여 개최하는데 대부분 협찬을 받아 진행하는 축제이다. 축제가 개최되는 장소는 대관령면 횡계리 용평리조트 등 밀집된 스키장의 입구에 있어 스키장에 방문하는 관광객은 필수로 지나가는 코스이다. 동계 올림픽 때에는 올림픽의 홍보를 위하여 많은 협찬을 받아 크게 진행하였다. 대관령 눈꽃축제는 순수 지역 청년단체에서 진행하는 민간축제로서 현재는 입장료와 협찬을 받아 자생력 있는 축제가 되었다.

시사점

대한민국 최초로 순수 민간단체에서 진행하는 축제이다. 1회 때부터 청년단체들이 중심이 되어 협찬을 받아 진행하였고 지금은 입장료를 받아 자생력을 높여가는 축제이다. 관에서는 약간의 예산 지원과 행정을 지원해 주고, 기획부터 연출 등은 모두 민간단체에서 진행하는 축제이다. 대한민국의 축제는 99% 거의 관에서 진행하고 있다. 앞으로는 민간단체에서 순수성을 가지고 자생력을 키워 진행하는 시스템이 활성화되어야 할 것이다.

무안 연꽃축제 (전 예비축제)

개최년도 : 1997년 / 예산 : 720백만원 / 개최 시기 : 8월(4일간)

축제 개요

화산 백련지는 10만여 평으로 우리 조상들의 피와 땀으로 축조하여 인근 농경지에 농업용수를 공급해 왔으나, 지금은 영산강물이 공급됨에 따라 그 기능이 상실되었다. 동양 최대 백련 자생지인 이곳의 백련은 다른 연처럼 일시에 피지 않고 7월부터 9월까지 꾸준하게 피고 지는 특성이 있는데 이를 관광 상품화하여 많은 관광객을 유치하여 지역관광산업 및 지역경제 활성화를 견인하고 있는 축제이다.

축제 프로그램

백련 주제관과 생태전시관, 연 요리경연대회, 사랑 연등 띄우기, 연잎 들고 연꽃길 걷기, 백련지 달빛여행 등.

참여 동기와 사례분석

2003년 난 문화관광축제들을 중심으로 많은 관광축제를 총감독으로 참여하여 진두지휘하고 있었다. 무안에서도 관광축제로 더 활성화하기 위하여 총감독체제를 도입하여 김원부 팀장과 인연이 되었다. 기본계획부터 참여해서 함께 진행하였고, 문체부의 관광축제에 선정되기도 했다.

오랫동안 자문위원으로도 활동하면서 무안군을 스케치하였지만, 축제 운영시스템은 현실적이지 못한 면이 있었다. 축제에 대한 의지의 부족이 아니었나 하는 분석을 한다. 보통 예산을 전년도에 책정하여 놓고 축제를 진행하지만, 무안군은 추경예산을 세워 축제예산을 확보하는 경우가 많았다고 한다. 그런 관계로 축제에 대한 불확실성이 많았다.

연꽃축제는 8월에 진행한다. 주간에는 지역의 어르신들이 찾아와 관람하였다. 저녁 시간이 되면 주변 관광객이 밀려들어 인산인해가 되는 축제로 기억된다. 참으로 특별한 축제였다. 더운 여름밤을 즐기기 위해 관광객이 밀려드는 상황에 감동하기도 했던 축제이다.

시사점

무안 연꽃축제는 동양 최대의 백련지가 힐링의 공간으로 인정받고 있는 축제이다. 그러나 축제 담당자들의 소신과 열정에 좌우되는 축제였다. 예산의 계획수립과 운영시스템에 애로사항이 있다 보니 유리한 환경조건을 갖춘 상태에서도 더이상 발전하지 못하고 있는 축제로 운영되고 있다. 다시 한번 소신과 열정이 있는 분이 담당하여 개혁적인 변화를 추구하는 시스템을 갖추었을 때 관광축제로 성장할수가 있을 것이다.

아산 성웅 이순신 축제 (전 예비축제)

개최년도 : 1961년 / 예산 : 980백만원 / 개최 시기 : 4월(3일간)

축제 개요

충무공 이순신 장군의 애국애족 정신을 고취하고 국난극복의 위업을 계승하고자 매년 장군의 탄생일 (4월 28일)을 전후하여 열리는 문화관광축제이다.

처음에는 온천 문화를 중심으로 온천문화제가 개최되었으나, 매년 충무공 탄신일인 4월 28일을 기준으로 열리고 있는 제례에 맞추어 이순신 장군과 온천 문화를 혼합한 문화제로 구성하였다.

축제 기간은 매년 충무공 탄신일인 4월 28일을 기준으로 전후 3 ~ 4일간 열리는데, 4월 24일 충무공이 순국한 남해 관음포에서 헌정수(獻淨水) 봉송 및 봉치(奉置)와 헌다제례(獻茶祭禮)로 시작된다. 4월 28일에는 현충사에서 정부가 주관하는 다례행사와 서막식이 거행된다.

축제 프로그램

승마와 활쏘기 체험, 거북선 경주대회 및 승선 체험, 해전 탐구관, 세계 3대 해군 명장 비교 전, 세계 4대 해전 비교 전, 조선 시대 군영 체험, 조선 시대 거리 재현 등.

참여 동기와 사례분석

문화관광축제로서 열정이 있는 축제 담당들과 함께 관광축제로 정착시키기 위하여 총감독체제를 도입하여 담당자들의 요청으로 축제에 참여하여 진두지휘하였다. 개혁적인 변화로 새로운 구성 속에 진행하였다. 발주 또한 분리 발주를 통하여 진행하고 총감독이 총괄 진두지휘하는 시스템으로 진행하여 호평을 받았다. 그러나 담당자들의 의지와는 달리 단체장의 의지로 주변 대학에 있는 예술 교수가 총감독으로 참여하게 됨으로써 축제에 대한 정체성을 잃어버리고 운영시스템도 무너지는 계기가 되었다.

내가 총감독으로 참여하여 운영할 때 분위기가 최고로 고조되었으나, 그 이후부터는 정체성과 열정이 무너지는 아쉬운 축제가 되었다. 지금은 아산문화재단이 설립되어 재단에서 운영하고 있지만, 예전의 명성은 사라진 모습이다.

시사점

축제는 축제 담당자들의 소신과 열정 및 개혁적인 추구를 통해 경쟁력 있는 축제를 만들어 갈 수가 있다. 그러나 단체장의 개입으로 총감독이 선임됨으로써 조직 자체에 불화가 생기는 과정에서 축제의 운영시스템에 대한 방향성을 잃었다. 단체장은 아산시에 있는 순천향대학교 총장에게 총감독을 위탁하였고 총장은 교수에게 총감독을 위탁하였다. 교수는 예술감독으로서 축제를 경험하지 않은 상태에서 총장의 지시로 맡게 되었고 실무부족으로 축제위원회와 마찰을 빚었고 스트레스로 인하여 대외 기피증까지 생겼다고 나에게 하소연하기도 하였다.

이론과 실무는 다르다. 한번 엇나간 운영시스템은 그다음에도 시스템을 정착시키기 어렵다. 아산시에서 매년 적지 않은 예산을 지출하면서도 축제가 정착되지 못하고 있다. 한때는 관광축제로서 영광을 가졌지만, 지금은 정체성을 잃어버리고 있다. 다시 한번 개혁적인 방향성과 운영시스템 구축하여 경쟁력 있는 관광축제로 성장시키길 바란다.

대한민국 축제에서 인물을 중심으로 할 때는 이순신 장군을 소재로 하는 것이 제일 많을 것이다. 이순신 장군의 흔적이 있는 곳과 승전이 있던 곳에서는 거의 모든 곳에서 축제를 진행하고 있다. 대표적인 축제로 통영에서 한산대첩축제를 진행하고 있다. 전라남도, 해남군, 진도군에서는 명량해전 축제를 남해군에서는 노량해전 축제를 고성군에서는 당항포해전축제를 개최하고 있다. 세계해전사의 인물축제로서 통합축제에 대한 방법을 모색해 글로벌 관광축제를 개최하는 것도 고민해 볼 필요가 있다.

홍성 역사인물축제 (전 홍성 내포 문화축제)

개최년도 : 2014년 / 예산 : 735백만원 / 개최 시기 : 5월(3일간) 관광축제

축제 개요

내포 지역은 홍주목(洪州牧, 지금의 홍성군)이 담당하던 충남 서천에서 경기도 평택까지의 20여 고을을 지칭하고 있다. 즉 서해안의 충청남도 중심이었던 홍주성 담당인 내포 지역의 홍성에서 내포 문화축제를 개최하여 홍성을 알리고자 하였다.

홍성군에는 '청산리 대첩'의 백야 김좌진, 독립운동가 시인, '님의 침묵'의 만해 한용운, 단종의 복위를 꾀하다 죽은 사육신 가운데 한사람으로서 조선왕조의 대표적인 충신으로 꼽힌 성삼문, 고려의 명장 최영, 고수와 춤꾼의 대가 한성준, 화가, 회화, 조각, 태피스트리의 이응노 등 홍성에는 많은 위인들이 있어 이들을 모티브로 홍성 역사인물축제를 개최하여 홍성의 인물을 알리고 있다.

축제 프로그램

홍주읍성을 지켜라. 퍼포먼스, 역사 인물을 주제로 한 공연, 체험행사 운영, 청산리 전투 퍼포먼스, 토크 멘토리 '김좌진', 김좌진 마당극, 대한 독립군 체험, 김좌진 미디어 파사드 등.

참여 동기와 사례분석

홍성군에서는 축제를 활성화를 시키기 위하여 축제관계자들을 영입하여 새로운

사무국을 운영하였지만, 군에서는 불안한 요소가 있다고 판단하여 명성이 있는 관광축제 전문 박종부 총감독을 선임하여 보완하고자 하였다.

그러나 축제팀장으로 입사한 사무국의 직원은 전체를 맡겨 주지 않고 전문 총감독을 선임한 것에 대한 불만으로 비협조적이었으며 총감독의 업무에 대해 지원하지 않고 혼자 독단적으로 진행하였다. 욕심이 많아 업무를 많이 벌려놓고 일하는 스타일이었다. 축제팀장이 벌려놓은 업무가 행사 직전까지 해결되지 않다가, 전체 업무를 넘겨받아 매일같이 밤늦게 군청에 들어가 새벽까지 미팅을 진행해서 의미 있는 성과를 내고 마무리하였다.

시사점

담당자들의 욕심은 좋다. 그러나 과한 욕심은 화를 만든다. 능력자는 전체 행사를 포인트만 체크해서 구성해도 성과를 낸다. 전문성이 부족한 담당은 아무리 열심히 열정을 가지고 해도 성과를 내기 어렵다. 오기와 독점적인 욕심은 많은 관계자를 힘들게 하고 분란을 일으키며 축제가 실패하는 결과를 만든다. 서로 간에 전문성과 업무의 담당이라는 것을 인정하고 소통하면서 상생할 때 좋은 성과를 낼 수 있다.

제3장

박종부가 총감독한
일반축제

신촌 문화축제

개최년도 : 1992년 / 예산 : 약 500백만원(1995년) / 개최 시기 : 5월(4일간). (없어짐)

축제 개요

신촌이라는 이름은 '새터 말'에서 유래했으며, 조선 건국 초기 이곳을 수도로 삼자는 여론도 강했다. 신촌동은 신촌역을 중심으로 연세대학교, 이화여자대학교, 서강대학교의 생활 역권으로서 주변에 있는 홍익대학교까지 합세하여 대한민국을 대표하는 대학상권의 중심지였다. 신촌 문화축제는 대학상권을 활성화시키고자 개최하는 축제였다.

축제 프로그램

대학문화공연, 기업 프로모션, 거리 퍼레이드, 신촌 마라톤대회 등.

참여 동기와 사례분석

신촌은 대학상권의 중심지로서 대학가의 상징적인 지역이다. 신촌 문화축제는 서울에 축제가 거의 없었던 시기에 개최되었다. 서울시의 축제는 명동상가 주축으로 진행되었던 명동축제가 대표축제로 자리 잡았다. 그리고 대학축제를 육성하기 위하여 대학로에서 대학축제가 개최되었다. 축제 이벤트에 대한 공무원들의 마인드가 매우 부족한 시기였고 지역축제는 지역 관내에 있는 백화점의 자문에 의존하고는 하였다.

신촌 문화축제위원회에서도 지역 내에 있는 그레이스 백화점의 지원을 많이 받앉다. 백화점은 판촉이벤트를 꾸준히 하였기에 이벤트가 활성화가 되어있었기 때문이다. 신촌 문화축제위원회에 그레이스 백화점 전무가 고문으로 참여하여 지원해 주고 있던 시기였다. 신촌 문화축제는 내가 참여하기 전까지는 대행사와 축제위원회의 마찰이 있었다. 이유는 5천만 원을 지원해 주고 대학상권이란 이점을 활용하여 기업협찬을 받아 2억 원 규모의 축제를 개최해 주어야 하지만, 원하는 만큼의 협찬을 받지 못해 축소하여 개최하는 관계로 대행사와 불신이 컸다.

그 시기에 나의 명성은 매우 높았다. 1990년대 중반에 인기스포츠인 농구대잔치 개막식, 올스타전, 씨름 천하장사, 배구 슈퍼리그 개막식, 프로축구 올스타전, 프로야구 올스타전 등과 빅쇼의 KBS, MBC, SBS TV 생방송을 현장 총감독으로서 진두지휘하였기 때문이다. 그때의 농구대잔치 올스타전은 그야말로 대단한 이벤트였다.

기업 체육대회 관계로 그레이스 백화점 총무과와 거래가 있었고 나의 명성을 백화점에서는 알고 있었다. 신촌 문화축제위원회에서는 대행사와의 불신으로 축제 고문이신 그레이스 백화점 전무에게 기획사 추천을 요청하였고, 전무는 총무과에 추천을 요청했으며, 총무과에서는 나를 추천했다. 신촌 문화축제위원회에서는 나를 본적 없지만, 백화점 전무의 추천으로 나의 명성을 알게 되면서 부일기획이 대행사로 선정되었다.

나는 신촌 문화축제에 대하여 나름대로 분석하고 있었다. 대행사가 협찬을 받지 못하여 적자를 보는 관계로 축제를 축소해서 운영함으로써 불신이 있다는 것을. 나도 적자를 예상하였기에 참여를 결정하기까지 많은 고려가 있었다. 그러나 부일기획은 체육대회 전문기획사로 인식된 상태에서 돌파구를 찾고자 하였다.

협찬을 받고자 한다면 기업체 홍보, 마케팅팀과 접촉이 필요했고 방송, 언론 등을 통한 홍보가 필요하였기에 당장은 적자를 보더라도 관련 업체와의 유대관계와 소통으로 인적네트워크를 확보하여 장기적으로 사업 영역을 확장하고자 하였다. 결론은 적자를 봤고 이미지를 남기고자 2억 규모의 축제를 5억 규모로 확대해서 운영함으로써 서울의 명동축제와 대학로축제를 누르고 서울의 대표축제로 만들었다.

1995년에는 메인 협찬사가 들어갈 무대, 배너 현수막, 아치 등에 참여한 야쿠르트, 삼성카드, 맥주회사 등에 1996년을 기약하며 광고권을 넘겨주었지만, 1996년의 협찬에도 협찬금이 늘어나지 않는 관계로 그냥 부일기획이 메인 협찬사로서 광고하였다. 서대문구청의 담당자는 축제장에서 너무 부일기획 대행사 광고를 한 것 아니냐고 문제를 제기하였으나, 난 저 자리가 메인 협찬사가 들어갈 광고자리 아닌가? 협찬사를 잡지 못해 부일기획이 메인 협찬사가 되어 기재하는 마음이 얼마나 아픈지 아는가 하며 항변을 하였고 담당자는 아무 소리도 하지 못하였다. 1996년에도 그렇게 회사가 부족한 축제예산을 투자하고 규모를 확장하여 개최하여 준 만큼 그 명성은 대단했다.

1997년에는 오히려 축제 개최권을 주고 개최권에 대한 입금을 원해 1997년부터는 참여를 하지 않았고 지금은 다른 유사 축제들이 많이 개최되고 있다. 난 신촌 문화축제를 개최하면서 삼성카드와 인연을 맺은 관계로 삼성 신용카드에서 삼성카드로 CI 변경과 비전 선포식을 수주하는 성과를 내기도 하였다.

수주하는 과정은 이랬다. 대한민국을 대표하는 체육대회 전문대행사로서 체육대회를 개최하는 장소인 전국의 운동장과 체육관 등과의 인적네트워크를 가지고 있었다. 삼성카드에서는 5천 명 규모가 참여하는 CI 발표를 위하여 PT를 통해 대행사까지 선정해 놓았지만 9월로 잡힌 행사 장소를 구하지 못하고 있었다. 즉 행사를 추진하지만, 일정은 미정이었기에 장소를 예약하지 못하였던 상황이었다. 일정이 확정되면서 예약을 하고자 하였으나, 예약이 가능한 장소가 없었다.

신촌 문화축제를 통해 나를 잘 알고 있던 마케팅팀에서 전화가 왔다. 부일기획의 능력을 믿는다. 장소만 섭외해 온다면 부일기획에 대행권을 주겠다는 것이다. 그때가 8월 초로서 나는 기아자동차 하계휴양소를 몽산포해수욕장에서 진행하고 있었다. 지금은 행사를 진행하는 중이니 행사를 끝나고 올라가겠다고 약속을 잡으며 행사 완료 후 삼성카드 본사에 방문하였다. 임원 모두가 나를 기다리고 있었다. 나는 장소를 섭외해 줄 수 있다고 했다. 삼성카드에서는 그때 당시 하루 행사인 CI 발표 3억 규모가 되는 행사를 목요일에 미팅하고 화요일까지 4일 만에 작성하여 오라고 하였다. 시간이 급한 것이었다. 행사의 날까지는 한 달 조금 더 남는 기간이었기 때문이다.

나는 제안을 하였다. 난 장소를 예약하여주고 PT를 통하여 선정되었던 연 하나로 박재삼 이사와 함께 선정된 기획서로 실행하겠다고 제안하면서 잠실실내체육관을 예약하여주고 그렇게 개최하였다. 전국의 행사 장소를 예약하는 데 있어 장소를 예약하지 못한 방송사와 기업체는 나를 찾아오고는 하였다. 장소를 잡아주는 조건으로 많은 체육대회를 수주하기도 하였다.

한번은 FAG(한화기계 그룹) 전진 대회를 큰 공장이 있는 마산에서 하고자 하였으나 장소를 예약하지 못하여 진행하지 못하고 있는 상황에서 마산실내체육관을 예약하여주고 몇 년 동안 FAG 그룹 전진 대회를 대행하였다. 담당을 맡았던 과장은 죄송하지만, 이해가 안되어 실례가 되지 않는다면 물어봐도 되냐고 질문하였다. 마산에 큰 공장이 있고 지역에 관계성이 있어 모든 방법을 동원하여 장소를 섭외하고자 하였지만 끝내 못했는데 어떻게 며칠 만에 섭외해 오는지 도저히 이해가 되지 않는다는 것이었다. 회사는 정석대로 섭외하였다.

행사는 일요일이었고 그 전날에 다른 행사가 있었기에 예약을 할 수가 없었다. 방법은 단순하였다. 그 전날의 행사는 단체의 행사로서 예산에 어려움이 있는 행사였기에 내가 좋은 조건으로 대행하여 주는 방법이다. 난 미리 시스템을 설치해 놓고 그것을 전날 행사에 지원하여 주면서 바로 바꾸어 치기를 하는 방법이 있을 것이고 전날 행사에 대해 협찬하여 주고 다른 날짜로 이동시키는 방법 등 여러 가지의 방법이 있었다. 모두 삶의 지혜에서 나온다.

시사점

축제는 자원봉사를 활용하여 개최한다. 주위의 상권화 환경의 영향을 가지고 개최된다. 축제는 자생력 있는 축제가 되어야 한다. 모두가 공감대 형성이 되는 축제가 되려면공감성을 가지고 많은 참가자가 참여하면서 축제를 구성해야 할 것이다. 축제의 구성과 참여는 원원이다. 서로 상생할 수 있는 구성으로서 개최한다면 그러한 축제는 성공할 수 있다.

칠곡 낙동강 세계평화문화축전

개최년도 : 2013년 / 예산 : 1,800백만원 / 개최 시기 : 10월(3일간)

축제 개요

칠곡군은 6·25 전쟁 때 사상 최대의 격전지였다. 특히 다부동 전투에서는 많은 군인이 전사하였다. 낙동강은 우리 민족의 젖줄이자 낙동강 전투의 최후 보루로 호국의 상징이다. 칠곡군은 이런 낙동강과 함께 치열했던 전쟁의 상흔을 간직한 전쟁 문학의 발원지라 할 수 있다. 이러한 역사적 배경과 낙동강이라는 자연적 배경을 바탕으로 축전을 개최하고 있다.

낙동강 방어선의 전투는 1950년 8월 1일부터 9월 24일까지 55일 동안 낙동강 일대에서 벌어진 치열한 전투로서 북한군의 남진을 저지하기 위하여 국군과 유엔군이 목숨을 바쳐 대한민국을 지켜낸 전투이다.

대표적인 다부동 전투는 1950년 8월 5일 낙동강을 도하한 북한군은 주력인 제13사단, 3사단, 1사단, 15사단 등 군단 병력(2만1천여 명)을 다부동 일대에 투입해 호시탐탐 대구 점령을 노렸고, 백선엽 장군의 국군 제1사단과 미 제27연대가 적의 절반에도 못 미치는 8천2백여 명의 병력으로 맞섰다. 8월 18일 북한군 제15사단과 3사단은 유학산으로 제13사단은 중앙계곡인 다부동 쪽으로 동시에 공격해 요충지인 유학산이 적에게 점령되는 위기를 맞았으나 백선엽 장군이 "만일 사단장이 물러서면 너희들이 나를 쏘고 너희들이 명령 없이 물러서면 내가 너희들을 쏘겠다" 라며 병사들을 독려하여 역습을 감행한 지 30분 만에 목표 고지 유학산을 재점령하는 전과를 올렸다.

8월 13일부터 12일간 정상 주인이 15번이나 바뀌는 328고지(칠곡, 석적, 포남리) 전투와 가장 많은 희생자를 냈던 837고지(칠곡, 가산, 학산리) 탈환전 등 55일간 전투가 계속된 다부동 전투는 6·25전쟁 중에서 최대의 격전이었으며 이 전투에서 적 1만7천5백여 명의 사상자를 내었고 아군은 1만여 명이 희생됐다.

다부동 전투는 안강전투와 함께 대구를 사수하고 나아가 대한민국을 오늘에까지 있게 한 혈투에 혈투를 거듭한 대전투였으며, 9월 16일 개시된 반격 작전의 목적으로 다부동 북서쪽 11km 지점의 천생산을 탈환한 후 잔적을 소탕한 9월 24일에야 종결되었으며 그 어느 전투보다 치열했고 참혹했던 격전이었다. 낙동강 방어선에서 국군과 유엔군이 북한군을 막지 못하였다면 오늘날의 대한민국은 존재할 수 없었을 것이다. 국군을 비롯하여 세계 각지에서 대한민국을 돕기 위해 참전한 수많은 병사가 대한민국과 자유민주주의 수호를 위해 귀중한 목숨을 바쳤고 지금 우리가 누리고 있는 평화는 이들의 고귀한 희생이 있었기에 가능했다.

축제 프로그램

호국과 평화를 주제로 대규모 무기전시, 낙동강 뮤지컬 공연, 낙동강 방어선 체험프로그램, 낙동강지구 전투 전승 행사 등.

참여 동기와 사례분석

축전에 총감독으로 참여하게 된 계기는 축제전문가로서 입찰을 통하여 선정된 기획서를 재정리하여 검토하고 대행사를 관리하기 위한 목적이 컸다. 주최 측에서 예산을 책정하여 집행하는 관계로 예산이 적정선으로 책정되었는지와 프로그램이 현실성 있게 구성되어있는지 운영시스템에 대한 컨설팅 및 감리의 역할을 위임받아 진행되었다. 난 2회, 3회에 총감독으로 참여했다.

1회 때의 축전에 대한 분석을 통하여 프로그램과 예산 내용에 대한 거품의 분석을 통하여 방향성에 대하여 제안했다. 2회에는 대구의 새로운 대행사가 선정되어 진행하였지만, 축제에 대한 경험이 부족한 상태였다. 그 부족함을 채워주는 역할을 했다. 축전의 예산은 약 18억이었다. 이 중에 대행사가 집행하는 예산은 약 13억이었다. 약 13억 원의 예산 검토에서 거품에 대한 예산을 몇억 줄여주었다. 그리고 내가 받는 총감독료 몇천만 원은 예산의 감리만으로도 몇 배 이상의 역할을 했다고 농담을 했다. 2회 때 대행사는 약 3억짜리의 주제관을 제안한 곳이 선정되었다. 난 주제관 운영이 멋있어 보이기는 했지만, 투자 대비 가치성이 떨어지기에 바꾸고 싶었지만, 그 주제관으로 인해 선정되었던 만큼 변경은 하지 못했다.

축전 외에 학습박람회를 같이 진행하면서 축전이 더 알차게 진행되었다. 나는 총괄기획구성 및 운영에 대한 컨설팅, 감리 등의 업무였지 직접 연출할 수 있는 상황은 아니었다. 대행사가 입찰을 통하여 예산을 모두 확보하여 가는 체제에서는 총감독이 부족한 면을 채워주는 것뿐이지 직접 연출할 수 있는 여건은 되지 못했다. 다행히 현재 구성되는 콘텐츠 구성은 매우 좋게 진행되고 있다.

지금은 축전이 성장하여 대한민국을 대표하는 레벨의 축제로 도약하였다. 그러나 관광축전으로 성장하고 싶다면, 다시 한번 변화에 대해 모색해야 할 것이다. 구국의 혼이 깃든 축전에 한 번쯤은 참여하여 그 의의를 같이 한다면 좋을 것이다.

시사점

전문가의 참여는 축제 담당자에게 멘토로서 자신감을 불어준다. 전문가의 참여는 프로그램 구성에 있어서 알찬 내용으로 지원하여 업그레이드시켜주고 예산에 대한 감리로 거품 낀 예산을 절약하여 준다. 운영의 시스템에서 신뢰를 준다. 총감독에 대한 몇천만 원의 지출이 많다고 생각하는 담당자들이 있다. 몇천만 원 주고 몇억 원을 절약하여 준다. 총감독의 지원으로 대행사를 신뢰를 바탕으로 함께 운영해 갈 수가 있다. 대외적인 인적네트워크 작업을 활용한 정보와 운영을 통해 성공적인 축전으로 도약할 수 있다.

성주 생명 문화축제

개최년도 : 2011년 / 예산 : 1,150백만원 / 개최 시기 : 5월(4일간)

축제 개요

성주군 선석산에는 조선 세종의 왕자들의 태실, 세종의 적서와 열여덟 왕자와 단종의 태실이 군집을 이루고 있다. 조선 세종조 진주목사를 역임한 이우가 처음 입향하여 개척한 마을로 현재는 그 후손들이 모여 살고 있는 성산이씨 집성 마을로써 전통가옥들이 짜임새 있게 배치된 전통민속마을이다.

성주지역 최대의 고분군으로 5~6세기경 조성된 고분군이 있다. 즉 성주군은 태어나서 생명의 태실을 묻고 살기 좋은 전통 생활 속의 한개마을이 존속하고 죽어서 묻히는 성산동 고분군이 명당자리라는 인식을 각인시키는 지역이다. 이러한 키워드로 생·활·사의 콘텐츠로 성주 생명 문화축제를 개최하면서 세계의 명물 성주 참외의 상징성을 바탕으로 참외축제도 곁들여 진행하고 있다. 세종대왕 왕자태실을 모태로 한 '태 봉안 의식' 등 다른 지역과 차별화된 콘텐츠로 생명 문화의 정체성을 확립하여 지역축제에서 전국 축제로 도약하고 전통 문화자산의 관광 상품화와 지역주민의 소득증대에 이바지코자 하고 있다.

축제 프로그램

세종대왕 왕자태실 태봉안 재현행사, 생명 문화와 주제로 한 공연, 전시, 체험, 생명 선포식, 참외 축제 등.

참여 동기와 사례분석

성주군은 성주 참외의 브랜드가 매우 높다. 성주 참외의 가치로 성주 참외 축제를 개최하고 있다.

2011년 성주 참외 외에 성주군의 명당이란 의미로 태어나서 태가 묻히고 살기 좋은 성주에서 생명을 다하며 죽어서 묻힌다는 모티브로 생, 활, 사를 활용한 성주 생명 문화축제를 개최하는 데 있어 새로운 정리가 필요하다는 분석 아래 축제전문가 박종부 총감독을 선임하여 1~2회 축제를 구성하면서 기반을 닦았다. 3회째도 함께 하고자 준비를 하다가 팀장이 바뀌면서 대행사체제로 운영시스템이 바뀌었다.

시사점

처음 축제를 준비하는 축제팀장은 축제전문가의 중요성을 인식하고 새롭게 축제명을 바꾸어 개최하는 만큼 능력있는 전문가 도움을 받아 함께 운영하고자 총감독체제를 도입하고 선정하여 자문과 컨설팅을 받으며 함께 진행하였다. 그러나 이후 새로 담당을 맡은 축제팀장은 왜 총감독이 필요한지에 대해 인식을 하지 못하고 있는 관계로 일반적으로 진행하는 시스템인 대행사체제로 전환하였다.

총감독으로 선정하여 운영하는 축제는 총감독에 대한 중요성을 인식하고 분석하여 총감독체제를 도입하여 운영한다. 그러나 인사이동으로 처음 담당하는 팀장들은 총감독체제에 대한 이해 부족으로 일반적인 시스템으로 다시 전환하는 사례가 있다. 즉 축제에 대한 분석이 되지 않은 상태에서 쉽게 진행하고 있는 것이 대한민국의 대다수 축제의 현실이다.

남한산성 문화제

개최년도 : 1996년 / 예산 : 480백만원 / 개최 시기 : 10월(3일간)

축제 개요

남한산성은 조선시대의 산성으로 기원은 통일
신라 문무왕 때 쌓은 주장성(672)의 옛터를 활용
하여 조선 인조 4년(1626)에 대대적으로 구축하
였다.

남한산성은 총 12.4km에 달하는 성곽이 잘 보
존되어 있다. 남한산성의 성곽을 유심히 살펴보
면 돌의 종류나 성곽을 쌓은 모습이 제각기 다르
다. 이것은 남한산성이 어느 한 시대에 생긴 것이
아니라 기록상 통일신라 시대에 쌓았던 주장성을
기초로 하여 조금씩 증축되어 지금의 모습이 되
었다는 증거이다.

남한산성은 다른 산성들과는 달리 산성 내에 마을과 종묘·사직을 갖추고 있다. 또
남한산성은 전쟁이나 나라에 비상이 있을 때, 임금이 한양도성에서 나와 남한산성
행궁에 머무르고, 종묘에 있는 선조의 신주(神主)를 옮길 수 있는 좌전을 마련하여
조선의 임시수도로서 역할을 하였다.

1636년 인조 14년 병자호란. 청의 대군이 공격해오자 임금과 조정은 적을 피해
남한산성으로 숨어들었다. 추위와 굶주림, 절대적인 군사적 열세 속에 청군에게 완
전히 포위된 상황, 대신들의 의견 또한 첨예하게 맞섰다.

남한산성은 군사요충지였으면서도 아픈 역사를 가지고 있다. 또한, 많은 설화가
내려오는 산성이다. 이러한 콘텐츠를 가지고 남한산성 문화제를 이끌어가는 축제
이다.

축제 프로그램

성곽 순례, 행궁 탐사, 역사재현퍼포먼스, 이색이벤트 등.

참여 동기와 사례분석

남한산성 문화제는 매년 이벤트적인 입찰로 진행하였다. 그러던 중 대행사체제에서는 콘텐츠를 구성할 수 없다는 축제 담당자들에 의해 콘텐츠를 재구성하고 직접 운영할 수 있는 총감독체제를 받아들여 함께 참여하게 되었다. 전체의 재구성으로 분위기에 맞는 기와 부스, 콘텐츠 중심으로 축제를 구성하여 이끌어갔다. 문화제를 이끌어가는 축제위원회를 구성하여 운영하고 있었다. 의사결정은 축제위원회에서 의견교환을 통해 투표로 진행했다. 그렇다고 위원회의 조직이 전문성을 갖춘 것은 없었다. 누구의 입김에 의해 방향이 쏠린다.

내가 총감독을 할 때는 축제 담당자인 유영재 팀장이 문화제를 몇 년 동안 담당하면서 문제점을 인식하고 돌파구를 찾고자 하는 확실한 신념과 소신이 있어 위원회를 설득해서, 축제 담당의 의사대로 진행되었으며 성과를 내기도 하였다. 그러나 그 담당이 바뀌고 새로운 담당은 축제에 대한 이해 부족으로 위원회의 투표에 맡김으로써 다시 대행사체제로 전환되었다. 다시 대행사체제로 진행되면서 콘텐츠를 잃어버리고 다시 이벤트 행사로 기획, 연출이 되었다.

시사점

축제 담당의 소신과 열정으로 축제의 방향성에 대한 의지가 엿보였다. 총감독체제는 총감독체제에 대한 이해를 가진 상태에서 진행된다. 일반적인 분위기는 대행사체제로서, 콘텐츠보다는 이벤트성 위주로 진행됨으로써 콘텐츠를 잃어버리게 된다는 것에 대한 인식이 부족한 관계로 축제의 정체성을 잃어버리는 경우가 많다.

남한산성을 활용해서 글로벌 관광지로 만들 수 있다. 그러한 관광지를 만들고자 하는 의지와 열정이 있는 담당자가 있으면 좋을 것이다.

허준 축제

개최년도 : 1999년 / 예산 : 458백만원 / 개최 시기 : 10월(3일간)

축제 개요

허준 축제는『동의보감』을 집필한 허준 선생이 태어난 서울 강서구에서 개최하는 축제로, 허준이『동의보감』을 집필한 가양동 허가바위 일대를 중심으로 1999년부터 열리고 있다. 축제는 조선시대 최고 명의였던 허준 선생의 애민 정신과 그런 애민 정신이 탄생시킨 동양 최고의 의학서인『동의보감』을 기린다는 취지로 시행되고 있다.

토요일과 일요일 이틀에 걸쳐 운영된다. 주제관에서는 동의보감의 구성 및 집필 과정 등을 한눈에 파악할 수 있는 것은 물론 진맥과 처방도 받을 수 있고, 다양한 약초의 종류와 효능을 알아보고 구매할 수 있다. 또 주민참여 마당, 허준 문인화 그리기, 한방테마 프로그램, 한방체험 등 다양한 프로그램이 진행되고 있다

축제 프로그램

허준 테마 전시, 허준박물관, 동의보감 주제관, 허준 테마 프로그램, 허준과 동의보감, 한방체험 등을 소재로 한 주제관 등.

참여 동기와 사례분석

허준 축제는 매년 입찰을 통하여 축제를 준비하고 있었다. 매년 지역 케이블이 참여하여 수주해가고 공연 위주로 진행되어 콘텐츠 없이 매년 똑같다는 비판 속에

돌파구를 찾고자 새로운 방법을 모색하고자 하였다. 몇 년 동안 축제를 담당하면서 축제에 대한 인식이 나름대로 정리가 잘된 김봉조 팀장과 송동윤 계장의 소신과 열정으로 구청장과 위원회를 설득하여 총감독체제를 도입하였다. 평소에 축제전문가 박종부 감독을 염두에 두고 있었던 상황에서 요청을 받고 참여하게 되었으며 콘텐츠 위주로 재구성하여 호평을 받으며 진행하였다.

그러나 축제를 이끌어가던 김봉조 팀장과 송동윤 계장이 다른 부서로 이동하면서 다시 원점이 되었다. 새로 맡은 업무의 담당자는 왜 총감독체제가 필요한지에 관한 내용과 축제의 방향성에 대한 이해 부족으로 다시 대행사체제로 전환된 데 대하여 매우 아쉬움이 남는다.

시사점

매년 지역 케이블 방송사가 축제를 수주해감으로써 매년 똑같은 내용의 축제라고 비난을 받으며 축제의 방향성과 운영시스템을 이해하고 총감독체제로 변화를 주고자 하였다. 그러나 담당자가 바뀌면서 축제 방향성과 운영시스템의 이해 부족으로 다시 원점으로 돌아가는 것을 보았다. 축제 담당자들의 축제에 대한 이해도와 방향성 및 운영시스템에 대한 이해도에 따라 축제가 어떻게 진행되고 있는지 이 사례를 통하여 알아볼 수 있었다.

양양 연어축제

개최년도 : 1997년 / 예산 : 610백만원 / 개최 시기 : 10월(4일간)

축제 개요

양양군 남대천은 오대산 부연동계곡에서 발원
해 현북면 어성전리에서 큰 물줄기를 이뤄 60여
km를 흐르다 동해로 들어가는 강이다. 이곳에서
산란한 연어는 동해를 거쳐 베링해(海)에서 3~5
년간 지내며 길이 0.5~1m, 무게 2~7kg으로 성
장해 11월 중순이 되면 하루 2,000여 마리씩 남
대천으로 회귀한다. 한국으로 회귀하는 연어의
70% 이상이 남대천으로 회귀하고 있으며, 치어
도 70% 이상이 남대천을 통해 바다로 나가고 있
다. 1996년 11월 중순 남대천에서 최초로 연어낚
시대회를 개최한 이후 1997년부터 양양군의 축
제가 되었다. 매년 10월 말~11월 초순 사이에 남대천 둔치와 부대 행사장에서 개
최한다.

축제 프로그램

연어 맨손 잡기 체험, 어미 연어 맞이하기 행사, 용왕제 봉행, 개막식 등의 공식행
사와 연어 맨손 체험, 연어와 함께 달리기 등의 연어체험행사, 연어 사생대회, 연어
길 달리기, 연어 춤 공연 등의 문화행사, 연어 탁본 뜨기, 연어생태견학, 연어전시
장, 연어상품 전시회, 연어판매장, 연어 특선요리 등의 상설행사 등.

참여 동기와 사례분석

양양송이축제와 인연이 되어 양양군과 오랫동안 인연을 맺어 왔다. 양양군에서는 예전에는 양양송이축제를 집중적으로 육성을 하였지만, 현재는 연어축제를 집중적으로 관광축제로 육성하고 있다. 축제팀장과 몇 년 동안 미팅을 통하여 관광축제로의 도약을 위하여 개혁적인 변화를 함께하자고 하여 총감독으로 참여하게 되었다.

어느 축제이든 킬러 콘텐츠가 있고 그 외 콘텐츠 및 이벤트 행사가 있다. 콘텐츠형으로 축제장을 구성하여 배치하였고 1천만 원의 황금연어를 찾아라는 킬러 콘텐츠를 만들어 관광객을 유치하고자 하였다. 나름대로 킬러 콘텐츠에 대한 이슈로 관심을 받았고 관광객이 많이 방문하였다. 지속적인 육성이 필요한 부분이다.

축제의 운영은 담당자의 소신과 열정에 의해 많이 변화된다. 축제 개최 한 달을 앞두고 개혁적인 추구를 하면서 함께하기로 했던 축제팀장이 심한 이명으로 휴직을 내면서 지속적인 개혁의 변화에 대한 추구는 한계성을 가지게 되었지만 나름대로 성과를 내기는 하였다. 2021년 양양문화재단이 설립되면서 앞으로는 재단에서 진행하게 될 것이다.

시사점

축제 담당자들의 상황과 소신, 열정에 의해 축제의 변화가 좌우된다. 개혁적인 변화의 시도에는 기존 기득권자들의 반발이 있을 수 있고 그 반발에 대한 항의를 축제 담당자들에게 한다. 변화에 대한 과정이다. 변화에 있어 반발자들을 설득하며 이끌어가야 축제의 발전을 도모할 수 있다. 시대에 대한 변화를 추구하지 않는다면 그 축제는 절대 발전이 없다는 것도 인식해야 할 것이다.

증평 인삼골축제

개최년도 : 1992년 / 예산 : 383백만원 / 개최 시기 : 10월(4일간)

축제 개요

인삼골축제는 지역에 깊이 뿌리를 내린 증평의 특산품 인삼을 모토로 증평 양돈 산업을 특화한 홍삼 포크를 널리 알리고 더불어 증평군 주민들이 생산하는 농산물의 우수성을 홍보하는 축제의 장이다. 또한, 행사장 일원에서 전통문화 행사를 포함한 크고 작은 공연과 체험행사로 구성하여 개최하고 있다. 콘텐츠의 구성은 인삼, 양돈, 전통문화의 3가지 키워드로 진행되는 축제이다.

축제 프로그램

인삼 캐기, 홍삼 포크 삼겹살 대잔치, 홍삼 포크를 테마로 한 공연, 전시 등.

참여 동기와 사례분석

오랫동안 괴산 청결고추축제를 총감독하면서 옆 동네인 증평군의 증평 인삼골축제를 총감독으로 참여하여 전체를 구성하고 연출하게 되었다. 현재까지 진행되고 있는 기본구성은 그때 당시 구성한 자료를 데이터로 업그레이드시켜오고 있다.

그러나 예산의 한계성으로 더 이상 변화도 어렵고 업그레이드도 어렵다. 증평군의 대표축제이지만 대한민국 상위권의 관광축제로서는 한계성을 가지고 있다. 축제의 발전과 관광축제로 도약을 하고 싶다면 최소한의 예산을 증액하여야 할 것이다.

또한, 지역의 한계에서 벗어나 문체부 선정 관광축제를 분석하여 전국적인 축제로 구성하였을 때 경쟁력 있는 관광축제로 도약을 할 수 있을 것이다. 전체예산이 많지 않았기에 적은 예산을 지원해 준다고 것을 고려하고도 참여했다. 축제 담당 팀장이 바뀌면서 그나마 적게 받는 총감독료마저 비싸다고 깎자 하여 인삼골 문화제에서 총감독의 자리를 내려놓고 이별을 한 축제이다.

시사점

인삼골축제는 1년 중 최고로 행사가 많은 10월 두 번째 주에 진행한다. 향토축제로서 정착이 되었다. 그러나 지역경제의 활성화를 위하여 관광축제로 도약하고자 한다면 예산에 대한 증액이 필요하다. 관광축제로의 방향성에 대해 이해를 하고, 가치 있는 관광축제로서의 구성, 연출을 해야 할 것이다.

예산의 증액 없이는 경쟁력 있는 관광축제로 발전하기 힘들다는 것을 이해해야 할 것이다.

정읍사 문화제

개최년도 : 1990년 / 예산 : 526백만원 / 개최 시기 : 10월(2일간)

축제 개요

<정읍사>는 현존하는 유일한 백제가요로, 고
려와 조선시대까지 속악의 가사로 불렸다.

<고려사>에 의하면 정읍의 한 행상인이 행상하
러 나갔다가 오랫동안 돌아오지 않으므로 그의
아내가 망부석에 올라가 남편이 돌아올 길을 바
라보며 지어 부른 노래라고 한다.

축제 프로그램

제수 의례, 여인 제례, 정읍사 가요제.

참여 동기와 사례분석

정읍시에서 물 축제에 대한 공모를 통하여 1등으로 선정이 되어 상금 1천만 원을
받기도 하였지만, 실행은 되지 못하였다. 물 축제 관계로 남상필 팀장과 지속적인
소통이 있었다. 난 축제전문가로서 송문석 팀장, 김준식 과장 등과 인연이 되어 총
감독으로 참여하기도 하였지만, 축제에 대한 방형성 정립에 대한 이해부족으로 지
속적인 참여를 하지 못하였다.

시사점

시와 실행조직위원회에서 추진하는 방향성에 차이가 있다면 전체적인 구성과 운
영에 있어 어렵다고 할 것이다. 시나 조직위원회에서 한 방향성을 가지고 추진했을
때 경쟁력 있는 축제로 만들어 갈 수 있을 것이다.

보현산 별빛축제

개최년도 : 2004년 / 예산 : 280백만원 / 개최 시기 : 6월(3일간)

축제 개요

보현산 밤하늘 별을 따라 신비의 우주 속으로 최고의 밤하늘과 아름다운 경관 등 풍부한 생태 문화 관광자원을 보유한 영천 보현산 자락에서 보현산천문과학관 및 국립 보현산 천문대 등 천문·우주 관련 인프라를 바탕으로 한 순수 천문·우주·과학 체험 축제이다.

축제 프로그램

천문 주제관, 천문, 우주, 과학 체험관, 천문학 강의, 누워서 별 보기 등.

참여 동기와 사례분석

별빛축제와의 인연은 축제가 끝난 후 매년 11월에 도청에 가서 축제에 관한 결과를 발표하고 도로부터 평가를 받는다. 평가장에 가면 매년 똑같다는 평가를 받고, 올해의 변화에 관한 질문을 받는 것이 큰 스트레스였다고 하면서 개혁적인 변화를 주기 위해 관광축제전문가인 박종부 감독과 함께 해보고 싶다고 조봉제 계장과 손환주 팀장에게서 연락이 와서 전체적으로 재구성하여 진행하였다.

그러나 전체예산의 한계성으로 변화와 총감독료에 대한 의견 차이로 어려움이 많았다. 영천에서는 별빛축제 외에 한약축제, 과일축제, 예술제 등을 함께 개최한다. 대다수 축제가 정체성에 있어 경쟁력이 있는 축제인지에 대한 의문이 들었다. 관광축제로서 도약하고자 한다면 어떠한 축제이든 한 축제를 집중적으로 지원하여 주고 기반시설 및 환경시설을 갖추었을 때 경쟁력 있는 축제를 만들어 갈 수가 있다. 손환주 팀장이 총감독체제로 다시 한번 하고 싶어했지만, 축제 담당들인 손환주 팀장과 조봉제 계장의 인사이동으로 인하여 입찰체제로 다시 전환되었다.

시사점

확실한 킬러 콘텐츠를 만들지 못한다면 좋은 점수를 받기 쉽지 않다. 관광축제는 확실한 콘텐츠의 구성으로 가치를 만들어야 하고 주최 측에서도 이것저것 펼치는 것보다 하나의 축제에 집중적으로 지원하여 주었을 때 성공할 가능성이 크다.

현재의 축제 구성은 정체성 있는 콘텐츠의 구성보다는 이벤트성의 축제로의 구성이 많다. 경쟁력 있는 축제의 벤치마킹을 통하여 가치 있는 축제를 만들었을 때 경쟁력 있는 축제로 도약시킬 수 있을 것이다.

의령 토요애 농특산물축제

개최년도 : 2019년 / 예산 : 300백만원 / 개최 시기 : 10월(3일간)

축제 개요

슬로건 토요애 브랜드는 의령군이 농업교육 및 기술지원 사업을 체계적으로 추진함으로써 생산자가 양질의 과일과 채소를 생산해 낼 수 있도록 선별하고 지원하여 토요일만큼은 맛있는 농산물을 소비자에게 전달하자는 의미가 있으며 2019년에 처음으로 개최하였으나 2020~2021년 오프라인축제가 코로나19로 인하여 개최되지 못했다.

축제 프로그램

토요애 농특산물전시, 체험, 판매, 농특산물시식, 곤충 박물관, 농경문화 전시관, 소싸움 등.

참여 동기와 사례분석

의령 토요애 축제는 홍의장군축제 총감독으로서 인정을 받아 자연스럽게 총감독으로 참여하여 총괄 기획·연출을 하였다. 코로나19로 인하여 단 한 번밖에 연출하지 못했지만, 모두가 열정을 가지고 열심히 하여 최고의 성과를 올렸다.

시사점

축제 담당자들이 소신과 열정을 가지고 컨설팅을 받으며 함께 운영하면서 1회지만 기본 틀을 정리하며 성과를 올린 축제였다.

문경사과축제

개최년도 : 2006년 / 예산 : 400백만원 / 개최 시기 : 10월(21일)

축제 개요

문경 사과 농가는 맛있고 안전한 사과를 생산하기 위하여 기술교육을 이수하고 고품질 사과 생산에 대한 높은 열정을 가지고 있다. 문경은 중산간 지역으로 높은 일교차와 비옥한 토질과 기후 청정 자연환경에서 재배되어 육질이 단단하고 향이 짙으며 당도가 높아 꿀사과로 명성이 알려져 있다. 문경의 사과축제는 문경 도립공원에서 판매 위주 행사로 개최하고 있다.

축제 프로그램

사과 전시 판매, 사과 홍보관.

참여 동기와 사례분석

문경사과축제는 문경 전통찻사발축제에서 총감독체제를 도입하여 성과를 내면서 총감독체제에 대한 신뢰를 바탕으로 참여하게 되었다. 사과축제 추진위원회와 함께 주제관과 포토월을 준비하고 시식과 판매 위주로 문경새재도립공원의 오픈세트장과 주흘산 관광객을 대상으로 축제를 개최하고 있다.

시사점

문경 전통찻사발축제를 통해 총감독체제에 대한 이해도와 검증된 총감독과 함께 직접 발주하고 운영하는 시스템으로 진행하며 정착시켰다.

문경 오미자축제

개최년도 : 2005년 / 예산 : 210백만원 / 개최 시기 : 9월(3일간)

축제 개요

100세 청춘! 전국 최고 명품 오미자, 문경 오미자! 문경 오미자는 백두대간의 중심이면서 우리나라 최대 오미자 생산지인 황장산과 대미산의 오미자를 옮겨와 해발고 300m~700m의 준고랭지 청정환경에서 친환경농법으로 생산하고 있으며 전국 유일의 '오미자 산업 특구'로 지정되어 연간 1,500톤 생산으로 전국 오미자의 45%를 차지하는 제1 주산지로서 세계적인 오미자 산업의 메카로 자리매김하고 있다.

축제 프로그램

오미자 전시, 체험, 판매, 오미자 담그기 체험.

참여 동기와 사례분석

문경 전통찻사발축제를 총감독하면서 최고의 성과를 내면서 총감독체제에 대한 이해를 주었고, 일정 금액의 총감독료를 받고 전체를 기획·연출하였다. 큰 축제는 아니지만, 전시, 판매 및 주민의 화합 축제로서 정착하고 있다. 축제는 오미자 주산지인 동로면에서 개최하다가 전시, 판매 위주로 문경새재도립공원 입구에서 진행하다가 다시 주민화합을 위하여 동로면으로 돌아가서 금천 둔치 일원에서 개최하고 있다.

문경 약돌한우축제

개최년도 : 2001년 / 예산 : 210백만원 / 개최 시기 : 10월(3일간)

축제 개요

문경 약돌한우는 한국종축개량협회에 등록된 혈통등록 우(牛)에서 생산된 우량송아지를 6~7개월 경에 거세하여 문경약돌 한우 사양관리 프로그램으로 문경에서만 생산되는 거정석(일명: 약돌)을 배합 사료에 혼합 급여하여 사육하고 있다. 맑고 깨끗한 청정자연의 고장 문경에서 약돌을 먹여 정성 들여 키운 문경 약돌한우의 건강한 맛과 전통문화의 멋이 있는 오감의 한우축제를 개최하고 있다.

축제 프로그램

한우 전시, 홍보, 시식 행사.

참여 동기와 사례분석

문경 전통찻사발축제를 총감독하면서 최고의 성과를 내면서 총감독체제에 대한 이해를 주었고 일정 금액의 총감독료를 받고 전체의 기획·연출을 직거래하는 방식의 운영시스템으로 연출하였다. 큰 축제는 아니지만, 시식, 판매, 체험 축제로 구성, 연출하였다.

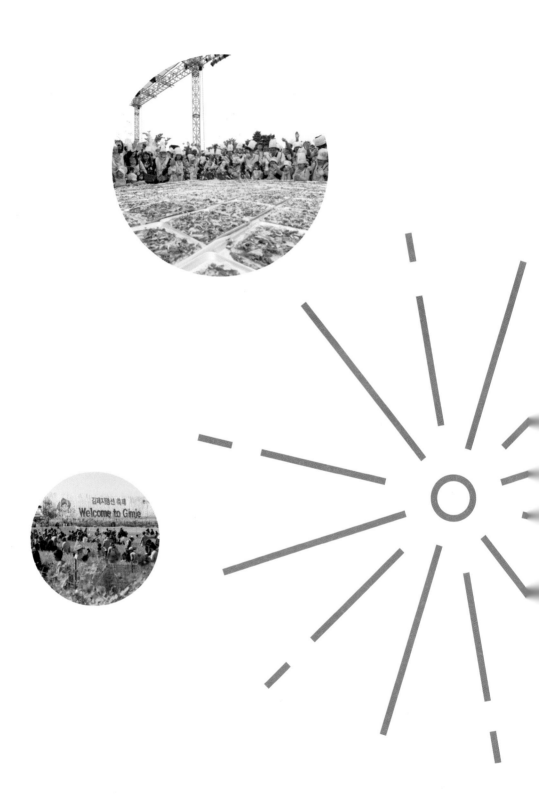

제4장

대한민국 관광축제 사례분석
2020년 축제 개최를 위하여 문화체육관광부에 보고된 자료

이글은 관광산업축제 위주로 다루었다. 관광산업축제는 문화체육관광부에서 경쟁력 있는 관광축제를 육성하기 위하여 1996년부터 매년 우수한 축제를 선정하여 지원 육성하였다.

2019년까지는 명예 대표축제, 대표축제, 최우수축제, 우수축제, 유망축제로 선정하여 등급별로 지원사업을 펼치었고 선정 축제에 들어가기 위한 예비의 육성 축제를 선정하여 운영하였다.

한 축제의 등급에서 기간을 두어 유망, 우수축제에서는 10년, 최우수축제에서는 5년 안에 승급하지 못하면 최우수축제부터는 명예졸업을 하였고 우수축제 이하의 축제에서는 퇴출되었다. 2020년부터는 등급제도가 없어지고 33개의 관광축제를 선정한다. 또한 관광축제로의 승급을 위한 20개의 육성축제를 선정하여 평가하고 있다.

지역축제들은 왜 문화체육관광부가 선정하는 관광축제에 진입하려고 노력하였을까? 관광축제에 선정되면 등급에 따라서 문화체육관광부와 한국관광공사에서 예산지원과 홍보지원을 받는다. 공신력 있는 중앙부처에서 선정된 축제인 만큼 관광객에게 인지도에 대한 신뢰를 더 주었던 상황이라 지자체에서는 문화체육관광부 관광축제에 선정되려고 많은 노력을 하였다. 관광축제는 문체부에서 선정된 현장 평가위원들이 축제 현장에서 평가하는 현장평가와 기타 데이터를 가지고 12월에 선정위원들을 선임하여 최종평가를 통하여 등급에 따라 선정이 되었다.

난 1999년부터 문화체육관광부 선정 축제인 대관령눈꽃축제, 무주반딧불축제 등을 현장에서 총감독으로 참여하여 300여 회를 진두지휘하고는 하였다. 사례분석은 경쟁력 있는 해외 축제의 분석을 통해 대한민국 관광축제 레벨의 시각에서 분석하는 만큼 각자의 관점에서 바라보는 것과 차이가 있을 수 있다. 프로그램의 안내에서는 콘텐츠 위주로 소개를 하고 이벤트성의 프로그램은 기재하지 않았다. 아래의 축제들은 관광축제로 선정되어 활동하였던 축제들을 분석하였다.

화천산천어축제 (전 대표축제)

개최년도 : 2003년 / 예산 : 2,900백만원 / 개최 시기 : 1월(23일)

축제 개요

눈과 얼음이 있어 겨울이면 더욱 빛나는 고장,
강원도 화천에는 겨울의 진미가 있다. 온 가족이
함께 최고의 겨울을 보낼 수 있는 진미는 바로 다
름 아닌 얼음 나라 <화천산천어축제>이다. 2003
년 1회를 시작으로 수많은 관광객의 사랑으로 더
욱 풍성하고 즐겁게 만들어지는 산천어축제는 매
년 1백만 명 정도가 참가하는 규모로 개최되며,
회를 거듭할수록 더욱 짜릿하고 즐거운 축제로
거듭나고 있다.

축제 프로그램

산천어 얼음낚시, 산천어 맨손 잡기, 얼음조각 광장, 눈썰매, 미니창작 썰매 페
스티벌 등.

사례분석

2000년대 전반에는 겨울축제 하면 인제빙어축제, 태백산눈축제, 대관령눈꽃축
제였다. 화천에는 비목문화제가 있었다. 화천 하면 최전방의 군부대가 있고 농업
과 기업이 없다. 즉 경쟁력 있는 지역이 아니라는 것이다. 특히 겨울에는 할 것이
없었던 곳이고, 지역에 대한 인지도는 거의 없고, 군인들만 있는 최전방이란 인식
이 높았다.

이러한 화천군이 2003년에 산천어축제를 개최하면서 급성장하였고 화천군의 지

명도 모르는 국민이 없을 정도로 전 국민이 알게 되었다. 때로는 총감독을 선임하고 대행사를 선정하여 운영하는 곳도 있다. 또 아니면 총감독만을 선정하여 직거래 방식으로 운영으로 한다. 산천어축제에서는 대행사를 선정하지 않는다. 총감독도 선임하지 않고 직접 직거래 방식으로 운영을 한다. 단위가 커서 꼭 입찰할 것만 분리 입찰을 통하여 직접 운영한다. 매우 바람직한 시스템이라고 한다.

전문 총감독이 없다 보니 작품적인 연출에서는 부족한 점이 도출되기도 한다. 그러나 대한민국의 축제를 운영하는 데 있어서 새로운 아이템은 모두 화천의 축제에서 나오고 타 축제 담당자들은 벤치마킹을 통하여 도입하고는 한다. 늦게 시작하였지만, 현재는 대한민국의 축제를 이끌어가는 축제 도시가 되었다. 성공비결은 무엇인가? 단체장을 비롯한 전 공무원과 군민이 함께 만들어가는 축제로서 소신과 열정이 한몫하였을 것이다.

축제를 운영하는 데 있어 많은 전문가를 자문위원으로 위촉하여 지원을 받으며 활용하였다. 난 축제계에서 중요한 지인들과 함께 매년 초청을 받아 1박 2일로 산천어축제장을 방문하여 화천군의 열정을 봤다. 서울에서 출발하여 화천에 도착하면 담당 과장과 주무관 2~3명이 붙어서 1박 2일 동안 안내를 한다. 다른 축제장에서는 담당자들이 바쁘다고 해서 얼굴 보기 힘들다. 그러나 화천군의 담당자들은 행사의 진행보다는 중요한 분들을 안내하는 역할을 하였다. 매년 저녁 시간에는 단체장과 식사를 같이하면서 축제에 관한 내용을 들으며 소통을 하고는 하였다.

단체장이 3선으로 끝나고 현재의 최문순 군수님과 식사를 함께할 기회가 있었다. 난 매년 오면서 군수님을 한 번도 뵌 적이 없다고 했더니 1회부터 해외홍보를 맡아 홍보를 하러 다녔다고 한다. 대한민국의 축제에서 1회 때부터 해외 나가서 홍보하는 축제가 있었던가? 인지도가 없는 축제를 홍보하러 다니면서 여행사 등으로부터 많은 서러움을 받았다는 사연을 듣기도 하였다. 그렇게 서러움을 주던 여행사들이 지금은 함께하자고 연락이 온다고 한다.

화천 산천어축제가 급성장한 이유는 이러한 노력도 있었지만, 군수가 직접 챙기면서 실장, 과장, 소장과 함께 매일같이 현장 등에서 미팅을 한다고 한다. 각자 맡은 실과 소의 업무를 매일같이 보고하면서 바로 수정할 것은 수정하고 기간이 걸리는 것은 다음 해에 대비하여 준비한다고 한다. 결론은 업무의 보고체계에서 며칠이 걸리는 것이 아니라 그날그날 마무리시키면서 진행한다.

이러한 운영시스템이 성공 요소라고 나는 분석하고 있다. 담당자 몇 명, 아니 기획자 몇 명이 하는 것이 아니라 실, 과, 소 모두가 기획자이고 실행자이다. 많은 인원이 참가하여 아이디어를 내다보니 특산물 상품권 등의 제도가 화천에서 도입되어 전국의 축제에서 활용하고 있다. 산천어축제는 1월에 3주간 개최를 한다. 1월에는 모두가 움츠리고 있지만 화천읍내는 활활 타오르고 있다. 죽은 겨울도시가 최고로 활발하게 움직이는 겨울도시가 된 것이다.

화천 산천어축제의 킬러 콘텐츠는 산천어 낚시이다. 그 외 겨울 썰매놀이, 눈 조각, 얼음조각, 등거리 축제 등 다양하게 구성하여 진행한다. 모두가 서브의 행사이고 결론은 산천어 낚시에서의 가치와 만족도가 성공의 핵심이다. 산천어축제의 사진 한 카트가 뉴욕타임스에 '겨울 7대 불가사의'란 기사로 실리면서 더 큰 호기심과 인지도를 높이게 되었다.

사진 한 장이 전 세계를 울리고 웃기는 것 아닌가? 얼음판에서 2만 명이 넘는 낚시꾼이 추운 상황에서도 모두 엎드려 낚시하는 모습에 세계 불가사의란 명칭을 준 것이다. 이러한 보도가 더욱더 글로벌 축제로 도약하게 만든 계기였다고 생각한다.

화천군에는 펜션과 리조트가 없었다. 축제를 통하여 많은 리조트와 펜션이 건설되었다. 또한, 사계절 축제가 개최되면서 축제의 도시가 되었다. 어려울 때는 돌아가신 이외수 선생의 도움을 받기도 하였다. 전체 약 60억 원의 축제 예산 중 약 40억의 협찬을 받는다고 한다. 지금은 많은 기업에서 참가하면서 협찬을 지원하고 있다. 가치가 있는 축제에는 알아서 협찬사들이 붙는다.

김세훈 과장이 담당과장으로 있을 때 1박 2일 동안 붙어 다니면서 안내를 하고 올라올 때는 직접 농사를 지은 것이라면서 정성을 담아 주시던 장면을 잊지 못한다. 이러한 열정이 오늘날 대한민국 대표축제로서 더 나아가 글로벌 축제로 정착시킨 원동력이었다.

김제 지평선축제 (전 대표축제)

개최년도 : 1999년 / 예산 : 2,520백만원 / 개최 시기 : 10월(5일간)

축제 개요

하늘과 땅이 만나는 지평선에서 펼쳐지는 농경문화 축제. 전라북도 김제는 한국 최대의 곡창지대인 호남평야의 중심에 있는 고장이다. 물, 공기, 토양이 좋아 쌀이 맛있기로 유명한 축복받은 고장이며, 특히 한국에서 유일하게 지평선을 감상할 수 있는 곳으로 알려져 있다. 김제에서는 매년 가을, 호남평야의 들판이 황금빛으로 물들 때 하늘과 땅이 만나는 황금물결 지평선의 비경을 주제로 김제 지평선축제를 열고 있다.

축제가 열리는 드넓은 들판 한가운데에는 볏짚으로 만들어진 거대한 쌍룡 조형물이 방문객들을 반겨준다. 넓은 축제장 이곳저곳을 돌아다니며 벼 베기, 탈곡하기, 수확하기, 아궁이에 밥 짓기 등 농사와 관련된 다양한 체험을 즐길 수 있다. 또한, 메뚜기 잡기, 소달구지 타기, 연날리기 등 도시 생활에 익숙한 방문자들이 신선한 재미를 느낄 수 있는 체험행사도 마련되어 있다. 김제의 농산물로 만든 맛있는 먹거리들을 맛볼 수 있는 먹거리장터도 열린다.

축제 프로그램

벽골제 전설 쌍룡놀이, 풍년 기원 입석 줄다리기, 농경문화 테마 공연, 체험행사 등.

사례분석

김제 지평선축제는 역사가 길지는 않다. 그러나 담당자들을 오랫동안 근무하게 한다. 주무관으로서 담당을 맡고 승진을 시켜 팀장으로 역할을 한다. 또한, 사무관으로 승진을 시켜 담당을 맞게 한다. 오랫동안 축제를 맡은 담당자들은 전문성 있는 작품의 연출은 부족하지만, 총괄 운영시스템에서는 전문가적인 자질로서 준비하고 있다.

난 초창기부터 소통하여왔고 때로는 컨설팅위원으로 참여하였다. 김제의 지평선 축제에서의 킬러 콘텐츠는 벽골제 전설 쌍룡놀이와 횃불 행진이라고 할 수 있다. 그 외 아기자기한 농경문화 프로그램을 풍부하게 구성하여 운영하고 있다.

킬러 콘텐츠는 약한 면이 있지만, 콘텐츠의 구성이 다채롭다. 명실상부한 글로벌 축제로 도약하고자 한다면 킬러 콘텐츠에 대하여 집단적인 콘텐츠로서 가치를 높였을 때 명실상부한 경쟁력 있는 글로벌 축제가 될 것이다.

김제 지평선축제는 벽골제에서 시작하여 축제장을 점차 확장하면서 지금은 전용 축제장을 확보하였고 다양한 상설시설을 통하여 1년 내내 방문객을 맞이할 수 있는 공간이 매년 증가하고 있다. 즉 벽골제가 김제 지평선축제의 명소가 되었다는 것이다.

아쉬운 점은 관광축제의 방향성에 대하여 자문하여 줄 능력 있는 전문가의 부재로 인해 콘텐츠와 이벤트에 대한 이해도의 구분이 부족하다는 것이다. 그러나 기업과의 마케팅 협약을 통하여 편의점 도시락 등에 김제 지평선이란 마케팅전략은 아주 좋은 성과라고 할 수 있다. 경쟁력 있는 글로벌 관광축제로의 도약을 위해서는 확실하고 가치가 높은 참여의 킬러 콘텐츠 프로그램으로 업그레이드시켜야 할 것이다.

안동 국제탈춤축제 (전 대표축제)

개최년도 : 1997년 / 예산 : 1,300백만원 / 개최 시기 : 10월(10일간)

축제 개요

'탈(가면, Mask)'과 '탈춤'은 인류의 가장 보편적이고 일반적인 문화의 한 가지일 것이다. 세계 어디를 가든 탈을 만날 수 있고, 사람들은 탈을 통해 자신의 희로애락을 표현했다. 또한, 놀이, 주술, 의례, 예술 등의 다양한 분야에서 탈은 사용됐으며, 인간의 행복한 삶을 영위하기 위한 수단으로 사용되었던 것이 바로 탈과 탈춤이다.

안동에는 이러한 탈과 탈춤을 테마로 한 안동국제탈춤페스티벌이 있다.

10일 동안 100만여 명이 찾는 우리나라 대표축제로 발돋움하고 있는 안동국제탈춤페스티벌의 바탕은 안동문화에서 찾아볼 수 있다. 안동문화는 시대적, 지리적 영향으로 시대 별로 편중되지 않고, 종교적으로 편향되지 않은 다양한 문화들이 온전히 전승되어 오고 있다.

특히 800년의 역사를 가진 하회별신굿탈놀이는 그 재미와 의미가 남다르다. 반촌(班村)인 하회마을에서 전승되는 서민들의 놀이인 하회별신굿탈놀이에는 마을 주민들의 삶이 그대로 녹아 있고, 탈놀이를 통해 희로애락을 표출하는 그들의 삶을 엿볼 수 있다. 하회별신굿탈놀이의 구조는 강신(降神), 오신(娛神), 송신(送神)의 과정을 통해 진행되는데, 축제의 연행 구도를 그대로 표방한다고 해도 될 것이다. 그래서 하회별신굿탈놀이는 축제의 연행 구도, 탈과 탈춤, 대동성, 안동문화의 역사성 등을 접목하여 안동국제탈춤페스티벌의 모태가 되었다고 한다. 그뿐만 아니라 하회탈(국보 제121호)의 조형성과 예술성은 각 인물의 삶과 성격을 그대로 보여

주고 있어, 우리나라뿐만 아니라 세계적으로 인정받는 한국인의 얼굴로 대표된다.

　이러한 안동의 다양한 문화자원과 안동에서 탈과 탈춤이 가지는 문화 가치 지향점에 대한 철학을 바탕으로 1997년 안동국제탈춤페스티벌이 열리게 된다. 안동국제탈춤페스티벌을 통해 문화적 변화에 능동적으로 대처하였으며, 문화수용과 개발에 안동인의 가치관으로 재편성하여 아름다운 꽃을 피웠다. 즉, 이러한 화합과 공존의 문화적 자산이 안동국제탈춤페스티벌을 가능하게 하는 배경이 되었다. 문화유산의 가치 속에서 정적인 마음의 고요함을 배우고, 탈춤이 가진 신명을 통해 동적인 발산을 체험하게 되는 것이다.

축제 프로그램
탈춤을 주제로 한 공연, 전시, 체험행사 등.

사례분석
　2000년대 초반에는 대한민국의 대표축제로서 역량을 함께 하였다. 대외적인 브랜드 가치와 실제 가치에는 많은 차이가 있었다. 난 2020년에 안동시에서 세계유산 발전 방향에 대한 연구 용역을 받아 세계유산인 안동하회마을을 분석하기도 하였다.

　2000년대 초에는 문화체육관광부 선정 대한민국의 대표축제로서 전국의 축제 담당자들이 벤치마킹하려 방문하기도 하였지만 많은 담당자가 실망하고 가는 축제였다. 대한민국을 대표하는 축제였지만 축제의 구성은 문화유산인 하회마을에서 개최하는 것이 아니라 안동실내체육관 앞 광장에서 개최하는 관계로 전통역사에 대한 분위기 조성이 되지 않았다.

　축제의 구성은 탈춤과 해외 문화공연장에서 전통 공연이 진행되는 게 실제 콘텐츠 공연으로서 대표하고 있었지만 가치가 낮고 만족도가 떨어졌다. 그 외는 일반 체험 부스와 기업 부스의 구성 및 야시장이 주축이 되어 구성한 관계로 콘텐츠와는 거리가 멀다고 분석하였다.

　주 무대에서도 특별한 것은 없고 거의 이벤트 공연으로 구성한 것은 실망이 컸다.

많은 관계자가 한국을 대표하는 축제였기에 큰 기대를 하고 방문하였지만, 대다수가 실망하고 돌아갔다. 영국 에든버러축제에 가면 역사의 축제를 고성의 광장과 고도시에서 역사적인 환경 요소를 가지고 개최하기에 주변의 분위기와 함께 도취하게 한다. 안동의 축제 장소에서는 그러한 역사성을 볼 수 없다는 게 역사의 축제로서 거리감이 먼저 생겼고 콘텐츠와 동떨어진 프로그램들이 넓은 공간을 차지하고 있는 데서 큰 실망을 하게 된다.

지금은 많은 변화를 시도하고 있지만 확실한 킬러 콘텐츠의 가치를 만들지 못하고 있는 것이 경쟁력을 잃어버리게 한다. 안동탈춤축제의 성공 요소는 단순하면서도 어려움을 가지고 있다. 즉 하회마을에서 축제를 개최함으로써 주변 역사문화의 축제로서 환경요소를 갖추고 진행하는 방법이다. 관광객에게 기본적인 만족도를 줄 수 있는 것이다.

탈춤축제의 킬러 콘텐츠는 탈춤의 어울림이다. 몇백 명이 관람하는 공연이 아니라 많은 인원이 참여하여 같이 어울리는 것이다. 적어도 최소 5천 명 이상의 인원이 탈을 착용하고 참여하여 같이 어울리는 킬러 콘텐츠로서 운영이 된다면 만족도와 가치를 높일 수 있을 것이다. 시민이 먼저 참여하여 분위기를 조성하면서 관광객이 참여하여 함께 즐길 수 있도록 해야 할 것이다. 관람형인 공연 등의 만족도는 한계성이 있다. 단순하더라도 함께 참여하는 프로그램의 만족도가 높다. 즉 유치원, 초등학교, 중·고등학교, 대학교와 기업, 시민 등이 지역의 자부심과 공감대를 가지고 참여하여 함께 어울린다면 이러한 프로그램이 킬러 콘텐츠이고 경쟁력 있는 글로벌 축제로 도약할 수 있을 것이다.

진주 남강유등축제 (전 대표축제)

최초 개최년도 : 2000년 / 예산 : 3,750백만원 / 개최 시기 : 10월(11일간)

축제 개요

가을밤을 아름답게 수놓는, 진주대첩의 역사와 함께 이어져 온 진주남강유등축제는 특별한 역사와 함께 이어져 내려오는 빛 축제다. 임진왜란 당시 벌어진 진주성 전투에서 적군이 강을 건너려고 하자 강물 위에 유등(기름으로 켜는 등불)을 띄워서 이를 저지했다고 한다.

진주남강유등축제에서는 유등 띄우기의 전통을 이어받아 등을 활용한 다채로운 전시와 체험을 진행하고 있다. 낮에도 다양한 체험행사를 운영하지만, 해가 지기 시작할 무렵 등불이 켜지면서 본격적으로 축제가 진행된다. 남강의 잔잔한 물결 위에 용, 봉황, 거북이, 연꽃 등 다양한 모양의 수상 등이 전시되며 수상 불꽃놀이와 물 글쓰기 쇼 등이 펼쳐져 화려한 볼거리가 제공된다. 그중 각자의 소망을 적은 등을 남강에 직접 띄워 보내는 유등 띄우기 체험은 축제의 하이라이트라 할 수 있다. 저마다의 소망이 담긴 유등이 하나둘 모여 별처럼 반짝이는 풍경은 가슴을 뭉클하게 한다.

축제 프로그램

초혼점등식, 유등을 주제로 한 공연, 전시, 체험행사, 읍면동 상징 등.

사례분석

진주 유등축제는 약 40억 원의 예산을 집행하여 대형의 유등 설치물을 남강에 띄워 강을 화려하게 밝힌다. 넓은 남강에 대형 유등을 띄우다 보니 매우 화려하다. 많은 시민과 주변 관광객이 참여하여 인산인해를 이룬다. 강을 건널 수 있는 임시다리를 설치하여 이동 통행료를 받는다. 협찬사가 참여하여 재정자립에 도움을 준다. 유등축제의 시기에 개천 예술제, 드라마축제 등을 같이 개최하여 진주시를 더 역동적인 축제의 도시로 만든다.

앞으로는 경쟁력 있는 축제를 위해서는 자립도를 높여야 한다. 낭비성의 축제는 경쟁력을 잃어버리고 존폐의 기로를 맞기도 할 것이다. 아쉬운 점이 있다면 장소의 한계이다. 둔치가 비좁은 관계로 육상의 프로그램을 설치하기 어렵고 인파 속에 이동이 어렵다. 참으로 답답한 관람이라고 나는 느꼈다.

난 유등축제를 직접 총괄 기획, 제작, 연출해봤다. 난 유등축제를 직접 총괄 기획, 제작, 연출을 하여봤다. 유등 제작의 집단지인 중국 쓰촨성 자공시를 방문해 전문 유등 조각가를 초청하여 함께 제작하기도 하였다. 매년 음력 1월에 유등의 걸작 축제를 하는 자공시의 유등축제와 쓰촨성 유등축제 및 세계적으로 최대의 유등축제라는 평을 받으며 관광상품을 만들고 있는 대만 타이중에서 개최하는 등축제를 스케치하면서 비교하기도 하였다.

현재 진주의 유등축제 외에 서울 청계천에서 진행하는 유등축제, 수원화성문화제의 냇가에서 진행하는 사랑의 유등축제, 부처님오신날 서울 종로 거리에서 펼쳐지는 유등 거리행진 등 다양한 축제에서 유등을 구성하여 개최하고 있다. 진주 유등축제가 남강 유등 및 불꽃놀이 등 다채로운 프로그램을 구성하여 개최하고 있지만 확실한 브랜드의 킬러 콘텐츠는 부재하다. 확실한 킬러 콘텐츠 브랜드의 프로그램을 개발하여 정착시켰을 때 경쟁력 있는 글로벌 축제로 도약할 수 있을 것이다.

강진 청자축제 (전 대표축제)

최초 개최년도 : 1973년 / 예산 : 1,000백만원 / 개최 시기 : 10월(6일간)

축제 개요

흙, 불 그리고 사람의 혼이 결합해 탄생한 강진 청자의 신비한 빛깔과 아름다운 무늬가 특징인 고려청자는 한국을 대표하는 도자 예술품이다. 약 500년간 청자 문화를 꽃피웠던 청자의 고장 강진에서 고려청자와 도자예술을 주제로 한 청자축제가 열린다. 화목 가마 불 지피기부터 물레 성형하기, 청자 상감하기, 청자 조각하기 등 직접 청자를 제작하는 과정을 체험해볼 수 있다. 체험  하는 과정에서 강진 청자의 아름다움과 섬세함, 그리고 뛰어난 가치에 대해 느껴 볼 수 있다.

축제 프로그램

고려청자 제작과정 시연, 대한민국 청자 공모전, 화목 가마 요출 및 즉석 경매, 청자, 다기 등 전시 판매.

사례분석

강진 청자축제는 역사가 깊은 축제다. 문화체육관광부 선정 대표축제까지 올라간 축제로서 대한민국을 대표하는 도자기축제였다. 도자기축제는 이천 도자기축제, 광주 도자기축제, 여주 도자기축제, 문경 전통찻사발축제, 김해 분청도자기축제가 대표축제인 도자기축제들이다.

강진 청자축제를 오랫동안 컨설팅 해왔고 이천 도자기축제, 광주 도자기축제, 여

주 도자기축제는 간접적으로 참여하면서 분석했다. 문경 전통찻사발축제는 5년 동안 총감독으로 참여하여 축제 장소를 이전시키며 급성장시켜 대표축제가 되는데 일조했다. 김해 분청도자기축제 또한 총감독으로 참여하여 개혁적인 변화를 추구하였다. 대한민국에서 강진 청자축제의 고려청자는 인지도가 매우 높다. 활용성보다는 가치가 있어 보이는 청자로서 선물용으로 많이 활용되고는 하였다. 그 외 다양한 도자기와 다기 세트 등이 품격을 이루며 가치 있는 도자기로서 인지도가 높았다. 청자축제가 열리는 장소는 강진군 바닷가 강진청자박물관 일대인데 도심에서 매우 멀고 외진 곳이다.

축제장의 구성은 매우 깔끔하게 구성하여 진행하고 있다. 그러나 교통편이 좋지 않고 체험 요소가 적으며 여름에 개최하다 보니 무더위 등으로 흥미를 잃어 점점 축제의 가치가 떨어졌다. 대표축제에서 최우수축제로 내려왔다.

지금은 여름에서 가을로 시기를 변경하여 진행하고 있다. 도자기 전용 축제장에서 열리는 축제로서 방문객에게는 매우 유익한 축제로서 가치를 줄 수 있다.

지금의 명성은 예전만 못하다. 그렇다면 어떻게 해야 대한민국을 대표하는 관광축제로 만들어 갈 수가 있을까에 대한 고민을 하게 한다. 축제의 가치를 높였을 때 경쟁력 있는 관광축제가 될 것이다. 어떻게 브랜드 가치를 높일 것인지 분석했다. 강진의 고려청자는 고려를 대표하는 특산물 축제이다. 킬러 콘텐츠 중심으로 대한민국을 대표하는 고려역사문화축제로 대형 체험의 콘텐츠를 개발하여 즐거운 축제를 만든다면 고려문화역사와 함께 하는 대한민국을 대표하는 축제가 될 것으로 판단한다. 도자기에 대한 마니아와 소비자만이 아니라 대중적이고 대상의 폭이 넓은 가족 축제로서 성공할 수 있을 것으로 전망한다.

산청 한방약초축제 (전 대표축제)

최초 개최년도 : 2001년 / 예산 : 2,399백만원 / 개최 시기 : 10월(17일간)

축제 개요

약초 향기 그윽한 건강 축제. 사계절 달라지는 아름다운 풍경과 맑은 정기를 자랑하는 지리산은 1,000여 종이 넘는 약초가 자생하는 약초의 보물 창고이기도 하다. 지리산을 품은 산청은 질 좋은 약초를 구하기 쉬워 동의보감의 저자인 구암 허준 선생을 비롯한 수많은 명의가 의학 공부와 의술을 펼쳤던 곳이다. 동의보감과 약초의 고장 산청에서 매년 9월 산청 한방약초축제가 열린다.

축제 프로그램

한방 향노화관, 한방진료와 한방 침 체험, 보약체험, 약초 족욕 체험, 웰니스 체험, 조선시대 어의와 의녀 의상 입어보기 체험, 전통 다례 체험, 민속놀이 체험, 한방약초를 주제로 한 공연 전시, 학술, 경연 등.

사례분석

산청 한방축제를 초창기부터 자문했다. 처음에는 체육관에서 축제를 개최하였다. 실내체육관에서 개최하는 축제는 전시, 판매 위주의 축제로서 내용 구성이 매우 빈약하였다. 장소 이전에 대해 건의하였고 운동장으로 이전하여 개최하였다. 나름대로 구성한다고 했지만 매우 빈약하게 추진되었다. 그러나 산청 주민의 희망과 열정을 모아 엑스포를 개최하면서 산청 한방테마파크 전용 축제장 등 기반시설을 갖추면서 급성장하였다. 자세한 내용을 기재할 수는 없지만, 관계자 몇 명의 열정으로 엑스포까지 개최한 성과를 높게 인정한다. 전용 축제장의 주제관, 보감촌 등은 상설건물로서 힐링할 수 있는 공간으로 구성되어있다.

산청 한방약초축제가 개최되는 장소는 교통도 좋지 않고 시내와도 많이 떨어진 산속이다. 아무것도 없는 산속에서 개최하지만, 축제장 주변에 리조트와 펜션 및 작은 상권이 생기고 명소가 되어 1년간 상설로 관광 힐링의 명소로 만들었다. 잘 짜인 축제 하나로 축제장이 유명 관광지가 되어 지역경제에 도움이 되고 있다.

우리가 축제장을 구성하는 데 있어 교통 및 입지 조건과 시내권을 고민하게 된다.

스페인 뷰놀에서 열리는 토마토 축제는 세계적인 축제로서 전세계에서 많은 관광객을 유치하고 있다. 축제는 매년 8월 마지막 주 수요일 오전 11시부터 12시까지 한 시간만 열린다. 축제가 개최되는 부뇰은 인근 도시인 발렌시아와 약 42km 떨어진 곳으로써 도심과 많이 떨어진 산속의 작은 마을 고성 도시로서 인구는 약 9천 명이다. 축제에 참여하고자 한다면 열차를 타고 1시간 이상을 이동해야 한다. 도심과 떨어져 교통도 좋지 않고 고성의 산속 작은 도시지만 전 세계의 관광객은 명성 있는 축제에 참여하여 즐기고자 찾아간다. 결론은 장소도 중요하지만, 더 중요한 것은 축제에 대한 가치가 더 중요하다는 것이다. 경쟁력 있는 관광축제로 더 도약하고 싶다면 좀 더 열린 사고와 열정으로 운영시스템에 대하여 지역의 한계성에서 벗어나야 할 것이다.

함평 나비축제 (전 최우수축제)

최초 개최년도 : 1999년 / 예산 : 1,000백만원 / 개최 시기 : 5월(12일간)

축제 개요

농경지가 많아 평온하고 풍요로운 전형적인 농업 군이었다. 그러나 산업사회로 접어들게 되면서부터 많은 젊은이가 도시로 떠나가게 되어 노령화 등 인구구조 변화와 농산물 수입 개방으로 농업경쟁력이 저하되었다.

산업자원이나 관광자원이 전혀 없고, 특별한 특산품이나 먹을거리도 부족한 지역에서 살아갈 길인 친환경 지역인 함평에서 생산되는 농특산물

판매로 지역경제 활성화와 군민 소득증대가 절실히 요구되어 지역홍보 수단이 필요하게 되었다.

문제는 어떻게 이 지역을 알릴 것인 가였다. 함평천 정화사업에 따라 마련된 둔치 33ha에 만개할 유채꽃을 배경으로 유채꽃 축제를 적극적으로 추진하려 하였지만, 유채로는 경쟁력과 차별화를 기할 수 없었다. 그래서 친환경 지역임을 가장 어필할 수 있는 나비를 테마로 축제가 기획되었고, 열리게 되었다.

축제 프로그램

나비 날리기, 나비 곤충 생태관, 야외 나비생태관 등.

사례분석

함평 나비축제는 특별한 자원이 없는 상태에서 인위적으로 자원을 만들어 개최한 축제이다. 나비축제는 지역의 특별한 환경요소라기보다는 어느 지역에서나 마

음만 있다면 개최할 수 있는 축제라고 할 수가 있을 것이다. 무주 반딧불축제가 청정지역을 내세워 반딧불 소재로 개최를 하였는데, 반딧불축제를 벤치마킹하여 청정의 나비를 내세워 개최한 것이 함평 나비축제이다.

함평 나비축제는 처음에는 냇가에서 작게 개최하면서 매년 축제장을 다채롭게 확장하며 관광축제로 만들어갔다. 함평 나비축제는 단체장의 열정이 더해져 급성장시킨 축제이다. 축제를 통해 처음으로 엑스포를 개최한 축제이기도 하다.

함평 나비축제는 문화체육관광부 관광축제 선정 최우수축제까지 하였지만, 대표축제로 도약을 하지 못하고 명예졸업을 한 축제로서 한때는 대한민국을 대표하는 관광축제로 인지도가 높았다. 그러나 단체장이 3선으로 바뀌면서 점차 쇠약해져 우리의 기억에서 지워지고 있다. 단체장의 마인드와 열정에 따라 축제의 흥망성쇠가 좌우하는 것을 인식할 수 있다.

전국에서 많은 꽃축제가 개최되고 있다. 꽃축제들은 나름대로 성과를 내고 있다. 그만큼 꽃축제에 관광객이 많이 찾는다는 것이다. 나비는 꽃과 연결이 된다. 나비는 아이들이 많이 좋아한다. 함평 나비축제는 주간형의 축제이다. 낮에는 유치원생들을 포함한 단체관광객이 많이 찾는다. 그러나 야간이 되면 모두 빠져나간다. 축제는 지역경제 활성화를 위하여 숙박형의 축제가 더 도움이 된다.

무주 반딧불축제는 낮에는 관광객이 많지 않다. 하지만 무주군에는 리조트와 펜션 등의 숙소가 매우 많다. 무주 반딧불축제는 야간형의 축제로서 숙박형의 축제로 진행이 되고 있기 때문이다. 함평도 주간형에서 야간형의 축제에 대해 고민을 해야할 것이다. 그게 지역경제의 활성화에 더 직·간접적인 도움이 된다. 함평은 다시 한 번 옛 명성을 찾고자 엑스포 개최를 준비하고 있다.

천안 흥타령춤축제 (전 최우수축제)

최초 개최년도 : 1999년 / 예산 : 1,000백만원 / 개최 시기 : 9월(12일간)

축제 개요

천안 흥타령춤축제는 흥타령의 춤, 노래, 의상을 테마로 흥이 살아있는 신명, 감동, 화합의 한마당으로 국내외 누구나 참여할 수 있는 개방형 축제이다. 예로부터 가무를 즐겼던 한국 특유의 정서인 흥(興)은 우리 모두를 신명 나게 만드는 춤의 본질이기도 하다. 이 흥겨운 춤이 한데 모이는 축제가 사통팔달의 고장 천안에서 매년 9월 말에서 10월 초에 개최한다. 문화체육관광부 지정

최우수축제로 선정된 천안 흥타령춤축제는 국내 최고, 최대의 춤축제로 남녀노소 구분 없이 누구나 춤으로 하나가 되어 신나게 즐기는 축제이다. 세대와 인종, 언어의 장벽을 뛰어넘는 춤의 향연은 방문객의 마음을 풍요롭게 만들어 준다.

전야제를 시작으로 춤 경연, 거리 퍼레이드, 국제민속춤대회 등 다양하고 흥미로운 행사로 개최하고 있다.

축제 프로그램

스트릿댄스부, 무용부, K-pop 부분, 무도회 부분 등 전국 춤경연대회.

사례분석

천안 흥타령춤축제는 지역대표공연예술축제로 성장했다. 축제의 대표적인 프로그램은 거리 퍼레이드 경연과 무대공연의 경연대회로 나눌 수가 있다. 축제장의 구성은 여러 무대에서 장르별로 경연대회를 진행한다. 축제의 구성은 경연대회 참여

형의 축제로서 관광은 관람 형태가 된다. 관광객과 일탈적으로 어울림의 축제로서는 부족한 면이 있다. 그렇다 보면 참가자들의 축제, 그들만의 축제가 될 수 있다. 모든 것은 가치 있는 프로그램을 만들었을 때 관광객은 환호한다.

거리 퍼레이드의 가치는 어느 수준일까? 과연 리우 삼바의 퍼레이드와 비교한다면 어떤 수준까지 올라가 있을까? 흥타령춤축제에서도 경연대회를 좀 더 박진감이 넘치는 무대공연으로 만들고 싶다면 원주 다이내믹 무대처럼 전용 무대 관람석을 갖추는 게 성공 요소라고 할 수 있을 것이다. 한쪽으로 바라보는 무대 시스템에서는 무대와 멀리 앉아 관람하는 관람객에게 숨소리를 전달할 수 없기 때문이다.

천안 흥타령춤축제는 대한민국의 예술축제로서 이바지해왔다. 앞으로 더 성장하기 위해서는 새로운 시대에 맞는 환경조성과 여건을 만들어가는 것이 글로벌 축제로 도약할 수 있는 길이라고 할 것이다.

추억의 충장축제 (전 최우수축제)

최초 개최년도 : 2004년 / 예산 : 1,349백만원 / 개최 시기 : 10월(5일간)

축제 개요

광주를 대표하는 번화가인 충장로는 오랜 역사와 빠른 변화가 공존하는 독특한 거리이다. 매년 10월, 충장로의 특징을 살린 추억의 충장축제가 열린다. 축제의 가장 큰 볼거리인 '충장 퍼레이드'에는 광주 13개 동에서 서로 다른 테마로 퍼레이드에 참석하며 군경 퍼레이드, 영화 콘셉트 퍼레이드, 아시아 국가 퍼레이드 등 다양한 퍼레이드가 쉴 새 없이 진행된다. 또한, 70~80년대 충장로의 모습을 그대로 재현한 추억의 테마거리도 조성된다. 옛날 다방에서 차를 마시거나 흑백사진관에서 멋진 흑백사진을 찍는 등 즐거운 레트로(Retro) 체험이 가능하다.

축제 프로그램

충장 퍼레이드 경연, 추억의 테마거리, 추억을 테마로 한 공연, 전시, 체험 프로그램 등.

사례분석

충장축제는 호남 상권의 1번지로서 1940~1960년대의 상권을 이루었던 충장로를 기반으로 역사적인 거리의 상권을 모티브로 하여 거리 퍼레이드와 충장로의 역사문화를 구성하여 진행하는 축제이다. 콘텐츠가 과연 경쟁력 있는 축제로 만들 수 있을 것인가에 대한 분석을 하게 한다. 충장로의 모습을 재현하기에는 도시가 너무 현대화되었다. 유럽의 도시처럼 구 도시권을 재생하기에는 쉽지 않다. 유럽의 역사 도시는 도시 자체가 거의 수백 년에서 수천 년 내려온 건물들이 즐비하게 정리되어 있다. 우리나라는 주로 목조건물이었지만 유럽은 거의 석조건물로 되어있어 훼손이 덜된 느낌이다. 에든버러는 도시의 규제 속에 전 도시가 역사 도시로서 관광객을 유치하고 있다. 충장 거리에서는 나름대로 40~60년도 시대를 재현하고자 하나 현대의 건물들과 같이 상생하는 관계로 찾아다니지 않으면 분위기를 느끼기가 어려운 게 현실이다.

거리 퍼레이드는 구민들이 열심히 참여하여 구성하고 있다. 지역화합 축제로서는 성공할 수가 있겠으나 관광축제로서의 가치는 쉽지 않을 것이다. 대한민국에는 원주 다이내믹 축제와 천안 흥타령축제, 부처님오신날 유등행진, 정조대왕 행렬 등이 대표적인 거리축제일 것이다. 과연 위의 축제와 경쟁하여 더 나은 브랜드를 만들어갈 수 있을까?

경연대회의 무대 공간도 협소하여 전체의 구성이 매우 어렵다. 퍼레이드에 참가하는 팀들의 작품 하나하나가 특화되어 경쟁력이 있을 때 관광축제로서 경쟁력이 있는 축제로 만들어갈 수 있을 것이다. 충장축제를 경쟁력 있는 관광축제로 만들고자 한다면 가치 있는 킬러 콘텐츠를 확실하게 만들어 브랜드화시켜야 가능할 것이다.

담양대나무축제 (전 최우수축제)

최초 개최년도 : 1999년 / 예산 : 678백만원 / 개최 시기 : 5월(6일간)

축제 개요

전라남도 담양은 무등산이 바로 눈 앞에 펼쳐지고 그 사이로 드넓은 평야가 자리하고 있어 예로부터 경치 좋은 곳으로 알려져 있다. 특히 담양은 건축재, 가구재, 낚싯대를 비롯해 부채나 바구니 등 죽세공품에 이르기까지 쓰임새가 매우 다양한 대나무의 고장이다. 그래서 담양에서는 매년 5월에 대나무 축제가 열리고 있다.

담양 대나무 축제에는 흥미로운 대나무 체험행사가 가득하다. 대나무와 밀랍을 이용한 밀랍초 만들기, 대나무를 이용한 공예품 만들기, 대나무 껍질로 망태기와 바구니 짜기 등 다양한 대나무 공예 체험은 물론 대나무 의상과 대나무 놀이기구를 활용한 무언극, 외국의 대나무 악기 공연도 재미있는 볼거리이다.

아시아 최초의 슬로시티인 삼지내 마을에서는 고즈넉한 한옥에서 여유 있는 시간을 보낼 수도 있다. 담양 10경과 죽향 문화 체험 마을, 대나무골 테마 공원, 한국 대나무 박물관 등 주변에 체험할 곳도 많은 대나무의 고장이다.

축제 프로그램

추억의 죽물시장 재현, 대나무 관련 전시, 체험 공연 등.

사례분석

담양의 대나무 축제는 대나무의 고장에서 관광지로 되어있는 죽녹원을 중심으로 개최하고 있다.

　담양의 대나무축제의 데이터를 분석하여 박사논문에 활용하기도 하였다. 오랫동안 수시로 방문 스케치를 하면서 분석해왔다. 대나무 엑스포를 개최하기도 했다. 난 개인적으로 초창기의 대나무 축제가 더 재미있었지 않나 하는 생각도 하였다. 문화체육관광부 관광축제의 최우수축제까지 선정되기도 했던 축제였다.

　도시는 많은 발전을 했지만, 축제 프로그램의 구성은 너무 일반적이고 특별한 게 없다고 생각한다. 전시, 판매는 관련된 업계나 관심이 있는 마니아들이 참여한다. 그러나 관광축제로 도약하고자 한다면 대중성이 담보돼야 하고 확실한 킬러 콘텐츠가 있어야 한다. 관광객은 킬러 콘텐츠의 가치를 평가하여 방문 의지를 보이기 때문이다. 관광객은 관람형보다는 체험형에서 높은 만족도를 가진다. 즉 잊지 못할 콘텐츠의 체험형에서 감동을 줘야 재방문율이 높고 관광축제로서 경쟁력을 갖게 된다.

　물론 죽녹원은 관광지로서 힐링에 관한 관심은 높지만, 축제와 제대로 연결을 시키지 못하고 있다고 분석한다. 오랫동안 축제를 진행했으면서도 관광축제에 대한 방향성에 대하여 제대로 정리하지 못한 느낌을 받는다. 나름대로 지역의 관광 개발은 변화가 있음을 느끼지만, 연결이 되지 않고 있다는 분석도 하게 한다. 관광축제에 대한 방향성을 제대로 이해하고 만족도가 높은 킬러 콘텐츠를 개발하여 경쟁력 있는 관광축제로 도약하길 기원한다.

안성맞춤 남사당바우덕이 축제 (전 최우수축제)

최초 개최년도 : 2001년 / 예산 : 1,566백만원 / 개최 시기 : 10월(5일간)

축제 개요

안성 남사당패와 19세기 말에 15세의 나이로 남사당패를 이끌었던 바우덕이라는 여자 꼭두쇠에게서 축제의 이름이 비롯되었다. 남사당패의 여섯 가지 놀이 중 하나인 꼭두각시놀음인 덜미가 1964년에 중요무형문화재 제3호로 지정되었으며, 1988년에 여섯 가지 놀이가 모두 중요무형문화재 제3호로 확대 지정되었다. 바우덕이 축제는 조선 후기 남성 위주인 남사당패를 이끈 안성 출신 여성 꼭두쇠 김암덕의 예술혼을 계승하는 지역축제이다.

축제 프로그램

시립풍물단 남사당 공연, 줄타기 등 여섯 마당, 바우덕이 주제 프로그램, 유명 무형문화재 초청공연, CIOFF 해외공연 초청, 안성 옛 장터 운영, 남사당놀이 체험 등.

사례분석

안성시와는 90년대부터 농특산물축제와 아가씨선발대회, 특집공개방송 등을 대행하며 총감독으로 활동하였다. 바우덕이 축제는 절친인 홍성일 감독이 바우덕이 축제 사무국에서 총감독으로 오랫동안 활동하기도 하였으며 그때 당시 안성시장님을 모시고 내가 총감독하던 무주반딧불축제 등에도 벤치마킹하러 방문하고는 하였다. 초창기에는 안성 시내 등에서 개최하였지만, 지금은 안성맞춤랜드에서 개최하고 있다. 축제장을 처음 구성하였을 때는 썰렁한 분위기가 연출되었지만, 지금은 많은 기반시설이 설치되어 완벽한 축제장으로 탈바꿈되었고 상설관광지 및 상설축제장으로서 자리를 잡았다.

기반시설의 확충으로 힐링의 공간으로서도 만족도가 높으나 축제장으로 들어가는 입구는 2차선 도로여서 축제 기간에 방문할 때 협소한 도로로 인하여 1시간 이상 도로에서 정차되어 있기도 하였으며, 차를 도로에 세워놓고 걸어 들어간 적도 있다. 관광객의 만족도를 주기 위해서는 축제장 입구 도로의 확충이 시급하다. 화천산천어축제가 일괄입찰을 하지 않고 직접 운영하듯이 안성 바우덕이 축제도 성공적인 축제를 원한다면 일괄입찰보다는 기획단에서 직접 운영하는 시스템으로서 상설로 준비하는 것이 성공의 조건이라고 말하고 싶다.

해외 축제에서 이벤트성의 축제가 아니고 콘텐츠형의 관광축제로서 성공한 축제들은 대행사가 없다. 직접 운영하는 시스템을 갖추고 진행할 때 진정성 있는 축제로서 지역 인프라 육성 속에 가치를 높여 가고 경쟁력 있는 축제로 만들어갈 수 있다. 축제장에 가면 전통적인 콘텐츠 프로그램도 있지만, 이벤트성 프로그램의 구성이 많은 관계로 특별한 무엇이 없다는 분위기를 느끼기도 한다.

현재 프로그램의 구성에서도 전용 축제장으로서 갖춘 기반시설에서 다채로운 프로그램의 구성으로 기본적인 만족도를 줄 수가 있다고 본다. 그러나 확실하게 참여를 유도할 수 있는 가치의 킬러 콘텐츠로서는 부족하기에 관광축제로서는 아직 미흡한 점이 있다. 관광축제로 도약을 하고자 한다면 관광객의 니즈를 좀 더 현실적으로 파악하여 개선하였을 때 글로벌 관광축제로 도약을 할 수 있을 것이다.

원주 다이내믹댄싱축제 (전 최우수축제)

최초 개최년도 : 2011년 / 예산 : 1,867백만원 / 개최 시기 : 9월(6일간)

축제 개요

전국에서 유일하게 군(軍)과 함께하는 축제로, 군이라는 테마의 독특성과 매력성을 축제 프로그램 개발에 활용하며, 댄싱카니발 등 다양한 문화예술 공연에 더 많은 시민이 참여할 기회를 제공함으로써 시민들과 함께 만들고 즐기는 시민 중심형 축제를 지향한다.

축제 프로그램

거리 퍼레이드 '댄싱카니발', 문화예술 공연(한국 전통의 날, 군악의 날, 클래식의 날, 합창의 날), 프린지 공연, 군 체험행사, 부대행사(그린 세이프 놀이터, 프리마켓 등), 댄싱카니발 경연, 주제공연, 테마가 있는 문화예술공연 등.

사례분석

원주는 군사도시이다. 군사도시로서 의장대 퍼레이드 등을 모티브로 군악대의 경연장을 펼치는 원주 따뚜축제를 개최하였지만, 성과를 내지 못하였다. 군악대의 세계적인 축제는 영국 에든버러 타투축제라고 할 수가 있을 것이다. 에든버러 타투축제는 고성의 입구 광장에서 1만 석의 계단식 좌석을 설치하여 비싼 입장료를 받으며 5일 동안 20:00~21:30분까지 경연대회를 진행한다. 1만 석의 좌석이 매진된다. 나도 약 8만 원의 입장표를 구매하여 스케치하였다.

원주는 따뚜축제를 새롭게 구성하여 원주 다이내믹댄싱축제를 개최하고 있다. 다이내믹댄싱축제는 거리 퍼레이드와 집단군무의 경연대회를 중심으로 구성을 한다. 거리 퍼레이드에는 지역의 읍, 면, 동 및 단체들과 전국의 단체들, 해외의 출연자들이 참여한다.

역사는 짧지만, 참여팀들의 만족감이 높아 참여율이 높아지고 있다. 성공 요소는 무엇일까에 대하여 분석하였다. 대한민국에서 유사한 축제를 비교한다면 천안 흥타령축제가 있고 광주의 충장축제가 있다. 천안 흥타령축제의 무대는 일반적인 관람형의 무대로서 무대 앞의 관광객이 즐겁게 관람을 할 수가 있으나 뒤에 앉은 관광객은 무대와 거리감이 있다. 그만큼 만족도가 떨어진다. 원주 다이내믹축제는 축제의 전용 무대로서 무대의 길이가 100m가 넘고 계단형의 관람석에서 내려다보기에 공연팀의 전체 모습과 역동적인 모습을 직접 느낄 수 있다. 집단의 칼군무는 감동을 주며 만족도를 높여 준다. 세계적인 공연의 에든버러 타투 무대 관람석이 그렇고 브라질 리우 삼바축제의 거리 퍼레이드 관람석이 계단 형태로서 퍼레이드를 직접 생동감 있게 관람할 수 있도록 하고 있다. 원주 다이내믹댄싱축제는 일괄입찰 없이 재단에서 직접 운영한다. 단위가 큰 부분만 분리 입찰을 하고 직접 운영하는 시스템으로 운영하고 있다.

평창 효석문화제 (전 최우수축제)

최초 개최년도 : 1999년 / 예산 : 763백만원 / 개최 시기 : 9월(10일간)

축제 개요

매년 9월 강원도 평창군 봉평면 문화마을 일원
에서 개최되는 이효석 문화제로, 1999년에 처음
열렸다. 가산 이효석의 문학을 알리고, 문학인과
국민의 정서적 풍요로움을 고양시키는 것을 목적
으로 한다. 이 때문에 이효석의 대표작인 <메밀
꽃 필 무렵>의 배경이자 생가가 위치한 봉평에서
축제가 열린다.

축제 프로그램은 문학 프로그램, 자연 프로그
램, 체험행사 등 세 가지로 나뉘어 진행된다. 문학 프로그램으로는 백일장, 문학의
밤, 시화전이 진행되며, 자연 프로그램은 봉숭아 물들이기, 메밀꽃밭 둘러보기 등
이 있다. 마지막으로 체험행사로는 민속놀이 체험, 전통 메밀 음식 만들기 등이 마
련돼 있다. 축제장 주변에 이효석 생가와 문학전시관도 있어, 소설가 이효석에 대
한 심도 있는 이해가 가능하다.

축제 프로그램

메밀꽃밭 테마존 조성, 이효석과 메밀꽃 테마의 공연 및 체험, 효석 백일장 등.

사례분석

평창 효석문화제는 이효석의 단편소설 <메밀꽃 필 무렵>의 배경을 구성하여 개
최하는 축제이다. 대한민국 국민이라면 <메밀꽃 필 무렵>이란 소설의 내용은 거의
다 알고 있을 것이다. 소설 속의 내용을 상상하며 관광객은 방문하고 주최 측에서

는 이해를 돋구며 소설을 재현하여 진행하고 있다.

나는 총감독의 요청으로 여러 번 협의도 하였고 강의와 자문으로 참여하기도 하였다. 평창군에는 대표적으로 네 개의 축제가 있다. 봉평면의 효석문화제, 대관령면의 대관령눈꽃축제, 진부면의 평창송어축제, 대화면의 더위사냥 축제가 있다. 위 네 개의 축제는 관 주도형이 아니라, 면 단위 민간인 주도형으로 진행하고 있다. 대관령눈꽃축제는 총감독으로 참여하여 진두지휘했고, 더위사냥 축제는 1회 개최 때 요청으로 자문 및 컨설팅하였으며 효석문화제는 총감독 협의와 자문 및 강의와 평가를 통하여 직·간접적으로 간여하였다.

효석문화제는 열정 있는 지역의 목사와 민간단체가 주축이 되어 진행된다. 예산도 다른 축제보다 많지 않다. 군에서는 행정적인 지원과 약간의 예산만 지원하여 주고 자체적으로 진행한다. 축제를 통하여 인지도가 많이 상승하였고 펜션과 상가 등이 오픈되어 연간 상설관광지로 도약하였다.

축제의 구성은 메밀꽃밭의 조성, 소설 속의 이야기, 판매장, 장터, 무대 등으로 구성한다. 일괄입찰은 없다. 직접 분리발주하고 직접 운영한다. 단체관광객이 관광버스를 이용해 방문한다. 글로벌 축제로서의 가치는 낮다고 할 수 있으나 국내 관광상품으로서는 브랜드 가치가 매우 높다고 할 수 있다. 축제를 잘한다기보다는 이야기의 내용을 풀어놓으므로 상상 속의 추억으로 함께 여행하는 축제라고 할 수 있다.

관광객은 꼭 작품의 연출을 보고 싶어 하지 않는다. 부족하더라도 있는 그대로의 모습에서 이야기 속의 추억을 남기고 싶어 하기 때문이다. 지금은 많은 관광객으로 인하여 지역의 상권에서, 많은 참여로 함께하지만, 모두가 바쁜 관계로 축제를 진행하는 데 있어 참여가 예전보다 못해 힘들다는 하소연도 한다. 현실적인 문제일 것이다. 잘된 축제 하나가 지역의 상권을 활성화했고 펜션 등의 기반시설확충으로 연중 관광지로 운영되고 있음에 바람직한 축제로 도약하고 있는 축제라고 할 것이다.

제주 들불축제 (전 최우수축제)

최초 개최년도 : 1997년 / 예산 : 1,729백만원 / 개최 시기 : 3월(4일간)

축제 개요

제주 들불축제는 제주도의 목축문화인 들불 놓기(방애)를 현대적으로 재현한 제주도의 대표축제이다. 매년 3월 새별오름에서 펼쳐지는 제주 들불축제에서는 오름(기생화산)에 들불을 놓아 밤하늘을 붉게 수놓는다. 커다란 오름을 따라 붉은 불꽃이 일렁이는 모습은 그야말로 장관이다. 이 특별한 야경을 보기 위해 한국인들뿐 아니라 외국인들도 많이 찾고 있다. 들불 놓기 이외에도  오름 전체를 대형스크린 시스템으로 조명을 비추는 미디어 파사드 쇼와 횃불 대행진, 화산섬 제주의 탄생을 의미하는 화산 불꽃 쇼 등 화려한 볼거리가 제공된다. 또한, 제주 전통문화 공연과 체험 프로그램이 열리며 행사장 인근에 푸드트럭들이 모여 다양한 먹거리들을 맛볼 수 있다.

축제 프로그램

옛 목축문화를 계승한 오름 불 놓기, 달집태우기, 소원성취를 소재로 한 전시, 체험, 경연 등.

사례분석

제주 들불축제는 오름에 불놓기가 킬러 콘텐츠이다. 매년 음력 정월대보름에 개최하였으나 기후의 문제로 양력 3월 초에 개최하고 있다. 난 초창기인 북제주군에서 개최할 때부터 총감독으로의 협의를 하였지만, 결론은 여러 가지의 특별한 시스템으로 인하여 직접적인 참여는 하지 못하고 미팅만 많이 했다. 개혁적인 변화의 추구로 관광축제로의 도약을 시켜주고 싶었고 축제팀장과는 소통도 되었지만, 제주도만의 특별한 분위기를 변화시키지 못하였다. 제주 도민체전과 제주 KBS 개국쇼, 제주 미스코리아 선발대회를 총감독했지만 직접적으로 관에서 주도하는 축제는 결과를 만들어 내지 못하였다. 2020년에는 제주 들불축제 세미나를 통하여 제주 들불축제 사례연구를 통한 발전 방향에 대한 발제가 있었고 강의내용도 모두 제출되었으나 코로나19로 연기되어 아직도 진행하지 못하였다.

20여 년을 넘게 스케치한 제주 들불축제에 대하여 분석한다면 예전에 비해 현재는 많은 기반시설을 확충해 놓았다는 것이다. 오름에 불놓기의 킬러 콘텐츠도 글로벌 콘텐츠로서 충분히 가치가 있다고 판단한다. 단 관광객에게 더 많은 만족도를 주고 관광객을 유치하고 싶다면 좀 더 현실적인 관광객의 니즈를 파악하고 관광상품을 만드는 전략을 세워 개발하여야 할 것이다. 관광객은 그 축제만이 가지고 있는 콘텐츠의 가치로 평가하고 방문한다.

축제관계자들은 이벤트성의 프로그램에 대한 마인드가 아직도 높다. 콘텐츠의 개발을 통한 관광상품이 아니라 이벤트성으로 접근하는 모습을 느끼게 한다. 이러한 접근방법에 변화를 주었을 때 관광축제로 도약할 수가 있을 것이다. 내가 제주도에 20년 넘게 방문하여 스케치하며 느낀 것은 육지와 제주도 간에 새로운 체제에 대하여 받아들이는 시간적 차이가 있다는 것이다. 또한, 지역의 특수성으로 외부 것을 받아들이는 것에 인색하며 배타적이라는 것이다. 경쟁력 있는 관광축제로 도약을 하고자 한다면 열린 마음이 필수적이라고 할 것이다.

광안리 어방축제 (관광축제)

최초 개최년도 : 2001년 / 예산 : 919백만원 / 개최 시기 : 4월(3일간)

축제 개요

역사와 전통, 즐거움과 웃음이 가득한 축제! 광
안리 어방축제는 한국에서 유일하게 전통 어촌의
민속문화를 소재로 한 축제로, 조선시대 수군과
어민의 어업 공동 작업체인 '어방(漁坊)'을 소재
로 하고 있다. 축제 기간에는 옛 수군 병영과 어
촌마을을 재현한 민속 마을에서 20여 가지의 전
시 및 체험행사를 즐길 수 있고 수군, 주모, 어민,
기생 등 다양한 인물들이 마을을 돌아다니며 방

문객들을 즐겁게 해준다. 조선 시대 부산지역의 수군 대장인 경상 좌수사의 행렬
을 재현하고, 어방을 소재로 한 창작 뮤지컬을 선보이는 등 볼거리와 맨손으로 활
어 잡기, 한복체험, 아이들을 위한 유물발굴 및 복원체험 등 다양한 체험행사로 개
최를 한다.

축제 프로그램

뮤지컬 어방, 경상 좌수사 행렬, 수군과 어민의 어업공동체인 어방 등.

사례분석

난 20여 년 동안 몇 년에 한 번씩 어방축제의 관계로 수영구청을 20여 년간 담당
부서를 방문하였다. 매번 갈 적마다 다른 지자체와 달리 소통이 부족하고 외부전문
가에 대하여 닫혀있는 모습을 느끼며 특별한 문화를 가진 수영구청이라는 느낌을
받았다. 어방축제의 킬러 콘텐츠는 무엇인가? 어촌의 민속문화를 구성하는 것은

기본이다. 경쟁력 있는 관광축제를 원한다면 강력한 킬러 콘텐츠가 있을 때 가능할 것이다. 어방의 축제는 공간과 구성에서는 단순하다. 지역의 화합을 위한 향토축제로 구성한다면 현재의 구성으로도 무리가 없을 것이다. 그러나 관광축제로서 관광객을 유치하고자 한다면 적어도 체류 시간을 확보하여 주는 공간구성이 필요하다.

적어도 서울에서 방문하게 하려면 어떠한 가치가 있는 확실한 콘텐츠의 프로그램이 있을 때 가능할 것이다. 뮤지컬 어방의 공연프로그램이나 경상 좌수사 행렬이 특별한 관광콘텐츠라고 하기에는 가치가 떨어진다. 어디에서나 있는 프로그램이 아니라 어방축제에서만 가질 수 있는 특별한 가치로서 경쟁력 있는 프로그램이나 문화를 내세웠을 때 가능할 것이다.

어방축제에서는 매번 관광축제에 진입하고자 노력한다. 그렇다면 관광축제에 대한 이해와 관광축제에 맞는 구성을 했을 때 가능할 것이다. 또한, 열린 마음으로 담당하였을 때 가능하다.

대구약령시 한방문화축제 (관광축제)

최초 개최년도 : 1978년 / 예산 : 500백만원 / 개최 시기 : 5월(5일간)

축제 개요

대구약령시는 조선 중기부터 한약재를 판매하던 유서 깊은 약재시장이다. 한국은 물론 해외까지 한약재를 공급해온 세계적인 한약재 유통의 거점이었던 약령시에서 매년 5월, 대구약령시 한방문화축제가 펼쳐진다. 사상체질 체험관에서 전문가의 상담을 통해 자신의 체질을 분석하고 한방 힐링센터에서 한방진료를 받을 수 있으며 전통 방식으로 한약을 달여 마셔보거나 십전대보

환, 총명환 등 전통 한방 환을 만들어볼 수도 있다. 저녁 시간에 골목 해설사와 함께 대구 근대골목을 걸으며 대구 근대역사에 대한 재미있는 이야기를 들을 수 있는 달빛야경투어 등으로 구성하여 개최한다.

축제 프로그램

고유제, 약 썰기&약첩싸기, 한방 장터 등.

사례분석

대구약령시는 약재시장으로서 역사가 깊다. 대한민국에서는 한방으로 특화된 축제로 제천 한방축제, 서울 강서구 동의보감 허준 축제, 서울시 동대문구 제기동 약령시 축제, 영천 한방축제, 산청 한방약초 축제 등 여러 곳에서 한방 및 약초를 키워드로 축제를 개최한다. 약초의 거리로는 서울 동대문 제기동 약령시 다음으로 대구의 약령시가 최고로 큰 것 같다. 축제의 정체성은 무엇인가? 약초의 거리에서

진행하는 축제로서 매우 혼잡하다. 약초문화축제로서 약초 거리를 형성하고 있지만 관광축제로서는 특별한 이슈의 콘텐츠 프로그램이 없다. 프로그램도 약초 거리의 특화된 프로그램이라기보다는 일괄입찰을 통하여 진행하는 만큼 이벤트성의 프로그램으로 진행하는 관계로 특별한 구성에 대한 가치를 느끼지 못했다는 게 나의 방문 스케치를 통하여 느낀 결과이다.

특화된 거리의 상권 활성화를 위한 축제로서는 무난하게 진행하고 있다고도 할 수 있을 것이다. 그러나 관광축제로서 방문할 가치는 낮다고 분석한다. 경쟁력 있는 관광축제로 도약을 하고자 한다면 문화나 무엇이든 간에 확실한 콘텐츠의 프로그램을 보여주어야 할 것이다.

대구 치맥페스티벌 (관광축제)

최초 개최년도 : 2013년 / 예산 : 2,000백만원 / 개최 시기 : 7월(5일간)

축제 개요

대구 치맥페스티벌은 전 국민이 사랑하는 아이템인 치킨의 생산지이며 여름철 가장 뜨거운 달구벌에서 치킨과 맥주를 테마로 펼쳐지는 축제이다.

축제 프로그램

치킨, 맥주 홍보, 전시, 판매, 치킨, 맥주를 테마로 한 공연 진행.

사례분석

대한민국에서 맥주축제를 하는 곳은 여러 곳이 있다. 인천 송도 맥주축제, 홍천강 별빛음악 맥주축제 등이 있다. 인천 송도 맥주축제는 축제라기보다는 무대공연을 보면서 맥주를 마시는 축제로서 단조롭고 관광축제로 육성하기는 어려운 축제이다. 홍천강 별빛음악 맥주축제는 수제 맥주와 함께 구성하여 작은 축제지만 다채롭게 구성하여 개최한다.

난 세계적인 관광 맥주축제의 개발을 위하여 중국 칭다오 맥주축제를 10여 년간 다녀왔다. 그 외 대련 맥주축제. 하얼빈 맥주축제를 방문 스케치하였다. 이 중에 하얼빈 맥주축제를 좋아한다. 또한, 세계적인 맥주 축제인 독일 옥토버 맥주축제, 잘츠부르크 맥주축제, 삿포로 맥주축제 등을 방문 스케치하였다. 대한민국 맥주의 맛에 대한 의문도 많은 상태에서 어떻게 하면 경쟁력 있는 관광콘텐츠로서 국제 맥주축제를 개발할 것인가에 대하여 오랫동안 준비하였다. 현재 개발을 마친 상태이다. 코로나19가 끝나면 관심 있는 지자체와 조인하여 글로벌 맥주축제를 개최하고자 한다.

대구 치맥페스티벌은 치킨의 발생지이며 집단지인 대구에서 개최한다. 첫해인 2013년에는 <별에서 온 그대>의 드라마에서 치맥의 내용이 담기고, 드라마의 열풍으로 치맥에 관한 관심이 열풍이 되어 대구 치맥페스티벌이 대박의 수준으로 성공하는 계기가 되었다. 그러나 흥행에는 성공하였지만 7월 대구의 날씨는 삭막할 정도로 더웠다. 주간에는 더워서 할 것이 없었다. 옥토버 맥주 축제는 1만석 되는 10여 개의 빅텐트의 구성으로 주간에도 관광객의 인파가 메워진다. 칭다오 맥주축제도 주간보다는 야간형으로 진행되며 브랜드별로 1천 석의 큰 텐트와 1만 석의 칭다오 맥주관 등으로 구성되어 진행된다. 일본의 삿포로 맥주축제는 1천석 규모의 6개 큰 텐트 구성으로 무대공연 없이 가볍게 맥주를 마시며 담소를 나누는 분위기의 축제를 연출한다. 맥주가 메인이고 다채로운 안주로 오랫동안 맥주를 마신다.

대구의 치맥축제는 어떠한가? 치킨이 메인 안주가 되다 보니 치킨 한 마리 먹으면 더 먹기가 힘들다. 치맥도 가볍게 먹는 것은 괜찮은데 분위기를 즐기며 맥주를 마시기에는 안주 소재의 한계성이 있다는 것이다. 현재 대구의 치맥축제는 축제라기보다는 협찬사의 프로모션 행사 형태로 운영되는 것으로 분석된다. 주 무대는 사전에 티켓을 받지 않으면 무대공연을 관람하며 치맥을 할 수 있는 여건이 되지 않는다는 것이다.

삿포로 맥주축제, 칭다오 맥주축제, 옥토버 맥주축제 등 대다수 축제는 브랜드별로 설치하여 놓은 큰 텐트의 맥주 관에서 빈자리만 있으면 누구든지 앉아 편하게 맥주를 마실 수 있는 구성·연출을 하고 있다. 치맥축제가 관광축제로 도약하기 위해서는 현실적으로 문제점을 풀어가지 못한다면 맥주 축제로서 경쟁력을 잃어버릴 수 있을 것이다. 많은 사례분석과 고민이 필요한 축제이다.

인천 펜타포트 음악축제 (전 우수축제)

최초 개최년도 : 2006년 / 예산 : 2,658백만원 / 개최 시기 : 8월(3일간)

축제 개요

명칭의 펜타포트는 다섯을 뜻하는 펜타(Penta-)와 포트(port)의 합성어이다. 펜타포트는 페스티벌의 정신과 철학을 표방하는 다섯 가지 의미의 연결고리, 즉 음악(music), 열정(passion), 자연주의(environment friendly), DIY(Do It Yourself), 우정(friendship)을 뜻한다.

인천광역시는 80~90년대 마니아들 사이에서 한국 록의 중심지로 자리 잡으며 홍대 인디문화가 창궐하기 이전엔 수많은 인디밴드를 배출하는 등 음악적 토양이 꽤 두껍게 쌓여온 음악의 도시이기도 하다.

축제 프로그램

록 페스티벌, 국내외 아티스트 공연 등.

사례분석

인천 펜타포트 음악축제는 자생력이 높은 아티스트의 축제이다. 세계적인 아티스트를 얼마나 섭외하여 출연시키느냐에 따라 경쟁력 있는 음악축제라고 할 수가 있다. 지역 인프라를 육성하여 개최하는 일반 관광축제하고는 거리감이 있다. 현재까지는 잘 구성하여 운영하고 있다.

장기적으로 음악축제가 성공하고자 한다면 인천 펜타포트에서만 가지고 있는 콘텐츠를 확실하게 갖추었을 때 경쟁력 있는 축제로서 지속적인 발전을 할 수 있다.

울산 옹기축제 (관광축제)

최초 개최년도 : 2000년 / 예산 : 908백만원 / 개최 시기 : 5월(5일간)

축제 개요

울산 옹기박물관은 장인들의 발자취와 옹기의 역사, 문화 그리고 미래를 전시하는 공간이다. 전통 옹기장인들의 삶터와 일터가 어우러진 국내 유일의 옹기 집산촌인 외고산 옹기마을에 옹기와 함께 숨 쉬며 살아온 장인들의 발자취와 옹기의 역사, 문화 그리고 미래를 전시한다. 전통의 멋과 정취 가득한 외고산 옹기마을에서 축제를 개최하고 있다.

축제 프로그램

우리 집 장 담그는 날, 옹기를 주제로 한 공연, 전시 체험행사 등.

사례분석

옹기축제는 옹기마을이 중심이 되어 진행하는 도자기 축제이다. 옹기를 소재로 엑스포까지 개최하면서 기반시설을 갖추었다. 관광축제로 도약하고자 한다면 관광축제에 대한 방향성을 이해하고 최소한의 주제 구성을 하였을 때 그나마 가능성이 있을 것이다. 옹기의 소재로만은 관광객을 유치하기가 쉽지 않을 것이다. 장거리의 관광객을 유치하고 싶다면 희소성이 있는 프로그램으로 킬러 콘텐츠를 개발하는 것이 성공의 필수 요소일 것이다.

연천 구석기축제 (관광축제)

최초 개최년도 : 1993년 / 예산 : 992백만원 / 개최 시기 : 5월(4일간)

축제 개요

연천 구석기축제는 한반도 최초의 인류가 살았
던 연천 전곡리 유적에서 펼쳐지는 구석기체험 축
제이다. 연천 전곡리 유적은 30만 년 전에 우리나
라에 매우 똑똑한 구석기 사람들이 살았다는 증거
인 주먹도끼가 발견된 세계적인 구석기 유적지이
다. 매년 한 차례 전 세계의 선사 문화체험이 연천
전곡리로 모여 원시체험의 장을 열고 현대인을 초
대하고 있다.

연천 전곡리 유적의 역사적 가치를 바탕으로 문화와 대중의 조화, 지역의 브랜드
개발, 적극적인 보존을 위한 유적의 활용에 축제의 의의를 살리고 있는 축제이다.

축제 프로그램

세계구석기 체험마당, 구석기문화를 테마로 한 에튜테인먼트형 가족축제 등.

사례분석

연천 구석기 축제와는 특별한 인연을 갖지 못하였지만, 담당자들과는 초창기부
터 소통해온 관계로 나름대로 운영시스템과 대행사 선정 부분 등에 있어 깊은 분석
을 하고 있다. 연천 구석기축제의 장소로 넓은 전용 축제장을 확보하고 있다. 겨울
에는 연천 구석기 겨울 축제도 개최한다.

환경구성은 강과 아름다운 자연과 어울려 힐링할 수 있는 좋은 환경적인 공간을
가지고 있다. 문제는 프로그램이다. 관광객이 집단적 구성 속에 일체감으로 함께

참여할 수 있는 프로그램이 없다는 것이다. 킬러 콘텐츠라는 것은 적어도 동 시간대 동일 장소에서 5천 명 이상이 함께하는 프로그램이 킬러 콘텐츠라 할 수 있고 이러한 킬러 콘텐츠의 가치를 따져 만족도를 가졌을 때 참여하게 된다.

연천 구석기축제는 콘텐츠 중심으로 다채롭게 구성하여 진행하고 있지만 왜소한 부스의 형태로서 축제장은 넓은 환경을 가지고 있지만, 프로그램의 구성은 그렇지 못하다. 또한, 지역의 인프라를 육성하지 못하고 매년 일괄대행사체제로 운영함으로써 대행사에 의존하는 시스템도 문제이고, 대형의 콘텐츠보다는 이벤트성의 프로그램을 구성하는 것도 아쉬운 점일 것이다. 성공적인 축제를 만들고자 한다면 직접 진두지휘하고, 자체 인프라를 육성하며 진행하는 시스템을 구축하여야 할 것이다.

시흥 갯골축제 (관광축제)

최초 개최년도 : 2006년 / 예산 : 698백만원 / 개최 시기 : 9월(3일간)

축제 개요

시흥 갯골축제는 경기도 유일의 내만갯골에 있는 시흥갯골생태공원에서 펼쳐지는 생태축제로 옛 염전 터와 습지가 어우러진 천혜의 자연환경을 기반으로 개최하는 축제이다.

축제 프로그램

갯골패밀리런, 갯골퍼레이드, 생태자원을 활용한 체험 및 공연 등.

사례분석

시흥의 갯골축제에 대하여 오랫동안 현장 방문 스케치를 해왔다. 초창기의 축제에서는 아기자기한 모습의 축제를 연상케 하였다. 지금은 생태자원을 활용한 넓은 축제장으로 깔끔한 축제장을 구성하고 있다. 테마별로 염전체험 등 다채로운 프로그램을 나름대로 구성하고 있지만, 대다수 프로그램이 이벤트성의 프로그램으로 구성하여 연출하는 관계로 정체성에 대하여 아쉬움을 느낀다. 넓은 축제장의 환경요소를 가지고 있는 축제에서 경쟁력 있는 관광콘텐츠의 가치에 대해서는 더욱더 개발이 필요할 것 같다. 무엇보다도 관광축제로서의 명성을 갖추고자 한다면 어떠한 구성과 어떠한 방향으로 구성하여야 하는지에 대해 이해해야 할 것이다. 이해하지 못한다면 이벤트성 지역의 향토축제로서 벗어나지 못할 것이다. 넓은 생태자원을 가지고 있는 만큼 잘 활용하여 경쟁력 있는 관광축제로서의 명소를 만들기 바란다.

수원 화성문화제 (전 우수축제)

최초 개최년도 : 1964년 / 예산 : 1,500백만원 / 개최 시기 : 10월(3일간)

축제 개요

수원 화성문화제는 정조대왕의 효심과 부국강병의 꿈을 바탕으로 축성된 수원 화성에서 매년 펼쳐지는 역사 깊은 문화관광축제이다. 1795년 2월 화성 행차 넷째 날 정조대왕이 거행한 역사적인 야간 군사훈련을 현대적 색채가 가미된 화려한 공연으로 재현하고 있다. 아름다운 수원화성 성곽을 배경으로 전통 무예와 전통 무용이 환상적으로 어우러진 공연이 진행된다. 우리나라 성곽의 꽃이자 세계문화유산으로 유네스코에 등재된 수원 화성은 아버지 사도세자에 대한 정조의 효심과 강력한 왕도정치의 실현을 위한 정조의 원대한 정치적 포부가 담겨있는 곳으로서 콘텐츠 프로그램을 운영한다.

축제 프로그램

정조대왕 능 행차 공동재현, 야조 실경공연, 수원화성을 테마로 한 전시, 공연, 체험행사 등.

사례분석

수원 화성문화제 총감독의 협의를 통하여 미팅하게 되었다. 축제 단장의 주선으로 재단의 대표이사를 만났고 축제의 문제점을 분석하고 새로운 구성을 해주었다. 그러나 선거를 앞두고 개혁적인 변화가 어렵다고 내년을 기약하자고 협의를 끝냈으나 대표이사의 인사이동으로 원점이 되었다. 전년도에 총감독으로 예술감독인 교수를 선정하여 진행하였으나, 총감독이 스텝과 시스템을 무리하게 직접 운영하면서 재단 사무국과 소통이 원만하지 않아 이미지는 그다지 좋지 않았던 거 같았다.

화성문화제의 평가는 극과 극으로 받는다. 어떤 평가에서는 좋은 평가를 받기도 하지만 어떤 평가에서는 아주 좋지 않은 평가를 받음으로써 문체부 관광축제 선정 우수축제와 유망축제 및 탈락이란 결과를 받았다.

화성문화제의 콘텐츠 구성을 분석하면 행궁에서 펼쳐지는 프로그램, 행궁 앞 광장에서 진행하는 무대공연, 연무대에서 펼쳐지는 뮤지컬, 정조대왕 행렬, 체험행사 등으로 구성된다. 행궁과 연무대 사이는 거리가 있다. 이동하기에 쉽지 않다. 행궁의 혜경궁홍씨 진찬연의 프로그램은 볼만하지만, 수용공간이 좁다. 무대 행사도 관광객을 수용할 수 있는 공간이 작다. 애든버러 타투축제의 관람석은 1만 석이다.

그나마 볼만한 것은 연무대의 야조 뮤지컬, 정조대왕 퍼레이드, 진찬연 정도가 콘텐츠 프로그램으로서 볼만하다. 이런 프로그램을 관람한 사람은 만족도가 높으나 그 외의 시간에 방문하는 관광객은 볼 게 없다고 한다. 볼 게 없는 시간대에 방문한 관광객에게는 평가에 관한 결과가 매우 나쁘게 나온다. 이러한 결과에서 벗어나고자 한다면 개혁적인 구성과 진보된 운영시스템을 갖추었을 때 경쟁력 있는 관광축제로 도약할 수 있을 것이다.

내년을 기약하며 총감독의 참여가 불발되었고 사랑의 등불축제를 수주하여 진행하였다.

화성문화제에서 좋은 평가를 받고자 한다면 전체의 구성에 대한 고민과 공간구성에 대해 분석해 볼 필요가 있다. 왜 주요 콘텐츠 외 프로그램 시간에 방문한 방문객에게서 낮은 결과의 평가를 받고 있는지와 왜 문체부 평가에서 탈락할 정도로 낮은 평가를 받는지에 대한 철저한 분석이 필요하다. 낮은 평가를 받는다는 것은 분명히 문제가 있는 것 아닌가? 이러한 문제는 공간구성과 시간대 편성 및 홍보에서 찾을 수 있을 것이다.

여주 오곡나루축제 (관광축제)

최초 개최년도 : 1998년 / 예산 : 1,095백만원 / 개최 시기 : 10월(4일간)

축제 개요

여주 오곡나루축제는 여주가 자랑하는 농특산물을 홍보하고, 여주 전통문화를 함께 즐기는 축제이다. 비옥한 토지를 가진 여주는 쌀과 오곡, 고구마 등 다양한 농·특산물로 유명한 고장으로 조선 시대에는 나루터를 이용해 여주의 농·특산물을 왕에게 진상했다고 기록되어 있다. 행사장은 농·특산물 홍보 및 판매가 진행되는 '오곡 마당', 여주 오곡 나루 관련 이미지를 형상화한 거리와 포토존이 설치된 '나루 마당' 등으로 구성하여 운영한다.

축제 프로그램

오곡과 나루를 테마로 한 다양한 프로그램, 군고구마 기네스, 가마솥 여주 쌀 오곡 비빔밥 먹기, 여는 마당, 주제공연, 방문객 참여, 체험행사 등.

사례분석

여주에서는 도자기 축제와 특산물 축제를 진행하고 있었다. 관광축제로의 도약을 위해 새로운 방향으로서 쌀, 고구마, 땅콩, 참외, 가지 등의 대표적인 지역특산물을 활용하여 오곡이란 명칭을 사용하였다. 또한, 여주의 남한강 나루터가 옛날부터 유명하였던 관계로 여주 오곡나루축제로 축제 명을 만들어 남한강 주변의 둔치와 신륵사 입구에서 축제를 개최한다.

축제 기간에는 서울의 근교 축제로서 많은 관광객이 참여한다. 관광축제에 진입하기 위해 담당 공무원분들이 많은 노력을 하였다. 내가 연출하고 있는 문경 전통 찻사발축제장에 수시로 벤치마킹하러 오고 수시로 미팅하였다. 결론은 그 노력의 대가로 문화체육관광부 관광축제에 선정되었다. 여주 오곡나루축제는 이천 쌀문화축제와 김제 지평선축제와 비슷한 장르인 농경문화의 소재를 가지고 개최하는 축제로서 차별화가 되지 않으면 어려운 축제이다.

김제 지평선축제는 넓은 축제장에서 다채로운 농경문화 콘텐츠로 구성하여 연출하고 있다. 이천 쌀문화축제는 쌀에 대한 소재로 농경문화의 축제를 구성·연출하고 있다. 여주 오곡축제는 여주 나루와 남한강의 주변에서 개최하는 만큼 장소 여건이 매우 좋다. 축제의 프로그램도 농경문화와 고구마 구워 먹기의 대형프로그램 등의 콘텐츠로 다채롭게 구성하여 연출하고 있고 만족도도 높다.

그러나 축제의 구성에 있어 공간구성에 대해 좀 더 이해 폭을 가졌으면 하는 바람이다. 축제장의 공간은 매우 협소하다. 이왕이면 공간을 넓게 활용하여 좀 더 퀄리티 있고 다채롭게 활용하는 것이 경쟁력 있는 축제로 만들어갈 수 있다.

현재의 협소한 공간에서의 구성은 관광축제를 유지하는데 한계성이 있다는 것을 인식하여야 한다. 또한, 대형 킬러 콘텐츠의 프로그램도 개발하여야 브랜드의 인지도를 높일 수가 있을 것이다. 남한강의 주변 환경 여건은 장소 확대에 대한 신념만 있다면 충분히 가능성이 크다. 현재는 여주 세종문화재단에서 주관하고 있다. 누군가 개혁적인 추구로 소신 있게 구성 연출하였을 때 경쟁력 있는 축제로 만들어갈 수 있을 것이다.

평창 송어축제 (관광축제)

최초 개최년도 : 2008년 / 예산 : 920백만원 / 개최 시기 : 1월(37일간)

축제 개요

평창군 진부면에서는 2주간 <평창 송어축제>를 개최한다. <평창 송어축제>에서는 선조들의 삶을 축제로 승화시켜 '눈과 얼음, 송어가 함께하는 겨울 이야기'라는 주제로 매년 겨울마다 송어 축제의 장이 펼쳐진다. 송어낚시와 썰매체험 등 다양한 체험행사와 함께 진정한 겨울 축제의 즐거움을 만끽할 수 있다.

송어는 연어과에 속하는 소하형 어종으로 한국의 동해와 동해로 흐르는 일부 하천에 분포하며, 북한, 일본, 연해주 등지에도 분포한다. 특히 평창군은 국내 최대의 송어 양식지이며, 평창의 맑은 물에서 자란 송어는 부드럽고 쫄깃쫄깃한 식감이 일품이다.

축제 프로그램

송어 얼음낚시 체험, 송어 맨손 잡기 체험, 눈썰매, 전통 썰매 등.

사례분석

보통 문화체육관광부 관광축제에서는 지역마다 한 곳만 선정하지만, 2020년 평창군에는 평창 효석문화제와 평창 송어축제를 관광축제로 선정하였다. 매우 이례적인 선정이다. 2019년에는 평창동계올림픽 관계로 특혜를 준 것인가 하였지만 현재도 관광축제에 선정하여 운영하는 관계로 의아해하였다.

평창 송어축제는 진부면에서 민간인 중심으로 축제를 직접 기획하고 운영한다.

대행사 선정 없이 직접 운영하는 시스템이다. 평창군에서는 약간의 예산지원과 행정적인 업무의 지원만 하고 모든 것은 민간조직위원회에서 진행한다. 축제의 구성은 송어낚시와 눈 얼음 썰매 등의 레포츠의 체험장 구성, 회센터, 겨울과 눈 포토월 등이 전부이다. 특별한 이벤트적인 것은 없다. 그렇다 보니 대행사가 선정되어도 할 일이 없다. 민간조직에서 직접적으로 매년 총괄하다 보니 기획, 운영에 대한 노하우는 모두 갖추었다. 퀄리티는 높지 않지만, 운영시스템은 잘 갖추어져 있다.

관광객은 그 축제만의 콘텐츠에 대한 가치를 평가하여 참여하지, 연출적인 면을 보고 참여하는 것은 아니다. 부족하더라도 지역민이 직접 진행하는 축제를 이해하고 넘어간다. 송어축제장은 바람도 쎄고 매우 춥다. 그래도 그 날씨에 송어낚시를 한다고 꾼들이 방문한다. 민간위원에서 직접 투자하여 자생력이 높은 축제이다. 매우 바람직한 형태로 개최하고 있는 축제라고 나는 평가한다.

춘천 마임축제 (전 우수축제)

최초 개최년도 : 1989년 / 예산 : 720백만원 / 개최 시기 : 5월(8일간)

축제 개요

춘천 마임축제는 런던 마임축제, 프랑스 미모스축제와 함께 세계 3대 마임축제 중 하나로 몸, 움직임, 이미지를 기반으로 한 공연예술축제이다. 현대 마임과 신체극, 무용극, 광대극, 거리극 등 마임이라는 장르를 넘어 다양한 장르의 작품을 수용하는 것이 특징이다. 또한, 춘천시민들과 자원활동가, 수많은 예술가가 함께 만드는 민간주도의 참여형 축제라는 점도 춘천 마임축제의 자랑 중 하나이다.

국내외 마임 아티스트들의 익살스러운 마임과 화려한 퍼포먼스가 펼쳐지며, 관객들이 참여하고 체험하며 다 함께 즐기는 특별한 프로그램들이 준비되어 있다. 특히 해마다 해외 아티스트가 참여하는 광활한 국제 아티스트 네트워크와 라인업을 보유하고 있으며 '봄과 불, 물'을 바탕으로 한 도시 축제의 재해석을 통해 대규모 형태의 난장 프로그램은 큰 인기를 얻고 있다.

축제 프로그램

마임공연, 아수라장, 도깨비 난장 등.

사례분석

마임축제는 특별한 거리예술축제이다. 축제의 운영에 있어 자원봉사를 활용하고 있다. 학생들에게 기수를 두어 모집을 하고 참여한 자원봉사자들에게는 평생 참여할 수 있는 '참여권'이라는 혜택을 준다. 대한민국에서 최고로 잘 돌아가는 자원봉사 시스템이라 할 것이다. 예술의 작품은 평범하다기보다는 특별하게 연출을 한다. 아니 우리 생활 속의 모습을 색다르게 표현하는 연출을 한다.

마임축제에 대한 마니아층이 함께하지만 아직은 대중적이지 않은 축제로 판단된다. 한번은 평가하러 방문하여 개막식을 스케치하였다. 공연자는 행위예술로 뭔가 표현을 하고자 하지만 대중은 쉽게 받아들이지 못했다. 마임축제는 독특한 관계로 아직 대중적인 축제로서 함께 어울리지 못하는 것은 아쉬움이 있다. 행위의 예술적 가치를 함부로 논하기는 그렇지만 나름대로 성과를 내며 개최하고 있는 축제라고 할 수 있을 것이다.

강릉 커피축제 (관광축제)

최초 개최년도 : 2009년 / 예산 : 500백만원 / 개최 시기 : 10월

축제 개요

강릉을 비롯한 전국 유명 커피 전문업체가 참가해 다양한 커피를 선보이는 축제이다. 바리스타 경연대회 외에도 각종 이벤트가 열리고 강릉 커피 거리인 안목 해변에서도 커피 축제를 맞아 거리공연 등을 펼친다. 강릉 아레나 야외에 약 220여 개의 부스가 설치되어 크게 먹거리 존, 공예전, 카페 존으로 구성하여 커피와 디저트, 커피용품과 관련한 공예용품 등이 한가득하며 커피에 대한 모든 것이 설치되어 있다.

축제 프로그램

커피 관련 어워드, 커피 전시·판매, 세미나, 커피 관련 체험 활동 등.

사례분석

강릉 커피축제는 역사성이 있어 개최되고 있는 축제는 아니다. 커피와 관련된 카페가 입점하면서 커피 거리의 문화가 형성되고 커피와 관련된 커피 용품 등이 입점하거나 커피 관련 업계의 집단이 형성되어 커피의 명소를 만들어가는 축제라고 할 것이다. 실제로 지역경제의 활성화에 많은 도움이 되는 축제이다. 아직은 경쟁력 있는 축제라고 할 수는 없지만, 커피 관련 업계가 문화를 형성하며 정착한다면 경쟁력 있는 현시대의 축제로 정착할 수 있을 것이다. 커피문화 축제는 대중적이라기보다는 마니아층의 축제로 형성되어 정착될 것이다.

정선아리랑제 (관광축제)

최초 개최년도 : 1976년 / 예산 : 1,129백만원 / 개최 시기 : 10월(4일간)

축제 개요

일명 '아라리'라고도 하는 정선아리랑의 전승 보존과 지역발전 및 군민화합을 도모하고 한국적인 민속을 계승·발전시키기 위해 1976년부터 열리고 있다. 아리랑을 주제로 한 국내 유일의 축제로, 정선아리랑제위원회가 주관한다.

강원도 무형문화재 제1호인 정선아리랑은 세계에서 가장 오래된 소리로, 조선 초 고려 충신들이 불사이군(不事二君)을 다짐하고 정선에서 은거하면서 겪었던 고난의 심정을 한시로 읊은 것이 가사에 인용되었다. 일제강점기에는 민족의 서러움과 울분을 실어 스스로를 달래왔는데 일제강점기를 거치며 사상이 담긴 노래를 탄압하는 일제를 피해 남·여의 정한(情恨)을 소재로 한 노래가 많이 불리게 되었고, 아우라지 뗏목의 수많은 사연과 함께 구전되어 지금의 가사가 되었다.

축제 프로그램

칠현 제례, 뗏목 아라리 재연, 주막아라리 한마당, 정선아리랑 시연, 정선아리랑 난타 공연, 정선아리랑 춤 시연, 정선아리랑 창극, 정선아리랑 경창대회, 정선아리랑 심포지엄, 정선아리랑 체험의 장, 백이산 신령 굿, 정선아리랑 노랫말 짓기 등.

사례분석

정선아리랑에는 오랫동안 스케치하여왔고 총감독으로 참여할 기회도 있었으나 총감독으로는 참여하지 못하고 수시로 심사를 다니면서 미팅을 통하여 소통하고는 하였다. 정선의 아리랑축제는 소리 축제일까? 정선 전통시장의 문화축제일까? 정선에서는 정선아리랑의 주제로 뮤지컬을 제작하여 수시로 공연하고 있고 전통시장으로 관광객을 유치하고 있다. 축제의 개최는 긴 역사를 갖고 있음에도 관광축제로 정착하지 못하고 있다.

수십 년 동안 스케치하여 온 바로는 향토축제만도 못한 지역의 마을축제 수준이라는 평가를 오랫동안 해왔다. 관광축제로의 도약을 원하면서 왜 이렇게 방향성에 대해 이해를 못하고 변화의 시도를 하지 않을까에 대한 생각을 오랫동안 하였다. 결론은 지자체의 의지가 아니었겠는가? 즉 방향성을 제대로 안내하여 줄 전문가에 대한 필요성을 갖지 못한 이유도 있었을 것이다.

현재는 재단이 설립되어 재단에서 개최하고 있다. 재단에서 변화를 시도하고자 하는 노력을 많이 하고 있다. 내가 축제전문가로서 전국의 축제와 비교분석을 통하여 고언을 한다면 성공적인 축제를 위해서는 진정한 관광축제전문가의 도움이 필요하다고 본다. 모두가 전문가라고 한다. 진정한 전문가의 만남을 통해 고언을 듣고 방향성을 이해하는 것이 급성장시킬 방안이라고 할 것이다.

횡성한우축제 (관광축제)

최초 개최년도 : 2004년 / 예산 : 2,118백만원 / 개최 시기 : 10월(5일간)

축제 개요

소라는 동물과 인간의 각별한 사이는 아주 오랜 옛날, 고대부터 시작되었다. 소는 고대 신화에 신성, 힘, 재산의 상징 등 다양한 모습으로 등장했다. 현재 우리가 보게 되는 소는 약 200만 년 전 지금은 멸종된 오록스 (Aurochs ; Bosprimigenius)라는 종으로부터 진화되어 온 것으로 추정된다.

오랜 세월 농경 생활을 했던 우리 민족에게도 역시 소는 친숙하고 각별한 동물로서 소를 키운 역사는 무려 4,000여 년 전부터 추정된다. 소는 고대부터 제천의식의 제물로 쓰일 정도로 신성시하던 존재였고, 삼국사기에 의하면 신라 지증왕이 밭갈이를 권하며 비로소 '일소'가 됐다고 전해진다. 농경사회에서는 재산목록 1호가 바로 소였으며, 그만큼 소는 주요 이동 수단이자 성인 남성 5~6인분의 몫을 해내는 중요한 농기구로, 귀한 먹을거리로 우리의 삶 곳곳에 존재했다. 때문에 우리의 선인들은 한우를 동반자로서 '생구(生口)'라 하여 외양간을 뒷간보다 가깝게 두고 가족의 일원으로 대했다. 소에게도 설날에는 만둣국, 정월대보름에는 오곡밥과 나물로 상을 차려주며 한 해 농사를 잘 지어보자고 격려하는 풍습이 있었다.

횡성에서는 우수한 횡성한우 소의 콘텐츠로 축제를 개최하고 있다.

축제 프로그램

한우구이터 및 한점하우스, 한우 전시·판매, 발골 이벤트 등.

사례분석

횡성군과 인연은 횡성군에서 개최하는 강원도 도민체전을 총감독으로 참여하여 같이 진행하였고 더덕축제 등 다양한 축제에 참여하면서 자문, 컨설팅 및 대행을 해왔다. 현재 횡성 하면 더덕과 안흥찐빵 등 다양한 특산물이 있지만, 한우 또한, 매우 인지도가 높고 브랜드화되어 있다. 높은 인지도에 의하여 전국의 한우가 횡성 한우로 둔갑하기도 한다.

횡성한우축제를 오랫동안 방문 스케치해 왔고 요즘은 대행사 선정 평가위원으로 수시로 참여하고 있다. 횡성한우축제는 둔치에서 진행하면서 한우 테마 등 다양한 특산물 코너 등으로 구성하여 연출한다. 한우에 대한 문화프로그램도 중요하지만, 무엇보다 질 좋은 한우고기를 저렴하게 구매하고 현장에서 맛있게 먹는 것이 메인 콘텐츠이고 만족도를 높일 수 있다.

불고기가 유명한 울산 울주군에서 언양한우불고기축제의 총감독을 한 적이 있었다. 언양불고기축제에서 저녁 시간 때쯤 불고기 대형식당을 운영하면서 옆에서는 KNN 공개방송을 진행하고 있었다. 가수들이 공연하는데 있어 관광객이 무대 앞으로 모이지는 않는 가운데 대형식당에는 한우 불고기를 식사하는 관람객들이 메워지는 상황을 겪었다. 축제에 참여한 관광객은 유명한 한우 불고기를 먹으려고 참석한 것이지 공개방송의 가수 구경을 하러 왔던 것이 아니었다. 식사가 끝난 다음에야 무대공연을 관람하러 무대 앞 객석으로 모이는 광경을 봤다. 결론으로 관광객은 목적이 있어 축제장에 방문하고 목적을 성취한 다음 그 외 것을 찾는다는 것이다. 일단 목적을 가진 내용에 있어 만족하다면 축제에 대한 만족도도 높을 것이다.

횡성한우축제에서도 적어도 5천 명이 한우고기의 불판을 피우며 저렴한 금액으로 맛있는 고기를 먹었을 때 만족도가 높아지고 브랜드의 가치가 높아질 것이다. 그외의 프로그램은 서브의 프로그램으로서 가볍게 구성하면 될 것이다. 횡성한우 불판을 확실한 구축하였을 때 경쟁력 있는 한우축제로서 정착을 할 수가 있을 것이다.

음성 품바축제 (관광축제)

최초 개최년도 : 2000년 / 예산 : 728백만원 / 개최 시기 : 5월(5일간)

축제 개요

풍자와 해학이 있는 퓨전 마당놀이 음성 품바축제는 웃음과 눈물, 풍자와 해학, 그리고 따뜻한 사랑을 느낄 수 있는 축제이다. 장애가 있는 몸으로 구걸을 하며 음성 꽃동네(장애인, 걸인들을 위한 사회복지시설) 설립의 계기를 마련한 '거지 성자' 최귀동 할아버지의 숭고한 인류애와 박애정신을 기리기 위한 축제로, 거지를 상징하는 품바를 활용한 다양한 체험 프로그램들을 운영한다.

축제 프로그램

품바 길놀이 퍼레이드, 품바 래퍼 경연대회, 해학과 품바를 테마로 한 품바 공연 등.

사례분석

음성의 품바 축제는 축제 개최 초창기부터 축제 관계들과 소통했다. 초창기에는 군과 축제를 진행하는 예총과 소통이 쉽지 않았다. 지금은 군에서도 예산과 행정적인 지원으로 관광축제로 도약시키고 있다. 품바축제로서 나름대로 높은 가치를 만들고 있으며 대한민국을 대표하는 품바축제로 정착하였다. 그러나 관광축제로의 도약을 원한다면 개혁적인 변화를 추구하여야 할 것이다. 지금의 축제장은 시내의 한복판에 있어 상권에 대한 활성화에 도움 될 수가 있지만 협소한 공간에서 개최되는 축제는 체류시간 확보가 어렵고 다양한 콘텐츠 프로그램의 구성이 어렵다. 장기적으로는 전용 상설축제장을 구축하여야 경쟁력 있는 관광축제로 도약을 할 수가 있다.

경쟁력 있는 관광축제로의 도약을 원한다면 확실한 킬러 콘텐츠 프로그램의 개발도 중요하다. 또한, 어설픈 전문가들의 의견보다는 이론과 실무가 풍부한 관광축제전문가의 도움을 받으며 함께 나갈 때 현실적인 관광객의 니즈를 분석하여 경쟁력 있는 축제로 도약시킬 수 있을 것이다.

서산 해미읍성 역사체험축제 (관광축제)

최초 개최년도 : 2000년 / 예산 : 900백만원 / 개최 시기 : 10월(3일간)

축제 개요

과거와 현재가 공존하는 시간 여행의 명소 서산 해미읍성 축제는 일회성 전시행사를 지양하고, 축제 이후에도 연중 관람객이 직접 참여하고 즐길 수 있는 상설프로그램과 연계하고 있다.

서산 해미읍성 축제는 역사적 전통과 문화적 가치에 걸맞은 다양한 프로그램 개발로 축제 기간뿐만 아니라 1년 365일 내내 찾고 싶은, 과거와 현재가 공존하는 시간 여행의 관광명소로 조성하고 있다.

축제 프로그램

주제체험, 기획프로그램, 전통 문화공연 등.

사례분석

서산 해미읍성 축제를 초창기부터 방문 스케치한 관계로 시대적인 분석을 하고 있다.

읍성의 성곽은 보존이 매우 잘되어 있다. 문제는 축제 전체의 구성은 보이는데 예산의 문제인지 운영시스템이 문제인지 변화가 늦어 아쉬웠다. 지금은 성곽 내에도 복원을 통하여 기반시설을 확충하여 가고 있다. 아쉬운 것이 있다면 킬러 콘텐츠에 대한 개발이 더디고 이벤트성 프로그램의 구성이 많다는 것이다. 해미읍성 축제는 해미읍성에서 개최하는 만큼 성곽이 잘 보존되어있고 읍성 안에서 콘텐츠 위주로 확실한 구성을 한다면 충분히 관광 가치를 만들어 낼 수가 있을 것이다.

현재는 서산문화재단이 설립되어 재단에서 진행하게 된다. 재단에서는 형식적이고 합법적인 운영시스템으로만 진행할 것이 아니라 진정성과 열정을 가지고 추진력 있는 시스템의 지역 인프라를 육성하며 직접 운영하였을 때 경쟁력 있는 축제로 만들 수 있을 것이다.

임실N치즈축제 (전 우수축제)

개최년도 : 2015년 / 예산 : 528백만원 / 개최 시기 : 10월(4일)

축제 개요

임실N치즈축제는 대한민국 치즈 발상지로서 임실 N 치즈의 우수성을 알리고자 임실치즈테마파크에서 개최한다.

축제 프로그램

왕 치즈피자 만들기, 퍼레이드, 치트페어 등.

사례분석

임실N치즈축제는 최초 개최한 지는 얼마 되지 않지만, 급성장한 축제이다. 급성장한 이유는 무엇일까? 치즈마을이란 소재가 아이들에게 높은 호감을 주는 소재였다. 축제장의 환경조성은 유럽의 치즈마을 분위기의 건물로 조성되어 이색적이고 감성적인 느낌을 준다. 즉 치즈마을에 빠져들어 갈 수 있는 정서가 형성된다는 것이다.

축제 기간에는 다른 축제에 비해 많은 가족 관광객이 참여하여 즐긴다. 관광객을 소화하기 위해 매년 축제장을 확장하고 있다. 전용 축제장으로서의 기반시설을 갖추고 있는 것과 축제에 대한 소재가 성공 요소일 것이다. 그러나 축제의 구성이 단조롭고 치즈마을에 대한 콘텐츠 구성보다는 이벤트성 프로그램의 구성이 강한 것은 저해의 요소이다. 가치 있는 콘텐츠의 개발이 더 필요하고 관광객에게 만족도를 높여 줄 수 있는 킬러 콘텐츠 등의 프로그램이 있을 때 경쟁력 있는 관광축제로 도약을 할 수가 있을 것이다. 관광축제에 대한 전문가의 의견과 운영시스템에서도 고려하여 볼 필요가 있을 것이다.

진안홍삼축제 (관광축제)

최초 개최년도 : 2016년 / 예산 : 850백만원 / 개최 시기 : 10월(4일간)

축제 개요

건강과 힐링, 즐거움이 함께하는 홍삼축제로 대한민국 유일의 홍삼 특구인 진안 마이산 북부 일원에서 매년 10월에 열린다. 믿고 먹을 수 있는 질 좋은 홍삼과 홍삼으로 만든 다양한 음식들을 맛볼 수 있는 축제로 인기가 많다.

축제 프로그램

홍삼을 주제로 한 공연, 전시·판매, 체험행사 등.

사례분석

유사한 축제로서 금산인삼축제, 풍기인삼축제, 함양산삼축제 등이 있다. 금산인삼축제는 유통의 상권을 확보한 축제로서 성과를 내고 있다. 풍기인삼축제는 인삼 품질에 대한 가치를 인정받는 축제이다. 함양산삼축제는 항노화의 콘텐츠로 엑스포까지 개최하며 가치를 높이고 있다. 풍기인삼축제는 2022년에 엑스포를 개최하고 금산인삼축제는 수시로 엑스포를 개최하여 브랜드화를 만들어가고 있다. 진안의 인삼도 품질의 가치를 인정받고 있고 많은 농가에서 재배하고 있다. 많은 인삼축제가 있는 가운데 가공식품인 홍삼을 소재로 축제를 관광단지에서 개최하여 진행하고 있다. 축제가 성장하는 데 있어 최대의 장애 요인은 협소한 축제장의 공간이다. 협소한 장소에서의 축제 개최는 프로그램의 구성을 매우 어렵게 한다. 경쟁력 있는 축제를 위해서는 축제 장소의 확장이 기본이다.

영암 왕인문화축제 (관광축제)

최초 개최년도 : 1997년 / 예산 : 950백만원 / 개최 시기 : 4월(4일간)

축제 개요

영암은 일찍이 백제시대부터 고대 중국과 일본의 교역로로서 국제적인 선진문화가 싹텄던 지역이다. 그 시절 이곳에서 태어난 왕인박사는 일본의 아스카문화를 꽃피운 인물이다. 1,600여 년전, 일본 천황의 초청으로 천자문과 논어를 들고이곳 상대포에서 일본으로 건너가 일본 학문의 시조가 된 왕인박사를 기리는 영암 왕인문화축제가열린다.

축제 프로그램

왕인박사 일본 가오 퍼레이드, 백일장 등.

사례분석

영암 왕인문화축제에 대하여 초창기부터 방문 스케치를 하면서 분석하여왔다. 처음에는 축제 장소가 협소하였지만, 지금은 전용 축제장에 버금가게 확장하여 운영하고 있다. 축제 기간에는 도로에 화려한 벚꽃이 피면서 벚꽃관광객이 많이 찾아온다. 메인 프로그램은 벚꽃길에서의 왕인박사 퍼레이드이다. 퍼레이드가 의미는 있으나 관광콘텐츠로서 경쟁력 있는 가치를 만들고 있는지에 대하여 분석하여볼 필요가 있다.

보성다향대축제 (전 우수축제)

최초 개최년도 : 1975년 / 예산 : 758백만원 / 개최 시기 : 5월(5일간)

축제 개요

녹차 향에 취하고, 녹차 밭의 아름다움에 빠지는 보성은 예부터 향과 맛 모두 뛰어난 차를 재배해온 녹차의 고장이다. 녹차를 재배하기 좋은 기후와 토양, 지형을 갖추고 있는 축복의 땅인 보성에서 매년 햇차가 수확되는 시기에 맞춰 보성다향대축제가 열린다.

차의 풍작을 기원하는 다신제와 찻잎 따기, 차만들기, 다례 체험, 녹차 족욕 체험 등 녹차를 테마로 한 다양한 체험을 즐길 수 있다. 특히 싱그러운 초록빛으로 가득한 드넓은 녹차 밭에서 찻잎을 따는 체험은 한국 차에 관심이 많은 외국인에게도 인기가 많다. 자연 속 티 테라피, 차밭 힐링 트래킹 여행과 같이 몸과 마음을 힐링시켜주는 특별한 체험 프로그램도 준비되어 있다. 이 밖에도 다양한 문화공연은 물론, 녹차를 활용한 맛있는 먹거리들을 선보여 방문자들의 오감을 만족시켜준다.

축제 프로그램

찻잎 따기, 보성녹차 시음 행사 등.

사례분석

보성 차에 대한 인지도는 매우 높다. 보성 차밭의 구성에도 관광상품으로서 주목받고 있다. 그러나 보성다향제는 역사가 나름대로 깊으면서도 성장이 늦었다. 난 2003년부터 하동 야생차 문화축제를 오랫동안 총감독으로 참여하였다. 그때 당시차 하면 하동 야생차보다는 보성 차의 인지도가 높았다. 하동 야생차는 문화체육관광부 축제로 진입하여 최우수축제까지 역임하였지만 보성다향제는 인지도도 높고 기반시설 또한 좋았지만, 문화관광축제로 진입을 못하고 있었다. 나는 아쉬움에 담당들과 많은 미팅을 하기도 하였고 컨설팅을 하여 왔다. 오래전 일이지만 축제 담당이 바로 군수하고 미팅하여 주길 바랐다. 이유는 중간과정이 어려우니 군수와 미팅을 통해 직접 변화를 추구하여 달라는 요구였다.

읍내와 차밭까지는 약 5km 정도 떨어져 있다. 관광객은 차밭으로 가고 읍내를 방문하지 않는데 축제는 운동장에서 개최하였다. 난 차밭에서 축제를 개최하자고 권하였지만, 차밭으로 축제장을 이전하면 운동장 주변에 있는 상권에서 항의가 들어와 이전하지 못하고 있다는 말을 되풀이하였다. 나는 군수도 답답하다고 생각한다. 운동장 주변의 상권에 영향을 미치는 것은 소수의 몇십 집이고 차밭으로 이전하면 관광객이 직접 참여함으로 보성다향제가 활성화될 것이고 보성군 전체적으로 가치가 높아질 것이다. 결론은 군수에게 읍내 상권의 표는 줄지만 수십 배 이상으로 보성군의 표를 더 받을 수 있을 것이란 제안을 하였다.

지금은 축제장이 차밭으로 이전하였으며 전용축제장의 기반을 구축하였다. 현재도 관광축제로 진입을 하였다가 탈락을 반복하고 있다. 현재의 축제를 분석하면 축제의 기반시설을 제대로 활용하지 못하고 있으며 프로그램 자체를 매우 단조롭게 구성하고 있다. 때로는 축제에서 예술적 가치를 찾고자 하는 설치물을 하는 일도 있었다. 결론은 관광축제에 대한 방향성을 제대로 이해하지 못하고 있는 관계라고 본다. 아니 축제 운영시스템에서 문제를 찾을 수도 있을 것이다. 축제 프로그램의 구성에 있어서 콘텐츠 프로그램에서 가치를 높여줘야 할 것이다. 빈약한 구성을 다채롭게 구성하였을 때 관광객에게 만족감을 높여 줄 수 있을 것이고 경쟁력 있는 축제로 만들어 갈 수가 있을 것이다.

정남진 장흥물축제 (전 우수축제)

최초 개최년도 : 2008년 / 예산 : 1,558백만원 / 개최 시기 : 8월(9일간)

축제 개요

장흥군에서 주최하고 정남진 장흥물축제 추진 위원회에서 주관하는 축제로 탐진강, 장흥댐, 득량만 등의 수자원을 주제로 하는 테마 축제이다. 깨끗한 수자원을 홍보해 지역경제를 활성화하는 데 의의를 두고 있다. 정남진 장흥물축제는 문화체육관광부에서 문화관광부 유망축제로 선정했으며, 2017년 전라남도 대표축제로 선정되기도 했다.

개막행사는 치어 방류(사전행사), 주요 인사 소개 및 인사 말씀(공식행사), 레이저쇼 및 불꽃놀이, 가수 무대공연(축하 행사)으로 구성된다. 주제행사로는 지상 최대 물싸움, 맨손으로 물고기 잡기, 천연약초 힐링 풀이 있다.

전시행사로는 총 10가지 주제를 가진 전시관들이 상시 운영된다. 놀이·체험 프로그램으로는 수상 프로그램(천연약초 힐링 풀, 바나나 보트, 야외 풀장, 수중 자전거, 뗏목, 우든 보트 등), 육상프로그램(육상 수영장, 친환경 전기차 타기, 이글루 체험), 전통 놀이 체험(널뛰기, 팽이치기, 굴렁쇠 굴리기, 제기차기) 등이 있다.

축제 프로그램

지상최대 물싸움, 살수대첩 거리퍼레이드, 수상 줄다리기 등.

사례분석

장흥물축제에 대한 나의 기억은 참으로 '열정으로 열심히 한다'였다. 장흥물축제는 1회 개최할 때부터 적지 않은 예산으로 축제를 개최하였다. 처음에는 대한민국 인기가수를 섭외하여 투입하면서 인지도를 높이고자 하였다. 처음부터 지금까지 실과소에 홍보에 대한 업무를 배분하여 담당구역을 정하고 직접 전국으로 방문 홍보하고 있다. 세계적인 물축제로 주목받고 있는 송끄란축제를 벤치마킹하기 위해 몇 년 동안 담당 공무원들과 치앙마이 송끄란축제, 방콕, 파타야 송끄란 축제를 방문 스케치하며 벤치마킹하여 살수대첩 거리퍼레이드와 지상최대 물싸움 등의 프로그램을 도입하여 관광객을 유치하고 있다.

여름에는 모두가 바다, 강, 산으로 여행을 간다. 즉 대다수가 물을 찾는다는 것이다. 여름에 물을 활용하는 축제들은 대다수가 기본 이상으로 성공한다. 축제를 개최하는 장흥군은 서울에서 아주 먼 전라남도 끝자락에 위치해 있다. 이러한 고장에 물축제 하나로 전국에서 가족과 젊은이들이 축제에 참여하여 어울린다.

장흥군의 주변에 고향을 두고 있으며 타지에서 생활하고 있는 관계자들은 고향에서 열리는 축제에 참여하기 위하여 휴가를 내어 바캉스를 즐기고 고향의 가족을 만난다. 축제의 가치가 미치는 영향이다.

축제 구성의 프로그램은 만족도가 높아 재방문율이 높다. 축제의 운영에 있어 전문가는 없지만 전희석 주무관이 1회 때부터 꾸준히 축제를 담당함으로써 축제의 구성과 실행의 중심이 되어 발전시키고 있다. 단 아쉬움이 있다면 일괄입찰시스템은 지역의 인프라를 육성하지 못하고 있다. 앞으로는 지역 인프라를 육성하여 직접 운영하는 시스템을 갖추어야 할 것이다.

포항국제불빛축제 (전 우수축제)

최초 개최년도 : 2004년 / 예산 : 917백만원 / 개최 시기 : 5월(3일간)

축제 개요

포항시가 주최하고 2016년 설립된 포항문화재단과 세계적인 철강 기업 포스코가 주관하여 매년 7월 말에서 8월 초에 약 5일간 개최된다. 개막식은 형산강 체육공원에서 개최하고 그 외 불꽃쇼, 퍼레이드, 기타 행사 프로그램은 포항 영일대해수욕장에서 개최한다.

2004년 포항 시민의 날에 포항시에 본사를 둔 철강 기업 포스코(Posco)가 포항 영일만을 상징하는 '빛'과 제련소 용광로를 상징하는 '불'을 테마로 삼아 불꽃쇼를 기획했던 것이 축제로 이어지게 되었다. 이후 매년 여름 다양한 문화행사 프로그램과 함께 영일만 바다의 야경을 배경으로 국제 규모의 불꽃축제를 개최하고 있다. 세계 최고의 불꽃축제라 할 수 있는 몬트리올 국제 불꽃놀이 축제(Montreal International Fireworks Competition)에서 2015년과 2017년에 1위를 했던 영국 쥬빌레(Jubilee) 불꽃 연출팀, 중국 써니(Sunny), 한국 한화(Hanwha) 불꽃쇼 연출팀이 참가하고 있다. 2017년 '포항의 빛, 하늘을 날다'라는 주제로 개최된 제14회 축제에서는 국제 불꽃쇼 최초로 미국 팀이 참여했고 예술 불꽃 극이 연출됐다.

주요 행사로는 개·폐막식, 국제 불꽃쇼 '그랜드 반짝반짝 꽝꽝쇼', 늦은 저녁에 진행되는 불꽃 퍼레이드 '반짝반짝 꽝꽝 영일대 불빛 퍼레이드', 현대무용과 어우러지는 예술 불꽃 극, 시민공모 공연 '반짝반짝 밤바다 물총 대전'이 열린다. 또한, 해변에서 즐기는 힐링 체조 '빛트니스', 전국 농특산물 홍보 판매장, 야외 레스토랑 '로드 레스토랑', 드론 축구대회, 전국수상 오토바이 챔피언쉽대회 등이 있다.

축제 프로그램

국제 불꽃쇼, 버스킹 페스티벌, 퍼레이드 등.

사례분석

불꽃축제에 대한 가치는 관광객에게 만족도를 줄 수 있다는 것이다. 대한민국에는 서울 불꽃축제가 여의도 한강 주변에서 개최된다. 부산 불꽃축제는 광안리 광안대교를 활용해서 바다에서 개최하고 있다. 포항 불꽃축제가 서울 불꽃축제나 부산 불꽃축제와의 경쟁에서 밀리면 관광 가치를 잃어버릴 것이다. 불꽃축제는 활용예산과 불꽃의 환경요소 및 연출력에 의해 가치에 대한 평가를 받을 수 있을 것이다.

포항 불꽃축제는 무엇으로 경쟁력을 가질 수 있을 것인지에 대한 분석을 통하여 프로그램을 구성하여야 할 것이다. 불꽃축제와 관계성이 없는 전국수상 오토바이 챔피언십대회, 드론 축구대회 등의 프로그램은 콘텐츠와 전혀 상관이 없다. 콘텐츠 프로그램과 상관이 없는 이벤트 행사가 중심이 된다면 축제에 대한 정체성을 잃어버리고 가치까지 경쟁력을 잃어버릴 것이다. 킬러 콘텐츠에 대한 프로그램을 중심으로 가치를 만들어가야 할 것이다.

봉화은어축제 (전 우수축제)

최초 개최년도 : 1999년 / 예산 : 1,880백만원 / 개최 시기 : 8월(9일간)

축제 개요

봉화은어축제는 대한민국을 대표하는 여름축제
이다. 은어는 오염되지 않은 낙동강, 섬진강 등 하
천 상류의 청정 1급수에서 서식한다.

낙동강과 한강수계 최상류에 위치한 봉화군은
이런 점에 착안하여 '은어의 청정 이미지를 테마
로 한 국내 최고의 여름문화축제'를 매년 내성천
일원에서 학생들의 여름방학이자 직장인들의 휴
가철에 맞추어 개최하고 있다.

축제 프로그램

은어 반두잡이 체험, 은어를 테마로 한 공연, 전시체험.

사례분석

봉화은어축제는 은어 반두잡이를 메인 프로그램으로 운영하는 축제이다. 봉화은
어축제에는 오랫동안 자문위원으로 활동하였다.

축제 기간에는 많은 관광객이 참여하여 인산인해를 이룬다. 비가 내리는 날에도
축제를 즐기는 관광객이 인산인해를 이룬다. 화천산천어축제도 그렇지만 교통이
외진 곳에서도 가치가 있는 축제가 열린다면 관광객은 찾아온다.

봉화은어축제는 문화체육관광부 관광축제 선정 우수축제까지 역임한 축제이다.
그만한 가치가 있다는 것이다. 그러나 대한민국을 대표하는 축제로 거듭 성장하고
싶다면 축제장의 확장에 대하여 고민해야 할 것이다.

밀양아리랑대축제 (관광축제)

최초 개최년도 : 1957년 / 예산 : 2,218백만원 / 개최 시기 : 5월(4일간)

축제 개요

밀양은 이제 어제에서 물려받은 빛과 그늘과 아름다운 대자연과 저마다 가슴속에서 뜨겁게 흐르고 있는 슬기와 사랑의 불씨를 먼 훗날로 이어가기 위해 밀양아리랑대축제의 향연을 마련하였다.

1957년부터 현재까지 꾸준히 이어져 오는 대표 아리랑축제이다. 밀양강 오딧세이, 역사맞이 거리 퍼레이드, 아리랑 주제관 및 체험관 등 다양한 볼거리로 재미를 더하고 있는 축제다.

축제 프로그램

아리랑 주제관, 실경 멀티미디어 쇼, 밀양강 오딧세이 등.

사례분석

밀양아리랑에 대한 역사성은 매우 깊다. 현재는 문화관광축제로 도약을 하고 있다. 메인 콘텐츠 프로그램은 무엇인가? 밀양강 오딧세이의 실경 공연으로 운영하고 있다. 난 공주의 백제문화제 실경 공연에 대하여 강의를 한 적이 있다. 중국에 가면 항주 서호 등에게 개최되는 실경 공연이 관광상품으로 활성화되고 있다.

그러나 우리나라에서는 투자 대비 가치를 얻지를 못하고 있는 것이 현실이고 전국에서 진행한 실경 공연에서 성과를 얻은 공연은 거의 없다. 그만큼 인건비가 높고 개인주의가 강한 대한민국에서는 어렵다는 것이다. 내가 관람한 오딧세이 뮤지컬은 실망스러웠고 멀티 쇼가 경쟁력이 있다고 보지는 않는다. 멀티 쇼도 어딜 가나 진행하는 멀티 쇼로서 특별하지 않다. 그렇다면 킬러 콘텐츠에 대하여 고민이 필요하다.

둔치에서 진행되는 축제는 협소한 공간으로 인하여 매우 혼잡스럽다. 시내에서 진행하는 만큼 외부의 관광객인지는 모르겠지만, 시민들의 참여로 축제장은 인산인해를 이루고 있다. 시민축제라면 현재의 축제구성도 부족하다고 하지는 않을 것이다. 그러나 진정 관광축제로 도약하고 싶다면 현실적인 공간을 확보해야 할 것이다.

통영한산대첩축제 (전 우수축제)

최초 개최년도 : 1962년 / 예산 : 1,138백만원 / 개최 시기 : 8월(5일간)

축제 개요

세계 4대 해전 중 가장 위대한 해전으로 꼽히는 한산대첩의 전장이었던 통영에서, 매년 8월 중순 한산대첩을 승리로 이끈 성웅 이순신 장군의 구국 정신을 기리고 한산대첩 승리를 기념하는 통영한산대첩축제가 열린다.

축제 프로그램

한산대첩 재현, 이충무공 행렬 등.

사례분석

통영한산대첩축제는 역사가 매우 깊다. 인지도도 높다. 대한민국에서는 이순신의 인물이나 승전 대첩에 대한 소재로 전국에서 축제를 개최하고 있다. 한산대첩축제는 바닷가에서 개최한다.

현대적으로 변해버린 건물 등의 환경시설 등으로 인하여 역사축제를 재현하기가 쉽지 않다. 그렇다 보니 이순신의 콘텐츠는 상실하고 일반적인 부스와 야시장 등은 가치성을 잃어버리게 한다. 어디서나 볼 수 있는 부스와 프로그램의 구성이 실망을 주고 만족도를 주지 못하고 있는 게 현재의 축제 모습이다.

축제의 평가를 한다면 평가의 결과는 극과 극으로 결과가 나온다. 한산대첩의 재현에 있어서 함께 진행하는 퍼포먼스는 가치를 떠나 화려한 관계로 나름대로 만족도를 주기에 관람한 관광객은 좋은 점수를 준다. 그러나 멀티 쇼를 보지 못한 관광객은 낮은 평가의 점수를 준다. 즉 특별한 콘텐츠를 보지 못한 결과이다.

한성백제문화제 (관광축제)

최초 개최년도 : 1994년도 / 예산 : 2,352백만원 / 개최 시기 : 9월(5일간)

축제 개요

송파는 2,000년 전 한성백제 시대 500년의 도읍지로서 서울의 역사가 시작된 장소이자 풍납동 토성과 몽촌토성, 석촌동 고분군 등 백제의 혼과 숨결을 곳곳에 간직하고 있는 유서 깊은 역사문화의 도시이다. 강력한 국력을 바탕으로 옛 고대 문화를 찬란하게 꽃피웠던 한성백제 시대의 역사 문화를 계승하여 당시의 위용과 영광을 재현하고자 한다.

축제 프로그램

역사문화 거리 행렬, 백제체험 마을, 백제 갈라 행진 및 테마 공원 등.

사례분석

백제의 도읍지로서 백제문화를 재현하는 프로그램을 구성하여 운영하고 있다. 축제를 준비하는 송파구청이 집과 사무실 옆이라 오래전부터 스케치하고 미팅을 통하여 변화를 주고자 하였다. 그러나 그러한 소통이 제대로 되지 못하였다. 축제의 구성을 보면 퍼레이드와 올림픽공원 평화광장의 협소한 공간에서 테마별로 콘텐츠를 구성하여 운영한다. 구성의 내용을 분석한다면 퍼레이드, 백제 마을, 공연 무대 등 크게 3가지가 주요 구성이라고 할 것이다. 그 외의 프로그램 구성도 많지는 않지만, 콘텐츠와 연관이 없는 프로그램이다.

그렇다면 3가지의 프로그램을 분석한다면 퍼레이드가 과연 경쟁력 있는 가치가 있는가? 경쟁력은 없으나 백제문화제의 프로그램으로서 운영하는 수준이다. 백제마을도 몇 가지 되지 않는다. 매우 빈약하다는 것이다. 무대공연의 가치는 콘텐츠와 거리가 있다. 그럼 킬러 콘텐츠는 무엇인가? 그나마 킬러 콘텐츠는 약하지만, 거리 퍼레이드라고 할 것이다.

왜 한성백제문화제는 변하지 못하는 것인가? 먼저 이전확장이 필요하지만 내가 느낀 바로는 장소 이전의 확장에 관심과 열정을 별로 느끼지 못했다. 현재의 협소한 장소에서는 어떠한 구성을 하기가 매우 어렵다. 개혁적인 변화의 추구가 필요하지만 거의 매년 답습형의 축제로 지속되고 있다. 속은 모르겠지만 수십 년 동안 느낀 것은 소신 있게 열정적으로 개혁적인 추구로 변화를 줄 수 있는 운영시스템을 갖추고 있지 않다는 것이다. 아울러 깊이는 말할 수 없지만, 주변의 입김이 작용한다는 것이다.

진정 축제의 발전을 도모하고 싶다면 진정성과 소신 및 열정을 가지고 개혁적인 변화를 추구할 때 경쟁력 있는 축제를 만들어갈 수가 있을 것이다. 가치 있는 관광축제와 비교해서 프로그램 등의 구성이 매우 빈약한 관계로 현재의 시스템에서는 도약하기 힘들 것이다.

동래읍성역사축제 (관광축제)

최초 개최년도 : 1995년 / 예산 : 555백만원 / 개최 시기 : 10월(3일간)

축제 개요

동래읍성역사축제는 역사교육형 체험 축제이다. 1592년 임진왜란 당시 '전사이가도난'을 외치며 목숨으로 동래성을 지키고자 했던 송상현 동래부사와 동래읍성 국민의 처절한 항쟁을 재조명하며, 실내가 아닌, 동래읍성 북문 언덕에서 연출하여 숲속 관람객이 극 중의 일원이 되어 불꽃 같은 감동과 전율로 카타르시스를 경험하게 개최하는 축제이다.

축제 프로그램

동래성 전투 재현 뮤지컬, 동래성 사람들의 생활상과 1592년 임진왜란 등.

사례분석

아픈 역사를 가진 동래읍성역사축제이다. 역사체험 축제로서 다채롭게 구성하여 운영하고 싶어 하지만 특별한 내용은 없다. 어설픈 공연으로 상품화 하기에는 경쟁력이 없다. 단조로운 체험의 행사보다는 확실한 킬러 콘텐츠 프로그램을 개발하여 브랜드화시켜갈 때 경쟁력 있는 역사문화축제로서 가치를 인정받을 것이다. 전체적인 공간구성과 프로그램에 있어 재구성이 필요하다.

광주 세계김치축제 (전 우수축제)

최초 개최년도 : 1994년 / 예산 : 1,000백만원 / 개최 시기 : 10월

축제 개요

광주·전남은 예로부터 영산강을 중심으로 펼쳐
진 평야와 산, 들, 바다가 한데 어우러져 오랫동
안 자연의 혜택을 받으며 맛의 고장으로 자리 잡
았다. 그중에서도 광주와 전남의 김치는 가장 풍
요로운 맛과 정취를 담고 있어 '전라도 김치', '광
주김치'라는 고유명사로 알려질 정도다. 광주·전
남의 김치는 갖은 채소를 비롯해 멸치액젓과 찹
쌀풀죽, 통깨 등 양념을 듬뿍 넣는 것이 특징이다.

광주광역시가 대한민국 대표 김치축제인 광주 세계김치축제를 27년간 꾸준히 주
도해 온 것도 우리나라 김장문화의 맥락에서 광주·전남 김치가 차지하는 역할이 크
기 때문이며 이러한 브랜드의 가치를 높여 산업축제로서 지역경제 활성화에 기여
하고자 함이다.

축제 프로그램

대한민국 김치 경연대회, 김치 응용요리 경연대회, 김치를 테마로 한 공연 등.

사례분석

현재의 축제 구성에서 김치 경연대회, 판매행사 등 여러 가지의 프로그램을 구성
하고 있지만, 관광축제에 대한 방향성을 제대로 이해하고 진정성 있는 변화를 시도
하였을 때 경쟁력 있는 축제를 만들어갈 수가 있을 것이다.

대전 효문화뿌리축제 (관광축제)

최초 개최년도 : 2008년 / 예산 : 800백만원 / 개최 시기 : 10월(4일간)

축제 개요

'대전 효문화뿌리축제'는 국내 유일의 성씨를 테마로 조성된 뿌리 공원에서 조상의 얼을 보고 느끼면서 나의 뿌리를 찾고 우리 전통의 효를 체험하는 축제이다. 축제가 열리는 뿌리 공원은 효를 바탕으로 자신의 뿌리를 알게 하려고 1997년 11월 1일 개장한 가족 친화 공원이다. 136개 성씨 조형물이 있으며, 전면에는 조상의 유래와 뒷면에는 작품 설명이 되어있다. 뿌리 공원에는 전국 문중에서 기증한 족보 사료를 전시한 한국족보박물관이 있는데 조상의 얼을 체험할 수 있는 공간인 동시에 종친 간 단합과 만남의 장소로도 각광받고 있다.

축제 프로그램

160개 문중 입상퍼레이드, 뿌리마을 잔치 열리는 날.

사례분석

문화체육관광부, 한국관광공사 컨설팅위원으로서 대전 효문화뿌리축제에 대한 할당을 받아 컨설팅에 참여하였다. 축제에 대한 정체성은 있지만 협소한 공간에서는 어떠한 축제를 기획, 구성하기가 매우 어렵다. 관광축제로 도약을 위해서는 축제장의 공간확보가 우선이라고 할 것이다. 배치도 또한 테마의 구성과 배정에 있어 쉽지 않은 공간이었다. 또한, 성공적인 축제를 위해서는 가치 있는 킬러 콘텐츠의 프로그램을 개발하여야 할 것이다.

고령 대가야축제 (전 우수축제)

최초 개최년도 : 2005년 / 예산 : 890백만원 / 개최 시기 : 4월(4일간)

축제 개요

대가야는 서기 42년, 이진아시왕에 의해 현재의 고령에 세워졌다. 농업에 유리한 입지 조건과 제철 기술을 바탕으로 문화중심지가 되어 520년 동안 성장 발전했다.

정치적으로는 고구려, 백제, 신라의 삼국보다 앞서지는 못했지만, 문화적으로는 가야금을 제작하고 음악을 정리하는 등 높은 문화 수준을 보여주었다.

축제 프로그램

황금의 빛을 밝혀라, 사금 채취 체험 등.

사례분석

고령 대가야축제는 초창기부터 소통했고 때로는 부분적으로 참여하기도 하였다. 처음에는 대가야 박물관 광장에서 진행하였다. 즉 박물관의 참여와 몇 가지 퍼포먼스로 구성하여 운영하였다. 다른 축제에 비해 매우 협소한 공간에서 오랫동안 개최하였다. 난 항상 이러한 구성으로 해서는 경쟁력이 없다고 분석했다.

현재는 대가야역사테마관광지가 건설되어 공원과 주차장에서 개최하고 있다. 공원에는 다채로운 대가야 역사문화에 대한 기반시설을 갖추고 있다. 빠른 시기에 관광축제와 우수축제까지 진입하였다가 관광축제에서 탈락했다.

목포항구축제 (관광축제)

최초 개최년도 : 2006년 / 예산 : 620백만원 / 개최 시기 : 10월 4일간

축제 개요

목포는 1897년 개항하여 교역, 물류 교통의 중심지로서 과거 전국 3대항, 6대 도시의 영광을 누렸으며 현재에 이르러서도 서남해안의 배후 중심 도시로서 근대역사가 살아 숨 쉬고 전국 각지의 해양 문화가 집약된 곳이다.

목포항구축제는 이러한 해양 문화역사를 바탕으로 잊혀져 가는 우리 고유의 해양 문화를 보존함은 물론 전국에 널리 알리고자 개최하는 축제이다.

축제 프로그램

낭만 항구 목포에서 신명 나는 파시 한판, 항구를 테마로 한 체험, 공연, 경연 등.

사례분석

목포의 항구축제는 목포해양문화축제로 운영하다가 목포항구축제로 명칭을 변경하여 개최하게 되었다. 자문 컨설팅을 통해 축제의 장소도 태양공원에서 삼학도 항구로 이전하여 개최하게 하였다.

장소의 이전으로 다양한 콘텐츠를 활용할 수 있는 여건을 갖추었으나 항구에 대한 킬러 콘텐츠를 살리지 못하고 목포의 다양한 예술축제로 구성함으로써 정체성을 제대로 살리지 못한 게 축제의 발전을 더디게 한다. 관광축제로 도약하기 위해서는 파시의 퍼포먼스를 적어도 5천 명 이상이 참여하여 즐길 수 있는 콘텐츠 중심의 프로그램으로 구성해야 한다.

소래포구축제 (관광축제)

최초 개최년도 : 2001년 / 예산 : 700백만원 / 개최 시기 : 9월(3일간)

축제 개요

1918년 조선총독부에서 발간한 축척 지형도에 보면 소래포구는 바다 한가운데 비쭉 나와 있는 곳으로 시흥시 월곶동으로 건너다니던 도선장이 었다. 그리고 시흥시 포동(당시는 포리) 새우개까 지 바다였다.

그 후 1974년 인천내항이 준공된 후 새우잡이 를 하던 소형어선의 출입이 어려워지면서 한산했 던 소래포구가 일약 새우파시로 부상하였으며, 지

금은 새우, 꽃게, 젓갈 등으로 널리 알려져 연평균 300만 명의 인파가 몰리는 관광 명소로 발돋움하였다. 옛 포구의 수산물 시장에서 지역경제를 활성화하고자 축제 를 개최하고 있다.

축제 프로그램

수산물 잡기 체험행사, 소래포구 특산물 소재의 공연, 전시, 체험행사 진행

사례분석

오랫동안 소래포구축제를 방문 스케치를 통하여 분석하여왔다. 현재 소래포구축 제는 수산물 시장을 중심으로 하여 축제를 구성하고 있다. 이런 구성으로는 관광축 제로 도약하기는 매우 어렵다. 특별한 콘텐츠의 프로그램으로 구성하는 것도 아니기 에 매리트가 없다. 관광축제로 도약하고 싶다면 관광축제에 대한 방향성을 이해하 고 전체적으로 재구성을 통하여 현실적인 운영시스템을 갖추었을 때 가능할 것이다.

제5장

2020~2021년
예비 문화관광축제
사례분석

관광축제라면 외지인을 유치할 수 있는 콘텐츠의 프로그램으로 구성을 하여야 한다. 어느 축제에서나 진행되는 공연이나 체험 행사는 콘텐츠라 할 수 없고 외부 관광객을 유치할 수 없다. 예비 문화관광축제는 문화체육관광부 관광축제에 진입하기 위해 사전에 평가를 받을 수 있는 대상의 축제를 선정하여 놓은 축제이지만 관광축제의 가치와 거리가 있고 경쟁력이 없는 축제가 많다. 전에는 관광축제 선정 대표축제, 최우수축제, 우수축제, 유망축제 등의 등급이 있었고 등급에 따라 예산과 콘텐츠, 기반시설 등 전반적으로 경쟁력 있는 구성을 하고 있다. 예비 문화관광축제도 경쟁 속에 승급하고자 한다면, 소재와 예산, 기반시설 및 운영시스템 등에서 기본적인 내용을 구축해야 할 것이다.

관악 강감찬 축제

최초 개최년도 : 2016년 / 예산 : 500백만원 / 개최 시기 : 10월(3일간)

축제 개요

관악 강감찬 축제는 귀주대첩의 영웅 강감찬 장군의 호국정신과 위업을 기리고자 개최되는 서울의 대표적인 역사문화 축제이다. 서기 1019년 고려시대 때, 거란으로부터 나라를 지켰던 영웅 강감찬 장군을 콘텐츠로 축제를 구성하고 있다.

축제 프로그램

귀주대첩 전승 행렬 퍼레이드, 고려사를 테마로 공연, 전시, 체험 등.

사례분석

관광축제로 도약하기 위해서는 축제장의 공간구성이 필요하고 스토리가 있는 콘텐츠의 내용으로 구성하면서 함께 어울릴 수 있는 킬러 콘텐츠의 프로그램으로 만족도를 줄 수 있어야 한다. 그러나 축제를 구성하기 위한 축제장이 협소하고 스토리가 콘텐츠를 제대로 구성하기 힘든 상황에서는 관광축제로 도약시키기가 현실적으로 힘들다. 진정 관광축제로 도약을 시키고자 한다면 축제장의 공간구성과 구민의 참여도를 높여야 한다.

영도다리 축제

최초 개최년도 : 1993년 / 예산 : 405백만원 / 개최 시기 : 10월(3일간)

축제 개요

1934년 11월 23일 영도다리가 개통되는 날, 부
산·경남 6만 명의 인파가 운집했다. 국내 첫 연육
교로 개통돼 한국전쟁 피란민들의 망향 슬픔을 달
래고 헤어진 가족이 다시 만나는 다리였다. 영도
는 일제강점기와 한국전쟁, 산업화를 거치면서 많
은 근현대사의 유적들이 그때의 애환과 향수를 대
변하고 있다. 새로 건설된 부산항·남항대교의 중
심지로서 서부산권, 원도심권, 동부산권을 잇는
중요한 거점으로 그 상표 가치를 높여가고자 하며

영도다리 축제를 통하여 역사적 전통과 현대적 가치를 녹여낸 한국의 근대문화역
사를 체험하는 참여형 축제로 개최를 하고 있다.

축제 프로그램

영도다리 퍼레이드, 해상멀티미디어 쇼, 섬해양문화공연 등.

사례분석

영도다리 축제가 글로벌 관광축제로 도약하기에는 소재가 쉽지 않다. 그러나 역
사성이 있는 다리로서 기념하고 부산시의 대표축제로 성장을 시킬 수는 있을 것이
다. 경쟁력 있는 콘텐츠를 개발하였을 때 가능할 것이다.

금호강 바람 소리 길 축제

최초 개최년도 : 2015년 / 예산 : 370백만원 / 개최 시기 : 10월(2일간)

축제 개요

금호강은 대구의 명산, 팔공산을 뒤로하고 팔거천과 신천, 동화천이 만나는 곳이며 후삼국의 격전지이다. 과거의 역사와 미래의 가능성이 넘치는 곳에서 축제가 개최된다. 후삼국 시대 금호강과 동화천 합류 지점에서 왕건과 견훤의 전투 설화를 불꽃으로 재현한다. 참가자가 직접 로켓형 불꽃을 발사하는 개막식과 타악기 연주자들과 함께 예술 자전거를 타고 행진하는 등 주민의 화합 축제를 개최하고 있다.

축제 프로그램

마칭 퍼레이드, 금호강 생태전시, 수상 체험, 바람으로 가는 자동차 순위대회 등.

사례분석

프로그램의 구성 자체가 콘텐츠 프로그램이 아니고 이벤트성의 프로그램으로 구성하고 있다. 지역의 화합을 위한 향토축제로서는 높은 가치의 축제를 만들 수 있으나 관광축제로 도약시키기에는 쉽지 않을 것이다. 관광축제로 꼭 도약하고 싶다면 킬러 콘텐츠를 개발하여 육성해야 할 것이다.

수성못 페스티벌

최초 개최년도 : 2014년 / 예산 : 465백만원 / 개최 시기 : 9월(3일간)

축제 개요

낮에는 호반과 어우러진 다채로운 거리 예술극과 수준이 높은 거리공연 등이 펼쳐지고, 예술가와 함께하는 어린이 창의놀이터, 밤에는 시민참여 주제공연과 수성못 Daily 불꽃쇼가 가을밤을 수놓는다. 수상 무대, 수변 무대(3개소), 상화동산, 수성랜드 등 수성못 전체를 축제의 무대로 구성하고 관람객 한 명 한 명의 에너지가 모여 모두가 주인공이 되는 특별한 축제로 문화예술의 장으로 구성·연출하는 구민화합 축제이다.

축제 프로그램

지역문화 예술공연, 지역공동체 문화행사 등.

사례분석

수성못 페스티벌은 주민의 화합 즉 향토축제이다. 관광축제와는 거리감이 있다. 향토축제로서 지역의 어울림 축제로서는 성공할 수가 있으나, 현재의 프로그램 구성으로는 관광축제로 도약하기가 어렵다. 굳이 관광축제로 도약을 하고 싶다면 킬러 콘텐츠를 개발해야 할 것이다. 문체부에서는 어떻게 예비 관광축제로 선정하여 주었는지 의문이 든다.

부평 풍물대축제

최초 개최년도 : 1997년 / 예산 : 600백만원 / 개최 시기 : 10월(3일간)

축제 개요

부평 풍물대축제는 1997년에 축제를 시작한 이래 부평의 정체성 확립과 자긍심 고취에 노력하고, 전통문화의 계승 및 발전을 통하여 풍요로운 문화도시 조성에 기여하고 있다.

축제 프로그램

공연예술축제, 창작 풍물 페스티벌, 부평 두레놀이, 풍물 난장, 부평 시민축제, 대동놀이 등.

사례분석

풍물 축제의 콘텐츠는 다채롭고 충분한 가치가 있다. 관광축제로 진입하였다가 탈락한 이유는 무엇일까? 운영시스템에서 진정성에 대한 의문을 찾아볼 수 있을 것이다. 부평 풍물대축제를 관광축제로 도약을 시키고 싶다면 지역민의 참여율을 높이고 확실한 이슈가 될만한 킬러 콘텐츠를 개발하여 육성하였을 때 가능할 것이다.

영산강 서창들녘억새축제

최초 개최년도 : 2015년 / 예산 : 250백만원 / 개최 시기 : 10월(4일간)

축제 개요

영산강 서창들녘에서는 매년 가을이면 삶에 지친 도시민과 관광객이 은빛 억새 물결 사이를 거닐며 가을 정취를 느끼고 힐링할 수 있는 억새축제를 개최하고 있다. 광주광역시 서구에 있는 3.5km에 이르는 광활한 억새밭에서 낙조가 일품인 서창들녘의 가을바람을 느끼며 인생샷을 찍고, 지역주민과 함께하는 다양한 생태환경 프로그램을 체험할 수 있다.

축제 프로그램

억새를 테마로 한 친환경 체험프로그램, 지역 문화자원과 연계한 특별프로그램 등.

사례분석

서창들녘억새축제가 관광축제로서 가치가 있을까에 대한 분석이 필요하다. 과연 가능성이 있을까? 축제의 소재로서는 쉽지 않을 것이다. 관광객의 니즈에 맞추어 구성한다면 가치에 따라 국내 대표축제로까지는 구성할 수가 있겠지만 글로벌 축제로 도약하고 싶다면 경쟁력 있는 글로벌 축제로의 구성을 하였을 때 가능성이 있을 것이다. 현재의 구성은 광주의 시민축제로서는 가치가 높을 수도 있지만, 관광축제로서의 도약은 쉽지 않은 축제의 구성이다. 축제의 방향성에 대하여 다시 한번 정리하여 볼 필요가 있다.

대전 사이언스 페스티벌

최초 개최년도 : 2000년 / 예산 : 1,175백만원 / 개최 시기 : 10월

축제 개요

대전 사이언스 페스티벌은 '과학과 문화의 융합! 미래를 엿보다'라는 주제로 대전컨벤션센터, 엑스포과학공원, 대덕 특구, 원도심 일원 등 다양한 장소에서 즐길 수 있는 대한민국 대표 과학축제다. 대전의 풍부한 과학 인프라를 활용해 '과학이 일상이 되는 도시'를 비전으로, 시민 주도의 일상의 과학, 지역의 과학 인프라를 연결하는 플랫폼 과학축제로 구성하여 개최하는 축제이다.

축제 프로그램

AI 체험, 코딩 체험, 메타버스, 기초과학체험 등.

사례분석

대전 사이언스 페스티벌은 관광축제라기보다는 일반적인 이벤트의 육성 축제로 구성하는 것이 현실적이고 바람직할 것이다. 관광축제로 원한다면 세계적인 가치와 비교하여 경쟁해야 하기에 현재의 구성으로는 쉽지 않다. 다시 한번 관광축제로의 방향성에 대해 정리를 해야 할 것이다.

울산 쇠부리축제

최초 개최년도 : 2005년 / 예산 : 600백만원 / 개최 시기 : 5월(3일간)

축제 개요

한반도 최초의 철광산인 달천철장! 그곳에서 새롭게 타오르는 철 문화축제! '쇠부리'란 철광석과 숯을 가마에 넣어 1,300℃ 이상의 고열에서 쇠똥(슬래그)과 분리된 쇠를 가공하여 농기구나 무기를 만들던 우리나라 고유의 제철 기술을 말한다. 울산 쇠부리축제는 우리 고유의 전통 제철 문화인 쇠부리를 공연, 전시, 체험 그리고 먹거리로 만날 수 있는 철 문화축제로 관람객들에게 소중한 추억을 만들어준다. <오세요! 이천 년 철문화가 숨 쉬는 울산 달천철장으로! 즐기세요! 오감 만족>

축제 프로그램

철기문화의 전통산업 문화축제, 쇠부리 문화, 전시학술체험행사 등.

사례분석

쇠부리축제는 특화된 소재로 진행되는 축제이다. 어떻게 구성 연출하느냐에 따라 경쟁력 있는 가치를 만들어 갈 수가 있을 것이다. 현재의 프로그램 구성은 콘텐츠형의 중심이 아니라 이벤트성의 축제로 구성되어 있어서 관광축제로서는 경쟁력이 없다. 진정 관광축제로서 경쟁력 있는 축제를 구성하고 싶다면 관광축제의 방향성에 대해 이해를 하고 콘텐츠 중심으로 개혁적인 추구와 개발을 해야 할 것이다.

세종축제

최초 개최년도 : 2013년 / 예산 : 900백만원 / 개최 시기 : 10월(3일)

축제 개요

행정중심복합도시인 세종대왕의 이름을 딴 세종시에서는 매년 세종대왕의 업적을 기리고자 10월 9일 한글날 시기에 큰 축제를 개최하고 있다. 화려한 행사, 많은 사람, 박진감 넘치는 쇼, 밤하늘을 장식하는 불꽃놀이를 구성하여 개최한다.

축제 프로그램

세종대왕 사상과 한글, 음악, 과학, 애민, 창의정신. 블랙이글스의 에어쇼 등의 주제 프로그램 등.

사례분석

세종축제는 세종시의 화합 축제이다. 관광축제로서의 가치를 따진다면 현재는 가능성이 없다. 진정 관광축제로 도약하고 싶다면 관광축제에 대해 이해를 하고 방향성에 대한 구성으로 콘텐츠를 개발하여 특화해야 할 것이다.

부천국제만화축제

최초 개최년도 : 1998년 / 예산 : 560백만원 / 개최 시기 : 8월(3일간)

축제 개요

아시아 최고의 글로벌 만화축제 부천국제만화
축제가 관람객들을 맞이할 준비를 하고 있다.

축제 프로그램

전시, 콘텐츠 페어, 콘퍼런스, 한국국제만화마
켓 등.

사례분석

국제만화축제는 특화된 소재로 진행하는 축제이다. 관광축제로 도약하고 싶다면
관광축제에 맞게 방향성을 이해하고 구성하였을 때 가능성이 있을 것이다.

화성 뱃놀이축제 (2021년 대표축제)

최초 개최년도 : 2008년 / 예산 : 1,500백만원 / 개최 시기 : 5월(4일간)

축제 개요

화성 뱃놀이축제는 2008년 경기도의 서해안 개발프로젝트 일환으로 개최된 '2008 경기국제보트쇼 또는 코리아매치컵 세계요트대회'에서 출발했다. 화성 뱃놀이축제는 화성시의 대표축제로서 마리나(marina)[1] 환경이 완비된 전곡항 일대를 환서해안 관광 시대의 중심지로 명소화하기 위하여 육성된 축제이다.

축제 프로그램

바람의 사신단(댄스 퍼레이드), 뱃놀이 풍류단(해상파티), 배빵빵 뱃놀이(승선), 배동동 바다놀이(해상), 물팡팡 물놀이(육상), 밤바다 레이저쇼 등.

사례분석

전곡항에서 진행하는 화성 뱃놀이축제에 앞서 오래전부터 컨설팅하였다. 화성 뱃놀이축제는 적지 않은 예산을 지출함에도 콘텐츠의 구성은 매우 부족하였다. 축제에 대한 이해가 부족한 상태에서 구성하다 보니 방향성을 제대로 못 잡고 있다. 관광축제로 도약하고자 한다면 확실한 콘텐츠 중심으로 킬러 콘텐츠를 개발하고 전체 축제장의 구성을 콘텐츠를 활용하여 줄거리 있게 구성해야 할 것이다.

---

1)마리나(marina) : 해변의 종합 관광 시설을 이르는 말.

원주 한지문화제

최초 개최년도 : 1999년 / 예산 : 230백만원 / 개최 시기 : 5월(3일간)

축제 개요

한지 문화산업 육성과 신진작가 발굴을 위하여
대한민국 한지 대전 공모전과 닥나무를 현대적으
로 재해석한 다양한 한지 조형물의 제작을 통하여
한지문화제를 알리고 있다.

축제 프로그램

한지뜨기 한마당, 풀뿌리 한지, 한지를 테마로
한 전시, 체험 행사 등.

사례분석

원주 한지문화제는 한때 관광축제 예비축제까지 진입하였던 축제였다. 그러나
예산의 삭감과 관심 부족으로 한지 추진위원회에의 회원 축제로 바뀐 면도 있다.
대한민국을 대표하는 한지 문화를 알릴 수 있는 소재는 충분히 가치가 있을 것이
다. 관광축제로 도약하고자 한다면 관광축제에 걸맞은 예산과 장소 및 지역민의 지
원으로 구성해야 할 것이다. 한지에 대한 중요성을 인식하고 축제를 육성할 필요
가 있다.

지용제

최초 개최년도 : 1988년 / 예산 : 617백만원 / 개최 시기 : 5월(4일간)

축제 개요

정지용은 한국 현대 시의 선구자이며, 우리 민족의 정서를 가장 잘 표현한 시인으로 평가받는다. 지용제는 정지용을 추모하고, 그의 시문학 정신을 기리고자 하는 '시인 정지용의 고향 옥천의 문화축제'이다. <향수>라는 시를 통해 우리 민족의 이상적 공간을 그렸던 정지용.

1988년 4월 1일, 시인 정지용을 흠모해 마지않았던 이 나라의 시인과 문학인, 그의 제자들이 모여 '지용회'를 발족하였다. 그의 고향 옥천에서는 그해 5월부터 정지용의 삶의 향기를 더욱 가까이 느끼며 그의 문학을 접하고 이야기할 수 있는 옥천의 문학축제인 지용제가 열리고 있다.

축제 프로그램

시인과 함께하는 시 노래 공연, 정지용을 테마로 한 공연프로그램 운영.

사례분석

지용제는 옥천군을 대표하는 축제로서 정지용 시인의 출생지에서 문화적인 거리를 조성하며 개최하는 축제이다. 지용제는 군의 요청으로 축제를 분석하고 강의까지 다녀왔다. 관광축제로 도약시키고자 한다면 생가터부터 <향수> 시의 서사를 풀어 스토리텔링적으로 그 시대의 생활 단지를 조성하면서 관광객과 어울릴 수 있는 콘텐츠를 개발하여 운영해야 할 것이다.

석장리 세계 구석기축제

최초 개최년도 : 2008년 / 예산 : 1,100백만원 / 개최 시기 : 5월(4일간)

축제 개요

공주시 석장리 세계 구석기축제는 다양하고 풍성한 구석기 문화·예술 행사를 통하여 시민들의 문화적 욕구 충족과 구석기 체험마당으로 정착되고 있다. 구석기 시대를 배경으로 하는 관광객의 체험·학습 축제로 개최한다.

축제 프로그램

네안데르탈인 유물 전시, 세계구석기 퍼레이드, 선사 문화실험실, 구석기 문화체험 등.

사례분석

구석기의 역사성이 있는 축제장이다. 축제장의 구성은 아직 협소한 공간을 구성하여 연출하고 있다. 협소한 공간은 단조롭게 구성할 수밖에 없다. 연천의 구석기축제는 넓은 축제장의 공간을 가지고 있다. 석장리 구석기축제가 관광축제로 도약하고자 한다면 공간의 확장과 공간의 활용 방법에 대해 잘 구성해야 할 것이다. 또한, 킬러 콘텐츠의 개발과 스토리가 있는 콘텐츠 개발로 구성해야만 경쟁력 있는 축제가 될 수 있다.

부안 마실축제

최초 개최년도 : 2012년 / 예산 : 950백만원 / 개최 시기 : 5월(4일간)

축제 개요

부안 마실축제는 부안만의 풍부한 역사자원과 관광자원을 관광객에게 소개하는 축제의 장으로, 부안으로 마실 온 듯하게 부안의 정과 인심을 보고, 듣고, 느끼고 체험하는 문화행사로 구성되어 있다.

축제 프로그램

최고의 마실을 찾아라, 마실춤 퍼레이드 등.

사례분석

부안군과는 오래전부터 축제 개발의 입찰에 참여하여 선정되었으나, 무산되면서 결실을 거두지 못하여 아쉬운 관계가 지속되어 왔다. 부안 마실축제는 읍내에서 다채로운 화합의 어울림 축제로 열려 오고 있다. 향토축제로서는 나름대로 잘 정리되어 있다. 그러나 관광축제로의 도약을 원한다면 부안군만이 가지고 있는 이슈의 킬러 콘텐츠를 개발하여 어울림 마당을 펼쳤을 때 가능할 것이다. 현재의 축제에서는 차별화된 콘텐츠가 부족하다고 할 수 있다.

군산 시간여행축제

최초 개최년도 : 2013년 / 예산 : 800백만원 / 개최 시기 : 10월(3일간)

축제 개요

일제강점기 수탈의 만행 속에 군산 공동체의 고통과 항거, 치열한 삶의 역사를 공유하고 새기는 근대 군산으로의 시간여행. 시간을 되돌려 근대 이전 과거로 그리고 현대를 지나 미래로의 시간여행을 통해 군산의 정체성과 지역공동체의 새 희망을 대동놀이로 승화해 나가고자 하는 축제이다.

축제 프로그램

1930년대 근대문화를 테마로 한 퍼레이드 공연, 전시, 체험 행사.

사례분석

군산 시간여행축제는 전라북도 컨설팅위원으로 활동하면서 분석하기도 하였다. 시간여행은 1930년대의 시대로 돌아가는 것이다. 나름대로 콘텐츠를 잘 구성한다면 색다른 축제가 될 수도 있을 것이다. 그러나 근대시대의 건물은 많이 훼손되었고 현대화된 주변의 환경 여건이 어렵게 만든다. 어느 공간만이라도 근대시대 기반시설 등의 확충으로 환경조성을 하였을 때 경쟁력 있는 축제가 될 것이다. 또한, 확실한 킬러 콘텐츠에 대한 개발이 필수적일 것이다.

곡성 세계장미축제

최초 개최년도 : 2011년 / 예산 : 520백만원 / 개최 시기 : 5월(17일간)

축제 개요

곡성군의 장미공원은 섬진강 기차마을 단지 내 4만여㎡의 부지에 1004종 3만8000 그루의 유럽산 장미가 제각각의 아름다움과 향기를 뿜내고 있는데 그 규모와 품종의 다양성 면에서 전국 최고를 자랑하고 있다. 이곳에는 특히 독일의 코르데스, 로젠유니온, 탄타우, 프랑스의 메이앙, 영국의 데이비드 오스틴, 크니스 등 유럽의 다양한 정원용 장미 품종들로 구성하여 축제를 개최하고 있다.

축제 프로그램

황금장미 이벤트, 장미를 테마로 한 공연, 전시, 체험 등.

사례분석

세계장미축제는 축제 명은 거창하지만, 장미축제장은 그다지 크게 설치하지는 않았다. 그 점이 아쉬운 점이다. 즉 장미축제를 가지고 경쟁력 있는 축제를 연출하기는 쉽지 않다는 것이다. 그러나 관광단지 조성과 기차를 활용한 콘텐츠는 매우 잘 구성하여 조화롭게 진행하고 있다. 축제 기간인 평일에도 버스 관광으로 많은 관광객이 찾아주는 것을 봤다. 어린이부터 노인분들까지 관광버스로 참여하였다. 다양한 콘텐츠로 구성하여 관광축제로 이끌어가는 구성에는 새로운 인식을 하게 하였다.

알프스 하동 섬진강문화재첩축제

최초 개최년도 : 2015년 / 예산 : 450백만원 / 개최 시기 : 5월(4일간)

축제 개요

지난 2015년부터 개최된 「알프스 하동 섬진강
문화재첩축제」는 섬진강의 문화, 하동재첩, 축제
를 결합한 종합 관광, 산업 축제의 가능성을 제시
한 대한민국 대표 여름 축제로 매년 7월경 하동읍
송림공원과 섬진강에서 개최된다. 축제가 열리는
섬진강변의 송림공원은 지붕 없는 미술관을 연상
케 하며 260년 된 750여 그루의 노송이 넓은 백
사장과 아름다운 섬진강 물결과 한데 어우러져 힐
링을 준다.

축제 프로그램

섬진강! 황금(은) 재첩을 찾아라!, 전통 방식의 '섬진강 재첩잡이 체험', 재첩을 특
화한 '재첩요리 경연대회!', 백사장에 다양한 포토존 조형물(녹차꽃, 꽃양귀비 등)
설치, 섬진강 모래를 활용한 전국 모래 조각 경진대회 개최.

사례분석

항상 하동을 지나면 섬진강의 솔밭과 모래사장을 활용하여 여름 축제를 개발하
였으면 하는 욕심이 있었다. 지금은 섬진강에서 모래사장과 솔밭을 활용하여 재첩
축제를 개최하고 있다. 재첩에 대한 인지도는 높으나 체험 행사로서 킬러 콘텐츠라
고 하기에는 약하다. 섬진강의 모래 사변과 솔밭을 잘 활용하여 콘텐츠를 재구성한
다면 분명히 경쟁력 있는 관광단지를 만들 수 있을 것으로 분석된다.

탐라입춘굿

최초 개최년도 : 1999년 / 예산 : : 80백만원 / 개최 시기 : 매년 입춘

축제 개요

탐라입춘굿 놀이는 입춘(立春)날 제주시 목관아 일대에서 목사를 비롯한 관리들과 무당들이 같이 행하던 일종의 굿 놀이다. 이 굿 놀이는 봄이 시작됨과 동시에 농사가 시작되면서 한해의 풍년을 기원하는 것으로 일종의 풍년제(豊年祭)이다.

축제 프로그램

입춘굿 놀이, 굿 놀이, 농경의례(農耕儀禮), 입춘맞이굿, 입춘탈굿 놀이.

사례분석

경쟁력 있는 관광축제로 만든다는 것은 쉽지 않을 것이다. 그러나 다양한 세시풍속 축제를 컬리티 있게 구성하여 연출한다면 잊혀 가는 세시풍속을 계승하고 다양한 전통문화를 추억하고 계승하는 축제로 나름대로 가치 있는 프로그램으로서 구성할 수 있을 것이다.

탐라문화제

최초 개최년도 : 1999년 / 예산 : 1,200백만원 / 개최 시기 : 1월(11일간)

축제 개요

탐라문화제는 지난 1962년 문화예술단체인 제주 예총이 주최하여 '제주예술제'라는 이름으로 태어났다. 제주예술제는 1965년 4회 때부터 '한라문화제'로 이름을 바뀌면서 전통문화와 현대예술이 조화를 이룬 종합적인 향토문화축제로 전환되었고, 한라문화제는 2002년 제41회부터 '탐라문화제'로 개칭하고 '제주의 유구한 역사와 고유한 문화 전통'을 되살리는 문화축제로 그 성격과 내용을 재정립했다.

축제 프로그램

세경제, 입춘굿, 입춘 거리굿, 마을 거리굿 등.

사례분석

탐라문화제는 제주도를 대표하는 전통문화제이다. 난 오랫동안 탐라문화제에 대하여 관심이 많았다. 나름대로 역사성이 있고 특별한 문화를 가진 향토예술문화축제로 성장했다. 그동안 문화관광축제와는 거리가 있었다. 제주도민의 애환이 숨 쉬는 탐라문화제를 제주도를 대표하는 관광축제로의 도약을 꿈꿔왔다.

관광축제로 도약하기 위해서는 특별한 킬러 콘텐츠 프로그램을 개발하고 다양한 콘텐츠 프로그램을 개발하여 포진시켜야 할 것이다. 그냥 문화예술만으로는 경쟁력이 없다. 지역 예술도 중요하지만, 관광 상품성을 고민하며 구성해야 한다.

제6장

글로벌 관광축제 여행기

오랫동안 해외에서 개최하는 축제를 방문 스케치하면서 대한민국의 축제와 비교분석을 하며 대한민국 축제가 지향해야 할 방향에 관하여 연구를 해왔다.

일본의 경우 대다수 축제(마쯔리)는 우리나라의 축제와는 다르게 예산을 많이 사용하지 않고, 지역공동체 문화로 이끌어 가는 형태를 띠고 있다. 일본 축제에서 가장 큰 특이점은 길거리 현수막이나 무대공연이 존재하지 않는 것이다. 즉 대행사체제의 축제가 거의 없고 개최 측에서 직접 운영하는 시스템이다. 부스 또한 소수의 간식 부스 빼고는 존재하지 않는다.

세계적으로 유명한 스페인 뷰놀의 토마토 축제는 매년 8월 마지막 주 수요일 오전 11시부터 12시까지 한 시간만 진행한다. 또한, 진행자나 음향, 무대의 설치물이 없고, 온몸이 토마토로 뒤덮이지만, 탈의실이나 샤워 시설도 없다. 거리에서 수건 하나로 몸을 가리고 옷을 갈아입으며, 매표소와 물품보관소 정도만 존재한다.

영국의 에든버러 타투축제 또한 매표소와 무대만 설치되어 있고, 5일간 오후 8시부터 9시 30분까지 국제 타투 경연만이 있을 뿐이다.

위에 언급한 축제의 공통점은 주차장이 없다는 것이며, 많은 외국 축제들은 지자체의 도움 없이 지역 내 공동체들과 참여자들이 함께 만들어가는 축제를 지향하고 있다.

2018년 첫 유럽 배낭여행 체험기

(핀란드 헬싱키, 체코 프라하, 오스트리아 빈, 잘츠부르크, 독일 뮌헨 옥토버 페스트, 이탈리아 베로나, 베니스, 볼로냐, 로마 관광 스케치)

난 축제전문가로서 대한민국 축제 현장의 스케치와 해외 축제를 스케치하러 다녀오곤 하였다. 그러나 적어도 10일 이상의 기간이 소요되는 유럽이나 아메리카 등의 장거리에 있는 축제나 관광지에 대한 방문은 쉽지 않았다. 그 이유는 총감독으로서 축제 현장에서 직접 진두지휘를 해야 하기에 한국을 장시간 비울 수 없기 때문이다. 축제를 앞두고 축제장을 비워 불성실하다는 비판이 무서웠기 때문이다. 특히 축제철에는 더욱더 그랬다.

2018년에는 함양 산삼축제를 총감독으로서 9월 16일까지 마무리하고 10월 말에 있는 김해 도자기축제 총감독으로 참여하는 9월 회의와 영광 상사화 축제에 대한 9월 17일 컨설팅 등을 급히 마무리하고 9월 21일 독일 옥토버 맥주축제를 스케치하기 위해 유럽행 비행기에 올랐다.

난 해외여행 일정에 있어 항상 미리 계획을 세우지 못한다. 대략적인 스케줄을 세우기는 하지만 1주일 정도의 기간을 남겨 놓고 거의 확정하는 상황이 된다. 그 이유는 회사를 운영하는 입장에서 항상 돌발적인 업무계획이 광고주로부터 내려오기 때문이다.

2018년은 9월 말 추석 일정과 10월 초의 일정이 없었기에 2018년 9월 21일 큰마음을 먹고 독일 뮌헨 옥토버페스트를 스케치하기 위해 생애 처음으로 유럽여행의 계획을 세울 수 있었다. 여행코스는 핀란드 헬싱키, 체코 프라하, 오스트리아 빈, 잘츠부르크, 독일 뮌헨, 이탈리아 베로나, 베니스, 볼로냐, 로마 관광 스케치 코스로 개인 배낭여행 방식으로 출발하였다. 아시아권의 관광 및 축제 스케치는 혼자 수시로 다녔지만, 유럽의 관광 및 축제 스케치는 혼자 출발하는 것이 처음이라 두렵기도 하였다. 가고자 하는 목적지에 대한 일정계획만 있고 그 외는 아무 계획 없이 유럽 관광 및 축제를 직접 체험해 보기 위하여 출발하였다. 1주일 전에 비행기를 예약하고 가상의 일정 속에 현장에서 그날그날 숙박과 열차 예약을 하면서 유럽의 관광산업 여행기가 시작되었다. 혼자서 처음 가는 유럽 일정, 누구의 도움 없이 그날그날 부딪치며 겪었던 스토리를 작성해 봤다. 여행 경비를 줄이기 위해 저렴한 유스호스텔을 출발하기 전날인 9월 20일에 예약했다.

9월 21일, 인천공항을 출발하여 핀란드 헬싱키 도착

9월 21일 출발하여 핀란드 헬싱키에 9월 22일 오후 1시경 도착했고, 1시간 거리에 있는 유스호스텔을 휴대전화 구글 지도를 보면서 전철을 타고 어렵게 찾아갔다. 예약은 아고다와 부킹닷컴 등을 주로 활용하였다. 3시경 찾아간 유스호스텔에는 안내 데스크가 없고 불이 켜진 상태에서 문이 잠겨 있었다. 연락할 방법이 없었다. 숙소에서 무작정 시간을 낭비할 수가 없어 1시간 정도 기다리다가 헬싱키 시내로 가서 먼저 관광 스케치를 하였다. 시내에서 스케치하면서 즐기다가 새로운 예약을 하였다. 내일 일찍 체코 프라하로 출발해야 하는 상황이라 공항 옆에 있는 유스호스텔을 선택하여 예약했다.

22시경 예약한 유스호스텔을 찾아 나섰다. 등도 없는 곳. 구글 지도도 헷갈리게 안내한다. 어렵게 1시간 남짓 길거리를 헤매다가 유스호스텔을 겨우 찾았다. 문은 잠겨 있고 안내가 없다. 유스호스텔에 들어가는 손님을 따라 들어갔다. 숙박하는 손님들에게는 들어갈 수 있는 번호키가 있었다. 입구에는 안내하는 사람이 없다. 관계자를 만날 수가 없었다. 소파에서 2시간 기다리다가 오전 일찍 비행기를 타야 해서 숙박을 한다 해도 몇 시간 잠을 자지 못할 것 같아 경비를 줄이고자 공항에서 몇 시간 보내기로 마음먹고 새벽 1시경 호텔에서 출발해 공항에 도보로 도착했다. 실내 벤치에서 쪽잠을 자고 화장실에서 씻은 다음 오전 9시 비행기를 타고 체코 프라하로 출발하였다. 핀란드에서 호텔을 두 번 예약하고 숙박을 하지 않았지만, 다행히도 요금은 빠져나가지 않았다. 체코의 프라하를 가기 위한 첫 경유지이며 유럽

첫날 경험의 핀란드 생활을 이렇게 보냈다.

핀란드에서의 전철은 승차권을 자판기에서 발권하지만, 입·출구에서 검표도 없이 자유롭게 왕래한다. 구역별 요금이 아니라 시간제로 되어 있다. 그 시간 안에는 자유롭게 왕래하며 횟수에 상관없이 탈 수 있다. 가끔 전철 안에서 검침원이 돌아다닐 뿐이다.

헬싱키 중앙역에서 내려 관광 스케치를 하였다. 내가 잠시 본 핀란드는 평온하고 자유분방하며 다채로운 문화와 전통이 현대와 공존하고 있는 모습이었다. 상가 앞에 있는 오픈 카페가 자유롭다. 술을 먹어도 많이 먹는 것이 아니라 잔술에 간단한 안주와 함께 담소를 나눈다.

핀란드 국민을 보면 다채롭다. 훤칠한 미인도 많은 것 같은데 그렇지 않은 분들도 있다. 다혈증 같은 느낌을 받았지만 풍요로워 보였다. 상점 앞에는 오픈 카페가 많이 있고 곳곳에 의자를 많이 설치하여 어디서든 쉽게 되어 있다. 도심 또한 전통과 현대가 함께 공존하는 느낌을 받았다. 곳곳에서 거리공연이 자연스럽게 진행되고 있다. 구걸하는 자도 보인다. 그런데 이곳에서는 구걸하는 자도 복장이 깨끗한 모습이다.

이곳에서 반소매 티는 나만 입은 것 같다. 그만큼 쌀쌀하다. 오픈된 수영장에서는 젊은 아가씨들이 비키니 수영복 차림으로 수영하고 있다. 남녀노소 함께 어울린다는 느낌을 받았다. 그러나 남녀가 어디서든 모여 담배 피우는 모습은 별로 좋은 이미지는 아니었다. 곳곳에 꽁초가 있기 때문이다. 여기의 물가는 싸지 않은 편이다. 곳곳의 카페에는 간단한 잔 맥주 등을 주문해 마시며 담소 나누는 모습이 보인다. 안주가 없거나 간소하게 먹고 있는 모습이 나에게는 물가가 비싼 관계로 자제하며 사는 것으로 보였다. 일본도 그렇지만, 우리처럼 병술과 푸짐한 안주의 모습은 볼 수가 없었다.

공항 안으로 들어오면 판매장만이 있는 것이 아니라 카페 등이 많이 있어 탑승하기 전까지 다양한 테이블에서 어울릴 수 있게 했다.

공항에서의 입출국장은 보안검색이 강했다. 핀란드의 인구는 약 554만 명으로 매우 작은 국가라고 할 수 있다. 남녀 모두가 평등하게 다양한 직종에서 종사하는 것으로 보였으며 처음 겪은 유럽의 핀란드 첫인상은 새로운 세상이란 느낌을 주었다.

9월 22일, 핀란드를 출발하여 체코 프라하에 도착

버스와 전철을 이용하여 체코 프라하에 도착해서 시내까지 이동하였다.

체코의 첫 느낌은 물가가 조금 저렴하다는 느낌이다.

시내에 도착하여 예약하여 놓은 게스트하우스를 무거운 배낭을 멘 상태에서 구글 지도 하나로 찾아 나섰다. 약 1시간을 헤맨 끝에 야산 정상에 있는 숙소를 찾았다. 숙소는 독방이었고 매우 깨끗하고 조용해서 매우 만족하였다. 숙소 값은 약 8만 원 정도였다.

짐을 풀고 시내로 내려와서 관광하였다. 시내 관광은 공항에서 미리 24시간 하루 동안 사용할 수 있는 열차, 버스 종일권을 발권받아 열심히 버스와 전철을 타고 다니면서 관광 스케치를 하였다. 부담이 없어 마음대로 버스, 열차 등을 타면서 돌아다닌 관광은 매우 만족하였다. 체코 또한 버스, 전철 등에서 표 받는 사람이 없었다. 종일권은 자유롭게 카드체크기에 대면 되는 시스템이다.

도시 자체가 유네스코에 선정된 유산으로서 아주 아름다웠으며 그림책에서만 봤던 성도 보았다. 프라하는 편히 휴양하기에 아주 좋은 도시라고 느꼈다. 여자분들 신장들이 대단히 크며 날씬하고 다리는 매우 긴 편이다. 어떤 여인은 인형 같다는 느낌도 받게 한다. 아무 곳에서나 애정 행동을 벌이는 것도 자연스러웠고, 남자, 여자 할 것 없이 모였다 하면 담배를 함께 태우는 모습도 보였다.

처음 도착해서는 발품을 많이 팔았지만, 버스, 전철을 많이 타다 보니 교통망을 알게 되어 자연스레 관광이 되었다. 시간이 허락된다면 다시 한번 찾아와 힐링하고 싶은 도시라는 생각을 했다.

도시가 작품이고 모두가 관광상품으로 이루어진 것이 부러웠다. 프라하 도시는 천년 넘는 건물이 많아 동화 속에 나오는 이야기 같은 곳이다. 대한민국에는 이러한 역사·전통이 공존하는 집단 건물이 없다는 것이 아쉽다는 생각을 했다. 대한민국의 신라·백제·고려 등의 역사문화 전통단지는 왜 모두 사라졌을까. 대한민국에 있는 한옥마을 등의 전통단지는 너무 작은 단지라 매우 아쉽다고 생각하게 한다. 프라하의 역사 전통문화를 보니 어딘가 모르게 서글퍼지는 것 같다.

9월 23일, 오스트리아 빈을 걸쳐 잘츠부르크 도착

9월 23일(일) 오전 7시경 체코 프라하에서 기차를 타고 약 4시간 걸려 11시경 오스트리아 빈에 도착하였다. 국경을 넘는 이동이지만 기차 요금이 비싸지는 않다. 기차 안에서 국경을 넘어도 별다른 것은 없고 승무원만 바뀌어 검표를 한다. 좌석번호는 없고 입석을 받았지만 거의 빈자리라 편하게 앉아 왔다. 난 시내의 중심에서 약 3시간에 걸쳐 역사 유적 단지와 큰 상권의 도시를 관광하고 다시 잘츠부르크로 기차를 이용해 이동하였다. 오스트리아 빈의 도시는 매우 역동적인 도시로 보였다. 역사적인 고건물과 현대의 건물들이 조화롭게 형성되어 있었다. 도심지에는 관광객도 참으로 많았다. 체코의 여인들은 훤칠하고 날씬한 반면 오스트리아 빈에서 본 모습은 통통하고 몸이 크다는 느낌을 받았다. 프라하에서는 도심 전체가 전통 관광지였으나 현대의 고품격 실내장식이 아쉬웠던 반면, 빈은 좀 더 현대적인 인테리어가 잘 정돈된 모습으로 비쳤다. 빈의 케른트너 거리와 호프부르크 왕궁, 성당 등에서 많은 관광객을 만났고 거리공연 등과 관광객을 위한 마차 등은 관광지로서 분위기를 형성했다. 많은 관광객 인파가 있었고 관광지가 작은 도시였지만 역사와 현대가 공존하는 분위기를 연출하였다. 유럽의 관광지에서의 전통 관광마차는 프라하나 빈에서도 많이 볼 수 있었다. 관광지가 빈의 중앙역에서 10여 분 거리에 모여있었기에 가능하였다.

난 빈에서 4시간여 스케치를 하고 오후 3시경 기차를 타고 다시 2시간에 걸쳐 잘츠부르크에 도착하였다. 잘츠부르크로 가는 길은 평지였고 높은 산이 없었다. 가는 길은 모두가 평화로워 보였고 동화 속의 들판을 생각하며 이동하였다.

가는 길은 거의 농사를 짓지 않는 초원의 모습이었다. 프라하에서 빈으로 오는 길은 밭농사를 짓는 모습이었다면, 빈에서 잘츠부르크로 가는 길의 모습은 동화 속 초원 마을의 모습으로 마음을 풍요롭게 하였다.

잘츠부르크는 작은 도시로서 트램을 타면 곳곳으로 빠른 시간 안에 도착할 수 있었다. 난 10분 거리인 호텔에 여장을 풀고 호엔잘츠부르크성 광장 쪽으로 이동하였다.

난 지금까지 동화 속의 성에 대한 상상을 많이 하였다. 옛 도시의 거리를 걸으면서 1,000년 전의 거리에서 상가와 호텔, 집들을 둘러보고 그동안 상상하였던 것들과 비교하였다. 20시경에 호엔잘츠부르크성에 올랐다. 산꼭대기에 건설된 성은 1077년에 건축되었다고 한다. 정말 가파른 산의 꼭대기 성에 올라 도심의 야경을 보았고 성의 구조를 보면서 상상 속으로 1,000년 전의 귀족을 만나 보았다. 성안의 꼭대기 층의 한 연회장에서는 모차르트의 고향에서 펼쳐지는 100여 석 규모의 공간에서 교향곡 등의 공연이 진행되었다. 난 입장권을 구매하지 않은 관계로 와인 한잔 마시고 내려왔다.

성곽 및 옛 도시의 거리 한 공간에서는 맥주축제를 하고 있었다. 나도 한잔하고 싶었지만, 사람이 많아 비좁은 관계로 축제장에서 나와 숙소 옆 카페에서 식사와 맥주 한잔을 하면서 하루 일과를 마무리하였다. 축제장에서 전통 옷을 입고 즐기는 여인네들이 많았다. 그 분위기가 축제를 더 업그레이드시키고 있다고 생각했다. 잘츠부르크에서의 느낌은 산에서 내려온 사람들이 많아서 그런지 복장은 거칠어 보였다. 또한, 작은 도시인만큼 관광하기에 불편함은 없었다. 이곳을 비롯 체코나 오스트리아의 공기는 아주 좋았다. 그래서인지 오픈 카페들이 활성화되어 있다고 본다. 식당에서 물을 달라고 하니 수돗물을 건네주는 모습에 여기는 오염이 안 되어 수돗물을 먹나 하는 생각을 하였다.

잘츠부르크에서의 숙박은 조식 포함 약 9만 원의 3성급 전통가옥의 호텔이었다. 조식이나 숙박 등은 크지 않지만 무난하게 숙박하였다. 잘츠부르크에서의 일정은 새로운 문화를 톡톡히 느끼고 가게 하는 도시였다.

9월 24일, 독일 뮌헨 옥토버페스트 현장 스케치

9월 24일 오늘은 드디어 뮌헨으로 입성하는 날이다. 어젯밤에 잠을 설친 관계로 늦잠을 잤다. 조식에 무료로 나오는 와인 몇 잔을 마시고 기차역으로 이동하였다. 독일에서의 축제 기간에는 숙박이 비싸다는 말이 생각나 시내에서 가깝고 그나마 저렴하다는 생각으로 어제 숙박은 유스호스텔로 예약했다. 뮌헨 기차표를 발권하고 뮌헨의 숙박 위치와 내용 등을 체크하느라 다시 확인했다. 아뿔싸, 숙박 예약한 것이 여성룸이었고 32세 이하가 묶는 호텔이었다. 이미 카드 선결제가 된 상태였고 여러 방법으로 취소를 하고자 하였으나 잘되지 않았다.

그 와중에 기차 시간이 되어 기차를 타고자 하는데 기차 승차권이 보이지 않는다. 다급해졌다.

급히 매표소로 달려가서 대화하던 중 가방에서 찾았지만, 시간을 놓쳐 그다음 열차를 탔다. 다행히도 여기의 열차는 거의 좌석 번호가 없고 온종일 시간 관계없이 승차할 수가 있었다. 어제도 3시 30분의 기차 탑승권을 구매하였지만 역에 일찍 도착한 관계로 빈에서 잘츠부르크로 2시 30분 기차를 타고 왔다. 오늘은 11시 15분 기차에 승차하였지만, 이 기차는 많은 곳을 정차하며 가는 것 같았다.

뮌헨에서 결제된 숙박을 취소한 후 새로운 숙박을 예약해야 하는 숙제를 안고 이동하였다. 이번 유럽 방문의 주목적은 한국에서의 국제 맥주축제 개발을 앞두고 독일 옥토버 맥주축제를 스케치하기 위해 어렵게 온 것이다. 주목적은 옥토버 맥주축제이지만, 다국가의 문화 스케치와 관광산업축제에 대한 분석 및 대한민국 관광산업에 대한 발전 방향을 모색하여 보기 위해, 도움 없이 혼자 책과 핸드폰, 태블릿 하나를 들고 구글 지도를 보면서 그날그날 예약하며 전화 한 통을 하지 않는 상태에서 관광 스케치를 하고 있는 것 아닌가?

어떠하든 뮌헨에 도착했다. 유스호스텔이 역 앞이라 쉽게 찾았다.

여성 숙소로 잘못된 예약은 여성 숙소로 방도 줄 수 없고 취소도 되지 않는다는 것이다. 숙소의 방을 주던지 취소해 달라고 하니 남자가 사용할 방은 오늘 없고 내일 준단다. 오늘은 방을 사용하지 않아도 환불이 되지 않고 호텔 소개는 해주겠으니 그 호텔의 경비는 내라는 것이다. 내가 알아서 하겠다고 하니 오늘내일 취소는 해주지만, 방이 팔리면 환급해주고 팔리지 않으면 못해 준다는 것이다.

1시경 도착하여 1시간에 걸쳐 입씨름하고 다른 호텔 프런트에 가서 1시간에 걸쳐 찾은 끝에 인터넷으로 민박을 구하였다. 한식도 그립고 정보도 얻고자 하였기 때문이다. 어렵게 예약한 민박 전화번호도 없는 상황에서 독일 주소 하나 가지고 어렵게 고생하며 30분이면 갈 곳을 2시간에 걸쳐 헤매며 찾아갔다.

어렵게 찾아가서 초인종과 문을 두드려봐도 문은 굳게 잠겨 있다. 황당했다. 인터넷으로는 예약을 받았지만 실제로는 민박을 운영하지 않는 상황이었다.

그때 참고 있던 설사로 인하여 어찌할 바를 모르고 난리가 났다. 문만 열리길 생각하며 기다렸는데 더 기다릴 수도 없고 내려와서 화장실을 찾아다녔다. 불친절한 안내와 영어가 통하지 않았다. 독일 사람들은 소수만 대학을 가고 거의 고졸로 대부분 영어를 제대로 하지 못했다. 참다못해 아파트 숲으로 들어가 일을 보고 뒤처리는 덜 마른 양말로 처리하였다. 방법이 없었다. 독일에서 화장실 찾는다는 것은 매우 어렵다. 거의 공동화장실이 없기 때문이다. 우리나라는 건물에 들어가면 거의 화장실이 있고 사용할 수가 있지만, 유럽은 그런 화장실을 찾기가 쉽지 않았다.

순간의 선택. 현재시간 6시경. 숙박 관계로 오늘 예정된 코스로써 주목적으로 방문하고자 하는 축제를 놓칠 수는 없는 것 아닌가? 숙소는 나중에 구하고 먼저 맥주축제장을 스케치하기로 마음먹고 축제장으로 출발하였다.

맥주축제장에는 입장료가 없었다. 축제장은 동화 속의 놀이시설들이 거대하게 설치되어 화려한 밤을 수놓고 있었다. 약 1만 명을 수용할 수 있는 브랜드별 빅 텐트 10여 개의 맥주 판매장이 있었다.

놀이시설과 부스 등이 100여 개가 나열되어 있고 모두가 나름대로 부스 디스플레이가 된 부스들로 채워져 있었다. 그 외 10여 개의 브랜드가 1만석 규모의 빅 텐트들을 설치하여 화려한 맥주축제장을 이루고 있었다.

브랜드별 맥주 빅 텐트에서는 다양한 전통음악이나 락 등의 공연으로 손님과 함께 노래를 부르고 춤을 추며 건배의 외침 속에 열광적으로 어울리는 모습이었다. 대다수 남녀가 전통복을 입은 채 함께 어울리는 모습과 이동중에 기차 안과 입구 등에서 전통복을 입고 이동하는 모습을 보면서 축제를 즐길 수 있는 문화가 준비되었다고 생각했다. 잘츠부르크 맥주축제장에서는 사진 촬영에 예민하게 반응하는 관광객이 있었지만, 뮌헨에서는 카메라의 움직임에 따라 관광객이 모델이 되어주고 참여해 주었다. 즐길 줄 아는 관광객들이었다.

축제장에서는 큰 가방을 가지고 입장을 하지 못한다. 그런 관계로 입장할 때 큰 가방은 물품보관소에 4유로를 내고 맡긴 다음 입장하였다. 사진과 함께 동영상을 찍다 보니 배터리가 끊겼다. 큰 백은 들어오는 입구에서 못 들어간다고 물품 보관에 맡겼기 때문이다. 여유분으로 배터리 한 개밖에 없었는데 모두 방전되었다. 당황스러웠다.

휴대전화 영상이 배터리 관계로 빨리 꺼지면서 잠시 쉬는 타임을 가졌다. 숙소 예약 관계로 점심과 저녁을 건너뛴 상태에서 간단하게 식사하고 다시 영상을 찍었지만, 배터리 사정이 좋지 못하여 내일 다시 준비하여 오기로 마음먹고 21시경에 나와 기차역에서 인터넷으로 숙소를 찾았다.

숙소들이 거의 다 200,000원이 넘고 300,000~1,000,000원 하였다. 3성급 호텔 400,000원짜리가 230,000원으로 저렴하게 나온 게 있어 급히 예약하고 숙소를 찾아왔는데 또 문이 잠겼다. 초인종 누르고 문을 두드려 들어갔다.

오늘 예약한 호텔은 싱글 방으로서 아주 작았지만 평화로운 방이었다. 씻고 나니 배가 고파 밖으로 나왔는데 도시가 어둡고 편의점이 보이지 않는다. 식당도 모두 문 닫았고 간간이 카페만 보인다. 찾다가 지쳐 카페에 가서 맥주를 시켜서 먹고 나왔다. 대다수 카페를 보면 안주 없이 생맥주만 한 잔씩 시켜 먹는 모습들을 볼 수 있었다. 내가 들어간 카페도 여러 손님이 있었지만 거의 안주 없이 생맥주 잔술을 마시면서 담소를 나누었다. 우리나라는 맥주를 시키면 기본적으로 안주를 시켜야 하지만 독일에서는 안주 없이 맥주만 주문하여 마시는 모습이 일상적인 것으로 보였다.

내가 느낀 오늘의 독일 뮌헨은 이랬다. 전통문화를 가지고 있으며 지키고자 하는 의식도 정착되어 있다. 도시가 화려하지도 않았지만, 상업도시인만큼 활발하게 움직였고 복잡하였다. 인종도 다인종이었다. 내 느낌은 그다지 현대화의 세련된 도시는 아니었다.

좀 친절하지 않은 나라. 배려심이 부족한 나라. 새로운 것보다 옛것을 고수하는 나라. 속은 깊은 내용이 있겠지만 내가 본 겉모습은 그렇게 보였다. 남녀 할 것 없이 담배를 물고 다니다가 아무 데나 버리기에 거리에는 온통 담배꽁초가 널려져 있다.

축제에 대해서 잠시 더 논하여 보자. 축제장 안내판, 축제 안내소, 홍보 현수막, 안내탑, 편의시설, 주차장 등이 전혀 없었다. 내가 본 세계적인 축제들은 거의 다 그랬다. 한국에서 진행되는 축제들에서 현수막, 광고탑 등의 예산은 낭비성이라 본다. 즉 확실한 콘텐츠와 지역 문화가 형성될 때 성공하는 축제가 될 수 있다. 우리의 축제에서도 낭비성의 예산은 과감히 삭제하고 현실적인 구성이 되어야 경쟁력 있는 축제로 만들어 갈 수 있을 것이다.

처음으로 혼자 부딪치며 문화를 느끼고 있는 자신이 고생은 되지만 그래도 많은 공부를 느끼게 하여주는 것 같아 고생하는 만큼 보람은 있는 것 같다.

9월 25일, 독일 뮌헨 옥토버페스트(Octoberfest) 스케치

어제는 악몽에 가까운 독일의 생활을 겪었고 독일 2일 차인 25일 새벽에 대학 동기 카톡방을 보다 독일에 있는 친구와 연락이 되어 먼 외국 땅 독일에서 30년 만에

우연히 친구를 만나 옥토버페스트 안내를 받았다.

한 친구는 홍콩에서 30년째 태권도 체육관을 운영하며 홍콩 태권도협회 회장을 맡았고 한국에서 자주 본 친구로 독일에 놀러와 10일째 지내고 있다고 한다. 원더걸스 혜림이가 이 친구의 딸이다. 지금은 한국 외대를 졸업하였으며 똑똑한 연예인으로 인정받고 있다.

독일에서 30년 만에 만난 친구는 대학 졸업 후 바로 독일로 와서 태권도를 개척하였고 현재 태권도 8단으로 유럽 회장을 하고 있다. 딸은 독일에서 법대를 다닌다고 한다. 저녁은 친구 아내가 해주는 김치찌개를 맥주와 함께 맛있게 먹었고 난 친구 체육관 기숙사에서 숙박하였다.

독일의 근황을 들어봤다. 체육관 월세가 한 달 8백만 원 지출된다. 관원 250명 회비는 월 10만 원씩 1년 치를 선지급 받는다고 한다. 그중 입금받는 대로 바로 20%는 세금으로 바로 지출된다고 한다. 또한. 연말 정산해서 수입금 중 20%를 또 낸다. 이것이 기본 세금이다.

독일에서는 처음 사업을 하는 데 있어 2년의 세금유예 기간을 주어 적자를 보게 되면 경고하고 그래도 적자를 보면 당신의 사업은 가능성이 없다는 경고와 함께 강제 폐업을 시킨다고 한다. 독일에서는 대기업 중심이 아니고 중소기업의 우량한 기업 중심으로 정착되어 있다고 한다.

학교의 학생은 초등학교 5학년부터 수준에 따라 등급이 정해진다고 한다. 등급, 즉 능력에 따라 진로가 정해지고 대학교는 상위 20%만 입학할 수 있으며 입학을 하면 전액 국비로 학교에 다닌다고 한다.

학생은 등급이 정해지면 자기 적성에 맞는 학업의 진로가 정해져 그에 맞는 전문직의 공부와 취업의 길로 간다고 한다. 국가에서 부모는 아이의 적성에 간섭하지 말라고 한단다. 아주 많이 뒤떨어진 학생만 체크하여 부모에게 연락해 보충하도록 하고 그 외는 자유로운 학교생활을 한단다.

대학을 졸업하든 그렇지 않든 급료에 대한 차등이 없다고 한다. 부모는 굳이 공부시켜 늦게 돈을 벌 수 있는 상황을 싫어한다고 한다. 대학은 꼭 공부하여야만 할 전문직 지원자만 가고, 대다수는 고졸이라고 한다. 초등학교 5학년 때 정해진 등급에 불만도 없고, 정착되어 있다고 한다. 치맛바람도 통하지 않고 꼭 공부해야만 전문직으로 갈 수 있는 사람만 자기의 방향을 위해 진학한다고 한다.

보통 취업하면 연봉 월 5백. 그중 결혼하지 않으면 50%의 세금. 결혼하면 세금 줄여주고. 맞벌이하면 더 줄여주고. 아이를 출산하면 국가가 책임지며 직장과 사회에서 우선순위로 더 많은 혜택을 준다고 한다.

세금을 많이 내는 만큼 사회적인 보장 시스템을 잘 갖추고 있지만, 세금이 과다한 관계로 개인은 돈이 없으나 국가가 돈을 많이 가지고 있는 국가라고 한다.

사회적으로 보장되어 있기에 모든 것에서 융통성이 없다. 틀에 박힌 지침대로 생활한다. 진취적인 영혼의 삶은 없지만, 계획과 체계적인 삶을 살고 있는 모습이었다.

어떠한 물건도 새로운 것보다는 고쳐서 사용하는 나라. 호텔 문 열쇠를 보더라도 아주 오래된 것으로 우리가 옛날에 사용하던 그러한 호텔의 자물통 열쇠였다. 문의 자물통에도 자동 키 시대하고는 거리가 있다. 즉 낭비성이 없다는 것이다. 새로운 것보다 잘 관리하여 지속적인 사용을 원하는 시스템이다. 일본처럼 전통을 고수하고 인스턴식 생활 문화가 아니라 전통을 중요시하며 갈고 닦으며 생활하는 문화를 가지고 있었다.

삶이 보장되어 있고 내가 원칙대로 사용할 휴가 등은 꼭 챙긴다고 한다. 어떤 지역의 휴가를 가더라도 1년 전부터 계획을 세우고 예약을 하는 시스템이 정착되어 있고 이러한 것들이 습관적으로 몸에 배어 있다고도 한다.

친구도 내년 8월에 가족이 한국 들어가는 데 있어 벌써 비행기 예약을 10개월 전인 9월에 하였다고 한다.

기차표도 보통 1년 전, 적어도 수개월 전에 예약한다고 한다. 모든 점에서 미리 계획을 세워 활동하지 즉흥적인 행동은 없다고도 한다. 모든 면에서 일찍 예약하면 저렴하고 시기에 가깝게 예약하면 비싸기에 예약하는 시스템이 습관처럼 장착되어 있다고 한다. 올해 휴가 가서 좋았다면 그 자리에서 내년의 숙박까지 바로 예약하고 온단다.

우리나라처럼 목소리 큰 사람이 대장인 것이 아니라, 어떠한 문제가 있으면 절대로 싸우지 않고 각자 변호사를 선정하여 모든 것을 법적으로 해결한다고 한다. 우리나라도 관광축제에서 상품화에 대한 것과 예약문화에 대하여 고민하여 볼 필요가 있다.

모두가 공정하고 융통성이 필요 없는 문화이다 보니 특별히 혜택받을 수 있는 자가 없다. 국회의원들도 자전거를 타고 출퇴근한다.

난 친구들과 올림픽공원 언덕에 올라 뮌헨의 시내를 사진으로 담아봤다. 고층 빌딩이 없다. 시내 중앙에 있는 마리아 종탑보다 높게 건물을 건설할 수 없다. 멀리 알프스산맥도 보인다. 바로 밑에 원형으로 아름답게 지어진 건물이 BMW 본사이다. 시내 전체가 푸르고 공원화되어 있는 느낌이다. 미세 먼지가 전혀 없다.

인구 150만 명으로 지방 분권 시스템이 잘 갖추어져 있다는 말도 한다.

이제 옥토버페스트에 대한 것을 논하여 보자.

오늘은 친구들을 만나 오전에는 수다를 떨고 공원을 돌아다니면서 공원에서 맥주와 함께 점심을 먹고 맥주축제장을 오후 1시경 방문하여 스케치하였다.

평일 주간 시간인데도 방문객으로 인산인해이다.

야간의 맥주축제장 빅 텐트에서는 함께 노래 부르고 춤을 추며 즐기지만, 주간에는 흥겨운 음악과 함께 즐기는 모습이었다.

나도 무대 앞에 자리를 잡아 맥주 한잔하면서 즐거운 시간을 보내며 악단장과 사진을 찍었다. 악단장이 친구의 태권도 제자인 관계로 무대에서 내려와 잠시 함께 즐겨주었다.

함께 동석한 젊은이들과도 즐겼다. 내가 그저께 숙박한 방은 축제 기간이었기에 350,000원이었지만 평소에는 6만 원 정도 한다고 한다. 밤 9시에 예약한 관계로 금액이 내려와 230,000원 정도에 숙박하였다.

축제 기간에는 국가적으로 합법화해서 숙박 요금을 5~10배 오른 금액으로 받는다고 한다.

축제장에서 빅 텐트 하나에 1만 석으로 운영하였는데 지금은 테러 관계로 5천 석 규모로 줄여 통로를 넓게 하고 비상구를 많이 만들어 운영하였다. 독일 사람들에게 맥주는 생활의 음료로써 아침, 점심, 저녁에 마신다. 술이 아닌 물 같은 음료의 개념을 가지고 살고 있는 것이다.

공원에 가면 테이블 몇천 개의 좌석을 깔아 놨다. 평소 쉼터로 활용하거나 맥주를 마실 수 있는 공간으로 구성한 것이다. 이른 점심시간에 우리는 가볍게 맥주 한잔하는데 많은 사람이 쏟아져 나와 맥주를 즐기고 있다. 즉 점심시간이 된 것이다.

오늘은 맥주축제장에서 나와 친구의 집사람이 만들어 준 한국 음식과 함께 맥주 한잔을 하면서 친구의 체육관 기숙사에서 잠을 청하였다.

9월 26일. 이탈리아 베로나 및 베니치아 관광 스케치

아침 일찍 친구가 기숙사로 왔다. 기차역까지 배웅을 받으며 난 7시경 기차를 타고 뮌헨에서 이탈리아 베로나로 이동하여 오후 1시경 도착하였다. 혼자 다니는 여행. 편하게 갈 수 있는 여행길과는 다르게 휴대전화기 지도 검색 하나만을 가지고 돌아다니고 있다. 그동안 나름대로 저렴한 숙박을 찾아 그날그날 예약하며 숙박하다 보니 별의별 사건을 모두 겪었다.

베로나에서의 관광은 지나가는 코스로서 기차역에서 걸어 아레나 원형 경기장과 줄리엣 집 등을 스케치하였다. 도시 자체가 역사 단지였고 관광객이 넘쳤다. 또한, 패션의 거리가 조성되어 함께 공존하고 있다. 뮌헨에서 넘어오는 알프스산맥의 자연환경은 멋졌고 난 사진 찍기에 바빴다. 이탈리아로 가까이 오니 온통 포도밭이었다. 베로나 도시를 스케치하고 기차역을 핸드폰 지도를 보며 찾아오는데 구글 지도가 다른 역을 안내하였다. 내가 내린 역하고 달라 매우 당황스러웠다. 베로나에는 두 군데의 역이 있었다. 잘못 온 역은 베로나의 작은 역이었다. 작은 도시라 두 개의 역이 있을 거란 생각을 못 한 나의 잘못이다. 어렵게 역을 찾았지만 작은 역이라 안내원 등도 없었다. 탑승객도 거의 없었다. 자동판매기 자동차 승차권을 헤매고 있는 상황에서 예쁜 여학생들이 와서 도와준 관계로 겨우 베네치아 표를 구매하였다. 대신에 요금은 아주 저렴하게 왔다. 이유는 국제선이 아니라 지역 전철이었던 것이다. 그러나 지역 전철인 만큼 1시간 갈 거리가 2시간 30분 정도는 걸린 것 같다. 기차는 2층 기차로 아주 좋았고 저렴했지만, 시간은 많이 걸렸다.

베네치아 도착해서 늦은 관계로 먼저 숙박을 찾아갔다. 저렴한 65,000원이라 예약했는데 청소 서비스 비용 40,000원, 관광세 5%가 더 추가된다고 한다. 황당할 노릇이다. 돈 문제가 아니라 기분이 나빠 취소하고자 하였으나 취소의 위약금이 90%나 된다고 한다. 참으로 황당하다. 취소도 못 하고 그냥 관광을 나갔다. 베네치아는 미로의 길이다. 주요 관광지를 헤매며 발품 팔아 돌아다니며 스케치를 하였다. 늦게 도착하다 보니 세부 내용의 지도를 챙기지 못했다. 도시 자체가 모두 운하이고 미로이며 가다 보면 막히고 정말 엄청나게 걸었다. 많은 성당을 스케치하며 베네치아 가면 카니발이 열리는 산 마르코 광장에 9시경에 도착했다. 광장에서는 다양한 연주 및 개방형 레스토랑이 운영되고 있었다. 곳곳에서 운영되는 카페와 가면 가게의 분위기 등은 볼만하였다. 도시 자체가 관광 유산으로 충분했다. 늦은 시간 어둡고 배터리가 다 방전되어 숙소로 돌아가고자 하였다. 여기서 나의 험난한 고행길이 또 한 번 시작됐다. 길잡이 하던 핸드폰의 배터리가 모두 방전된 관계로 오직 감각으로만 숙소를 찾아갔다.

그냥 미로의 도시에서 숙소를 찾아가는데 발바닥에 물집이 생긴 듯하였다. 어렵게 숙소에 입실하였다. 숙박 관계부터 기분이 상해 이 도시를 일찍 뜨고 싶었다.

9월 27일, 피렌체 스케치 후 로마 도착

오늘은 늦잠을 잔 관계로 일찍 베네치아에서 출발하지 못했다. 숙박 요금에 조식 포함이지만 숙소에 한 사람도 보이지 않는다.

기차역에 와서 샌드위치와 와인 한잔하고 10시 30분 열차로 2시간에 걸쳐 피렌체로 이동하였다. 오늘은 또 어떠한 일이 벌어질지. 기차에는 중·고등학생들이 단체로 승차해 조잘거린다.

피렌체 또한 열차역과 시내 관광지가 붙어 있다. 걸어서 관광하였다. 피렌체에서의 느낌은 베네치아도 그랬지만 도시 자체가 역사 단지의 관광지였다. 관광객 또한 인산인해였다. 바로 예술 자체의 도시였다. 도시와 조각물 등 자체가 예술이다. 나름대로 잘 보존되고 있었다. 상가 등은 패션 도시를 연상하게 하였다. 버스 한번 타지 않고 걸어 다니면서 무거운 배낭을 메고 미켈란젤로 광장까지 올라가 피렌체 도시 전체를 감상하였다.

피렌체에서 또 하나 인상 깊었던 것은 지나가는 사람들이 모두 모델같이 날씬하고 훤칠하고 참으로 예쁜 여성들이 많았으며 옷을 잘 입었다.

난 4시간의 관광 스케치를 마치고 다시 기차 승차권을 구매하여 약 3시간에 걸쳐 로마로 향하였다.

드디어 로마에 입성하여 럭셔리한 생활을 꿈꾸었다.

두려움을 가지고 처음으로 출발한 유럽 코스. 바쁜 일정 관계로 준비할 시간 없이 책자 한 권과 핸드폰 구글 지도 하나로 그날그날 숙박 및 기차를 예약하며 9월 21일 핀란드 힐싱키에 도착해 숙박했다. 22일 체코 프라하 관광 스케치 및 숙박. 23일 기차 타고 오스트리아 빈의 관광 스케치. 다시 열차 타고 잘츠부르크 관광 스케치 및 숙박, 다시 기차를 타고 24일~25일 주 목적지였던 독일 뮌헨 옥토버페스트 스케치 및 분석. 26일 기차를 타고 이탈리아 베로나를 들러 관광 스케치하고 다시 베네치아에 도착하여 관광 스케치 후 숙박. 27일 기차를 타고 피렌체 들러 관광 스케치한 후 유럽 코스 종점인 로마에 입성했다.

택시 한번 타지 않고 오로지 구글 지도 가지고 발로 걸어다니며 찾아다닌 숙소와 관광지. 하루에 적어도 최소 10km 이상은 배낭을 메고 걸은 것 같다.

기차를 타고 다니다 보니 적지 않은 요금이 나온 것 같다. 한국의 KTX 요금 정도. 그러나 느린 기차나 야간열차는 매우 저렴하였다. 베로나에서 베네치아까지 1시간 갈 거리를 로컬 기차를 타게 되어 2시간 30분 걸렸지만 10유로 정도 낸 것을 보면. 서울에서 천안 갈 때 KTX와 지하철 승차 요금 차이를 생각하면 되는 것 같다. 서울에서 부산 갈 때 KTX 또는 무궁화 열차 타고 관광하느냐의 차이라고 볼 수 있다. 젊은 학생들은 요금 줄이려고 야간 기차나 느린 기차를 많이 탄다고 한다.

난 로마역에 5시경 도착하자마자 3일간의 버스, 지하철 등을 부담 없이 타고 다닐 수 있는 프리 승차권을 구매하여 오늘 숙박할 숙소를 찾아 나섰다. 로마 오는 길에 기차에서 로마의 숙소 문화를 느끼기 위해 숙소를 예약하였다. 숙소는 구도시 외곽에 위치하여 있는 관계로 로컬 기차를 타고 버스 등을 갈아타며 이동하여 어렵게 찾아갔다. 시내 외곽에 있는 게스트하우스였다. 정말 고대의 건물인 것 같았다. 호텔은 간판이라도 크게 있지만 게스트하우스는 그렇지 않았다. 난 동화책과 드라마에서나 보았던 로마의 옛 건물에서 숙박하였다. 숙소는 옛날 고도시 숙소의 문화를 느낄 수는 있었으나 건물 등이 그다지 깨끗하지는 않았다. 더는 이러한 곳에서 숙박하고 싶지 않았다.

9월 28일. 로마 관광스케치

오늘은 아침에 일어나자마자 다시 숙박 예약을 하였다.

마지막 일정 3일은 도시 중심지인 기차역 옆에 있는 쓸만한 호텔을 예약하였다. 3성급 호텔로 하루에 조식 포함 150,000원 하는 럭셔리한 호텔을 예약하였다. 예약한 호텔 주변은 아예 호텔 단지였다. 확실히 품격이 있었다.

오늘 호텔을 찾아오면서 버스를 탔는데 뭔가 관광지 같아 내려간 곳에 필라티노 언덕. 개선문, 포로 로마노 등의 관광지가 있어 스케치했다. 숙소에 와서 짐을 풀고 숙소 옆에 있는 대형마트에 가서 와인과 과일 등을 구매하여 숙소에서 먹고 오후에 낮잠 한숨을 여유롭게 자고 저녁에 시내를 한 바퀴 돌고 와서 와인을 한잔하면서 피로를 풀었다.

이곳에서의 와인은 대다수가 한 병에 6천 원 정도 했다. 물론 비싼 것도 있지만. 남은 기간은 와인을 마시면서 피로를 풀까 하였다.

남은 여정은 교통의 자유권을 가지고 부담 없이 돌아다니며 스케치하고 즐거움을 만끽하였다. 남은 일정 기간 시간을 쪼개서 사업구상 및 대한민국 관광축제에 대해 고민해 보았다. 이젠 관광축제 스케치가 아니라 다시 삶의 세상으로 돌아가야 한다는 것 아닌가?

유럽을 생전 처음 혼자 휴대폰 구글 지도 하나로 그날그날 숙박과 기차 탑승권을 구매하며 누구의 도움 없이 돌아다닌 일정. 정말로 느끼고 배운 것이 많았다. 호텔이 아닌 게스트하우스나 유스호스텔을 예약하면서 많은 사건을 겪기도 하였다. 누군가에게 짜인 관광코스보다는 혼자 배낭여행을 한 번쯤 떠나 보라고 권해 주고 싶다. 둘이 가는 것과 혼자 가는 것은 또 다른 차이가 있다. 호텔의 예약과 찾아가는 것 등에 있어 고생은 하였어도 큰 어려움은 없었다. 그러나 간판 없는 게스트하우스를 언어가 통하지 않는 외국 땅에서 찾아다닌다는 것은 매우 힘들었던 것 같다. 다국적 언어를 상대하였던 일정. 이탈리아어는 정말 접근이 안 되는 것 같았다.

오늘은 오전에 관광하고 오후에 들어와서 낮잠을 잤더니 눈이 말똥말똥하여 늦게 잠자리에 들었다.

9월 29일~10월 1일, 로마 관광 스케치

관광버스 타고 관광 스케치를 하였다. 또한 교통 자유승차권을 구매해서 무작정 트램과 버스, 전철을 타거나 걸어 다니면서 스케치하고 쇼핑도 하였다. 숙소에서 쉬다가 편한 마음으로 늦게 나오는 일도 있었다. 내가 느낀 로마는 역사적인 건물이 많았다. 기차역 주변은 거의 1,000년 넘는 건물로서 역사적으로나 예술적으로나 매우 인상적이었다.

거리의 건물에는 낙서도 많고 교통의 건널목에는 횡단보도가 잘 그려져 있지 않았고 신호등도 어정쩡 한 곳에 있었다. 주차장도 거의 없으며 교통 체제가 어수선한 편이다. 부랑자도 많았다. 옛말에 소매치기 조심하라고 하던 로마가 새삼스럽게 생각났다.

그러나 남자들은 젠틀맨다운 모습으로 보였고 와인은 아주 저렴하였으며 가방, 의류 등도 매우 저렴하였다. 짝퉁인지 분간이 안 가서 답답하기는 하지만, 난 선물

물품들이 너무 저렴하다 보니 얼떨결에 가방, 지갑 등을 여러 개 구매하였다. 식사는 거의 파스타, 피자, 빵 등을 먹었지만 조금은 배가 고픈 생활을 한 것 같다. 오늘은 공항 가는 길을 지하철과 기차 환승 등을 통해 돌아다니며 미리 체크하였다. 지하철은 프리패스로 사용하고 기차는 2유로 정도 나올 것으로 예상했는데 로마역에 와서 체크하니 14유로의 급행열차가 있었다. 열차는 약 30분 간격으로 공항까지 30분 정도 걸리는 것 같았다. 미리 예매하였다. 우리 돈으로 2만 원 정도였다. 난 10월 1일에 로마에서 출발하여 경유지인 핀란드 힐싱키를 걸쳐 한국으로 돌아왔다. 12일 동안 첫 유럽 기행에 있어 많은 고생도 하였지만 전 세계 어디라도 혼자서 여행을 다닐 수 있다는 자신감을 갖게 된 여행으로서 매우 유익했다.

PS : 유럽 배낭여행을 마치면서

젊은 사람이라면 경비를 줄이는데 유스호스텔을 권하지만, 혼자의 여행이라면 사실 겁도 나는 것 같다. 공동 숙소라 도난 및 분실위험에서도 걱정이 되기도 하지만, 잠자는 데는 무리가 없을 것이다. 다국적인과 함께 공동생활한다는 게 부담일 수는 있을 것이다. 찾아가면 문이 잠긴 곳도 있었고 프런트도 없어 대화하기 힘든 일도 있었다. 얼굴을 봐야 어떻게든 소통할 텐데 말이다. 유스호스텔 비용은 약 2~3만 원 한다. 싱글 방으로서 공동욕실이 달린 방은 7만 원 정도. 게스트하우스는 거의 간판이 없는 구석을 찾아가야 하기에 어려운 면도 있다. 숙소에 대한 보장도 되어 있지 않고 행운도 필요한 거 같다. 저녁에 어렵게 찾아갔는데 배짱과 선결제 환급이 안 되는 경우가 많았다. 게스트하우스는 대체로 독방 약 8만 원 정도 하였다.

민박도 잘 구하면 좋은데 문이 잠긴 경우가 있었다. 검증되지 않는 게 불안하다. 전화번호가 없고 인터넷으로만 하는 곳은 가능한 예약하지 않는 것이 좋을 것 같다. 전화번호가 있어 통화 잘 되는 곳은 예약하여도 무리는 없을 것 같다. 민박은 약 8만 원 정도 한다.

호텔은 적어도 3성급 이상의 호텔을 예약하면 무리 없을 것 같다. 대략 1박 150,000원 정도 하는 것 같다. 외곽으로 가면 좀 더 저렴해진다. 전철이 있는 외곽에 숙박하면서 관광하는 것은 크게 불편함이 없다. 시내권이 비싸다면 전철의 교통을 보고 숙박을 정하는 것도 고려할만하다.

유럽의 주요 도시는 국경 상관없이 거의 기차가 연결되어있다. 어디든지 기차여행으로 불편 없이 다닐 수 있다. 기차 요금과 현지 교통 요금은 무리는 없는 것 같다. 기차 승차권 등은 모두 카드로 가능하다. 제일 많이 지출되는 것은 숙박 요금이었다. 나는 혼자의 여행이라 독방을 사용한 관계로 더 많이 지출되었다. 해외에서는 거의 관광교통 프리티켓이 있어서 구매하여 잘 사용한다면 매우 유익한 교통수단이 될 것이다. 기차는 등급에 따라 금액 차이가 크다. 일정에 따라 등급에 맞는 기차를 활용하여 여행하면 부담이 줄 것이다. 난 혼자 그날그날 계획을 세우고 예약하면서 이동하느라 하루하루가 전쟁이었다.

트리바고, 호텔닷컴, 부킹닷컴 등의 사이트는 숙박에 대한 퀄리티 보장이 안 되어 예약사이트만 믿는 것도 불안하다. 소비자가 잘 확인해봐야 덜 당할 듯하다. 선결제로 돈은 빠져나가고 환불과 취소가 잘 되지 않는 경우가 있다. 그러니 대충 보지 말고 전체를 꼼꼼히 읽어 보면서 예약하는 것이 바람직하다. 가능한 전액 환불 되지 않는 곳은 예약하지 않는 것이 좋을 것 같다. 베네치아 게스트하우스에서는 방값은 약 70,000원 올려놓고 관광세 5%, 청소비 40,000원을 추가로 달라하고 청소하는 것도 없는데 청소비 요청하는 것 자체가 배짱의 바가지요금으로서 매우 불쾌하였다. 예약자료를 확인하여보니 밑에 적혀 있었다. 하지만. 앞만 보고 뒤까지 읽지 못한 나의 잘못이 있었지만 뭔가 사기당한 기분에 취소하고 싶었지만 늦은 시간과 환불이 되지 않아 취소하지 못하였다. 예약할 때는 시내권 위치만 보지 말고 위치와 교통 관계 등을 기본적으로 꼭 챙겨 보는 것에 절대 소홀히 하지 말아야 할 것이다.

난 기차표 구하는 데 있어 어려움이 없었고 항상 자리가 있어 편하게 다녔다.

유럽을 다니면서 숙박의 정보는 트리바고에서 얻고 예약은 숙박의 여건에 따라 부킹닷컴 및 아고다 등에서 예약하였다. 중국 여행에서는 씨트립으로 주로 예약하였으며 그동안 무리 없이 사용하였다. 유럽 여행에서 숙박을 예약하는 데 문제나 피해를 본 사건에서 한국에 돌아와서 그 문제에 대해 해결하고자 하였으나 아고다나 호텔닷컴에서는 문의 전화 등을 할 수가 없었고 피해사례 등에 있어 인터넷으로만 신청을 받고 양쪽의 글로만 답변을 연결하여 주는 방식이었다. 인터넷으로만 연결이 되다 보니 답답함과 무성의함에 있어 해결할 수 있는 길이 없다는 결론으로 아고다나 호텔닷컴은 절대 사용하지 않기로 맹세하였다. 부킹닷컴에서는 예약한 독일에서의 유스호스텔에 대한 환불에 있어 포기하였지만, 부킹닷컴의 안내와 전화 통화에 따른 소통으로 포기하였던 숙박 요금에 대해 전액에 환불받았다. 부킹닷컴과는 답답함을 전화 통화로 해결을 할 수가 있었으나 아고다에서는 전화 자체를 할 수 없는 시스템이라 나와는 맡지 않는 시스템이었다.

혼자서 다녀온 유럽 관광산업 스케치에 있어 많은 것을 얻고 온 견학으로서 고생은 하였어도 산 경험을 하였던 관계로 한국에서 관광산업에 대한 컨설팅을 함에 있어 매우 유익했다.

2019년 유럽축제 방문 스케치
(에든버러축제, 부뇰 토마토축제)

코스 : 인천 – 프랑크푸르트
19일 : 프랑크푸르트 – 에든버러
20일 : 에든버러 (프린지 페스티벌,밀리터리타투 등)
21일 : 에든버러 – 런던
22일 : 런던 – 룩셈부르크 (슈베르푸어)
23일 : 룩셈부르크 – 벨기에
24일 : 벨기에 (거인행렬축제)
25일 : 벨기에 – 파리
26일 : 파리 (파리쁠라주)
27일 : 파리 – 부뇰,
28일 : 부뇰 – 발렌시아 (또마띠나)
29일 : 발렌시아 – 프랑크푸르트
30일 : 프랑크푸르트 – 인천 도착

축제전문가로서 그동안 스케치하고 싶었던 축제를 스케치하기 위해 정신 소장과 둘이 배낭여행을 출발하였다.

8월 18일. 인천공항에서 독일 프랑크푸르트로 출발

영국의 에든버러의 축제와 스페인 토마토 축제를 스케치하기 위해 8월 18일 오후 2시 40분(한국시각) 비행기를 타고 독일 프랑크푸르트로 출발하였다. 시차는 7시간이다. 11시간 30분 걸려 독일 프랑크푸르트에 도착 예정이었으나 연착이 됨으로써 12시간 30분 정도를 걸려 오후 7시 30분경(독일 시각)에 도착하였다. 비행기 요금은 왕복 약 1,040,000원에 구매하였다.

바로 전철을 타고 30여 분 걸려 프랑크푸르트 중앙역에 도착하여 4성급 호텔을 조식 포함하여 약 8만 원에 예약했다. 호텔은 크지 않았지만 역 앞이라 교통이 좋았고 아주 깔끔하였다. 숙소에 여장을 풀고 숙소 옆 바에서 독일 맥주와 독일 햄버

거로 저녁 식사를 하였다. 10여 년 전에 자녀와 함께 독일에 와서 생활하고 있는 정신 소장 대학 후배를 만나서 독일의 생활에 관한 이야기를 들었다. 자녀들이 공부를 잘하여 의대 등에 다닌다는 말과 함께 의대 등록금이 1년에 500,000원 정도 들어가고 20대에 대한 복지 혜택 등이 많다는 이야기를 들었다. 20대의 복지 천국이 독일이라는 말도 함께 한다.

8월 19일, 에든버러 도착

오늘은 경유지인 독일 프랑크푸르트에서 출발하여 8월 19일 에든버러에 도착하였다.

책에서는 입국 심사에서 까다롭다고 하였는데 실상은 전혀 까다롭지 않았고 자동입국 심사를 통해 입국하였다. 공항은 크지 않았고 첫 느낌은 소박한 도시로 보였다. 내가 본 도시는 거의 주택형이었고 5층 넘는 건물이 거의 없었으며 전통 양식을 따른 건물들이었다.

한국과의 시차는 8시간. 정신 소장과 나만 반소매 티를 입었고 모두 긴 팔의 두툼한 옷을 입었다. 에든버러 날씨는 한국의 9월 말 정도의 날씨로 느끼게 하였다. 정신 소장은 긴 팔의 옷을 가지고 오지 못하여 춥다고 긴 옷부터 구매하여 입었다.

숙소의 호텔은 보통 30만 원대가 넘어서 우리는 대학교 기숙사를 약 10만 원에 예약하였다. 욕실 달린 숙소로서 작고 서비스는 없었지만 깔끔하고 숙박할 만하였다.

우리는 숙소에 여장을 풀고 프린지 페스티벌 장소로 이동하여 스케치하였다. 나는 바쁘게 사진을 찍느라 점심 때를 지나쳤다. 배고픈데 제때 점심을 먹지 않는다고 삐진 정신 소장과 각자 보고 싶은 것들을 보고 숙소에서 만나자는 말을 하고 개별 행동을 하였다.

난 걸어서 프린지 페스티벌이 열리는 장소와 시내 구경 및 고궁을 보고 해변까지 돌아다녔다. 다리가 매우 아팠다. 여기는 9시경에 어두워지는 것 같다.

내가 본 에든버러는 조용하고 역사를 간직한 건물들로 구성된 도시였다. 프린지 페스티벌 곳곳의 공간에 무대를 설치해 놓고 푸드트럭 같은 간식과 생맥주를 마실 수 있는 테이블 배치와 쉼터를 조성하여 즐길 수 있도록 구성하였다. 그 외는 교회 등 곳곳의 실내공간에서 펼쳐지는 공연을 홍보하고 입장권을 판매하였다. 구시가 거리에서는 4차선의 도로를 막아놓고 다양한 길거리 공연을 진행하였다.

8월 20일, 에든버러 프린지 페스티벌 및 타투 축제 현장 스케치

오늘은 어제에 이어 프린지 페스티벌과 타투를 집중적으로 스케치하기로 하였다.

오전에는 숙소에서 업무에 대해 작업을 하고 숙소 근처에 있는 행사장으로 가기 직전에 한국식당에 가서 점심을 먹었다. 한국식당들의 인기가 좋아 한국 사람보다는 중국 사람들과 그 외 국가 사람들이 많았다. 저녁에도 한국식당을 방문하였는데 약 40분 이상을 밖에서 기다리다가 식사를 하였다. 한국식당들이 맛집으로 선정되어 인기를 누리고 있으니 같은 한국 사람으로서 자랑스럽다.

오늘 날씨는 참으로 변덕스럽다. 날씨가 좋았다가 갑자기 짧은 시간 동안 비가 오고는 하였다. 수시로 내리는 비 관계로 고민한 끝에 우산과 우비를 구매했다.

오전에 인터넷으로 타투의 입장권 예약하고자 하였으나 당일 예약은 되지 않아 매표소를 찾아 나섰다. 타투 매표소는 에든버러 역 옆에 있어 우리는 약 6만 원짜리 입장권을 구매하였다. 위치에 따라 30만 원대까지 가격 차이가 컸다.

타투공연과 프린지 페스티벌은 거의 올드타운 주변에서 진행된다. 비가 내리는 가운데에서도 길거리 프린지 거리공연이 성황리에 진행되고 있었다. 공연에 참여한 팀들이 모두 재능도 있었지만, 말재간으로 거의 이끌어 가는듯하였다. 길거리 공연의 공간은 한정되어 있다. 그래서 공연팀들이 동시에 여러 곳에서 진행이 되지만 한 공간에서 공연팀들이 계속 바뀌면서 자연스럽게 진행되었다. 음향은 각자 약 200w 이내의 자체 음향을 들고 다니면서 공연한다.

무대공연이 진행되고 있는 곳들은 푸드와 맥주 판매대가 같이 한 축제장으로 구성하여 진행하고 있었다. 자연스러운 쉼터의 공간으로서 즐기는 가운데 관객은 참으로 많은 인원이 참가하고 있었다. 프린지 페스티벌의 거리공연 공간은 거의 젊은층들이 즐겼다.

거리공연이 진행되는 공간의 길거리는 올드타운 즉 고성의 역사 관광지로서 관광객이 주로 다니는 거리에서 진행된다. 올드타운에 찾아오는 관광객의 연령층은 대체로 높았으나 가족 관광객이나 젊은층의 관광객도 많았다. 올드타운 주변에는 클럽과 바가 즐비한 상태에서, 많은 관광객이 애용하며 즐긴다. 분위기가 맞아떨어지는 것 같다.

오후에는 에든버러 성을 관광하였다. 저녁 식사 후 공연장을 둘러보고 타투 공연장을 8시에 찾아 입장하였다. 공연은 9시부터 10시 30분까지 진행되고 있었다. 약 1만 명이나 되는 관람객이 언제 다 들어가나 싶었지만, 순식간에 입장하였다. 관람객은 간혹 젊은층도 있지만 거의 60대 이상으로 연령층이 높다. 날씨가 너무 춥다. 나는 우비로 추위를 견디어 내고자 하였지만 하도 추워서 공연 끝나기 전에 먼저 나왔다.

공연은 각국의 의장대 공연이 약 10분간에 걸쳐 진행되었다. 공연을 보기 쉽게 준비된 객석 의자, 사운드, 입장을 위한 여러 개의 입출구, 성을 비추는 미디어 파사드와 약 100여 명이 펼치는 공연은 웅장했다.

타투 축제는 19일부터 24일까지 5일간 진행된다. 하루 90분의 1회 공연으로 5일간 진행되며 유료 입장 5만 명의 관람객을 유치한다고 보면 될 것 같다.

에든버러에서는 8월 한 달간 각종 협회 등의 주관으로 타투, 인터내셔널공연, 프린지 페스티벌 등이 축제가 비슷한 시기에 개최한다.

난 타투를 보고 내려오면서 마트에 들려 간단하게 맥주를 사고자 하였으나 10시가 넘은 관계로 술을 팔지 못한다는 것이다. 결론은 술 한잔 못 하고 조용히 잠자리에 들었다.

8월 21일, 영국 런던 입성

21일에는 에든버러에서 유레일패스로 8시에 기차를 타고 4시간 30여 분에 걸쳐 12시 30분경에 런던에 도착하여 내일 출발할 열차를 확인하기 위해 매표소를 찾았다.

영국을 벗어나는 열차는 유레일패스를 사용할 수가 없고 추가로 열차 탑승권을 브뤼셀까지 약 20만 원에 구매하여야 한다는 것이다. 나는 다음 축제장인 룩셈부르크 슈베르푸어와 벨기에 거인 행렬축제를 스케치하는 데에는 하루의 여유가 있었기에 벨기에 브뤼셀로 가는 방법, 암스테르담으로 가는 방법, 프랑스 파리로 가는 방법, 배 타고 가는 방법 등 다양한 방법을 연구하였다. 일단 런던 교통 1일권 패스 승차권(열차, 버스 6구역 내 무제한 사용)을 약 2만 원에 구매하여 먼저 숙소로 가기로 하였다.

숙소는 유스호스텔로 개인 욕실이 달려 있으며 조식까지 포함하여 약 5만5천 원에 예약하였다. 둘이 숙박하기에는 침대방으로 약간 협소하였지만 무난하게 사용할 수 있으며 다국적인들이 함께 즐기는 숙소였다.

난 여장을 풀고 고궁을 찾아 버스로 이동하였다. 영국의 지하철은 한국에 비해 폭이 좁았다. 버스는 거의 이층 버스였다. 버스도 폭이 좁았다. 즉 도로의 폭이 거의 좁았기에 차량의 폭도 좁은 것으로 생각이 된다. 무작정 대충 버스를 타다 보니 종점인 빅토리아역에 도착하였다. 빅토리아역에는 국제선 버스 정류장이 있는 곳이다.

먼저 영국에서 외부로 나갈 수 있는 차편을 보았다. 벨기에 브르쉘로 가는 버스가 아침 9시에 있었다. 6시간 30분이 걸리고 버스요금은 약 7만 원이었다. 어쩔 수 없이 표를 구매하고 고궁 등을 관람하였다.

내가 본 영국의 주택은 거의 5층을 넘는 건물들이 없다. 2층의 건물들이 대다수이고 도심지에는 거의 4~5층의 건물이 많았다. 아파트는 보이지 않았다. 집들도 거의 비슷하거나 똑같은 형태의 건물들이 나열되어 있다. 주택들은 외부에서 볼 때 빈부의 차이를 느낄 수 없게 똑같은 건물로 짓게 한다는 것이다. 내부는 형편대로 디스플레이를 하지만. 건물의 외벽에서는 현대적이고 다채로운 디자인 건물들은 볼 수 없었다.

도심지에는 대형 공원이 있었고 공원 안에는 설치물 없이 그냥 잔디 들판이었다. 대형 크린공원의 잔디광장에서는 가족과 연인들이 즐기는 모습이 눈에 띄었다. 한국 같으면 광장의 잔디 위에 뭔가 시설물을 설치하였을 것이다.

런던에서 버킹엄 궁전, 세인트 제임스 공원, 빅토리아광장, 빅 벤, 웨스트민스터궁, 하이트파크 등 여러 곳을 보았지만 정겹지는 않은 것 같다. 매너도 별로이고 타인에 대한 배려심이 부족해 보였다. 아무 데서나 담배를 물고 있고, 지나가면서 하는 행동. 영국에서는 타인에게서 불편함을 주어도 미안하다는 언어를 듣기 어렵다. 그냥 나의 편리함만을 생각하는 것 같았다. 모두가 그런 것은 아니겠지만 그렇게 느꼈다. 좁은 도로에서의 불편함, 지하철에서의 불편함, 장거리 버스인 국제선 버스에서의 비좁은 의자 간격, 꼬불꼬불한 도로의 환경 등에서는 시간 지연, 횡단보도에서는 우리처럼 횡단보도선을 제대로 도색하여 놓은 것이 아니라 점선 몇 개를 그려 놓고 횡단보도라고 한다. 처음 가는 사람은 많이 헷갈리는 면이 있다. 이런저런 면이 불편하였고 도로는 대한민국이 최고라는 생각이 들었다.

영국의 마트에서는 술을 오전 10시부터 오후 10시까지만 판매한다. 적응이 덜 된 입장에서는 불편함을 느끼게 된다. 숙소에서 맥주를 한잔할까 하였지만, 술 반입이 되지 않는단다. 그래서 공원에서 한잔하고 숙소에 들어갔다. 1층의 레스토랑에서는 생맥주를 팔고 있었다.

8월 22일, 런던에서 벨기에 브뤼셀 가는 길

유럽에 온 지 4일이 되었지만, 아직 시차 적응이 잘 안 된다. 영국에서 오후 9시이면 한국은 오전 5시다. 결론은 오전 5시까지 자지 않고 있다는 것이다. 그러다 보니 오후 9시가 되면 매우 피곤함을 느꼈다. 21일에는 밤 10시경 일찍 잠을 잤다.

오늘은 9시에 벨기에 브뤼셀 가는 버스를 예약하여 놓은 관계로 일찍 움직이기로 하였다

오전 5시 30분경에 눈을 떴다. 9시 버스를 타기 위해서는 입국 심사를 하여야 하니 8시까지 오라고 하였다. 아침은 7시부터 준다. 나는 아침을 먹을 것인가? 아니면 포기하고 그냥 터미널로 갈 것인가에 대해 고민하였다. 이미 매표를 하였으니 8시 30분까지 도착하면 되겠지 하고 식당에 갔다. 하지만 아침은 7시 20분은 돼야 나온단다. 아침 식사를 하고 가면 늦을 것 같아 아침을 포기하며 커피 한 잔 마시고 터미널에 8시 10분경에 도착하였다.

출국 심사를 하지 않는다. 8시 55분에 그냥 버스를 탔다. 이럴 것 같으면 왜 8시까지 오라고 했는지 모르겠다. 버스터미널 화장실을 이용하는데 4페이소를 받는다.

버스터미널에 올 때 기차표를 끊었는데 약 5km 거리의 지하철 요금을 4파운드 받았다. 우리 돈으로 약 5천 원이 넘는 금액이다. 바나나 등은 매우 저렴하였지만, 공공요금이 매우 비싸다는 생각이 들었다. 영국에서 유로를 사용하지 못하는 것도 큰 불편이었다.

런던에서 보낸 하루는 내가 평소 생각했던 영국의 이미지와는 관계없이 실망하며 벨기에로 출발하였다.

버스로 영국을 벗어나는데 4시간 걸렸다. 도보까지 3시간, 바다 건너가는데 1시간. 바다 건너가는 방식은 터널 속에서 대형트레일러로 많은 차량을 싣고 바다를 건너간다. 칼레부터 프랑스 반대편인 벨기에 브뤼셀까지 5시간 걸렸다. 모두 9시간 걸려 벨기에에 도착한 것이다. 9시간 이동하면서 휴게소 한번 가지를 않았다. 화장실은 버스 안에 있었다. 배가 고팠다. 브뤼셀에 도착하니 4시가 넘었다. 아침과 점심을 걸렀다.

벨기에로 이동하는 들판에는 2층 정도의 주택들이 동네를 이루며 넓은 들판은 옥수수재배, 양들이 뛰어놀고 있었다

우리는 브뤼셀 북부역 주변의 버스터미널에 도착하였다. 숙소와는 3.7km가 떨

어져 있다. 정 소장이 역에서 식사하고 가자고 하였지만 난 얼른 숙소에 가서 짐을 풀고 편하게 식사하자고 하였다. 오늘도 식사를 빨리하지 않는다고 정 소장이 삐졌다. 불편한 관계가 되었다. 난 항상 무엇을 할 때 목적한 것을 끝내고 식사를 하는 스타일이다. 한번 기획서 작성에 있어 집중하면 식사와 화장실도 거르고 끝낸 다음 식사를 한다. 숙소에 가면서 고궁 등을 스케치하였다.

오늘의 숙소는 버스에서 내리기 직전에 예약했다. 3성급 호텔 1박에 7만 원 정도로 3일간 예약하였다. 숙소에 도착하니 겉은 작아도 룸에 들어오니 대만족이다. 테라스도 있고 화장실도 아주 넓고 깨끗하였다. 정 소장이 숙소의 만족으로 밥 안 준 것을 용서해 준단다.

우리는 잠시 씻고 업무를 본 다음 마트에 가서 먹을 것을 사 와서 테라스에서 벨기에의 맥주와 와인 한잔을 마시면서 내일의 계획을 세웠다.

내일은 룩셈부르크로 이동하여 슈베르푸어를 스케치하고 다시 브뤼셀로 돌아올 것이다.

내가 오늘 본 브뤼셀은 역사적인 건물들이 많았고 현대식 건물이 공존하는 것 같았다. 영국의 인종은 다민족이었다면 벨기에는 백인이 다수인 분위기였다. 영국에는 통통한 사람이 많았다면 벨기에는 훤칠한 사람들이 많았다. 도로는 나름대로 쭉 쭉 뻗어있었다. 영국은 고건물이 많다 보니 도로는 비좁고 주차난이 심하다는 생각이 들었다.

나의 전화의 통신사는 KT이다. 해외 나올 때 종일 1만 원짜리 사용하여왔다. 그러나 이번에는 3기가 55,000원 짜리를 구매하여왔다. 바다를 건너오는데 1.5기가가 사라졌다. 별로 사용하지도 않았는데 거의 다 사용했다는 것이다. 열 받고 후회하였다. 차라리 종일 권을 구매하는 것이 좋았을 것이다. 정 소장은 유심칩을 24,000원짜리 구매해 사용하고 있는데 터지지 않는 곳이 있지만 나름대로 잘 사용하고 있다. 브뤼셀의 스케치는 이제 시작이다.

새벽 2시인데 이쪽저쪽에서 업무적인 전화와 업무 문자가 날아온다. 벨기에하고 한국과의 시차는 7시간이다. 한국은 오전 9시라 업무가 시작되는 시간으로써 업무가 진행되면서 연락이 오는 것이다. 나로 인해 함께 자고 있는 정 소장도 일어나 수

다를 떨다 다시 잠을 청한다.

8월 23일, 룩셈부르크 슈베르트 푸어 탐방

오늘은 룩셈부르크 슈베르푸어를 탐방하기 위해 9시경 열차를 타고 룩셈부르크로 출발하여 약 3시간 30분에 걸쳐 도착하였다. 오는 과정에 주변의 환경을 스케치하였다.

내가 본 영국이나, 벨기에, 룩셈부르크 등의 주변에는 거의 높은 산이 없는 평지였다. 룩셈부르크역과 축제장까지는 버스로 네 정거장 정도로 가까운 거리였다.

슈베르푸어는 8월 24일부터 9월 11일까지 진행이 된다. 오늘은 개막날이다. 무대 등이 전혀 없는 놀이시설과 중 텐트의 생맥주와 음식 판매대가 주를 이루고 있었다. 1시경에는 사람이 많지 않았지만, 오후 3시경이 되면서 점차 많은 사람이 입장하였다. 입장료는 없었다.

놀이시설은 한국에서 진행되고 있는 시설과 큰 차이는 없었으나 대형 놀이시설이 많이 설치되었고 아이들이 즐길 수 있는 놀이터가 많았다. 대형과 중형의 놀이시설이 10여 개 있었고 작은 놀이시설들이 50개가 있었다. 그 외 생맥주와 먹거리시설이 빅텐트 5동과 소형 5동 정도가 있었다. 빅텐트의 레스토랑은 아주 품격있게 설치되어 있었다. 아이들은 놀이시설에 가서 즐기고 가족은 빅텐트에가서 품격있는 식사를 하는 분위기였다. 즉 가족이 참가하여 어울리는 축제라는 생각이 든다. 군데군데 있는 생맥주 코너 또한 깔끔한 디스플레이 속에 스탠딩으로 맥주를 마시는 분위기를 연출하였다.

내가 여기서 인상적인 면을 본다면 놀이설치물의 부스가 모두 대형 트레일러나 컨테이너로 디스플레이를 하여 이동식으로 만들었다는 것이다. 부스의 디스플레이는 화려하고 야간에는 빛의 연출로 화려한 놀이동산의 축제가 되고 있다는 분석을 하게 되었다. 축제의 예산은 주최 측에서 투자할 이유가 없는 것으로 판단된다. 거리에는 현수막 하나 없다. 축제장의 안에는 참가 부스들이 모두 설치하고 주최 측은 전체적으로 구성과 운영만 하는 시스템이었다. 행사장 밖에 현수막, 배너 등 예산 투입된 흔적이 전혀 보이지 않았다. 룩셈부르크는 중세도시와 현대가 어울리는 분위기를 느끼게 하였다.

오후 5시경의 열차를 타고 8시 30분에 벨기에 역에 도착하여 부세 거리에서 저녁 식사를 하였다. 김치찌개가 2만 원 정도 한다. 식사 후 세계에서 가장 아름다운 광장이란 그랑플라스 광장에서 분위기에 취한 다음 숙소로 들어왔다. 그랑플라스 광장도 좋았지만, 이탈리아 베네치아 가면 페스티벌을 하는 광장이 더 좋았다는 생각을 해봤다. 나는 숙소로 11시경에 들어와서 바로 잠자리에 들었다.

8월 24일, 아트(Arts) 거인 행렬축제 탐방

오늘은 아트(Arts)시에서 열리는 거인 행렬축제를 보기 위하여 일찍 움직였다. 아트에 가기에 앞서 25일 프랑스로 가는 열차와 프랑스 파리를 스케치하고 이탈리아 토마토 축제가 열리는 부뇰에 가기 위하여 발렌시아로 가는 열차를 알아봤다. 프랑스로 가는 열차는 유레일패스로 가는 직통이 없단다. 3번 갈아타며 가야 한다. 추가 요금을 내고 유로스타로 가고자 하였으나 직통은 좌석이 없단다. 우리는 3번 갈아타는 것으로 확정했다.

그러나 파리에서 발렌시아로 가는 열차가 없다. 약 36시간 걸리는 열차 등이 있다. 몇 번 갈아타야 하는지도 모르겠다. 낭패이다. 여러 가지의 방법을 찾아봤다. 중간에 경유하는 코스를 선택하였다. 그래서 약 4만 원의 추가 요금을 내고 유로스타의 열차를 약 6시간 걸려 바르셀로나로 가는 열차를 확정하고 예약을 하였다. 참으로 다행이었다. 36시간 열차를 타고 간다니 상상할 수가 없는 상황이었다.

파리에서 바르셀로나로 가는 열차를 예매하고 9시경 거인 축제가 열리는 아트에 40여 분에 걸쳐 도착하였다. 10시경 행사장을 돌아봤다. 축제장의 구성은 시청과 교회와의 거리가 약 200여 미터가 된다. 작은 무대 1개가 있다. 트레이너 놀이시설이 10여 개 있다. 그리고 각 상점의 레스토랑 앞에 테이블을 설치하여 음식 판매를 하였다. 그 외 생맥주 코너 부스가 몇 개 있다. 포스터는 주변의 상점마다 부착해 놓았다.

행사장 주변에는 현수막, 안내판, 안내소 등은 전혀 없다. 가로등 배너 30개 정도의 구성이 전부라는 생각이 든다.

축제는 정오에 교회 광장에 모여 교회의 종을 시민들이 함께 참여하여 치는 것으로 관중의 환호 소리와 함성으로 시작되었다. 그리고 3시에 시청 앞에서 50여 명으로 구성된 옛 군인과 거인 부부, 브라스밴드와 VIP들이 200m 되는 공간의 행진이 끝나면 끝이다. 군인들이 수시로 예총을 쏘며 아주 천천히 행진한다. 행진의 주요 내용은 골리앗과 다윗의 행진이었다. 골리앗과 다윗 모형의 무게가 많이 나가다 가다 보니 10여 명이 같이 행진하면서 약 10여m 가서 교체하고는 하였다. 행진은 17시에도 있고 그다음 날 오전에도 있다. 이 축제는 8월 23일(금)부터 8월 25일(일)까지 공식적으로 진행된다.

내가 본 축제를 생각하여 봤다. 아트시는 작은 시라는 생각이 든다. 축제는 2차선 도로 200m의 공간에서 이루어진다. 작은 무대 1개, 놀이시설 10여 점, 군데군데 생맥주 코너 약 5개의 부스, 레스토랑들 앞에 설치된 로드 음식 부스 등의 구성이었다. 행진이 펼쳐지고 있는 2차선의 공간은 사람들로 붐벼 이동이 어렵다. 축제에 참여하는 관광객은 실과 천으로 만든 목걸이를 6유로에 구매하여 어른이나 아이들이 착용하여 즐긴다. 그 이유는 잘 모르겠지만 어떠한 의미가 있는 것 같다. 내가 본 축제의 느낌은 구성이나 내용 면에서 크게 평가할 내용은 아니었다. 그러나 여기에 참여하는 시민은 어떤 의미를 갖고 참여하는 것으로 보였다. 아이들부터 가족, 장년층, 노년층 모두가 참여하여 함께 어울린다. 이색적인 것은 남녀, 연령층

상관없이 인사를 볼로 두 번씩 비벼준다는 것이다.

때에 따라 입맞춤을 하는 사람도 있었다. 아름다운 미녀들이 많았는데 내심 나에게도 해주었으면 하였지만 나에게는 그런 기회가 없었다. 정신 소장은 30대층 여성에게서 볼 키스를 받았는데 나에게 자랑을 엄청 많이 하였다. 여기 사람들은 모두가 생맥주 한 잔씩 들고서는 서로 대화를 나누는 분위기였다. 오랜만에 만나서 맥주 한잔하면서 담소를 나누며 어울리고 있다는 느낌을 받았다. 그렇다고 우리나라처럼 몇 잔씩 마시는 것이 아니라 생맥주 한 잔을 시켜놓고 주로 담소를 나누는 그런 축제라고 본다.

아트의 거인 축제는 약 1천만 원의 예산도 투입되지 않은 것으로 판단된다. 즉 지역민 모두가 참여하여 어울리는 공동체 문화축제였다.

내가 본 벨기에의 문화는 전통과 현대가 어울리는 건물들과 9등신의 미녀들이 많다는 것이다. 그리고 화장하지 않은 민얼굴을 보는 눈은 싱그럽다. 그렇지 않은 사람들도 있지만. 길거리에 구걸하는 사람도 많았고 거리가 제대로 청소가 안 돼 지저분한 느낌도 받았다. 1일 패스는 24시간 활용할 수가 있다. 사용한 시간부터 24시간 사용할 수 있는 면은 좋았다.

벨기에 날씨는 낮에 뜨겁고 저녁에는 선선한 느낌을 주었다. 물가는 너무 비싸다는 느낌을 받았다. 도로에서는 자동차들이 보행자에 대한 배려가 매우 부족한 것으로 보였다. 건널목에서 차들이 급정거하는 바람에 난 여러 번 놀랐다. 그러나 건널목에서는 서서히 정차하였고 먼저 지나가라는 배려를 받기도 하였다.

8월 25일. 파리의 센강 스케치

오늘은 유레일패스로 아침 6시 40분의 열차를 타고 3번을 갈아타면서 프랑스 파리에 도착하였다. 숙소는 교통이 좋은 힐턴 파리오페라 주변에 조식 포함 약 100,000원에 3성급 호텔을 예약하였다. 숙소는 나름대로 괜찮았는데 에어컨이 없다. 이해가 불가하다.

파리 날씨는 매우 더웠다. 그러나 그늘 쪽에만 가면 시원한 편이었다. 1일권 프리패스를 약 13달러에 표를 발권하여 개선문, 에펠탑, 센강 및 라빌레트 공원 운하 등을 돌아봤다. 파리의 열차는 매우 발달하였다고 한다. 그러나 지하철에서의 에어컨이 약하다. 에어컨이 약하다 보니 창문을 열어놓고 다닌다. 목적지를 가고자 한다면 짧은 거리도 열차를 여러 번 갈아타야 한다. 열차를 갈아타는 과정에서 미로 같은 터널을 통과하여야 하고 계단을 올라갔다 내려갔다 하여야 한다. 지하철 등을 보면 주변의 기반시설들이 매우 허름하다. 정말 지하철을 타기 싫다. 주변의 거리도 깨끗하다고는 할 수 없을 것 같다. 구걸하는 사람들도 주변에 많았다.

개선문은 크게 감동한 것 없고 내 뒷주머니를 만지는 느낌에 뒤를 돌아보니 10대 정도 되는 남녀 3명이 몰려서 모른척한다. 조심하여야 한다는 생각으로 더 조심하게 되었다. 에펠탑은 참으로 굉장하였다. 제일 좋은 추억을 남긴 것 같았다. 에펠탑 잔디에서 맥주 한잔을 하면서 사진 몇 카트를 찍었다. 아이들이 분수 안에 들어가서 재미있게 노는 광경을 보았고 물대포 분수는 주변을 아주 시원하게 해주었다. 많은 관광객이 에펠탑을 찾았다. 센강에는 여름 피서를 즐길 수 있는 시설물들이 다양하게 설치되어 있었다. 센강 둔치에서 일광욕을 남녀 할 것 없이 많은 사람이 하고 있었다. 연령층과 관계없이 벤치에 누워 수영복을 입고 일광욕을 한다. 곳곳에서 생맥주나 와인을 마시면서 즐긴다. 나는 센강에서 나와 라빌레트 공원 운하 쪽으로 갔다. 라빌레트 공원에서는 잔디광장에서 돗자리를 깔고 수영복 차림으로 일광욕을 하고 나무 그늘에서는 가족이 어울려 더위를 피하고 있었다. 운하에서는 다양한 수상 놀이를 한다. 또한, 운하에 수영장을 설치하여 물놀이를 할 수 있게끔 운영하고 있었다. 파리 사람들은 여름 피서를 이렇게 지내고 있었다. 시원한 맥주를 사서 숙소에 들어오고자 하였으나 거리에 있는 마트들이 8시 30분에 문을 모두 닫았다. 여긴 편의점도 거의 없다. 거리에는 레스토랑의 음식점이 있었고 많은 이들이 와인과 식사를 하는 장면을 보게 된다. 고민 끝에 혹시나 하는 생각으로 기차역으로 들어가 봤다. 기차역에서는 대형마트가 운영되고 있어 나는 간단한 먹거리와 와인, 맥주를 사서 숙소에 들어와 파리의 일정을 마치면서 한잔하고 잠을 청하였다. 내일은 발렌시아로 출발을 한다.

8월 26일. 스페인 토마토축제장을 향해 바르셀로나로

오늘은 이번 탐방의 목적지인 스페인 토마토축제장을 향하여 바르셀로나로 향하였다. 파리에서 발렌시아까지 직통이 없는 관계로 바르셀로나를 거쳐 1박하고 가는 코스를 정한 것이다.

처음으로 유레일패스에서 직통이 없는 관계로 유로스타의 열차를 추가 요금 내고 승차하였다. 약 250킬로로 달리고 있는 고속열차였다. 파리에서 10시 정도에 출발하여 오후 4시 30분경에 도착하였다. 약 6시간 30분 정도 걸려 왔다. 나는 바르셀로나에서의 숙박은 시내 중심이며 관광지의 중심지에 있는 3성급 호텔을 8만 원에 예약하였다. 바르셀로나 기차역에 도착하여 지하철을 타고 20분 만에 숙소에 도착하였다.

숙소와 관광코스가 붙어 있어 걸어서 람블라스 거리와 전통시장, 에스파나 광장, 파루광장, 해변, 바르셀로나시청광장, 구시가지, 시우타데야 공원 등을 돌아봤다.

매년 9월이면 전 세계적으로 사진 한 카트가 올라오고 있는 카스텔(인간 탑 쌓기)이 열리는 시청광장에서 축제를 상상하여 봤다. 시청광장은 그렇게 큰 편은 아니다. 약 2천 명 정도 수용할 수 있는 광장이라는 생각을 하게 한다. 시장 앞의 람블라스 거리는 참으로 넓고 많은 사람이 모여 어울릴 수 있는 거리라는 생각을 하게 한다. 주변의 상가와 어울리는 광장이라 더욱 빛나는 것 같았다.

우리나라에도 시청광장과 광화문 광장이 있지만, 상가하고는 거리가 있지 않은가? 여기의 광장은 다양한 부스와 상권과 거리 레스토랑이 어울려 즐길 수 있는 거리의 구성이 되었다고 본다.

바닷가에는 아름답고 멋있는 보트가 아주 많았다. 보트에는 레스토랑 등이 있어 보트를 타면서 낭만을 즐기는 것 같다. 이번에 유럽을 탐방하면서 느끼는 것은 킥보드가 매우 활성화되어 있다는 것이다. 킥보드를 타고 생활하고 있다. 관광지에서도 킥보드를 임대하는 시스템도 활성화가 되어 있었다.

파리 등을 보면 구걸하는 사람들이 너무 많았다. 그렇다 보니 시내 곳곳에서 악취 나는 곳이 많았다. 공공 화장실에서 요금을 받는 관계로 곳곳에 소변을 본 흔적들이 많았다. 거리 주변을 보면 청소를 하고 있지만, 결코 깔끔하다고 볼 수 없다.

파리나 바르셀로나나 날씨가 덥다 보니 여자들이 시원스럽게 옷을 입고 다니는 분위기였다. 그러나 그늘이나 저녁에는 선선한 느낌을 받았다.

바르셀로나의 음식은 한국과 비슷한 게 많았다. 또한, 음식 물가가 파리나 벨기에보다 30%는 저렴하다는 느낌을 받았다. 예를 들면 바르셀로나의 기본적인 음식이 8~9유로였다면 파리나 벨기에는 14~16유로를 받았다. 나는 유럽에 와서 처음으로 레스토랑에서 생맥주와 함께 레스킨세니츠와 마리스카라(해물찜) 등을 시켜 놓고 우아하게 식사하였다.

이날은 내일을 위하여 마트에 들렸다. 바르셀로나에는 마트도 많고 늦게까지 영업을 한다. 마트에서 과일과 맥주 등을 구매하였다. 9유로 정도가 나왔다. 이렇게 싸네? 처음으로 싸게 구매하였다고 만족하였다. 다른 지역에서는 물도 2유로 이상을 주고 사 먹었기 때문에 물가가 비싸다는 생각만을 하게 되었다.

8월 27일. 스페인 토마토축제장 부뇰 현지답사

오늘은 스페인 토마토 축제를 스케치하기 위하여 유레일패스로 바르셀로나에서 오전 9시 33분 기차로 출발하여 14시 20분경 발렌시아에 도착하였다.

축제장은 부뇰인데 부뇰은 작은 지역이라 호텔 등이 전혀 없다. 민박만 운영하는 관계로 숙박을 구할 수가 없어 기차로 한 시간 거리에 있는 발렌시아에서 숙박하면서 28일에 부뇰을 다녀오기로 하였다.

발렌시아에서는 기차역 및 중심지가 가까운 4성급 호텔을 약 150,000원씩 2일에 300,000원에 예약을 하였다.

바르셀로나에서 발렌시아로 오는 길은 해변을 타고 내려왔다. 영국은 전통적인 건축의 디자인을 고수하고 있다면 벨기에나 룩셈부르크는 현대적인 건물들이 많이 건축되었다. 영국이나, 벨기에, 룩셈부르크의 시골 풍경이 정원이 달린 개인 주택 형태로 낭만스럽게 건축되었다면 프랑스 파리나 스페인 바르셀로나와 발렌시아는 고전의 거리와 현대의 거리가 공존하였다. 도심지에서 벗어난 주택들은 고전보다는 현대적인 건물로 건축이 된 느낌이라 감동과 낭만은 거의 없는 시골 풍경이라는 생각을 하게 된다.

내가 돌아본 유럽은 우리나라에서처럼 높은 아파트를 거의 보지 못하였다. 도심지라고 하여도 거의 5층의 내외 건물이었다. 그리고 도심지나 시골의 건물들은 많이 낡았다는 느낌도 받았다.

영국, 벨기에, 룩셈부르크로 가는 길은 자연의 풍경이 풍요로웠다. 거의 산이 없는 평지였다. 스페인에 들어오면서 넓은 들판이 펼쳐져 있지만 멀리 산들도 보인다. 그러나 높은 산은 보질 못하였다.

시골의 분위기는 유럽 같지 않고 우리나라 같은 느낌이다. 건물들이 아름답지는 않은 것 같았다. 발렌시아 주변의 들판은 자갈밭이 많았다. 농토가 좋지 않다는 느낌이다.

난 발렌시아에 14시 20분경 도착하여 숙소로 이동하는 계획은 있었지만, 부뇰 가는 기차가 바로 있어 14시 33분의 기차로 현지답사를 하기 위하여 부뇰의 기차를 탔다. 발렌시아에서 부뇰까지의 기차는 보통 40분마다 있었다. 자주 있는 편이었다. 부뇰까지의 거리는 약 40km이지만 기차가 단선이라 역마다 오고 가는 기차들이 서로 비켜주고자 정차를 한다.

4시경 부뇰에 도착하였다. 부뇰은 1만 명이 안 되는 작은 소재지 정도의 산골 고성이 있는 마을이었다. 작은 성도 있고 건물들이 산의 경사면에 건축되었다. 계단을 다니느라 통행이 쉽지 않다. 축제장은 2차선이 안 되는 도로로서 동네의 중심지인 1km 정도 안에서 축제가 진행되는 것 같았다. 축제장에는 대한민국에서 진행하고 있는 축제처럼 무대, 배너 현수막과 부스 설치물 등이 거의 없었다. 단지 토마토 전쟁만 11시에 진행이 된다는 것이다.

축제를 며칠씩 하는 것이 아니라 매년 8월 마지막 주 수요일 오전 11시부터 12시까지 한 시간만 진행한다. 입장료로 손목띠를 12유로에 구매하여야만 축제장에 입장할 수가 있다. 우리는 미리 입장권을 구매하였다.

오늘은 급히 바르셀로나에서 오느라 열차 여행만 하였던 것 같다. 식사를 거른 관계로 토마토 축제가 열리는 주 광장인 청사 앞에서 생맥주와 함께 가볍게 식사를 하였다. 시골이라 그런지 아주 저렴하였다.

나는 5시 30분까지 축제 현장을 둘러보고 6시 기차로 발렌시아로 출발했다. 축제장은 오전 8시부터 통제한다고 한다. 에든버러 페스티벌에서부터 부뇰 토마토축제장까지의 일정을 마무리하는 단계에서 내일을 기대해 본다. 여기서는 영어로 소통이 잘 안 되는 곳이다. 인터넷도 아주 느리다. 그러나 바디 언어를 잘하면 소통은 된다. 발렌시아에 도착하여 숙소에 입실하였다. 전철역과 가깝고 주변이 도심지라 관광지 교통이 매우 편리하여 좋았다. 난 숙소에서 나와 도시를 둘러보고 거리의 광장에 있는 식당을 찾았다. 도심지의 건물들은 전통 양식으로 건축되어 매우 아름다웠다. 식당의 음식도 그동안 다녔던 영국, 브뤼셀, 룩셈부르크보다 음식이 매우 저렴하였다. 바르셀로나도 저렴하다고 느꼈지만 여기는 더 저렴하였다. 모처럼 칼질과 생맥주를 많이 마시고 숙소로 들어왔다. 내일은 7시경 출발하여 9시까지 축제장에 도착하고자 한다.

8월 28일. 스페인 토마토(라 토마티나) 축제를 부뇰 현지에서 스케치하다

오늘은 스페인 부뇰에서 열리는 토마토 축제를 스케치하기 위하여 일찍 움직였다. 한국과 스페인과의 시차는 7시간이다. 항상 한밤중인 새벽 두 시가 되면 한국에서 전화가 온다. 한국은 오전 9시 업무가 시작되는 시간이기 때문이다. 전화를 받고 업무를 보다 보면 날이 샌다. 유럽에서 반복되는 일상이 되어 버렸다. 오늘도 새벽 두 시부터 핸드폰 교체하라고 벨이 울리기 시작하여 여러 통의 전화와 업무를 보게 되었다.

숙소에서 7시 20분경 출발하여 7시 50분 열차를 타고 토마토 축제가 열리는 부뇰로 향하였다. 부뇰에 숙박이 부족하다 보니 발렌시아에서 숙박하고 가는 관광객들이 많았다. 출발지인 발렌시아에서 출발하는 열차가 거의 만석이다. 거의 부뇰로 가는 관광객들이다. 중간역에서 승차하는 관광객도 있었지만, 만석이라 승차를 하지 못하는 관광객들이 많고 열차는 만석이라 그냥 지나간다.

나는 9시경 부뇰에 도착하였다. 많은 관광객이 도착하여 행사장으로 향하고 있었다. 매표소에는 수십 미터씩 줄을 서서 표를 구매하고 있었다. 나는 어제 구매한 관계로 여유롭게 행사장에 9시 반 정도에 도착하였다. 축제의 중심지인 청사 앞 광장은 대부분 관광객들이다.

10시경 축제장의 거리가 발 디딜 틈 없이 인산인해이다. 노래를 부르며 분위기가 고조되고 있다. 11시에 폭죽 한 발이 터지고 토마토를 실은 트럭 6대 정도가 진입한다. 토마토 전투가 진행되는 것이다. 토마토를 실은 트럭에서 거리의 관중을 향해 토마토를 던지면서 진행이 된다. 서로 던지고 완전히 아수라장이 되고 있다. 말 그대로 토마토 전쟁이다.

토마토 차량 6대가 지나가고 12시에 종료의 폭죽을 터트리면서 축제는 끝났다. 축제장은 움직일 정도의 공간 없이 참가자들이 비좁게 꽉 차 있는 상황에서도 토마토를 실은 트럭이 들어오면 트럭이 지나가는 공간이 만들어졌다. 참으로 신기한 광경이었다. 토마토 전투가 진행되는 1시간은 열광적인 광란의 장이 되었다.

스페인 토마토(라 토마티나) 축제에 대한 분석

부뇰은 1만 명이 되지 않는 면 소재지 정도의 고
도시의 마을이다. 전날 현지답사 갔을 때 아주 조
용한 동네라는 생각이 들었다. 축제는 2차선이 되
지 않는 약 1km 정도의 공간에서 진행된다. 청사
앞에는 기둥을 세워놓고 기둥 위에 열매 같은 것
을 매달아 놓았으며 관광객들이 그 기둥 위로 올
라가려고 노력은 하나 미끄러지면서 다시 올라가
고자 도전을 한다.

축제장에 입장하는 데 있어 게이트를 만들어 놓
고 몇 번씩 검문검색을 한다. 가방은 일절 가지고 입장할 수 없고 맨몸으로만 입장
할 수 있다. 가방은 돈을 주고 각 구역의 보관 부스에서 맡길 수 있다.

토마토 축제는 축제장의 1km 정도의 거리공간에서 11시부터 12시까지 한 시간
만 진행한다. 그 외 부스나 설치물 등은 아무것도 없다. 토마토 전투가 열리는 공
간 밖의 각 공간에 있는 생맥주 코너에서 생맥주를 사 마시거나 간단한 간식을 사
먹는 구성이 전부였으며 생맥주 코너에서는 빠른 음악으로 분위기를 조성하였다.

내가 그동안 축제를 스케치하면서 느끼는 것은 다국적인이 참가하는 축제로서 최
고의 축제는 태국의 송끄란 축제라는 생각을 하고 있다. 송끄란 축제가 열리는 치
앙마이에서는 매일 약 3시간씩 3일 정도 하는 축제로서 관광객이 서로 물싸움을 하
며 전 세계인이 열광하며 어울린다.

작은 마을인 부뇰에서 약 3만여 명이 참여하여 열정적으로 즐기는 토마토 축제,
한 시간짜리인 이 축제 또한 감동을 주기에 충분하였다. 한 시간을 즐기기 위하여
전 세계에서 참여하는 관광객에게 어떠한 가치를 주고 있는 것일까 하는 생각을 하
여 본다. 관광객 중에는 중국인, 일본인, 한국인 등도 많았는데 이들은 이 시골의
먼 곳까지 즐기러 온 것이다.

부뇰의 토마토 축제를 어떻게 평가하여야 할까 하는 생각을 하게 된다. 그 이유

를 분석하여 보자.

첫째, 축제는 한 시간만 하고 그 외는 아무것도 없다. 12시 종료 후 알아서 씻고 집에 가는 것이다. 둘째, 행사를 진행하는 음향도 없고 진행자도 없다. 셋째, 관광객은 수만 명인데 화장실은 1인용 약 20개 정도밖에 보이지 않았다. 줄들이 많이 서 있는 관계로 정신 소장과 함께 나도 노상 방뇨하였다. 여자들도 노상 방뇨하고는 한다. 넷째, 편의시설이 없다. 안내소도 거의 없다고 봐야 할 것이다. 다섯째, 토마토 전투를 한 다음에 씻을 곳이 없다. 모두가 머리부터 발끝까지 토마토로 범벅이 되어 있지만 씻을 곳이 공식적으로 없고 가정집이나 상점에서 일반 수도꼭지 호스로 뿌려 주고 2~3유로를 받는다. 알아서 털어 말려야 되는 것이다. 여섯째, 축제장에 있는 것은 토마토 거리의 축제장과 각 공간에 10여 부스의 생맥주와 안주 판매대의 구성이 전부였다. 일곱째, 관광객을 조금이라도 배려한다면 탈의실과 씻을 수 있는 공간이라도 만들어주었으면 좋지 않을까 하는 생각을 한다. 남녀 상관없이 도로에서 수건 한 장으로 몸을 가리고 옷을 갈아입거나 아니면 대충 털고 숙소까지 가는 것이다. 부뇰에서 발렌시아로 오는 열차 안이 토마토의 냄새로 진동하였고 머릿결과 등에 토마토를 붙이고 갈 수밖에 없는 상황이었다.

이런 여건이라면 나는 토마토 축제에 불편해서 참여하고자 하는 마음이 없어질 것이라는 생각을 하기도 했지만 다른 관광객은 그만한 가치를 느끼는 것 같다.

대한민국의 축제와 다른 점.

축제장의 구성은 토마토 전투가 벌어지는 1km 정도의 공간과 토마토를 실은 트럭 6대 정도가 지나가면서 뿌려 주는 1시간의 전투와 10여 개의 생맥주 부스에다가, 매표소 몇 군데와 가방을 맡겨주는 부스 몇 개의 구성이 전부로 한 시간의 행사가 전부였다.

축제장의 구성에 있어 편의시설이 없다. 샤워 시설이 없다. 거리 현수막, 가로등 배너 등도 거의 없다고 봐야 할 것이다. 행사장 안내판과 안내 표지판도 거의 없다고 봐야 할 것이다. 주차장은 아예 없다.

행사장에 종합안내소 및 안내요원과 교통 주차요원도 없다. 다국적인이 오지만 통역 부스도 없다. 생맥주 부스와 매표소 외에는 부스가 전혀 없다는 것이다. 행사 운영의 메인 음향도 없다. 당연히 무대도 없다. 사회자도 없다. 안내자도 없다. 홍보물도 광고지가 전부였다. 예산의 집행에 있어 토마토 구매비와 운영 인건비 정도가 행사의 전체 예산이라고 보면 될 것 같다.

대한민국의 축제에서는 주차장과 편의시설, 무대의 가수 공연, 축제장에 현수막, 아치, 홍보 현수막, 홍보물, 행사장 안내판 등에 신경을 많이 쓰지만, 여기서는 그런 것들이 전혀 없다는 것이다. 내가 스케치한 일본의 축제들과 송끄란 축제 등에서도 그런 것들이 거의 없이 진행되고 있지만, 글로벌 축제로서의 명성을 가지고 운영되고 있다. 대한민국 축제도 축제의 기획 방향성에 대하여 고민하여 봐야 할 것이다. 해외 축제는 대행사 체제가 아니라 추진위원회에서 직접 운영하는 시스템이라고 본다. 대한민국도 운영방식이 바뀌어야 할 것이다.

축제전문가라고 하면서 축제 현장에 와 보지 않고 자료를 바탕으로 토마토 축제를 비교하면서 강의하였던 나 자신이 아주 부끄럽다. 인터넷의 글이나 기사에서 찾아볼 수 없는 현장의 구성과 분위기가 있었고 생각하는 것들과 많은 차이가 있다고 생각한다.

토마토 전투의 사진과 영상을 열심히 찍고 노트북에 옮기는 과정에서 잘못 삭제한 관계로 자료를 잃어버린 상황이라 매우 속상하다. 마무리에 있어 매우 속상한 마음으로 유럽의 일정을 마친다.

생각보다 발렌시아의 음식 물가가 매우 저렴하여 오늘도 즐거운 마음으로 와인을 한잔하면서 정리를 한다. 벨기에서의 국제전화는 매우 비쌌지만, 발렌시아에서의 국제전화요금이 매우 저렴하여 부담 없이 한국과의 전화 통화를 하였다.

목요일인 내일 한국으로 출발하면 금요일에 도착하는 대로 바로 충주세계무술축제 장으로 출발하여 발전 방향 용역과 양양 송이축제, 양양 연어축제 등의 축제 총감독으로서 업무와 세미나 등의 밀린 업무를 서둘러 진행을 하여야 할 것이다. 다시 일상의 나의 축제 업무로 돌아갈 것이다.

유럽 크리스마스 마켓 현장 스케치

대한민국에서도 요즘 크리스마스 마켓에 대한 관심이 매우 높아졌고 정체성은 없지만 많은 곳에서 개최하고 있다. 난 대한민국의 크리스마스 마켓을 활성화하기 위하여 크리스마스 마켓의 발생지인 유럽의 크리스마스 마켓을 벤치마킹하고자 유럽으로 출발하였다. 2019년 12월 11일 출발하여 20일 오전에 돌아오는 코스로 일정을 잡고 현장 스케치를 하였다.

코스의 일정은

1코스 : 12일 파리 크리스마스 마켓,

2코스 : 13일 프랑스 스트라스부르 크리스마스 마켓,

3코스 : 14일 오전 프랑스 콜마르 크리스마스 마켓,

4코스 : 14일 오후 독일 뉘른베르크 크리스마스 마켓,

5코스 : 15일 체코 프라하 크리스마스 마켓,

6코스 : 16일 오후 잘츠부르크 크리스마스 마켓,

7코스 : 17일 오전 오스트리아 비엔나 크리스마스 마켓,

8코스 : 17일 오후 헝가리 부다페스트 크리스마스 마켓.

1코스 : 프랑스 파리 크리스마스 마켓

12월 11일 프랑스 파리 공항에 늦은 밤 11시 30분경 도착하였다. 파리는 열차 등이 파업 중이었다. 숙소를 북역 옆에 예약하여 놓은 관계로 늦은 밤에 어렵게 버스를 타고 북역에 도착하였다.

12일에는 아침부터 비가 내렸다. 파리는 올해 8월에 센느강 일대를 스케치하기 위해 방문하였다. 오늘은 혼자 걸어서 시내 관광을 하고자 숙소를 나왔다. 센느강

가는데 비가 점차 강하게 내렸다. 우산을 5유로에 구매하였으나 우산이 너무 약해 자꾸 뒤집혔다. 비를 맞으며 관광지를 스케치하고 다녀야 했다. 루브르 박물관 일대를 스케치하고 그 광장 앞에 놓여 있는 크리스마스 축제장을 찾아 스케치하고 상 젤리나 크리스마스 설치물 등을 스케치하였다.

파리의 크리스마스 마켓 장소는 뛸르히 가든 옆 공간 등에서 개최하였다. 크리스마스 마켓의 구성은 100여 동의 목제 부스와 놀이시설, 먹거리, 놀거리, 물품 판매, 아기 예수 탄생관 등으로 구성되었다. 전체적인 디스플레이 분위기가 크리스마스 분위기를 내고 있었다. 먹거리는 다채롭게 특화된 음식들로 구성되었다. 밤이 어두워지면서 관광객이 점차 많이 입장하기 시작하였다.

내가 본 축제장을 분석한다면 크리스마스 파리의 마켓에서도 현수막 등 홍보물이 없다. 무대도 없다. 입구 아치 등 외곽 디스플레이가 거의 전혀 없다. 운영본부도 없다. 편의시설과 안내 표지판 및 안내소와 배치도 등도 없다. 부스 등이 크리스마스 분위기 연출에 따른 내용으로만 구성되어 설치되었다.

우리나라에서 구성하는 시스템하고는 매우 달랐다. 상제리아 거리에는 크리스마스트리 나무 등에 안개등과 꼬마전구 등으로 디스플레이를 한 것이 전부였다. 백화점에는 크리스마스트리 등으로 분위기를 내는 정도였다.

뛸르히 가든 옆 공간에서 열리고 있는 파리의 크리스마스 마켓은 인위적으로 공터에서 열리는 축제이지만 구성내용과 시설 및 운영은 현대인에게 만족도를 줄 수 있는 크리스마스 마켓이었다.

오늘은 비가 오는데 10km 이상을 점심을 거르면서 걸어 다녔더니 배도 고프고 추웠다. 나는 스케치를 함에 있어 직접 걸어 다니면서 보고 싶은 것을 보고 먹을 것을 먹어가면서 스케치를 하는 스타일이다. 걸어서 다시 숙소로 가는 3km가 참으로 멀게 느껴졌다. 마트에서 와인하고 먹거리를 구매하여 비를 맞으며 숙소로 들어왔다. 파리의 시내는 지하철 등의 파업으로 교통이 아주 좋지 않은 하루였다. 내일은 기차를 타고 스트라스부르로 이동한다. 공식적으로 자리가 없다. 억지로라도 입석으로 가야 한다. 내일이 또 한 번 전쟁이다.

2코스 : 프랑스 스트라스부르 크리스마스 마켓

12월 13일에는 스트라스부르 크리스마스 마켓을 스케치하기 위해 이동하였다. 파리에서는 11일부터 12일 일정에 있어 철도파업으로 시내 들어오는 것부터 12일 관광지 이동 등 많은 불편을 겪었다. 13일 스트라스부르로 이동하는 열차를 예약하고자 하였으나 파업으로 인하여 오후 3시 20분의 열차밖에 없다는 것이다. 답답하였다. 고민 끝에 일반 열차라도 승차할까 하여 일찍 나왔다. 결론은 어떠한 열차도 없고 방법이 없단다. 파리 동역 커피숍에서 5시간의 아까운 시간을 날렸다.

난 대한민국에서나 어디에서든 자기들만의 영위를 위해 파업을 하는 사람들을 경멸한다. 상대방에게 피해를 주지 않는 선에서 파업한다면 이해하겠지만 자기들의 영위를 위해 누군가에게 피해를 준다는 것은 이기주의라고 본다. 상대방에게 피해를 주고 배려하지 않는 상황은 더불어 사는 세상이 아니라고 본다. 파리에서의 철도파업은 국제적으로 얼마나 많은 사람에게 피해를 주는 것인가? 파리의 활동에 있어 곤란을 겪은 상황에서의 이미지는 아주 나빠졌다.

숙소에서 9시경 나와 역전에서 결국은 6시간 정도 커피숍에서 기다리다가 사정해서 입석을 타고 약 2시간에 걸쳐 스트라스부르에 도착하여 크리스마스 축제를 스케치하였다.

인구 약 260,000명의 도시, 약 천년 된 고대의 도시, 축제는 스트라스부르 노트르담 대성당 앞 광장과 주변의 골목 등에서 진행되었다. 노트르담 대성당은 세계문화유산으로서 약 900년 된 성당이다. 노트르담 성당의 높이는 약 70여 미터가 된다. 작품이었고 감탄이 절로 나오는 성당이었다. 축제는 광장과 골목마다 빛 조명과 파라이트 및 상점에서 트리와 조명 등을 설치하여 분위기를 돋웠다. 목재로 된 부스, 다채로운 기념품 판매 부스와 먹거리 부스로 구성되었다. 놀이시설 몇 점 있었다. 부스는 약 300점 정도 설치된 것 같았다.

현수막 없다. 무대 없다. 특별한 이벤트도 없다. 그냥 크리스마스 거리를 연출한 것이라고 본다. 상점과 목제 부스와 어울려진 크리스마스 축제였다.

파리의 크리스마스 축제는 별도의 한 공간에서 설치되어 인위적인 면이 강하다면 여기의 크리스마스는 우아하고 고품격 있는 성당 앞 광장과 거리에서 기존의 상점과 함께 어울리는 축제라고 할 수 있을 것이다. 여기의 축제는 시민만이 아닌 이웃의 도시에서도 관광축제로서 많이 찾아온 모습을 볼 수 있었다. 물가는 파리보다 약간 저렴한 느낌을 받는다.

3코스 : 콜마르 크리스마스 마켓 스케치

12월 14일에는 계획에 없던 새로운 코스 콜마르(Colmar) 크리스마스 마켓을 오전에 스케치하기 위해 숙소에서 7시에 나왔다. 스트라스부르에서 콜마르까지는 열차로 40분 정도 걸린다. 콜마르는 6만여 명의 작은 도시이다. 8시 50분 열차를 타고 9시 30분에 콜마르에 도착하였다. 콜마르에서 다시 스트라스부르로 11시 7분에 열차를 타고 돌아갔다.

프랑스에서 지낸 3일간은 계속해서 가랑비가 내렸다. 오늘도 비를 맞으며 콜마르에서 스케치하였다.

겨울의 프랑스에서는 아침 8시 정도는 돼야 날이 밝아진다. 또한, 4시경 되면 해가 지기 시작한다. 활동하는데 주간 일정이 너무 짧다.

　콜마르에서의 크리스마스 축제는 셩드막쓰 공원에서 아주 작게 하고 생마르탱 성직자회 꺄떼드 할르 광장 거리 주변에서 열렸다. 축제의 부스는 그렇게 큰 편은 아니다. 약 100여 개의 목제 부스가 골목을 끼고 설치되었다. 주변 상가까지 참여하여 축제의 행사를 구성한다. 상가 거리 자체가 유럽풍의 건물의 이미지와 크리스마스 트리로 분위기 연출을 하고자 하였다. 작은 상가들이 같이 구성되어 크지는 않지만 아늑한 분위기가 연출되었다.

　복잡하지 않고 아늑한 힐링의 분위기 연출이 좋았다. 역전과는 걸어서 10분 거리에 있다. 난 1시간 30분 동안 스케치를 하고 다시 열차에 승차하였다.

4코스 : 독일 뉘른베르크 크리스마스 마켓 스케치

　오전에 콜마르 크리스마스 마켓을 스케치하고 스트라스부르로 와서 독일 뉘른베르크로 가는 기차를 3번 갈아타면서 뉘른베르크에 도착하였다.

　뉘른베르크 크리스마스 마켓은 역전부터 시작되었다. 역 앞 시작점의 부스에서는 맥주 파티를 하고 메인 마켓장까지의 넓은 거리에 상점 부스가 설치되어 운영되고 있었다. 끝까지 약 1km 가다 보면 성 로렌츠 교회 일대에서 마켓이 진행된다.

　교회 광장과 골목 거리 등에 약 300여 부스가 설치되어 운영되었다. 토요일이라 그런지 부스 골목에는 사람이 너무 많아 이동할 수가 없었다.

　뉘른베르크 크리스마스 마켓에서의 부스 구성은 목제 부스에 천 지붕으로 독일에 특화하여 크리스마스 분위기를 낼 수 있는 부스를 설치하였다. 다채로운 간식의 먹거리 부스, 크리스마스 분위기를 낼 수 있는 내용물의 판매 부스, 다른 크리스마스 마켓장에서는 볼 수 없었던 부스체험행사도 있었다. 크지 않지만 놀이시설도 빠질 수 없었다.

또한, 다른 축제장에서 볼 수 없었던 아주 작은 무대에서 지역공연의 진행과 거리공연들이 진행되었다. 크리스마스를 이해할 수 있는 작은 전시장과 예수님이 탄생한 곳간도 구성하였다. 뉘른베르크 크리스마스 마켓에서는 전통 목제 부스만이 아닌 천막 부스도 등장하였다. 마켓 장소는 교회 주변의 광장과 거리 골목 등 아주 넓게 구성하여 운영하고 있었다. 인파가 너무 많아 걸어갈 수가 없을 정도였다.

식당 부스는 우리나라처럼 주식의 식사는 없다. 간식거리의 부스만 있었고 잘되는 부스는 10m 이상씩 줄을 서서 간식을 구매하고 있었다. 마켓장에 의자가 없다. 편의시설이 없다. 간식 등은 스탠딩으로 담소를 나누면서 먹는다. 곳곳에 스탠딩 테이블이 보인다.

뉘른베르크의 크리스마스 마켓 전체 행사장 안내도나 운영본부, 지원센터, 행사장 안내, 현수막 등이 거의 전혀 없다. 건물과 곳곳에 크리스마스 분위기를 위한 트리의 디스플레이가 전부였다. 유럽의 축제에서 주차장 있는 축제를 보지 못하였다. 뉘른베르크의 크리스마스 축제도 마찬가지였다.

전 세계에서 최초로 크리스마스 마켓이 열렸다는 뉘른베르크 행사장에는 진짜로 사람이 많았다. 그러나 편의시설, 화장실, 안내소 등은 보이지 않았다.

5코스 : 체코 프라하 크리스마스 마켓 스케치

오늘은 숙소에서 일찍 나와 뉘른베르크 크리스마스 마켓의 대낮 스케치를 한 다음 10시 37분의 기차를 타고 두 번을 갈아타면서 15시 17분에 프라하에 도착하였다. 기차 안은 6인실의 룸으로 구성되어 아주 아늑하였다. 독일에서 체코로 넘어오는 과정의 산골 마을은 아주 운치가 좋았다.

프라하 중앙역에 도착하니 역 앞에 10여 개 부스의 마켓이 펼쳐졌다. 프라하의 크리스마스 마켓은 한 장소에 열리는 것이 아니라 프라하 여러 곳에서 열린다. 도

시 전체가 크리스마스 마켓의 분위기를 연출하고 있는 분위기는 아니었다. 국립박물관 앞 웬센스라스 광장에서 30여 동의 마켓이 열렸다. 웬센스라스 광장은 넓은 광장으로서 프라하시민과 관광객이 어울리는 광장이었다. 편하게 즐길 수 있는 프리마켓이었고 깔끔하였다. 제일 크게 마켓이 열리는 곳은 올드타운 광장이었다. 올드타운 광장은 프라하 옛 건물의 환경이 조성된 광장으로서 마켓이 큰 편은 아니지만, 주변이 매우 아름다웠다. 부스는 약 100여 동이 운영된 것 같았다. 다른 국가의 크리스마스 마켓과 다른 점은 한 부스가 크게 설치되고 그 안에 작은 부스들이 구성되었다는 것이다. 또한, 가로 3m, 세로 3m의 부스는 두 부스가 들어가 양쪽으로 오픈되어 운영되기도 했다. 크리스마스 마켓은 예수님의 탄생에 대한 전시관, 물건 판매 부스, 간식거리 판매 부스와 작은 무대 설치, 전망대 설치, 프로그램 안내 일정표를 설치하였다. 먹거리는 스탠딩 테이블을 곳곳에 설치해 놓아 일행끼리 서서 담소를 나누며 간식을 먹을 수 있도록 구성하였다. 다시 말하면 프라하의 크리스마스 마켓은 프라하 시내 전체를 크리스마스의 분위기를 연출시키지는 못하고 있지만, 시내 곳곳에 설치하여 즐기게 하였다. 크리스마스 마켓이 크지는 않았으나 주변의 올드 건물과 어울려 매우 아름다웠고 체코 사람들의 신장은 매우 컸고 아름다웠다. 숙소 등의 물가가 다른 국가에 비해 저렴하여 아주 좋았다.

6코스 : 잘츠부르크 크리스마스 마켓 스케치

프라하에서 오전 8시 48분 기차를 타고 오스트리아 비엔나에 12:48분에 도착하여 비엔나역에 큰 짐을 맡기고 다시 13시 30분 열차를 타고 잘츠부르크에 15시 40분경 도착하였다. 역에서 약 2km 떨어져 있는 축제장인 레지던스 광장을 찾았

다. 작년 9월에 독일 옥토버 맥주축제장으로 이동하는 도중에 잠시 들려 잘츠부르크 맥주축제와 1,000년이 넘는 성과 올드 건물 등을 스케치하였다. 잘츠부르크의 크리스마스 마켓은 작지만, 모차르트 생가 주변인 시청광장 등에서도 작게 운영하고 있었다.

레지던스 광장이 대표적인 크리스마스 마켓 장소라 할 수 있을 것이다. 여기의 크리스마스 마켓도 프라하의 올드 광장에서와 같이 역사적인 건물들 속에서 진행되는 관계로 운치가 있었다. 레지던스 광장 주변은 1,000여 년이 넘는 고대의 주택과 상권의 건물들로 구성되어 있다. 옛 건물 안에 상가를 조성하여 관광객을 유치한다. 크리스마스 마켓 부스의 구성은 약 100여 동 되었다. 먹거리 부스보다는 판매 부스가 많았다. 시민보다는 관광도시로서 관광객이 많았다. 한국 사람들도 여러 곳에서 만난다. 그만큼 한국 사람들도 많이 온다고 봐야 할 것이다.

잘츠부르크 레지던스 광장의 축제 구성은 예수님의 탄생 전시관, 기념품 판매 부스가 주를 이뤘고 간식 먹거리 부스가 운영되었다. 간식 부스는 좌석 테이블은 전혀 없고 스탠딩형의 테이블에서 담소를 나누며 간식거리들을 먹는다. 고건물에 설치된 관광기념품 및 레스토랑 등이 고건물에 입주하여 전체적인 분위기를 돋운다.

비엔나에서 잘츠부르크로 오는 열차 길의 주택들은 매우 운치가 있었다. 잘츠부르크에 도착하니 높은 산들이 있어 눈들이 쌓여 있었다. 스키 타러 오는 관광객들도 있었다. 관광지라서 그런지 트램 요금 등의 물가가 비싼 편이라고 봐야 할 것이다. 잘츠부르크의 크리스마스 마켓은 주변의 관광지와 연계하여 관광 목적으로 찾는다면 좋을 것이라고 본다.

난 현장 스케치를 하고 18시 8분 기차로 출발하여 다시 비엔나로 20시 30분에 도착하여 숙소에서 오늘의 일정을 마무리했다. 내일은 오전에 비엔나 크리스마스 마켓을 스케치하고 오후에 헝가리로 이동할 것이다. 오늘은 기차를 프라하에서부터 8시간 정도를 탑승하고 이동하는 중 나의 좌석 앞에는 아름다운 현지 아가씨가 합석하여 분위기를 돋워 주었다.

7코스 : 오스트리아 비엔나 크리스마스 마켓 스케치

오전에 빈에서 크리스마스 마켓을 스케치하고 헝가리 부다페스트로 넘어가는 일정이다. 원래의 일정은 어제 빈에서 크리스마스 마켓을 스케치하고 잘츠부르크로 넘어가서 크리스마스 마켓을 스케치한 후 18일에 헝가리 부다페스트로 넘어가는 일정이었지만 잘츠부르크로 가서 먼저 스케치하고 다시 빈으로 와서 스케치한 후 빈에서 숙박하는 것으로 바꾸었지만 잘츠부르크 다녀온 후 늦은 시간이라 빈에서 스케치하지 못하였다. 숙박만 하였다. 일정의 변동 관계로 오늘 오전에 스케치한 후 13시 40분 기차로 부다페스트로 이동하는 코스로 운영하였다.

빈에서의 크리스마스 마켓은 여러 곳에서 진행이 된다. 제일 크게 하는 곳이 빈 시청 앞 광장 공원이었다. 나는 10시 전에 도착하였다. 부스들은 오픈 준비하느라 분주하였다. 10시가 되니 유치원생부터 학생들이 몰려왔다. 다른 크리스마스 마켓하고 차이가 있었다. 공원에서 열리는 마켓인  만큼 조명 디스플레이에 신경을 많이 쓴 느낌이다. 목제 부스로 구성하여 매우 예쁜 디자인으로 설치하였다. 부스는 약 250여 동 정도로 보였다. 판매 위주의 부스이고 간식거리의 부스를 같이 설치하였다. 부스의 정리도 깔끔하고, 일관되게 설치되었다. 공원의 산책로에는 다양한 부스와 스토리가 있는 방식으로 구성 배치하였고 곳곳에 포토월과 조명 디스플레이를 하였다. 그 외 놀이의 위락 시설과 스케이트장을 설치하였는데 넓은 광장만이 아니라 코스를 만들어 재미있게 구성하였다. 지금까지 내가 본 크리스마스 마켓 중에서 최고로 다양하였고 재미있게 구성하였다고 생각한다.

난 빈 시청광장 크리스마스 마켓 스케치를 서둘러 마치고 다음 코스인 쇤브룬 궁전 입구 광장으로 이동하였다. 쇤브룬 궁전 입구 광장은 약 150여 개의 목제 부스를 설치하여 판매와 간식 먹거리 위주로 구성하였다. 여기서는 궁전 광장인 만큼 청소년과 관광객이 많이 찾아 즐기고 있었다. 그 외 크리스마스 분위기 연출은 별로 없었다. 서둘러 11시 40분 기차를 타고자 빈의 중앙역까지 가는 과정에 직통의 전철이 아니고 트램 등을 여러 번 갈아타야 했음으로 시간을 놓쳐 13시 40분 기차를 타기로 하고 다시 다른 크리스마스 마켓 장소로 이동하였다.

호프부르크 왕궁 앞 헬덴 광장에 설치된 크리스마스 마켓을 스케치하기로 하였다.

헬덴 광장의 크리스마스 마켓 부스는 목재 판매 부스와 간식 부스 등 70여 동을 설치하여 운영하였다. 크지는 않았지만, 부스마다 디스플레이를 잘하여 매우 보기 좋았다. 왕궁 등을 둘러보고 13시 40분 기차를 타기 위해 역으로 돌아왔다.

8코스 : 헝가리 부다페스트 크리스마스 마켓 스케치

오전에는 오스트리아 빈에서 크리스마스 상점의 스케치를 하였다.

헝가리 부다페스트는 오스트리아 빈에서 오후 1시 40분 기차로 출발하여 4시경에 헝가리 부다페스트에 도착하여 숙소에 5시 정도에 입실하였다.

헝가리의 도시는 어둡고 국민의 의상들도 화려하기보다는 어두운 계통의 의상이 많았다.

숙소에서 잠시 짐을 풀며 쉬다가 6시경 크리스

마스 마켓을 하는 성 이슈트반 대성당 앞 광장으로 이동하여 크리스마스 마켓을 스

케치하였다. 부스는 광장에 150여 부스와 상가 거리에 50여 동의 목제 부스를 설치하였다. 부스는 기념품 판매 위주의 부스와 먹거리 간식 부스를 설치하였다.

약 3m x 6m 규격의 부스를 약 3m씩 반을 나누어 배분하여 사용하였다. 대형트리와 트리 밑에 스케이트장을 설치하였다. 또한, 교회에 파라이트의 영상을 비추어 주고 있었다. 부다페스트에서는 스탠딩 테이블만이 아니라 좌석 테이블을 설치하여 운영하였다. 부스는 깔끔한 부스로 설치하였으나 마켓 장소의 공간이 좁아 매우 혼잡스러웠다. 부다페스트에서의 크리스마스 마켓에서는 협찬사의 유치로 협찬사의 전시를 하여 놓기도 하였다. 성 이슈트반 대성당의 광장에서 진행되는 부다페스트 크리스마스 마켓은 길거리 상권하고 같이 진행되는 모습을 보였다. 다른 나라에서의 부스는 거의 단독부스가 많았지만, 헝가리에서의 부스는 한 부스에 두 상가 또는 여러 상가를 입점시켰다.

부다페스트에서는 크리스마스 마켓을 곳곳에서 진행하였다. 작은 행사들에서는 간단하게 20~50여 동 부스를 운영하며 크리스마스 마켓을 운영하는 것이 전부였다. 난 도나우강과 세체나 다리, 부다 성과 어부의 요새 등을 스케치하고 두 번째 크리스마스 마켓 코스로 이동하였다.

Vigadó 콘서트홀 광장의 크리스마스 마켓에서는 100여 동의 부스와 주변에서 크리스마스 마켓 부스들이 진행되었다. 콘서트홀 주변은 백화점 등의 상권이 형성된 곳이다. 콘서트홀 광장 주변의 크리스마스 마켓은 작은 무대를 설치하여 공연의 진행과 대략 가로 8m 세로 8m 되는 대형 부스에 4개의 업체가 4분의 1씩 나누어 운영하는 곳도 있었다. 건물 외관 벽에는 파라이트 영상을 비추었고 식당은 규격 10m 이상의 먹거리 부스를 대형화하여 품격있게 운영하는 곳도 있었다. 좌석은 부스 안이 아니라 부스 외부에 스탠딩 테이블과 좌석 테이블, 의자를 설치하여 운영하였다. 크리스마스 마켓이 열리는 주변은 백화점 등의 상점이 있어 사람을 항상 끌어모을 수 있는 시스템을 갖추고 있었다.

난 12월 11일 한국에서 출발하여 20일 한국에 도착하기 전까지 비행기 일정 빼고 8일간에 5개국과 8곳을 기차로 이동하면서 스케치를 하였다. 17일까지 8곳의 크리스마스 마켓 일정을 마치고 18일 하루는 주변의 관광지를 스케치하며 힐링하고자 했다.

헝가리에서의 숙박은 조식 포함 약 7만 원의 4성급 호텔을 도심지에 예약하였다. 방은 아주 넓고 멋있는 디스플레이도 특급호텔 부럽지 않았다. 호텔에 수영장도 있는데 수영복을 준비하지 않은 것이 아쉽다. 그 외 물가도 한국의 약 80% 또는 50% 수준의 물가가 형성되었다. 부담 없는 헝가리 일정을 보냈다.

이번 유럽의 크리스마스 마켓의 여행 경비는 항공권값은 왕복 약 800,000원, 유로 패스 315,000원, 숙박비 500,000원, 활동비 600,000원으로 모두 2,251,000원을 지출하였다.

대한민국 크리스마스 마켓 사례분석

신촌 크리스마스 마켓 스케치

홍보와 판로의 문제로 어려움을 갖고 있는 소상공인과 중소기업, 브랜드 K, 백 년 가게 등 특별판매전으로 구성되었다. 기획 의도가 좋았다. 그러나 크리스마스의 분위기보다는 물품 전시박람회에 가까웠다. 차선이 좁은 도로에서 부스를 설치하고 운영하다 보니 복잡하였다. 신촌이란 지역의 특수성이 있다 보니 사람은 많았다. 그러나 비좁은 공간이라 복잡하여 제대로 소통이 되는지 의문이다.

상품의 홍보와 판매에 목적이 있다면 어느 정도 공간이 있어 소통될 수 있을 때 제대로 알릴 수 있을 것이다. 비좁은 공간에서 진행되는 부스는 제대로 홍보할 기회를 가질 수 없을 것이다. 참관객 또한 질적으로 진정성 있는 관객으로 볼 수 없을 것이다. 부스 또한 깔끔하였으나 크리스마스 분위기 연출보다는 실내 전시장에서 활용할 수 있는 부스의 구성이라고 할 것이다.

진정한 크리스마스 마켓을 통하여 소통하고자 한다면 축제의 분위기 구성을 해야 할 것이다. 소통할 수 있는 공간구성의 부스, 간식거리, 놀거리, 크리스마스 분위기의 환경조성이 필요하다. 그 유명한 유럽의 크리스마스 마켓에서는 무대가 없다. 무대의 공연은 있을 수도 있다. 그러나 비좁은 공간 위 무대에서 진행되는 가수의 공연은 지양해야 한다고 생각한다. 가수의 출연료에 지출할 예산이 있으면 환경조성에 더 신경 쓰는 것이 바람직할 것이다. 신촌의 크리스마스 마켓은 너무 이벤트적이고 전시박람회로 구성되었다. 주최, 주관 처에서는 크리스마스 마켓에 대한 방향성을 제대로 이해하고 기획, 진행한다면 좀 더 현실적인 크리스마스 마켓을 기획할 수 있을 것이다.

벤치마킹을 위해 해외 크리스마스 마켓을 추천해 주고 싶은 곳은 오스트리아 빈의 시청광장에서 진행하고 있는 크리스마스 마켓과 체코 프라하 올드 광장에서 진행하고 있는 크리스마스 마켓이다.

여의도 둔치 서울 크리스마스 마켓 스케치

서울 크리스마스 마켓을 스케치하였다. 유럽의 크리스마스 마켓하고 내용의 차이는 매우 컸다.

여의도 둔치에서 열리고 있는 크리스마스 마켓은 100여 평의 실내공간에서 마켓이 진행되었고 외부에서 푸드차량 20여 대가 설치되었다. 해외의 마켓은 적어도 200여 부스가 진행된다. 또한, 크리스마스 분위기를 연출하고 있었다. 여의도 크리스마스 마켓은 크리스마스 마켓의 연출이 아니라 이벤트적으로 접근해서인지 제대로 된 크리스마스 분위기를 띄우지 못하였다고 본다.

부스는 깔끔하였지만, 공간구성이 매우 작은 관계로 크리스마스 마켓의 연출을 하지 못하였다. 제대로 된 공간구성과 연출을 하였다면 적어도 오후부터는 진행이 될 수 있을 것이다. 그러나 여의도 크리스마스 마켓은 3시 또는 5시에 오픈하였다. 또한, 어떠한 이유인지 26일, 27일은 진행하지 않는다. 내용 구성의 부족은 많은 관광객을 유치하기 위한 가치를 떨어트린다. 또한, 협소한 공간은 수용 능력이 되지 않는다. 같은 시간대에 500여 명 수용할 수밖에 없는 협소한 공간으로 구성되어 진행하는 것은 성공할 수 있는 크리스마스 마켓과는 거리감이 있다. 즉 투자 대비 낭비성이 크다고 할 것이다.

크리스마스 마켓을 기획, 진행하는 주최 측이나 주관단체에서는 기본 방향부터 제대로 이해하고 기획, 진행해야 할 것이다.

벤치마킹에 있어 추천하여 주고 싶은 축제는 프랑스 파리 뛸르히 가든 공원의 옆 공간에서 진행하고 있는 파리 크리스마스 마켓이다.

파리의 크리스마스 마켓 형식의 크리스마스 마켓을 진행한다면 사랑받는 크리스마스 마켓이 될 것이다.

크리스마스 마켓 결산

내가 둘러본 유럽축제의 파리 크리스마스 마켓은 도시의 한 공간인 뛸르히 가든 옆 공간에서 인위적으로 구성하여 판매 부스, 먹거리 부스, 체험 부스, 놀이시설 등이 다채롭게 구성되었고 디스플레이를 나름대로 잘하여 즐길 만하였다.

주변에 현수막 한 장 거의 없다. 광고탑도 없다. 거리 홍보가 거의 없고, 주차장도 없다. 단지 도시에 따라 크리스마스트리 등으로 분위기 연출을 하고자 노력하는 면은 있었다.

마켓의 구성은 그 지역의 특화된 선물의 판매 부스, 먹거리 간식 부스, 좌석 테이블이 아닌 스탠딩 테이블, 어린이 놀이시설, 때에 따라 스케이트장 등으로 구성되었다. 저녁 시간에는 거의 인산인해라 앞으로 걸어가기 힘들 정도였다. 크리스마스 마켓 장소에서 크게 별다른 것들은 없다. 담소를 나누며 즐기는 문화가 정착되었다고 할 수가 있을 것이다.

우리나라처럼 안내소나, 지원센터, 통역, 운영본부 등은 거의 찾아볼 수가 없었다. 알아서 찾아가는 스타일의 크리스마스 마켓이었다고 본다. 내가 그동안 스케치한 일본의 마쯔리나 태국의 송끄란 축제나, 중국의 방등 축제, 칭다오맥주 축제, 영국의 에든버러축제, 독일의 옥토버축제, 스페인의 뷰놀 토마토 축제 등이 모두 유사하다. 주변에 홍보물이 없다.

무대공연이 없다. 주변에 현수막 등이 거의 전혀 없다. 주차장이 없다. 안내소가 없다. 편의시설이 없다. 해외 축제들은 콘텐츠 하나로 이끌어 가며 그 콘텐츠만으로 관광객을 유치하며 알아서 찾아오라는 식이다.

우리의 축제에서도 축제의 예산 배정에 있어 불필요한 것들은 배제하고 콘텐츠 집중으로 배정하고 문화를 만들어 가야 하는 것이 성공하는 길이라는 말하고 싶다.

대한민국에서도 이젠 축제를 구성하면서 몽골 텐트보다는 특화된 부스와 함께 조화롭게 구성하여 도시와 연결해야 할 것이다. 또한, 상설축제장의 구성으로 관광객을 유치하고 축제를 통하여 생산적인 도시로 만들어 가는 데 있어 심혈을 기울여야 할 것이다.

유럽의 크리스마스 마켓은 크리스마스 전으로 약 한 달 정도 진행되기에 설치물에 있어 심혈을 기울였는지도 모르겠다.

2020년에는 전국에서 코로나19로 인하여 문화행사 비용을 크리스마스트리축제로 변경하여 많은 곳에서 크리스마스트리축제라는 이름으로 개최를 하고 있지만, 실제 크리스마스 마켓하고는 거리가 있고 빛 조명의 전시 축제라고 할 수 있다. 대한민국에서도 진정성을 가지고 사랑, 나눔의 크리스마스 마켓이 개최되길 바라는 마음이 크다.

두바이 엑스포, 유럽축제 탐방 현장 스케치

2022년 2월 16일 출발

두바이 엑스포 ⇒ 독일 쾰른 페스티벌 ⇒ 프랑스 니스 카니발 ⇒ 망통 레몬 축제 ⇒ 베네치아 카니발

두바이 엑스포 그리고 유럽축제 탐방 현장 스케치를 위하여 2월 16일 출발

난 30여 년이 넘게 축제이벤트 현장에서 총감독으로 활동해 왔다. 축제 전문가로 활동하기 위해 전국의 축제를 매년 스케치하면서 꿰뚫어 보는 식견을 가지게 되었다. 또한, 전 세계 주요 축제를 현장 스케치하면서 분석해 왔다. 그동안 보지 못하고 관심만 많았던 니스 카니발, 망통 레몬 축제, 베네치아 카니발에 대해 방문 스케치에 대한 열망이 컸다. 2020년에 현장 스케치를 하고자 하였지만, 코로나19로 인하여 포기하였다. 그러던 중 2021년 11월 코로나19가 완화되어 축제이벤트 관련자 4명이 함께 떠나기로 하였다. 두바이 엑스포, 쾰른 페스티벌, 니스 카니발, 망통 레몬 축제, 베네치아 카니발의 스케치를 위해 항공권을 구매하였다. 2022년 2월 코로나19의 오미크론이 난리였다. 출발하기 5일 전까지 갈등 속에 강행하기로 하였다. 처음에는 4명이 예약을 하였지만 한 명은 개인 사정으로 한 명은 베이징 동계패럴림픽대회 부단장으로 선임되어 베이징으로 빠졌다.

최종 두 명이 남아 준비를 하였고 전날 PCR 검사에서 난 음성이 나왔다. 일행 한 명이 새벽에 전화가 왔다. 양성이 나왔다고, 결론은 한 명을 취소하고 갈등 속에 또 고민하게 되었다. 그러나 강행하기로 하고 출발 준비를 하였다. 혼자 출발하는 다국적 현장 스케치는 예민하여진다. 움직일 적마다 체크에 체크를 하여야 하고 긴장을 놓아서는 안 된다. 모든 것을 혼자 정보를 입수하고 처리해가야 한다. 또한, 혼밥, 혼술 및 장기간의 이동은 우울증을 초래한다. 한 번쯤은 혼자 여행을 가보는 것도 괜찮지만 여럿이 가는게 좋다.

나의 주소는 서울시 강변역(동서울터미널) 주변이다. 집 앞에 공항버스가 있었지

만, 코로나19로 손님이 없어 잠정 중단되어 지하철과 공항 전철을 타야 했다. 퇴근 시간이라 승객이 복잡하였다.

4시간 전에 공항에 도착하여 항공권을 발권하였다. 사람이 없는 관계로 모두가 일사천리로 진행이 되었다. 이제 잠시 후 밤 11시 50분에 두바이로 출발한다.

혼자 고된 일정으로 국가를 이동할 적마다 48시간 이내의 PCR 검사서를 제출하여야 하지만 그래도 배움의 열정을 가지고 스케치를 통한 분석으로 대한민국의 관광 축제에 대한 방향성을 정리하기 위해 희망찬 출발을 하였다.

대한민국의 축제는 2년 동안 멈추었지만, 유럽의 축제들은 개최하고 있다. 대한민국과 어떠한 차이가 있는지에 대한 분석을 통해 대한민국에서도 새로운 모색을 하고자 했다.

5년째 총감독으로서 참여하고 있는 의령 홍의장군축제가 4월 21일부터 24일까지 진행되는 관계로 3월 1일 한국에 도착하면 집중하여 성공적인 작품을 만들 것이다.

2월 17일 1일 차 두바이 엑스포 현장 스케치

서울에서 2월 16일 출발하여 10시간 이동하니 오전 5시경 두바이 국제공항에 도착하였다. 한국과 시간 차는 5시간이다. 출발할 때 비행기에서 기내식 식사를 준다. 도착할 때쯤 다시 조식을 주었다. 맛있었다.

인천공항은 썰렁하였지만, 두바이 공항은 많은 사람이 북적였다.

공항과 가까운 곳에 있는 호텔을 예약하여 놓은 관계로 1.2km 걸어서 호텔에 도착해 짐을 맡겼다. 이른 시간이라 호텔 로비에서 잠시 인터넷 업무를 본 다음 메트로를 타고 한 시간 걸쳐 엑스포장에 도착하였다. 아무 생각 없이 메트로에 올라탔는데 여자들이 눈치를 준다. 여성 칸에 잘못 탄 것이다. 눈치를 보며 다른 칸으로 이동하였다.

오전 10시에 엑스포장에 도착해 매표소에 가서 에미리트 항공권을 보여주고 무료입장권을 모바일로 받아 보여주고 입장을 하였다. 에미리트 항공권을 구매한 자에게는 무료입장권을 주었다. 입장 게이트는 여러 군데 있어서 복잡하지 않았다. 입장권 확인, 백신접종 확인서로 모든 것이 끝나고 검색대를 지나면 끝이다.

오후 2시까지 각 나라 관을 열심히 돌아다녔다. 대체로 전시장의 구성은 각 나라를 대표하는 역사와 미래의 비전 등을 영상으로 표현하였다. 145여 개국이 참가하여 전시관을 구성하였다. 모두가 단독의 전시관을 구성하는 것은 아니다. 나름대로 국력이 있고 홍보에 집중하는 국가들은 단독의 전시관을 설치하여 운영하지만, 그 외의 국가들은 단체 전시관에 참가하여 설치해 운영한다. 국가관마다 나라를 대표하는 공연을 준비해 진행하고 있다. 엑스포장은 매우 넓었고 코로나 시국에도 관람객이 많았다.

2021년 개최된 대한민국의 지방 엑스포에서는 관마다 출입명부에 대한 목적으로 큐알코드로 체크하였다. 난 비현실적인 운영이고 쇼맨십이 컸다고 판단한다. 두바이 엑스포장에서는 백신을 3차 맞은 증명자료만 처음 엑스포장 입구에서만 보여주면 입장이 가능하고 각종 전시관에서는 검사나 체크가 없다. 가끔 주변에 소독약을 비치하여 놓은 정도였다. 모두 마스크를 착용하고 있지만 자유롭게 일상생활처럼 엑스포장에서 즐기고 있다. 엑스포 종사자들은 업무의 역할에 따라 매일, 또는 2일이나 3일마다 PCR 검사를 받는다고 한다.

전체적으로 행사장의 구성에 있어서 단독국가의 부스들과 단체참가 국가 부스 등으로 구성한 상태에서 행사장의 도로에는 모두 그물막을 설치하였고 곳곳에 힐링할 수 있는 공간의 구성으로 편의시설을 설치하여 놓았다. 곳곳에서는 다양한 이벤트 공연과 멀티 쇼 등이 설치되어 있다. 즉 힐링에 대한 구성을 통하여 관광객에게 휴식을 제공하고자 한 면을 볼 수가 있다.

두바이 엑스포는 등록 엑스포로서 2021년 10월부터 2022년 3월까지 6개월간 개최되는 중이다. 볼거리가 많은 엑스포장에서 축제의 전문가로서 많은 아이템을 얻었다.

2시에는 한국관을 담당하고 있는 홍기정 감독을 만나 엑스포에 대해서 많은 대화를 나누었다.

거의 모든 관을 돌아봤지만, 관광객에게는 한국관에 관한 관심이 높다는 것을 느꼈다. 한국관의 건물은 나름대로 멋지게 잘 꾸몄다. 그러나 한국을 소개하는 내용과 공연은 아쉬움이 있다. 한국관을 운영하는데 설치물 등 6개월 동안 진행되는 예산이 약 400억 원이 넘는 것으로 알고 있다. 대한민국을 대표하는 한국관은 그만큼 나라의 자존심이고 자부심이라고 할 것이다. 대한민국에서 개최되고 있는 지방 엑스포의 전체 예산이 약 300억 원에서 개최한다. 한국을 대표하는 한 관에 운영되는 예산이 400원이 넘는다고 하니 그만큼 자존심을 갖고 운영하기를 바랬다.

두바이는 사막에 건설된 계획도시로서 대단하다고 생각한다. 활동하는 데 있어 모두 카드가 사용되는 점은 매우 좋았다. 메트로는 카드가 되지 않을 것으로 판단되어 약간 돈을 환전하였지만, 메트로도 카드로 사용이 가능했다.

두바이 날씨가 여름에는 많이 더워 다니기가 힘들다고 한다. 그러나 2월의 날씨는 대한민국의 이른 여름 날씨처럼 적당하게 좋았다.

등록 엑스포장에는 미래를 꿈꾸는 청소년들이 많이 와서 관람한다면 매우 유익한 비전의 엑스포로서 도움이 될 것이다. 다채로운 공연과 함께 힐링할 수 있는 엑스포의 관람을 추천한다.

대한민국의 정부는 현실과 동떨어진 방역지침을 이론적이고 추상적인 방향으로 지침을 내리는 바람에 자영업자와 소상공인을 몹시 어렵게 하고 있다. 좀 더 현실적이고 앞서가는 방역지침으로 운영하여 주었으면 한다. 대한민국에서는 입국자에게 일방적으로 무조건 격리기간을 둔다. 어떠한 근거인지 현실성이 좀 떨어진다고 본다. 유럽에서는 격리기간이 없다.

대한민국에서는 축제를 개최하지 못하게 지침을 내린다. 이것 또한 형평성이 없다. 오미크론 시대인 현시대에서는 자신이 철저한 방역에 대한 자기 관리를 해야 하고 모두가 백신 3차 접종하면 일상생활로 돌아갈 수 있는 세상이 되어야 할 것이다. 오픈된 축제는 개최하지 못하게 하면서 지방 엑스포나 실내의 전시는 방역

지침을 지키며 개최할 수 있게 하고 있다. 얼마나 일관성 없는 정부의 지침인가?

2월 18일 2일 차 두바이 관광 스케치

오늘은 오전에 호텔 야외 수영장에서 수영하면 서 피로를 풀었다.

오후에는 메트로를 타고 항구 쪽에서 내려 주변 을 스케치하였다. 주변이 온통 공사장이다. 새로 건설된 신도시로서 해운대만큼이나 아름다워 보 였다. 해운대는 높은 건물들이 건설되어 있지만, 여기의 해변 도시는 그렇게 높은 건물들이 아니어 서 좋았다. 이제 건설되는 신도시로서 모두 공사 장이라 복잡하다. 넓은 강을 다리를 통해 건너갔

다. 주변이 폐쇄된 군사기지라 넓었지만 사진 촬영은 하지 못하게 하였다. 어마어 마한 크기의 크루즈선이 보였다. 그 외 유람선과 고깃배들이 많이 선착 되어있었 다. 아주 큰 항구였다. 이 넓은 항구를 걸어서 스케치하느라 다리가 아플 지경이었 다. 항구 주변을 걷다 보니 두바이 옛 거리가 보였다. 우리나라 청계천 같은 상권 이 형성된 구도시 거리였다. 작은 상가점포, 먹거리 상점, 슈퍼마켓 등 다양한 상 점들이 형성되어있다. 다리가 아파서 트램을 타고자 했으나 매표하기가 힘들었다. 택시도 퇴근 시간 걸려 잡히지 않았다. 구도심을 벗어나 신도시의 메트로 역을 향 해 또다시 걸었다. 신도시의 건물이 있는 도로로 나왔다. 새로 조성된 도로는 우리 나라 강남대로처럼 대형건물들이 즐비하게 건설되었고 그 도로로 매트로가 지나 간다. 건물들의 디자인은 모두 화려하다. 그러나 뒤로 가면 모두 공사장이고 모래 의 공터가 즐비하다.

두바이를 여행하고자 한다면 트램, 메트로, 버스 등을 묶은 패키지의 종일권을 구 매하는 것이 좋을 것이다. 그걸 몰랐다.

신도시를 스케치하고 난 메트로를 타고 숙소로 돌아와 바로 잠이 들었다.

시원한 맥주를 마시고 싶었지만, 일반슈퍼에서 알코올 있는 술을 판매하지 않는다. 대신에 알코올이 없는 맥주를 판매한다. 알코올이 없는 맥주를 구매해 마셔봤지만, 맛이 밋밋해 버렸다.

두바이의 시장 물가는 그렇게 비싸 보이지는 않았다.

2월 19일 3일 차 두바이 엑스포 현장 스케치

오늘은 일찍 엑스포 현장으로 출발하였다. PCR 검사는 엑스포 입장객에게 무료로 검사하여 주기 때문에 검사를 받기 위해 일찍 출발하였다. 다음 코스 독일 쾰른으로 이동하기 위해서는 48시간 이내의 PCR 검사지가 있어야 한다. 검사소는 엑스포 역 옆 건물인 글로벌 빌리지에 있었다. 옆에는 문화행사와 먹거리와 특산물 판매장도 펼쳐져 있다. 11시경 받은 검사는 오후 4시 30분경에 메일로 보내준다고

하여, 난 검사를 받고 엑스포장에 입장해 2월 17일에 보지 못한 국제관들을 돌아보았다. 나라마다 역사, 전통, 미래를 담은 주제관들은 다채로웠다. 오늘은 토요일이다. 관람객이 상당히 많다. 여기는 코로나19를 잊은 느낌이다. 인기 있는 주제관은 보통 줄을 30분 이상 서야 한다. 줄을 서는 전시관은 거의 일정 인원이 일정 시간에 관람할 수 있는 정체형으로 관을 구성한 경우가 대다수이다. 정체형이 아니라 순환형으로 관람할 수 있는 전시관들은 거의 줄을 서지 않았다.

국제관마다 마지막 코스는 선물 코너와 음식 코너를 필수적으로 설치하여 운영하고 있다. 그 나라 문화를 느끼고 음식을 먹고자 한다면 원하는 국제관을 찾아 나서면 될 것이다. 토요일이라 중요한 이벤트 공연을 이곳저곳에서 동시다발적으로 운

영하고자 이쪽저쪽에서 무대의 설치와 준비를 하고 있다. 테니스 유명선수의 초청 경기를 위한 경기장도 설치하고 있다. 테니스 임시 경기장의 규모는 매우 크고 화려하다. 경기장 옆에서는 맥주 파티를 할 수 있는 공연장도 설치하고 있다. 등록 엑스포는 다양한 문화가 어울리는 문화축제이다. 전 세계인들이 참여하여 함께 즐기는 문화축제가 부럽다. 부산에서 준비하고 있는 2030 부산 엑스포가 꼭 유치되길 기원해 본다. PCR 검사지의 결과를 받기 위해 오랫동안 기다렸는데 5시가 되어도 메일이 오지 않는다. 직접 찾아가 검사지의 프린트를 부탁하여 인쇄했다.

난 어제 관광하지 못한 곳이 있어 일찍 출발하고자 하였으나 PCR 결과지의 수령이 늦은 관계로 늦게 출발하였다. 메트로를 타고 팜 주메이라, 아틀란티스 더 팜 등의 리조트를 스케치하기 위해 바닷가로 갔다. 모노레일을 타고 섬 같은 리조트로 들어가야 한다. 갈지 말지를 망설이다 후회할 것 같아서 모노레일을 타고 휴양지를 둘러봤다. 밤이라 야경은 보았지만 제대로 보지는 못하였다. 그러나 왜 관광객이 두바이를 찾는지 이해하게 되었다.

바다에 건설된 리조트는 분수형의 인공섬으로서 모래사변을 갖춘 휴양지 리조트를 건설한 것이었다. 정말로 감탄을 하지 않을 수 없었다. 놀라웠다. 과연 이런 상상을 누가 하였을까 하는 생각을 하였다. 참으로 사람이 할 수 있는 것이 무한하다는 생각도 하게 되었다. 우리는 무한한 꿈을 꾸며 도전해야 한다. 그 섬의 리조트 모래사변에서 휴양하는 낭만은 만족도가 매우 높을 것이다.

두바이는 아직도 곳곳이 공사 중이다. 사막에 건설되고 있는 건물들은 화려하다. 건물들만 화려하다고 마음의 평화까지 주지는 못할 것 같다고 생각하지만, 대단히 창의적이고 열정으로 살아 숨 쉰다는 것을 느낄 수 있었다. 난 쇼핑에 관해 관심이 없어 쇼핑몰을 가지 않았지만, 쇼핑관광으로 많이 찾는다고도 한다. 두바이는 넓지 않다. 메트로를 타고 거의 이동을 할 수 있다. 그러나 메트로는 느리고 정거장이 많아 답답한 면이 있다. 작은 국가에서 두바이 엑스포를 유치한 것에 대해서도 경의를 표하며 두바이 스케치를 마치고 내일은 독일 퀼른으로 출발을 한다.

2월 20일 4일 차 두바이에서 퀼른을 가는 고난의 하루

숙소와 공항까지는 가깝다. 열차로 두 정거장이다. 비행기 출발은 오전 8시 40분이라 2시간 전에 도착하면 충분할 것으로 예상하고 준비하였다. 전날 메트로의 첫 출발 시각을 물어봤을 때 오전 5시 30분부터 운행한다고 들었다. 난 아침 식사를 6시에 하고 6시 20분에 기차를 타러 갔다. 그런데 문은 잠겨 있고 청소를 하고 있다. 6시 40분 되어도 메트로는 운행할 분위기가 아니었다. 어떠한 착오가 있었던 것 같다. 급해졌다. 택시가 보여 택시를 타고 공항에 도착하였다. 두바이 돈 디르함을 메트로 요금 정도만 남겨두었기 때문에 요금에 대한 불안감도 있었다. 부족한 부분을 유로, 달라 등으로 대체할 생각도 하였다. 근거리라 생각보다 많이 나오지 않아 주머니에 있는 두바이 돈을 모두 넘겨주고 내렸다. 공항에 도착하니 출국하는 사람들로 인산인해이다. 보통 줄은 100m 정도였다. 아주 복잡하다. 잔머리를 굴려 짧은 줄로 이동을 하고는 하였다. 비행기 뜨는 시간 전 40분 이내까지는 무조건 발권을 해야 한다는 생각, 안되면 어떻게 해야 하는 생각 등 많은 생각을 하게 되었다. 난 짐을 부칠 게 없어서 그나마 다행으로 생각하며 기다렸다. 한국에서 국제선 발권을 할 때 최소 1시간 전에 해야 하고 짐 부치는 것 없이 없다면 40분 전까지 발권하면 된다는 경험이 불안 속에서 많은 생각을 하였다.

거의 차례까지 왔지만, 아직도 불안하다. 조금이라고 더 당기고 싶었다. 안내원에게 비행기 출발 시간이 얼마 남지 않았다고 하니 바로 티켓을 발권해주었다.

프랑크푸르트공항에 도착해 프랑크푸르트역으로 이동해서 퀼른으로 가는 기차를 타고 퀼른에 오후 6시 5분에 도착해서 호텔을 찾아갔다. 호텔에 찾아갔더니 불은 켜져 있었지만 후론트가 없고 문은 잠겨져 있었다. 문을 두드리며 기다리다가 지쳤다. 이동하면서 본 역전 옆의 한국식당을 가서 식사를 먼저 하기로 하였다. 김치찌개 14유로, 소주 9유로 되게 비쌌다. 비싼 것이 문제가 아니라 아주 맛이 없다. 실망이 매우 컸다. 에든버러에서 방문한 한국식당은 맛집으로 소개되어 항상 손님들이 많았고 음식도 맛있었다. 식당에서 호텔로 문자를 보냈더니 답신이 와서 다시 방문하였는데 호텔을 두 개 운영을 한단다. 내가 간 곳은 별관이었다는 것이다. 퀼른의 숙박 요금은 3성급 호텔로서 100,000원 정도 하지만 5층 건물에 옥탑방 같은 방을 주었다. 유리 천장이라 하늘을 볼 수는 있으나 답답했다.

2월 21일 5일 차 쾰른 페스티벌 스케치

쾰른은 2,000여 년이 넘는 역사 도시다. 그러나 2차 대전 때 폭격을 받아 90% 이상 파괴되어 전통 건물들은 거의 사라지고 현대식의 건물들이 도시를 이루고 있다. 학교는 몇천 년 전부터 개교되어 역사가 깊은 교육의 도시로서 운영되고 있다.

쾰른 카니발(Köln karneval)은 독일의 쾰른시에서 매년 11월 11일 11시 11분에 시작되어 다음 해 3월까지 긴 기간 동안 개최된다.

19세기 초부터 시작된 유서 깊은 축제로 3대 사육제 중 하나에 속하며, 수십 개의 카니발 단체가 참여해 3개월 동안 다채로운 행사를 진행한다. 축제가 지닌 일상에서의 일탈적인 축제로서 쾰른 카니발이 200년이 넘게 이어 내려온 전통의 축제로 알려져 있다.

쾰른 카니발은 처음 유럽의 사육제 전통 축제로서 겨울철 추위와 굶주림을 이겨내기 위해 벌어진 생존의 축제 행사로 개최하였으며 행사장소로는 쾰른 대성당 앞 광장의 주변에서 개최한다.

쾰른 카니발 축제의 조직위원회는 1823년에 'Festordnendes Komitee'가 설립되어 오늘날 축제 위원회의 뿌리가 되었으며, 1823년 2월 10일, 최초의 장미의 월요일(Rosenmontag)을 기념하여 개최하였다. 이때부터 축제의 영웅을 선정하여 운영하게 되었다. 카니발 시작은 뒤셀도르프에서 시작해 쾰른을 거쳐 마인츠까지 이어진다. 해를 거듭하며 특정한 전통이나 관습들이 생겨났으며 이것은 여전히 전통적인 쾰른 페스티벌의 큰 특징이다.

시작하는 시간은 매우 정확했지만, 카니발이 끝나는 날짜는 유동적이다. 카니발은 종교적인 의미의 행사로 부활절과 밀접한 관계가 있기 때문이다. 부활절은 춘분 이후 만월이 뜨고 맞이하는 첫 일요일이기 때문에 카니발의 종료 날짜가 유동적일 수밖에 없다. 카니발은 '장미의 월요일 행진 (Rosenmontag)'에서 정점을 이루게 되며 '재의 수요일(Aschermittwoch)과 여인들의 목요일(Weiberfastnacht)'부터 거리 행진으로 이어지는 카니발 집회는 새해부터 그 본격적인 막을 올리게 된다. 장미의 월요일은 재의 수요일 전의 월요일에 위치하게 되며, 그 뒤로는 선의 금요일과 부활절로 이어지는 사순절의 시기가 시작되게 된다.

장미의 월요일에 열리는 시가행진은 브라질의 리오, 영국의 노팅힐과 더불어 세계 3대 카니발의 하나로 그 명성을 지켜왔다고 하지만 현장에서 느낀 나는 이해하기 어렵다. 퀼른 축제의 시가행진은 정각 11시 11분에 퀼른 남쪽 클로드비히 광장에서 시작되어 최대 1백만 명의 관람객들이 참여한다. 시가행진은 오전 11시부터 오후 6시 30분까지 카니발 단체 150여 개와 1만여 명, 차량 100여 대가 참가하여, 7시간 동안 7.5km 구간에서 다양하고 풍성한 볼거리를 보여주며 카니발 용어로 예케(Jecke)라고 부르는 '바보' 백성에게 던져줄 선물로 사탕과 캐러멜 150t, 사각 초콜릿 70만 개, 프랄린 초콜릿 20만 상자, 장미꽃 30만 송이가 준비되어 길거리에 뿌려진다고 각종 정보에는 그렇게 정리되어 있지만, 현장의 분위기를 스케치한바 시민들도 축제에 관해 관심이 부족하고 모르는 시민도 많았다. 이론적인 데이터의 정보와는 현실과의 차이가 크다는 것을 느끼었다.

정보에 의하면 월요일은 평일임에도 독일 남부 지역(퀼른, 본, 아헨, 메인즈 등)의 학교, 회사 등 대부분의 기관이 이날을 임시 휴일로 정하고 축제 행사기간 중에는 시장 이하 많은 공무원이 각종 행사에 참여하여, 시민들과 더불어 격의 없이 축제를 즐긴다고 한다. 장미의 월요일은 교회력을 따라 부활절 42일 전으로 정하여 해마다 날짜가 달라진다.

축제 기간 중 '여인들의 목요일(Weiberdonnerstag 혹은 weiberfastnacht)'로 지정된 날은 진정한 축제의 시작이라고 불릴만한 날이다. 이날 Alter markt에서는 오전 9시부터 초대형 노천 회합이 거행되며, 정각 11시에는 삼성좌(dreigestirn)가 무대 위로 등장하며 프린스는 개회 연설을 하고 그 후 퀼른 시장은 이 축제 기간에 모든 세속적 권력을 시민에게 넘겨준다는 상징적 의미에서 시청 열쇠를 전달하며 11시 11분부터는 시 전역에 걸쳐 성대한 파티가 시작된다고 한다.

카니발운영위원회에서는 카니발의 정신적인 지주로서 카니발 왕자를 선발하여 1년 동안 축제의 왕자로서 봉사활동을 하는 이미지를 갖고 선발된 농민 및 여성 대표와 '3인 위원회'를 꾸려 공식 활동을 벌인다. 그들의 역할은 상상하는 것보다 더 중요한 역할을 한다. 축제기간 동안 이들의 주요 임무는 카니발 기간에 열리는 400여 실내 행사에 참여해 자리를 빛내는 것이다. 이때 진행되는 400여 행사 가운데 절반 이상은 장애인, 노인, 고아를 위한 복지시설 후원이 목적이다. 카니발 발전은 행사 질에 달렸다고 보는 카니발운영위원회는 연예인을 양성하는 3년제 교육과정까지 두고 있다.

2022년 2월 21일 월요일에는 축제의 기간인데도 어디서든 축제의 분위기를 볼 수 있는 설치물이 없다. 현수막이나 포스터, 리플릿도 없다. 관광안내소에서도 축제에 대해 잘 모른다. 결론은 이론적인 자료는 현실과 동떨어진 내용이었다는 것을 알 수 있다. 정보를 줄 수 있는 홈페이지도 영문으로 작동이 되지 않는다. 어디서든 정보를 얻기가 쉽지 않다. 예전에는 명성이 높고 지역민의 참여가 높았는지는 몰라도 현재는 많은 관심 속에서 멀어지지 않았나 하는 생각을 하게 된다. 매년 11월 11일 11시에 축제를 시작하기는 한다. 그리고 월요일, 수요일 행사는 개최할 것이다. 그러나 조직위원의 운영시스템이나 홈페이지 운영과 홍보 등의 상황을 분석하여 본다면 명성이 있는 축제들과는 거리가 멀다는 것을 느낀다. 역전 옆에 대형 뮤지컬 공연장이 설치되어 뮤지컬 공연을 상설로 하고 있다. 이 공연을 하고 3개월 축제라고 하기에는 아쉬움이 있다. 난 다른 유럽축제의 탐방 속에 한 코스로 넣어 방문하였지만, 퀼른 페스티벌을 꼭 보고 싶다면 꼭 행사 일정에 대한 정보를 입수하고 날짜에 맞추어 방문해야 할 것이다. 두바이 엑스포에서 프랑스 니스 카니발로 가는 도중에 퀼른 페스티벌의 현장 스케치를 위해 큰 소득 없이 먼 길을 돌아간다. 두바이에서는 기온이 높아 야외 수영장에서도 수영을 즐기고 반소매를 입었지만, 독일 퀼른으로 오면서 긴팔을 챙겨입었는데도 몸도 춥고 마음도 추었다.

어제 호텔이 좋지 않았던 관계로 21일인 오늘은 다른 호텔로 예약을 하고 오전에 방문하였지만, 일찍 입실하게 해주었다. 9만 원 정도의 호텔로서 넓고 큰 3성의 호텔이었다. 조식을 못 하고 새벽에 출발한다고 하니 빵과 과일, 음료를 싸서 주었다. 고마웠다.

2월 22일 6일 차 독일 쾰른에서 프랑스 니스로 이동

오늘은 프랑스 니스로 먼 길을 이동한다. 아침 5시 48분 쾰른에서 출발해 열차를 네 번 갈아 타고 오후 6시 37분에 니스 도착하는 기차의 코스를 정하고 먼저 스트라스부르로 가는 기차를 59유로에 예약하였다.

새벽에 출발하는 관계로 모닝콜을 부탁했지만 그래도 불안해서 전날 일찍 자고 2시에 일어나 글을 쓰며 씻고 5시에 나와 5시 48분에 본 기차를 탔다. 첫 코스로 만화임(Mannheim)에서 14분 이내에 다른 기차로 갈아타고 스트라스부르에서 17분 이내에 니스 가는 기차를 다시 발권하여 승차해야 한다. 그러나 만하임까지 30분 연착하는 관계로 기차를 놓쳤다. 모든 코스가 꼬였다. 타고 있는 기차도 스트라스부르로 간다고 한다. 그래서 내리지 않고 그냥 타고 있었다. 승무원이 다 왔다고 내리라고 한다. 얼떨결에 내렸다. 스트라스부르에서 내려야 하는데 승무원의 착각으로 슈르트가르트에서 내린 것이다. 즉 스트라스부르로 가지만 이 기차는 돌아가는 기차였기에 만하임에서 갈아타야 코스가 이어지는 것이었다. 슈르트가르트에서 다시 스트라스부르로 가는 열차를 발권하였다. 가는 코스라 돈을 받지 않고 발권만 하여 주었다. 한국 같으면 다시 돈을 내라고 하였을 텐데 여기서는 그런 것이 없어 좋았다. 앞 기차를 놓치면 그 승차권으로 다음 기차를 타도 된다. 스트라스부르에 10시 30분경 도착하였다. 여러 가지로 가는 편이 있지만 나는 오후 1시 36분에 출발하여 밤 10시 37분에 도착하는 직통 기차 일등실을 126유로에 예매하였다. 스트라스부르는 2년 전에 크리스마스 마켓을 스케치하기 위해 방문한 적이 있다. 다음 기차 시간까지 기다리는 시간에 크리스마스 마켓이 열렸던 스트라스부르 대성당 주변을 걸어서 둘러보았다. 감회가 새로웠다.

시간이 되어 기차에 승차하였다. 일등실은 좌석이 3칸이라 넓고 의자가 편했다. 인터넷이 되고 전기까지 사용할 수 있어 좋았다. 니스까지 가는 동안 노트북으로 일하다 보니 약 9시간이란 시간이 빠르게 지나갔다. 니스에 오후 10시 35분경 도착하였다. 날씨가 싸늘하였다. 기차역 주변에 있는 호텔에 와서 씻고 바로 잠이 들었다. 오늘도 약 15시간 이동의 고된 일정이 지나갔다. 혼자 다닌다는 것은 항상 긴장되어 피로감이 더 높은 것 같다.

2월 23일 7일 차 니스 카니발 현장 스케치

오늘은 니스에서 축제가 열리는 해변의 마세나 광장을 둘러보고 망통 레몬 축제를 스케치하고자 망통으로 이동하는 코스를 정하였다. 오전에는 회사 사무실과 연락을 취하며 자료를 메일로 보내고 이동하고자 하였지만, 메일이 매우 늦다. 메일 발송을 기다리다 지쳐서 저녁에 보내기로 하고 축제장으로 이동하였다. 어제저녁에 니스에 도착하였을 때 밤이라 쌀쌀해서 추울 것을 예상하여 옷을 두껍게 입었다. 해변에 도착하니 많은 사람이 일광욕하고 있었다. 수영하는 사람도 보였다.

니스는 휴양도시로서 관광객이 많이 찾는 곳이다. 해변이 매우 아름다웠다. 니스 도심은 조용하고 깨끗한 도시처럼 보였다. 해변은 모래가 아니라 작은 돌들로 채워진 해변으로서 많은 관광객이 그냥 바닥에 누워 힐링하고 있었다. 식당은 해변의 자갈 위에 테이블을 설치하고 장사를 한다. 말 그대로 해변이 힐링하는 휴양처라고 할 수 있다.

축제장의 주변을 돌아봤다. 광장 공원을 중심으로 안전망을 설치하고 특전부대 요원들이 총을 들고 주변을 지키고 있었다. 행사의 일정을 보니 수요일인 오늘 카니발 공연이 오후 2시 30분에 있고 목, 금에는 없으며 토요일에 오후 2시 30분과 저녁 8시 30분에 두 타임이 있었다. 나는 토요일에 일찍 베네치아로 이동하여야 한다. 일정이 꼬였다. 그래서 오늘 가기로 계획을 세웠던 망통 레몬 축제를 내일 가기로 하고 니스 카니발 티켓을 구매하고자 하였으나 쉽지 않았다. 다른 매표소에 가서 어떻게 구매하였는데 한 장이 아니라 56유로를 받고 2장을 주는 것이다. 나 혼자라고 한 장만 달라고 했더니 안 된다는 것이다. 계속 실랑이를 벌였더니 카드로 계산을 하였지만, 현금으로 내주었다. 한 장을 달라고 하였더니 못 판다고 한다. 기가 찼다.

다른 매표소로 이동하면서 입장권 구매를 하고자 하였지만 모두 매진이었다. 오늘 관람하지 못하면 토요일에 관람하고 가야 하기에 일정에 변경이 생겨 고민이 많았다. 그러던 중 누가 와서 20유로짜리 표를 내밀었다. 난 그 표를 구매하여 어렵게 축제장에 들어갈 수가 있었다.

카니발의 일정은 2주 동안 하지만 매일 하는 것이 아니다. 평일에는 1회 공연을 하고 토요일에 주간, 야간 공연을 하지만 공연하지 않는 날도 있다. 공원을 도는 퍼레이드도 있지만, 본 행사장은 삼면의 계단형 좌석으로 약 5천 석 규모로 구성이 되었다. 중앙에는 약간의 칸막이가 되어 있고 퍼레이드 팀은 중앙의 칸막이를 사이에 두고 객석 앞으로 계속 돌며 거리 행렬 퍼포먼스를 운영하는 방식으로 운영하였다. 행렬에 참여한 퍼포먼스 팀은 화려한 이동 차량의 디스플레이 속에서 다양한 댄서들의 퍼포먼스를 역동적으로 화려하게 진행하였다.

입장할 때 꽃을 나누어주었고 퍼포먼스에 참가한 꽃마차는 행사를 마친 후 관중에게 디스플레이로 설치하였던 꽃을 모두 나누어 주었다. 관광객은 주로 노년층이 많았다. 즉 휴양하러 온 노년층이 관람을 많이 하고 있었다. 니스 카니발을 분석한다면 행사 전에 진행자가 분위기를 돋우며 관광객과 함께하고자 하였다. 행렬에 참여한 퍼포먼스는 관람형이지만 나름대로 관중의 분위기를 끌어내고자 하는 퍼포먼스를 하였다.

퍼포먼스는 매우 역동적이고 화려하였다. 축제의 구성은 행렬밖에 없다. 주변에 현수막, 가로등 배너 등의 설치물은 전혀 없다. 포스터와 행사 안내판이 군데군데 설치되어 있을 뿐이다. 주간에는 그렇게 운영하였지만, 야간 행사에서는 화려한 조명이 곁들여 진행될 것이다. 참가한 퍼포먼스는 자질 있는 가치로 관람객을 모으고 있다고 할 수 있다.

우리나라에서 비슷한 축제로 천안 흥타령춤축제, 원주 다이내믹축제, 광주 충장축제 등이 있지만 질의 가치에서 차이가 있었고 니스 카니발은 입장료를 받아 자립도를 높이고 있었다. 또한, 여기의 축제에서는 무대와 퍼포먼스 외에는 다른 설치물들이 전혀 없고 퍼포먼스의 킬러 콘텐츠로 이끌어가고 있다고 봐야 할 것이다. 니스의 카니발은 며칠씩 어울리는 것이 아니라 행진을 한번 보면 끝이고 그 외의 시간은 휴양도시에서 휴양하는 코스의 일정이다.

2월의 니스 날씨는 야간에는 약간 쌀쌀한 우리나라 4월의 기온이었고 주간에는 5월 중순의 계절로서 약간 더운 관계로 해변에서 일광욕을 즐길 수 있는 휴양지라고 할 것이다. 대한민국에서도 해운대, 제주도, 강릉시, 속초시 등에서 휴양축제로서 충분히 경쟁력 있는 카니발을 만들 수 있다고 추천한다.

2월 24일 8일 차 망통 레몬 축제 현장 스케치

니스에서 망통까지는 거리가 멀지 않다. 기차로 약 40분 거리에 있다.

난 오전 9시 43분 기차의 승차권을 발권받고 승차하였다. 모두 내리란다. 다음 기차를 타라는 것이다. 왜 그런지는 이해를 하지 못하였다. 모두 내려 기다렸다가 다음 열차 10시 36분에 승차했다. 또 출발하지 않는다. 11시경에 출발하여 망통에 도착하였다. 니스에서 망통으로 오는 기차는 로컬 기차로서 역마다 모두 정차를 한다. 매우 느린 기차였다.

축제장은 해변 주변에 있다. 역에서 해변까지의 거리는 1km 정도가 되지 않았다. 퍼레이드 구간은 약 1km가 되지 않는 상점 건물의 한 블록을 도는 구간으로서 관중석을 설치하여 놓고 입장료를 받았다. 퍼레이드는 매일 하는 것이 아니라 주말 중심으로 한다. 그 옆에는 작은 공원이 길쭉하게 놓여 있다. 그 공원에 5개 정도의 대형 레몬 전시물을 설치하여 놓았다. 공원에는 레몬 과일나무들이 20여 그루가 있었고 기념품 등의 판매 부스가 10동 설치되어 있다. 행사장 주변의 곳곳에는 작은 레몬 전시물들이 분위기를 돋운다. 또한, 곳곳에 축제를 알리는 광고판이 설치되어 있다. 현수막, 무대 등은 없다. 구성에 대해 요약한다면 대형 조형물 5개, 레몬 과일나무 20여 그루, 부스 10여 동, 퍼레이드 공간 구성과 곳곳에 작은 레몬 전시물을 설치하여 놓은 것이 전부였다.

망통 레몬 축제는 망통이 레몬의 최고생산지로서 인지도가 매우 높다. 축제가 그 인지도를 더 높여 주었다고 한다. 축제가 열리는 2월은 조금 쌀쌀한 날씨로서 한국의 초여름 같았다. 인구 약 3만 명의 도시로서 해변이 매우 아름답다. 니스에서 망통으로 오는 주변이 모두 휴양지의 역할을 한다는 느낌도 받았다. 즉 망통은 휴양지에서 레몬 축제가 함께 어울리는 것으로 보면 될 것이다. 해변 주변에는 레스토랑이 즐비하게 있고 그 레스토랑은 해변 주변에 가든 테이블을 설치하여 놓고 관광객을 맞이한다. 거기까지였다.

우리의 인터넷상에 있는 정보와는 거리가 멀다. 즉 레몬 축제로 관광객을 유치하기에는 매우 부족하다. 휴양지에서 펼치는 레몬 축제 그 정도로 이해하면 될 것이다.

2월 25일 9일 차 프랑스 니스에서 이탈리아 볼로냐로 기차 이동

니스에서 4박을 하고자 숙박을 예약하였으나 축제에 대한 스케치를 일찍 마치었기에 1박을 취소하고 이번 일정의 마지막인 볼로냐에서 여유롭게 귀국을 준비하며 베네치아 카니발을 스케치하기 위해 하루 일정을 당겨 출발하였다.

어제 니스에서 망통으로 이동하는 과정에서 승차하였다가 승객 모두가 내리고 다음 기차를 타는 경우를 겪었다. 또한, 수시로 연착되는 경우를 겪었기에 오늘 좀 더 여유롭게 준비하였다. 밀라노까지 가는 국제선을 승차하기 위해서는 벤티미글라에서 국제선으로 갈아타야 한다. 난 니스에서 오전 9시 6분에 출발해 9시 50분경 벤티미글리아(Ventimiglia)에 도착하였다.

밀라노 가는 국제선은 오전 11시 3분에 출발한다. 해변까지 약 500m 거리이다. 한 시간의 여유가 있어 해변을 걷기로 하였다. 해변으로 내려가는 중 장터가 펼쳐졌다. 물건값이 매우 저렴하였다. 사고 싶은 것도 많다. 가방이 무조건 5유로였다. 한국 돈 7천 원 정도 하는 가방을 8개나 구매했다. 가방 하나는 허리에 찼다. 그런데 실밥이 터졌다. 싼값을 했다. 후회됐지만 7천 원의 값어치는 할 것으로 기대하였다.

오전 11시 3분에 벤티미글리아에서 밀라노 가는 기차에 승차하였다. 이등석으로 넓고 쾌적하였다.

밀라노에 오후 2시 55분에 도착해서 볼로냐로 가는 3시 10분 기차로 바꿔 타야 한다. 기차는 또 연착되어 밀라노에 3시 10분에 도착하였다. 뛰어갔지만 앞에서 출발하는 기차의 모습만 봐야 했다. 30초만 일찍 도착하였어도 승차하였을 텐데. 다시 매표소로 갔다. 연착되어 타지 못하였다고 설명을 하였다. 30여 분 동안 확인을 하더니 새로 발권해 주었다.

4시 10분 것을 타고 5시 30분경 볼로냐에 도착하였다. 이번 호텔은 시내와 7km 정도 떨어져 있지만, 공항과 가까운 4성급 호텔에서 힐링하고자 예약하였다. 지하철은 없고, 가는 버스의 동선을 모르겠다. 결국에는 유럽 여행 후 처음으로 택시를 탔다. 약 20유로 26,000원 정도의 요금이 나왔다. 호텔에 도착해 시내로 가는 버스의 동선을 알아보고 승차권도 미리 구매하였다.

오늘도 프랑스 니스에서 이탈리아 볼로냐까지 약 10시간에 걸쳐 이동하였다. 이번에 유럽의 이동에서 최고로 큰 난제는 이탈리아 입국할 때 방역에 대한 지침 서류 준비였다. 입국할 때 48시간 이내에 검사받은 PCR 증명서와 그린 패스 등의 서류가 있어야 입국이 가능하다는 등 복잡한 내용의 정보가 많았다. 난 사람이 사는 세상 어떻게 되겠지 하며 부딪치며 풀고자 하는 마음으로 PCR 검사 확인서, 그린 패스 등의 서류 준비 없이 하루의 일정을 당겨 프랑스 니스에서 출발했다. 결론은 다른 서류 필요 없이 3차 백신접종 증명서만 필요하였다. 밀라노에서 기차가 연착되어 힘든 면은 있었지만, 무사히 볼로냐까지 도착하였다.

2월 26일 10일 차 베네치아 카니발 현장 스케치

오늘은 볼로냐에서 베네치아 카니발 장소로 이동했다. 오늘은 별로 신경 쓸 일이 없을 거 같았는데 오늘도 역시 고생이 시작되었다. 버스에서 내려 기차역까지 걸어서 지도를 보면서 감으로 찾아가는 길이 험난하였다. 난 택시는 급할 때만 이용하지 거의 핸드폰 구글 지도를 가지고 발품 팔아 현장 스케치하며 이동한다. 어렵게 볼로냐 기차역을 찾았는데 매우 복잡하다. 철로는 지하 3층까지 20여 개의 노선이 있어 초행길에는 혼란스럽다.

유럽에서는 기차역에서 발권받는 데 시간이 오래 걸린다. 한국처럼 바로바로 발권하는 게 아니라 무슨 대화가 많은지 한사람 발권하는 데 많은 시간이 걸린다. 오늘은 급할 것 없었지만 대기 시간 한 시간 걸려 나의 발권 차례가 되었다.

그러나 쉽게 발권이 되던 상황에서 그린 패스를 제시하라고 하며 발권을 못 하여 주겠다고 한다. 난감하였다. 그동안 3차 백신 접종한 증명서로 모두 이동하였다고 앞 승차권들을 보여주면서 설득해서 발권해 약 한 시간 30분 정도 이동하여 베네치아로 이동했다.

유럽은 일부의 산악지대를 제외하면 거의 넓은 평야 지대이다. 넓은 들판은 봄 기운을 보낸다. 마을을 이루는 건물들은 거의 2층 이내의 건물들로 정겹고 평화스럽다.

베네치아에는 두 번째 방문이다. 앞서 방문하였을 때는 예약한 숙박과 야간에 둘러보느라 미로 같은 골목길 때문에 고생한 경험이 있어 좋은 기억이 없는 곳이었다.

베네치아에 도착하였다. 많은 관광객으로 붐비었다. 미로 같은 골목마다 관광객이 넘친다. 일부의 관광객들은 가면을 쓰고 활동한다. 곳곳에서 가면을 착용하고 중세시대 복장을 한 참여자들이 모델이 되어 주고 관광객들은 사진을 찍느라 난리이다.

베네치아 카니발의 메인 행사장인 산마르코 광장에 도착하였다. 많은 관광객이 인산인해로 모여있다. 중세시대 복장을 한 많은 참여자가 활동하고 관광객은 그들과 사진을 찍느라 난리이다. 복장들이 화려하다. 커플을 구성하여 포토월이 되어 준다. 광장의 한 공간에는 작은 무대가 있었다. 그 무대에서는 중세시대 복장을 한 참가자들이 참가하는 콘테스트를 진행하고 있었다. 축제는 거기까지였다. 주변에 음향, 조명, 현수막, 안내판, 안내소 등 아무것도 없다. 코로나19로 축소가 되었는지는 몰라도 축제 기간에 많은 관광객이 가면을 쓰며 참가해 분위기를 즐기는 것뿐이었다. 메인 행사였던 가장무도회를 스케치하고 싶었지만 그런 것은 없었다. 중세시대 복장을 하고 있는 참가자들은 거의 60대 이상의 연령층이었다. 초등학생 저학년 정도가 나름대로 복장을 하고 일부분 참여하였다. 젊은이들은 축제의 분위기상 가볍게 가면을 구매해 착용하며 참여하는 데 의미를 두고 관광을 하고 있다. 수백 년 내려온 축제이지만 젊은이들의 참여는 거의 없었다. 축제는 그렇게 식어가는 것 같았다.

관광의 도시 베네치아를 나름대로 분석하여 보면 도시 자체가 바다 위의 건물들은 미로로 연결되어 있고 모두 배로 이동을 하며 생활했던 모습을 볼 수 있다. 처음 방문길에는 길을 모르는 관광객은 많이 헤매게 되어있다. 안내 표지판도 없다. 그렇게 유도하는 것인지는 모르겠다. 난 요령과 감각으로 이동하곤 하였지만, 고생하지 않은 적이 없다. 성당들도 많았고 그 실내는 아름다웠다. 현재는 성당도 상업적으로 변하였다는 것이 아쉬웠다. 골목마다 호텔, 상점, 레스토랑으로 구성된 베네치아는 골목이나 바닷가 레스토랑 앞에는 테이블이 설치되어 있고 관광객들은 거리의 테이블에서 모두 힐링하며 식음료를 마시고 있었다.

베네치아 카니발은 사순절을 앞두고 매년 2월 말경에 개최한다. 낮에는 따스한 봄기운이 가벼운 옷을 입게 하지만 저녁에는 싸늘한 날씨가 추위를 가져다주었다. 코로나19의 상황에서 이탈리아에서는 방역에 대하여 철저하였지만, 축제장에서의 방역은 없었고 관광객은 인산인해로 베네치아를 관광하고 있었다. 토요일이라 그런지 비좁은 골목길에서 많은 관광객으로 인하여 여러 번 부딪치게 되었다.

난 야간 행사가 없고 날씨가 싸늘한 관계로 5시경 좀 일찍 나왔다. 기차의 승차권이 매진되어 한 시간 뒤의 승차권을 구매해 베네치아에서 출발해 볼로냐 호텔로 돌아왔다. 갈 때의 승차권 값은 36유로였는데 돌아오는 승차권은 43유로를 받았다. 왜 금액 차이가 있었는지는 이해가 되지 않지만, 승차권을 구매해서 볼로냐 기차에 승차한 것에 만족하기로 하였다.

2월 27일 11일 차 귀국 준비

내일은 귀국한다. 코로나19의 상황에서는 귀국을 위한 준비에 하루가 더 필요하다. 바로 48시간 이내의 PCR 검사 음성 확인서가 있어야 비행기에 탑승할 수 있기 때문이다.

공항에서 PCR 검사를 받기 위해 호텔을 공항 주변에 예약하였다. 아침 식사를 하고 호텔 직원의 지원을 받아 인터넷으로 PCR 검사를 오후 2시로 예약하였다. 검사비가 132유로이다. 그래도 확인차 자가 키트기로 코로나19의 검사를 하였다. 음성이었다. 당당한 마음으로 PCR 검사를 받으러 갔다. 정오에 호텔의 셔틀버스를 타고 볼로냐 공항에 도착하였다. PCR 검사소는 공항 바로 길 건너 10m 정도에 있었다. 기다리는 것 없이 바로 검사를 받았다. 그리고 1시 호텔 셔틀버스를 타고 돌아왔다. 4시에 PCR 확인서가 도착하여 인쇄하였다. 출국 준비를 모두 완료하였다. 먹고 싶은 것들 먹고 편안한 잠을 청한다.

2월 28일 12일 현장 스케치에 관한 결과 분석

2월 16일 인천공항을 출발해서 2월 27일까지 열심히 장거리를 비행기와 기차로 이동하면서 두바이 엑스포, 독일 퀼른 페스티벌, 프랑스 니스 카니발, 망통 레몬 축제, 이탈리아 베네치아 카니발을 스케치하였다.

두바이 엑스포는 미래의 전시로서 청소년들이 한 번쯤은 꼭 둘러보는 것이 좋을 것으로 생각한다. 전 세계의 문화를 조금이나마 이해하고 미래에 대한 비전으로 더 큰 꿈과 희망을 품고 도전할 수 있기 때문이다. 우리나라에서도 처음으로 개최하고자 하는 2030 부산 엑스포가 꼭 주최권을 받아 오기를 기원한다.

퀼른 페스티벌, 니스 카니발, 망통 레몬 축제, 베네치아 카니발은 우리가 이론상으로 생각하였던 내용과 현실은 너무나도 큰 차이가 있었다. 대한민국에서 출간된 해외 축제의 소개들과 인터넷의 글들은 현실과 매우 동떨어져 있었다. 책이나 인터넷 글에서는 좋은 내용만 이론적으로 담아 전달하기 때문이다.

축제 전문가로서 현장 스케치를 한 결과 많이 느낀 점도 있었고 대한민국의 축제가 어떻게 변해야 하는지에 대해 정리하고 돌아간다.

축제의 워크숍과 축제학교에서 강의를 통해 많은 강사가 해외사례를 들어 강의하고는 한다. 나 또한 그랬다. 그러나 직접 현장 스케치를 통해 분석한 내용은 너무나도 현실과 달랐다. 직접 현장 스케치를 통한 내용이 아니라 이론적인 정보 자료를 통해 현실과 맞지 않는 강의를 한 것에 대한 부끄러움이 크다. 반성하며 새로 정리된 내용으로 강의와 컨설팅하고자 한다.

입·출국 및 현지 여행에 대한 방역 절차 및 생활

2월 16일 한국에서 출발해서 17일 두바이에 도착하였다. 출국할 때 한국의 공항은 썰렁하였고 빠른 출국 절차가 진행되었다. 출국서류는 48시간 내의 PCR 검사지와 3차 백신 맞은 영문 확인서만 필요하였다. PCR 검사지 영문은 검사 비용 136,000원과 영문발행 확인서 20,000원으로서 156,000원을 받았다. 3차 백신 접종한 증명서는 동사무소 어디에서나 무료로 발급하여 주었다.

두바이 입국에서도 PCR 검사 확인서와 3차 백신접종 증명서만 확인하고 무사히 통과하였다. 엑스포장 등의 방문은 3차 백신접종 확인서만 제출하면 활동이 자유로웠다.

두바이 엑스포장에서 입장권이 있으면 무료로 PCR 검사를 해 주었다. 그 검사지를 가지고 출국에 활용하였다.

2월 20일 두바이에서 독일 프랑크푸르트로 출국하였다. 두바이 국제공항은 출국하는 사람들로 인산인해였다. 한 시간 줄을 섰다. 출국 절차는 간단했다. 24시간 내의 PCR 검사지와 3차 접종 백신 증명서의 확인으로 끝났다. 프랑크푸르트 입국장에서도 PCR 검사 확인서와 3차 접종 백신 증명서를 확인하고 바로 입국이 이루어졌다.

프랑크푸르트, 쾰른에서의 생활은 호텔이나 관광지, 성당, 상점, 식당마다 3차 접종 백신 증명서를 확인하였다. 증명서만 보여주면 생활에 불편함이 없었다.

2월 22일 기차를 타고 독일 쾰른에서 프랑스 스트라스부르로 이동하였다. 국제선이었다. 입국 절차는 없다. 기차 승차권과 3차 백신접종 증명서만 확인시켜 주면 끝이다.

프랑스 니스, 망통을 방문하였다. 오픈된 거리에서는 많은 사람이 마스크를 벗었지만, 실내나 기차 안에서는 마스크를 착용하였다. 호텔 체크인할 때 3차 접종 백신 증명서만 확인하였다. 다른 절차는 없었다. 물론 식당들도 3차 접종 백신 증명서만 확인시켜 주면 끝이었다. 축제장의 입장에도 3차 접종 증명서가 있어야 입장이 가능하다.

2월 25일 프랑스 니스에서 출발해 이탈리아 밀라노에 내려 기차를 바꿔 타고 볼로냐에 도착하였다. 밀라노에 입국하는 기차 안에서 승차권과 3차 접종 백신 확인서만 검토하고 끝이었다. 기차를 탈 때나 호텔 체크인할 때 3차 접종한 백신 증명서를 확인한다. 즉 3차 접종한 영문 백신 증명서만 가지고 있으면 국제선 기차여행이나 생활에서 불편함은 전혀 없었다.

그러나 26일 볼로냐역에서 베네치아로 가는 승차권 발권 과정에서 처음으로 그린 패스를 줘야 승차권을 발권하여 주겠다고 하였다. 3차 접종한 백신 증명서가 통하지 않았다. 그동안 유럽에서 이동하며 발권받은 승차권을 확인시켜 주며 발권을 받아 베네치아를 다녀왔다.

2월 28일에 한국으로 귀국을 하기 위해서는 48시간 내의 PCR 검사 음성 확인서가 있어야 비행기에 탑승할 수 있다.

PCR 검사를 받기 위해 27일에는 호텔에서 직원의 도움을 받아 PCR 검사를 신청하고 볼로냐 공항에서 검사를 받고 왔다.

유럽은 3차 접종한 백신 증명서가 있어야 활동할 수 있고 그 증명서를 갖춘 자들은 자유롭게 활동을 할 수 있으며 3차 백신을 접종한 자들만을 대상으로 대중적인 축제도 개최하고 있다.

드디어 2022년 대한민국에서도 오프라인 축제가 시작되었다. 정상적인 생활로 돌아갈 수 있길 기대한다.

두바이 엑스포 그리고 유럽축제 탐방 현장 스케치 경비산출

(2월 16일 인천공항 출발~3월 1일 입국/ 인천공항-두바이 엑스포-퀼른 페스티벌-니스 카니발-망통 레몬 축제-베네치아 카니발)

유럽 여행에 참고 데이터로 경비산출을 작성하여 봤다.

숙박은 그날그날 부킹 닷컴으로 예약하였다.

연번	항목	내용	금액
1	항공료	출발:인천공항-두바이-프랑크푸르트/ 도착: 볼로냐-인천공항	786,200원
2	숙박료	11박 x 조식 포함 약 90,000 (3성급호텔 5일 및 4성급호텔 6일) (2인실로 거의 경비 지출됨. 2인이 함께 숙박하면 경비 50% 절감)	990,000원
3	이동 기차	프프랑크푸르트 공항 기차역 ~ 프랑크푸르트 기차역 (로컬기차 5.5유로)	7,425원
		프랑크푸르트 기차역 ~ 퀼른 기차역 (2등석 55.20유로)	74,520원
		퀼른 기차역 ~스트라스부르 기차역 (2등석 55.20유로)	71,415원
		스트라스부르 기차역 ~ 프랑스 니스 기차역 (1등석 126유로)	170,100원
		니스 기차역 ~망통 기차역 왕복 (로컬기차 11유로)	14,850원
		니스 기차역 ~ 벤티미글리아 기차역 (로컬기차 8유로)	10,800원
		벤티미글리아 기차역 ~ 밀라노 기차역 (2등석 33.50유로)	45,225원
		밀라노 기차역 ~ 볼로냐 기차역 (2등석 48유로)	64,800원
		볼로냐 기차역 ~ 베네치아 기차역 (2등석 36유로)	48,600원
		베네치아 기차역 ~ 볼로냐 기차역 (2등석 43유로)	58,050원
		합계	565,785원
4	식대	40,000원(중식, 석식) x12일	480,000원
5	PCR 검사	한국 156,000원, 볼로냐 178,200원(132유로)	334,200원
6	운영 경비	볼로냐에서 택시 1회 27,000원(20유로), 니스카니발 입장료 27,000원(20유로)	54,000원
7	인터넷	KT 와이파이 1일 종일권 11,000x11일	121,000원
8	잡비	기타 식음료, 이동 전철 및 활동비	400,000원
		총합계 금액	3,731,185원

※ 두바이 엑스포 입장 1회는 에미리트 항공권으로 무료 입장, 1회는 한국관 지인
으로부터 받은 입장권 활용함, 유로는 편의상 1,350원으로 계산함.

제19회 하얼빈 빙설 대세계(빙등제) 스케치

눈 조각에 관련된 축제를 총감독하면서 눈 조각가 섭외와 노하우를 축적하기 위하여 하얼빈 여유국과 2009년부터 인연을 맺어왔다.

10여 년 동안 거의 매년 방문하여 스케치하였다. 예전에는 하얼빈 빙설제가 좀 단조로운 면이 있었지만, 점차 매년 업그레이드되었다. 지금은 공항이나 시내 곳곳에도 LED 조명등과 얼음 조각을 전시하여 겨울 도시의 이미지를 만들어가고 있다. 빙등제는 보통 12월 25일경 오픈하여 1월 5일에 매년 공식적인 개막식을 하여 2월까지 진행한다. 예전에는 12월 말이나 1월 초에 방문하면 낮은 기온으로 인하여 밖에서 30분 동안 서 있기가 힘들었다. 2월에 방문할 때는 그래도 좀 포근한 날씨라 관람하기가 좋았던 것 같다. 하얼빈 빙등제는 매년 주제를 주어 그 주제에 맞는 작품을 선보인다. 얼음 조각에 대한 빛의 조화를 스케치하기 위하여 3시부터 주간의 작품, 해 질 무렵의 야간작품을 구별하여 스케치하며 얼음과 빛이 함께하는 조화를 나름대로 스케치하여 봤다. 외부에서는 카메라가 얼어 빨리 방전이 되고 충전이 되지 않는 관계로 주머니에다 보온을 유지하여 주면서 배터리를 관리하곤 한다. 잠시 쉬러 실내에 들어오니 카메라에서 얼었던 물이 좌르르 흐른다. 매년 카메라가 얼고 배터리가 일찍 방전되어 마무리 사진을 찍지 못하였던 기억이 되살아난다. 조심한다고 하였건만 다섯 번 넘어지면서 기어코 끝날 무렵 넘어지면서 카메라를 떨어트려 망가진 관계로 핸드폰으로 마무리하기도 하였다.

예전의 빙등제는 전시 위주였다면 지금은 얼음 썰매를 탈 수 있는 공간을 많이 만들어 참여하여 즐길 수 있는 축제로 구성하고 있다. 그리고 조각마다 올라갈 수 있는 얼음계단을 만들어 정상에서 전 행사장을 둘러볼 수 있는 배려도 하고 있다. 무엇보다도 반가운 것은 곳곳에 휴게 시설이 있어 커피, 피자 등을 먹으며 쉴 수 있는 공간을 만들어 놨다는 것이다. 오후 5시가 넘으면 입장하는 관람객들이 늘어나고 7시가 되면 관람객이 인산인해로 이어진다. 입장료 330위안 약 6만 원을 받고 있지만 참으로 많은 관광객이 입장하여 즐기고 있다. 우리나라 축제장에서 6만 원의 입장료를 받는 곳도 없지만, 6만 원의 입장료를 받는다면 과연 입장객이 올까 하는 생각도 들게 한다. 대한민국에서의 엑스포 입장 요금은 약 12,000원 정도를 받는다. 내가 2009년 상해 엑스포 방문하였을 때 180위안 약 36,000원의 입장료를 내고 입장한 기억이 난다. 중요한 것은 자생력 있는 관광축제를 만들어야만 생존할 수가 있다는 것이다. 하얼빈 빙등제는 하얼빈시 외곽에서 흐르는 쑹화강에서 얼음을 채취하여 쑹화강 옆 공터에서 얼음을 조각하여 빙등제를 운영한다. 지금은 강 건너인 본 행사장 주변에도 새로운 신도시가 거대하게 생겨났다. 2017년의 여름에는 빙등제가 열리는 장소에서 하얼빈 국제맥주축제도 열리는 관계로 스케치하며 그 신도시의 대형백화점과 위락시설단지에서 휴가를 즐겁게 보내면서 하얼빈의 달라진 모습을 보았다.

　서울처럼 강남이 아니라 하얼빈은 강북이 발전되고 있다. 즉 러시아와 가까워지고 있다고 봐야 할 것이다.

하얼빈 제30회
태양도 국제눈조각예술 전시회(빙설제)

태백산눈축제와 대관령눈꽃축제 등을 총감독하면서 눈 조각가의 섭외에 어려움이 있는 관계로 하얼빈의 눈 조각을 스케치하고 조각가와 눈 조각 회사들과 교류하기 위해 하얼빈을 자주 찾아 눈 조각가들과 소통하였다. 하얼빈 기온은 보통 영하 20도를 유지한다. 하얼빈은 눈 조각을 하기 위해서 기본 박스의 틀을 짜고 눈을 틀에 넣으면서 다져 가는 방식으로 눈을 쌓기에 눈이 매우 단단하고 견고한 면이 있으며 눈 조각이 매우 곱다. 오랫동안 눈의 질이 거의 곱게 유지된다. 축제는 매년 12월 말에 시작하여 2월 말까지 진행된다. 한국의 눈 조각은 눈 조각을 만드는 데 있어 구멍이 있는 부분에 눈과 물을 섞어 메운다. 기온이 따라 주지 않는 관계로 녹다가 얼고는 하는 과정에서 눈 조각에 구멍이 생기면서 얼음 조각으로 변하고는 한다. 그러다 보니 정교한 면이 떨어지는 것이 현실이다. 한국에는 눈 조각을 할 수 있는 전문가는 거의 호텔 등에 종사하거나 소수의 자영업자이기에 기존의 거래처들을 가지고 있는 관계로 조각가를 구하기가 매우 힘든 면이 있어 거의 중국에서 눈 조각가를 초청하여 만들어가고 있는 것이 한국의 실정이다.

태양도 국제 빙설제는 태양도 공원 사무국에서 직접 운영하고 있으며 축제장을 찾을 때는 태양도 공원을 가자고 하면 된다. 태양도 공원에서 열리는 빙설제는 매년 경연대회의 프로그램이 예전이나 별다르지 않게 진행된다. 행사장 안쪽으로 들어가면 약 30m 높이에 가로 200m의 대형작품과 그 외 작품들이 펼쳐져 있는 큰 규모가 감동을 준다. 그 눈 조각이 메인이라고 보면 될 것이다. 그리고 얼음판을 만들어 썰매 등을 탈 수가 있고 눈썰매를 즐길 수 있게 해 놨다. 태양도의 입장료는 매년 오르면서 지금은 330위안(약 59,400원) 받고 있다. 처음 보는 분들은 한번 볼 수도 있겠지만 거의 매년 가는 나로서는 한화 6만 원의 가치를 하지는 못하고 있다는 생각을 한다. 관광객도 예전만 못하다는 생각이 들고 행사장의 눈 조각 구성 등에 있어서도 크게 변하지 못하고 있다고 분석한다.

빙설제 옆에서 열리고 있는 빙등제는 매년 업그레이드가 되고 있으며 입장료 또한 330위안으로 똑같이 받고 있다. 시내에서는 조린공원에서 200위안이 넘는 입장료를 받고 운영하고 있지만 조린공원의 눈 조각도 굳이 볼 필요는 없다고 본다. 빙등제를 보면 대략 그 가치를 느낄 수 있다.

난 보통 1시에 눈 축제장에 도착하여 스케치하고 가까운 거리에서 열리고 있는 빙등제에 3시 도착하여 주간부터 야간까지 스케치하다가 7시경에 나와서 조린공원에서 진행되는 얼음 조각을 8시경 잠시 스케치하고 숙소로 가는 코스를 잡고는 한다.

10여 년 동안 눈 조각가를 섭외하기 위하여 하얼빈, 장춘, 길림 등 많은 곳과 교류하면서 사기도 당하고 어려움도 겪었지만, 지금은 그 노하우가 축적되어 하나의 자산이 되었다.

청도 국제맥주축제 스케치

대한민국에서 맥주 축제를 개발하기 위해 2009년부터 청도 맥주 축제를 자주 찾았다.

2016년 제26회 중국 칭다오 맥주축제 스케치

2016년도에는 지인 및 가족과 함께 칭다오 맥주축제의 방문을 위하여 인천항구에서 배로 다녀왔다. 요금은 할인 기간이라 40% 할인을 받아 왕복 2인실 침대방 210,000원 정도였다. 배의 장점은 선상 비자로서 전날 신청하여도 되고 170위안 우리 돈으로 30,000원 정도이며 짐에 대한 검문검색이 양호하고 100kg까지 짐을 운반할 수 있다. 앞 전에는 한국에서 1,000,000원이 넘는 전기자전거를 300,000원 정도에 구매하여 배로 가지고 온 관계로 뱃값과 여행 경비를 모두 빼고도 남는 장사를 하기도 하였다.

축제 스케치 목적으로 갔지만, 가족이 동반한 관계로 숙박에 대하여 많이 고민한 결과 운치가 좋고 야외 수영장이 있는 4성급 호텔(Qingdao Impression Hotel)을 트윈 조식 포함 130,000원 정도에 3일을 예약하였고, 어린아이 둘은 무료로 음식이 제공되었다. 항구에서 호텔까지 버스는 힘들고 택시를 타고 12,000원 정도에 이동하였다.

호텔은 이국적이고 세련되었으며 깨끗하였고 야외 수영장 또한 대만족이었으며. 가족 모두 만족도가 높았다. 더 뜻밖이었던 것은 호텔 앞이 바로 새롭게 구성된 맥주문화박물관으로써 제26회 청도 맥주축제의 메인 축제가 열리고 있는 곳이었다. 보너스 하나가 더 있는 것은 수영복 입고 걸어갈 수 있는 곳으로서 바로 앞에 해수욕장이 있다. 칭다오의 여러 해수욕장 중 최고로 깨끗하고 모래사장도 좋았으며 파도도 가볍게 있을 정도로 즐기기 좋은 해수욕장이었다.

2017년에는 하얼빈 국제맥주축제를 다녀왔다.

2018 제28회 청도 국제맥주축제 스케치

황도구 진사탄 비주성 스케치

청도 맥주축제는 여러 곳에서 진행된다. 그중 메인 격인 황도구 진사탄 비주성과 라오산구 세기광장 비주성 두 장소에서 펼쳐지는 축제를 소개하고자 한다. 축제는 매년 8월 중순쯤 2주 정도 진행되는데 2018년에는 7월20일부터 8월 26일 한 달 넘게 진행되었다. 2016년과 2018년의 맥주축제의 느낌을 말한다면 2016년부터 새로운 축제장이 형성되어 황도구 진사탄 비주성에서 메인 축제가 진행되고 있다. 2년 만에 찾은 축제장에는 다양한 놀이시설과 서치라이트, LED 조명과 포토월 등 다채로운 환경구성을 하여 축제장을 화려하게 꾸며 놓았다. 개막식은 주 입구에서 입장식을 하고 개막식 장소로 이동하여 진행하였다. 축제장의 입장료는 주간에 10위안, 야간에는 20위안으로 판매된다. 그 외 행사장에서 진행되는 놀이 체험 등은 별도로 체험비를 내지만 브랜드별로 진행되고 있는 빅 텐트에서는 술과 안주를 사서 공연을 보면서 함께 즐기면 된다. 개막식 장소는 중앙 광장에 상설 주 무대 공연장을 설치하여 입장료를 구역에 따라 60위안, 80위안, 100위안을 내고 입장하여야 한다. 개막식 행사인 간단한 입장 퍼레이드를 스케치하면서 주 무대로 들어가고자 하였지만, 좌석이 만석이 되어 미리 입장권을 구매하지 못한 관계로 밖에서 스케치하였다.

맥주를 마실 수 있는 축제장의 구성은 브랜드별로 약 30m x 40m 규격의 정도로 대형텐트가 약 15개의 브랜드별로 설치되어 있었다. 그 안에 각자의 무대를 설치하고 앉아서 먹을 수 있는 의자와 테이블이 설치되어 있다. 주변에는 안주 판매대가 설치되어 있어 손님을 받는다.

20일의 개막식에는 브랜드별로 설치된 전체의 빅 텐트의 무대 LED에서 개막식을 생중계로 해준 관계로 개막식 시간에는 별도의 공연을 진행하지 않았다.

개막식장의 구성을 예전에는 열린 공간에서 1만석 정도였다면 지금은 약 6,000석 정도로 구성했다. 개막식의 세레모니는 각국의 공연 팀과 드론 쇼 등으로 구성하여 진행하면서 볼거리를 제공하였지만, 감동과 감탄을 줄 정도의 수준은 아니었다. 내가 본 청도 맥주축제에서 매년 진행된 8월에는 많은 이들이 웃통을 벗고 마시는 분위기였다. 2018년에 스케치 한 시기가 7월인 만큼 그렇게 무덥지 않았고 저녁에는 바닷가인 관계로 바람이 불어 선선하게 즐길 수 있는 기온이라 웃통을 벗는 이가 많지 않았다. 축제장 옆에는 해수욕장이 있어 주간에는 해수욕장에서 즐기고 야간에는 붙어 있는 맥주축제에 참여하여 즐기는 방법도 좋을 것이라고 제안한다.

숙소는 황도구 센트리 쇼핑광장 주변에서 하는 것이 편할 것이다. 주변에 쇼핑상가가 많고 한국 상권도 있어 즐길 수 있다. 축제장까지는 2위안짜리 버스 또는 택시로 20위안 이내에 갈 수가 있다. 청도역까지 3번 버스로 2위안으로 갈 수가 있다. 우리는 5성급 호텔인 하이두 호텔에서 2인이 조식 포함 100,000원에 숙박하였는데 호텔은 조금 낡았지만, 숙박, 식사는 괜찮았다.

라오산구 세기광장 비주성 스케치

7월 21일 라오산구 세기광장에서 열리는 축제장을 가기 위해 숙소를 3호선 이촌역 주변인 4성급 블루 호라이즌 호텔로 옮겼다. 이촌역에는 다양한 쇼핑몰과 전통상권 등이 있어 쇼핑하고 중국의 전통음식을 먹기 좋은 상권을 형성하고 있었다. 야간에 야시장에서 어울리는 행복은 만족도를 더 높여 주었다.

라오산구 세기광장 비주성에서 열리는 축제는 2018년 7월20일부터 8월12일까지 열렸다.

10여 년 전부터 방문하였던 맥주축제장이며 지금은 메인 축제장이 황도구 진사탄 비주성으로 이동하였지만 오랫동안 이 지역 축제장이 메인 행사장으로 활용되어왔다. 10여 년 전에 방문하였을 때는 많은 기업 홍보관과 다양한 놀이시설 등이 참여하여 구성하였지만, 기업 홍보관은 빠지고 게임 놀이 등 IT적인 놀이시설과 어린이 놀이시설이 함께 구성되어 진행되고 있었다. 전에는 브랜드별 빅 텐트 맥주 축제장이 30여 개 진행되었지만, 지금은 10여 개 빅 텐트 맥주 축제장으로 구성되어 진행한다. 2018년에 색다르게 본 것은 기존 건물에 고품격의 맥주 판매장을 형성하여 진행하고 있다는 것이다. 메인은 청도맥주관 아니겠는가? 청도맥주관은 약 6,000석 규모로 오픈된 무대의 광장에서 대형으로 진행하였다. 안주 판매 부스도 모두 컨테이너로 설치하여 아주 깔끔하고, 안주 또한 신선하고 다채롭게 판매하였다. 나름대로 많이 업그레이드를 시킨 모습을 보았으나 메인 축제 행사장을 옮긴 상황이다. 메인 축제가 열리는 황도구 진사탄 비주성의 축제장은 인산인해인데 이곳의 축제장은 관광객을 많이 뺏긴 것 같다. 청도에는 많은 지하철이 개통되었고 청도역에서 세기광장 비주성까지는 지하철로 이동할 수 있으며 교통편이 많이 좋아졌다. 주변에는 청도박물관과 청도국제컨벤션센터가 같이 있다. 지하철역도 컨벤션센터 역에서 내리면 된다.

청도 맥주축제장에서 즐기는 방법은 마시고 싶은 브랜드의 맥주, 다양한 장르에 따른 공연의 무대 분위기가 있는 브랜드 빅 텐트에 가서 안주를 시켜 주변 사람들과 함께 어울려 즐기는 것이다. 브랜드 빅 텐트마다 공연의 내용이 틀리고 그 내용에 따라 분위기가 다르기 때문에 좋아하는 브랜드 빅 텐트에 가서 즐기면 된다.

대한민국에서도 현재 많은 맥주 축제가 열리고 있다. 대한민국에서 열리는 맥주 축제는 축제라기보다 맥주 브랜드 프로모션 행사에 가깝다는 분석을 한다.

하얼빈 국제맥주축제

중국이나 전 세계적으로 칭다오 맥주가 유명하다. 그에 못지않게 하얼빈 맥주도 유명하다. 난 중국에 가면 칭다오 맥주보다는 하얼빈 맥주를 많이 마신다. 칭다오 맥주보다 저렴한 이유도 있지만, 맛이 있기 때문이다. 하얼빈 국제맥주축제는 매년 7월 중순부터 8월 중순까지 약 한 달간 쑹화강 옆 하얼빈 빙등제가 열리는 축제장에서 개최한다. 칭다오 맥주 축제장의 구성은 매우 복잡하다. 그러나 하얼빈 맥주 축제장은 넓고 약 1만석 규모로 진행되며 분위기가 매우 좋다. 난 하얼빈 국제맥주축제에 수시로 가서 즐기고 온다. 축제장의 구성은 메인 무대, 큰 텐트 10여 동, 힐링의 환경조성, 때로는 놀이공원을 조성하여 운영한다. 축제장이 송화강 주변의 넓은 공터였지만 지금은 아파트 단지가 조성되어 신도시의 중심이 되었다.

대련 맥주축제도 가끔은 방문하여 스케치한다. 대련 맥주 축제도 약 10여 개의 큰 텐트로 구성하여 운영한다. 시내의 광장에서 개최하다 보니 협소한 공간으로 인해 복잡해서 여유롭지 않다.

일본 삿포로 맥주 축제 스케치

중국의 맥주축제장은 주 무대가 있고 20~30여 개의 맥주 브랜드별로 빅 텐트 무대를 설치하여 다양한 공연과 함께 진행하는 스타일이다. 그 외 문화행사와 놀이터, 협찬사 등의 부스 등을 운영하면서 주간에는 10위안, 야간에는 20위안의 입장료를 받고 입장에 따른 보안검사가 철두철미하게 진행된다.

일본 삿포로 맥주축제는 자연스러우며 입장료가 없다. 문화행사도 없다. 무대 행사도 없다. 삿포로 맥주 축제는 오도리 공원에서 개최한다. 겨울에는 눈축제가 열리고 그 외 계절별로 다양한 축제가 열리는 곳이다. 2019년 삿포로 맥주축제는 7월 20일부터 8월 15일까지 진행되었다. 주 축제장 외에도 삿포로역이나 그 외 공원 등에서 소규모로 진행되었다.

오도리 공원에서는 삿포로 맥주 두 개의 빅 텐트, 아사히 맥주, 기린 맥주, 국제 맥주 빅 텐트 등 6개의 빅 텐트로 구성한다. 중국은 대형 메인 빅 텐트가 있고 브랜드별로 20여 큰 텐트(800석~6,000석)가 설치되어 운영되지만, 삿포로 맥주 축제는 약 800석 규모로 6곳에서 빅 텐트를 설치하고 운영한다. 공원의 넓은 공간이 아니라 숲이 있는 공간에 설치하다 보니 대형 텐트라기보다는 공간에 맞게 대형텐트와 작은 텐트 및 오픈 테이블 등 다양하게 구성하여 운영한다. 맥주 판매 및 안주 판매는 모두가 컨테이너로 깔끔하게 설치하여 정오부터 오후 9시까지 운영한다. 내가 방문한 8월 10일과 11일에는 이슬비가 내렸다. 이슬비가 내리는 가운데에서도 지붕이 없는 테이블 외에는 모두가 손님으로 가득 찼다. 26일간 운영되는 맥주축제는 성황리에 진행되고 있었다.

그럼 삿포로 맥주 축제에 대하여 잠시 분석하여 본다. 약 800명을 수용할 수 있는 빅 텐트를 6개 맥주 브랜드 회사가 설치되어 운영한다. 시내의 중심지인 오도리 공원에서 진행한다. 입장료가 없다. 문화행사가 없다. 무대가 없다. 브랜드별로 디자인을 하여 분위기 연출을 한다. 안주로는 꼬치 몇 개 시켜놓고 생맥주를 시켜 담소를 나누며 즐기는 맥주축제이다.

중국 청도 맥주가 중국의 일반 편의점에서는 저렴하다. 그러나 축제장에서는 1,000cc에 70위안(한국 돈 13,000원 정도)을 받는다. 일본 삿포로 축제장에서의 맥줏값은 800cc에 900엔(한국 돈 9,000원) 정도, 안주는 꼬치 500엔(한국 돈 5,000원) 등 소규모 접시로 하여 판매하는 관계로 부담 없이 즐길 수가 있다. 안주는 티켓을 끊어 부스에 가서 티켓을 주고 안주를 직접 받아 온다. 맥주는 다양한 브랜드와 생맥주로 판매하고 있으며 자리에서 구매하면 갖다가 준다. 운영 요원은 컨테이너 부스에서 티켓 판매 스텝, 안주 판매 스텝, 맥주 담아주는 스텝, 현장 테이블에서 이동하며 티켓을 끊어 주는 스텝, 맥주를 전달하여 주는 스텝으로 구성하여 체계적으로 업무분담이 되어 운영한다.

특별한 맥주 문화는 없지만 자연스럽게 즐기는 지역공동체 문화라고 봐야 할 것이다. 전체 운영 스텝이라든가 안내 스텝 인원 등은 거의 없다. 주차장이 전혀 없다. 자연스럽게 축제장에 와서 브랜드 별로 설치된 빅 텐트에 가서 즐기는 문화라고 할 것이다. 맥주도 많이 마시는 것이 아니라 500cc, 또는 800cc 또는 3,000cc 등의 맥주와 안주로는 꼬치 몇 개 시켜놓고 음주문화를 즐기는 축제라고 할 수 있다. 우리나라같이 축제장을 설치하여 놓고 운영본부나 지원센터, 농산물판매 및 체험 부스 등을 설치하여 놓는 것이 아니라 순수 맥주 판매장만 설치하여 운영한다. 우리나라 축제를 운영함에도 많이 고민해 볼 필요가 있을 것이다.

현재 대한민국에서는 치맥축제, 가맥축제, 노맥축제 등이 다양하게 진행되고 있다. 축제장 구성과 운영시스템에서도 자연스럽게 구성, 연출할 수 있는 시스템을 고민하여 볼 필요가 있다. 난 경쟁력 있는 코리아 국제맥주축제를 구성, 연출하는데 많은 고민 속에 오랫동안 준비하였던 맥주축제를 본격적으로 준비하고자 한다.

상해 엑스포 스케치

상해 엑스포는 2010년에 상해에서 개최되었다. 국제엑스포는 6개월간 진행되는 등록 엑스포와 3개월간 진행되는 인정 엑스포로 구분된다. 등록 엑스포는 0과 5로 끝나는 년도에 정기적으로 전 세계를 돌아다니며 개최되는 최고의 엑스포이다. 세계 3대 이벤트 하면 등록 엑스포, 올림픽대회, 월드컵 축구대회를 말한다. 대한민국에서는 등록 엑스포를 개최한 적이 없고 부산에서 2030년 등록 엑스포를 처음으로 유치하고자 노력하고 있다. 대한민국에서는 인정 엑스포로 대전 엑스포, 여수 엑스포를 개최하였다.

상해의 엑스포장에는 전 세계의 국가가 참여하였기에 엑스포장이 매우 넓었고, 걸어서는 다니기가 쉽지 않아 셔틀버스를 타고 다녀야 할 정도였다. 엑스포 행사장은 매우 넓은 공간이 필요하다 보니 넓은 공터에서 엑스포를 개최하고 그 주변에 신도시가 개발되는 시스템으로 운영이 된다.

엑스포 기간에 한국관의 인기가 높아 많은 관람객이 줄을 서 있다는 보도가 한국에서 많이 노출되었다. 보통 전시관을 구성하는 데 있어 순환형의 관람이 아니라 일정 인원이 일정 시간에 정체하여 관람하게 하는 정체형으로 운영하였기에 많은 관람객이 기다릴 수밖에 없는 구조였다. 순환형의 전시관에서는 많은 관람객이 빠른 관람 속에 관람이 진행되었지만, 한국관에서는 일정한 시간에 일정한 인원의 관람객이 관람할 수 있는 운영시스템으로 운영하는 관계로 아침에 인원이 조금만 와도 시간이 정체될 수밖에 없는 구조로 진행되었기 때문이지 많은 관람객이 와서 정체된 것은 아니라고 본다. 한국관이 인기가 있다기보다는 수용할 수 있는 인원이 적은 구조였기에 5시간씩 기다렸다고 보는 것이 맞는 답일 것이다. 정체형의 운영이 아니라 순환형의 운영시스템으로 구성하는 게 많은 관람객을 유치하는 방법일 것이다. 모두가 국가를 대표하여 전시관에 대하여 거금을 투자하고 있는 만큼, 현실적이고 효율적인 구성, 연출이 되었으면 하는 아쉬움이 있었다.

쓰촨성 등축제와 타이중 등불축제

세계적으로 등 제작에 관여한 회사들이 집단으로 있는 곳이 쓰촨성 자공시이다. 난 한국에서 등 제작을 하기 위해 자공시에 있는 회사들과 계약을 하고는 하였다. 중국에서는 보통 음력 1월 1일 기점으로 명절 시기에 많은 곳에서 등축제를 진행한다. 쓰촨성 도심지의 여러 곳에서도 등축제를 진행하고 있었고 자공시에서도 매년 1월 1일을 기점으로 몇 개월 동안 많은 등을 제작하여 전시한다. 중국의 등 제작은 작은 모형의 등 제작만이 아니라 건물 형태의 등을 제작하여 전시하고는 한다. 우리가 생각하는 등 규모와는 차이가 매우 크다. 자공시에서 진행하는 등축제는 공원의 호수에서 대형 건물형의 스토리가 있는 등을 제작하여 전시하였다. 한국에서 등 제작할 때 자공시에서 전문 등 제작자들을 섭외하여 등 제작에 참여시키고는 한다. 한국의 등은 한지 등에 삽화 등을 그려 제작하는 방식이고 중국의 등은 철골로 모형을 떠서 천을 조각으로 붙여 만드는 방식이다. 용도에 따라 제작을 하는 것이 바람직할 것이다.

대만 타이중 등불축제 현장 스케치

매년 1월에 인터넷을 검색하다 보면 세계적인 등불축제라고 타이중 등불축제를 여행상품으로 광고하면서 모집하곤 한다. 내가 알기로는 등불 축제하면 중국의 쓰촨성 자공시를 등불 집단지로 알고 있었는데 대만의 등불축제가 세계 최고라고 하여 2018년에 방문하게 되었다. 대만의 타이중에서는 매년 정월 대보름을 기점으로 하여 평지아 야시장, 허우리 말 목장, 평원 후루둔 공원, 슈이난 중앙공원, 문심 산림공원 등에서 개최한다. 메인 행사장인 허우리 말 목장은 중심가에서 40~60분 정도 떨어진 곳이다. 타이중의 메인 등불축제는 일반 등불축제하고는 구성에서 큰 차이가 있었다. 축제장도 매우 컸지만, 등불 자체가 대형 전시형의 등불로 제작하여 전시하였다. 보통 등불축제 하면 호수에 유등을 띄우는 것을 연상한다. 대한민국 유등축제가 그랬고 청계천 등불축제가 그랬다. 그러나 타이중 축제는 넓은 광장인 지상에서 진행하는 축제이다. 축제의 구성은 대형 등 전시품과 대형 멀티 쇼의 구성으로서 감탄을 자아내게 한다. 즉 타이중 등불축제는 멀티 등불 쇼로 진행되는 축제라고 할 수 있을 것이다.

태국 송끄란 축제

대한민국에서도 요즘은 물 축제가 붐을 타고 여러 곳에서 개최되고 있지만, 세계적 물 축제인 송끄란 축제를 벤치마킹하기 위해 태국을 자주 찾았다.

송끄란 축제는 4월 13일을 기준으로 하여 태국의 전역에서 개최하고 있다. 송끄란 축제는 풍부한 비가 내려 한 해 농사가 풍요롭게 이루어지기를 기원하고 무더위를 잠시나마 피하는 의미에서 서로의 손이나 어깨에 향기로운 물을 부어주며 진행된다. 이제는 태국의 한 전통문화축제가 되었다.

송끄란 축제는 지역마다 일정은 며칠씩 차이가 났다. 송끄란 축제를 참관하고 싶다면 지역 송끄란 축제 일정을 확인하여 여행 일정을 세우는 것이 좋을 것이다. 나는 2014년 치앙마이 송끄란 축제를 다녀왔다. 하지만 첫 일정이라 제대로 즐기지 못하고 왔다. 다음 해인 2015년에는 태국, 파타야로 일정을 잡아 다녀왔다. 그리고 2016년 다시 치앙마이로 가서 세부적으로 분석하고 왔다.

상점에서는 대형 통을 설치하여 놓고 물을 지원하여 준다. 누구나 물을 사용할 수 있도록 배려하는 모습이 인상적이었다. 송끄란 축제에 참여하는 인원은 다국적인으로서 약 3km 되는 해저 구간에서 인산인해를 이룬 채 물싸움이 진행된다. 물싸움은 어떤 큰 규정이 없지만, 암묵적인 예의는 있다. 얼굴에 직접 물을 붓지 않고 물싸움의 준비가 되지 않은 행인에게는 물을 붓지 않는다는 것이다.

치앙마이의 송끄란 축제는 해저를 끼고 각 상점 및 길거리에 있는 놓여 있는 물통에서 지나가는 참여자에게 물총을 쏘거나 바가지로 물을 뿌린다. 또 한편에서는 픽업 차량이 큰 물통에 물을 담고 돌면서 길거리에 있는 참여자에게 물을 뿌리며 자연스럽게 서로 공격과 방어가 되어 물싸움이 진행되는 시스템이다. 좀 더 스릴을 느끼기 위해서 물에 얼음을 담가 찬물을 끼얹는다. 또한, 다양한 물총에 물을 담아 물총싸움이 진행된다. 그러나 좀 더 스릴을 느끼고 싶다면 바가지를 하나 가지고 다니며 물을 얻거나 상대방에게서 물을 뺏어 진행하는 것도 큰 재미를 느낄 수가 있다.

치앙마이의 송끄란 축제에는 세계의 젊은이들이 참가하여 함께 즐긴다. 언어가 소통되지 않아도 물이란 매개로 함께 어울릴 수 있다. 언어가 된다면 더 가까운 친구로서 어울릴 수도 있겠지만, 아니어도 어울리기 어렵지 않다. 송끄란 축제를 즐기고 싶다면 가능한 물 축제가 열리는 장소 주변에 숙소를 예약하여 편하게 즐기는 것을 추천한다. 치앙마이의 송끄란 축제는 매년 4월 13일부터 15일까지 매일 오후 3시부터 6시까지 진행된다.

태국의 방콕 송끄란 축제는 대한민국 명동거리 같은 상권 거리에서 한 구간을 정하여 놓고 진행된다. 다른 축제는 차량을 이용하여 물싸움을 하지만 방콕에서는 차량 없이 물총만을 가지고 참여하여 즐긴다. 행사가 진행되는 구간은 사람이 많아 이동할 수가 거의 없다. 밀려서 움직이는 상황이라고 보면 된다.

군데군데 협찬사들이 약식의 무대를 세워놓고 핫팬츠의 여성들이 물을 뿌리며 약간의 공연을 곁들여 분위기를 돋운다. 방콕 송끄란 축제의 특징은 무료로 물을 주지 않고 물을 사서 참여해야 한다는 것이다. 그리고 상업적으로 진행되는 물 나이트는 야외에서 여러 개의 나이트 장을 만들어 놓고 DJ 박스와 함께 미모의 여성들이 물대포의 물을 뿌리며 진행을 한다.

방콕에서 진행되는 나이트 물 쇼는 한번 참여하여볼 만하다. 야간에 물을 흠뻑 맞다 보면 몸이 추울 수 있다. 즐기러 간다면 확실하게 준비하여 즐기는 것이 좋을 것이다.

송끄란 축제를 즐기고 싶다면 제대로 마음의 준비를 하고 치앙마이에 가서 낮에는 해저의 행사장을 돌며, 야간에는 무료로 진행되는 마야백화점 앞에서 나이트 물

쇼에서나 주변의 카페에서 다국적인과 함께 친구가 되어 즐기는 것도 송끄란 축제를 즐기는 방법이다.

　파타야에서도 물 축제를 개최하고 있다. 파타야에서 개최하는 송끄란 축제는 인위적으로 관광객을 위하여 진행하는 축제로서 다른 도시의 축제에 비해 분위기가 살지는 않는다.

　치앙마이에서 개최되는 송끄란 축제는 차량과 오토바이 및 사람이 엉켜서 진행되니 안전사고 예방에 특별히 신경을 써야 할 것이다.

몽골 나담축제 현장 스케치

몽골의 나담축제는 1921년 7월 11일 중국으로부터 독립을 기념하여 몽골 전역에서 개최하고 있다. 축제의 콘텐츠는 몽골의 씨름, 말타기, 활쏘기 등 3가지가 전통 경기로 진행된다. 축제장 주변에는 몽골 전통가옥인 게르 부스가 곳곳에 설치되어 있으며 공연과 전통주 체험 및 전국부족의 고유 특징이 있는 몽골 전통의상인 델을 만나볼 수 있다.

난 2010년 대구대 서철현 교수님을 모시고 하얼빈 빙등제를 다녀왔다. 그러한 인연으로 서철현 교수님 제자가 몽골인으로서 초청한 관계로 동행하여 1주일간 안내를 받으며 다녀왔다. 몽골의 땅은 우리나라의 약 15배 정도의 넓은 땅이지만 인구는 약 350만 명밖에 되지 않는다. 몽골의 기반시설은 매우 낙후되어있다. 행사장이 열리는 운동장은 우리나라 작은 지자체 군의 70년대 운동장 수준이었다.

개막식에는 입장권을 판매한다. 관람객은 외국인이 많다. 식전행사로는 칭기즈칸의 후예로서 몽골의 전통 구성과 칭기즈칸의 기상을 엿볼 수 있는 퍼포먼스를 연출한다. 그 외는 식순에 의한 개막식이고 식후행사는 몽골 씨름으로 2일간 토너먼트 생방송을 통하여 누가 우승할 것인가에 관심을 두고 전 국민이 시청한다. 그 외 말타기는 15~30km를 달리는 경연이라 관람객은 별로 감흥이 없다. 활쏘기도 깡통 목표물 맞히는 것이라 관심과 흥미가 없다. 그런데 어떻게 세계인의 참여로 어울리는 축제가 되었을까? 칭기즈칸의 전성기에 대한 몽골의 관심과 관련된 축제로서 그 기상을 엿보고자 관심을 두고 있는 것이라 나는 분석한다. 몽골의 7월은 계절적으로도 관광하기 매우 좋은 계절이다. 여름은 짧고 겨울이 매우 길기 때문이다.

전 국민의 관심사는 인기 씨름으로서 전 국민의 사랑과 관심을 받기에 2일간 하루 종일 생방송을 통하여 모두 TV 앞으로 모이게 하는 원동력이 되는 축제라고 할 수 있다. 난 개막식과 말 경주, 활쏘기 등을 스케치하였으며 게르 생활 등의 역사 유적지 체험 등을 하고 돌아왔다.

일본을 대표하는
하카타 기온 야마카사 마쯔리

규슈 북단의 도시 후쿠오카에서는 매년 여름 하카타 기온 야마카사 마쯔리가 7월 1일부터 15일까지 개최된다. 축제의 하이라이트는 7월 15일 새벽 4시 49분에 시작되는 오이야마 경주이다. 시내 7개 구역의 팀들이 구시다 신사를 출발하여 약 1t 무게의 가마를 메고 5km를 빨리 달리는 10여 팀의 경연이다. 야마카사를 메고 달리는 이들의 눈빛과 이를 뒤쫓는 1천여 명의 행렬이 물을 끼얹고 함성을 지르며 일체감을 이루며 달리는 단결력은 보는 이에게 전율을 느끼게 한다. 가마를 메는 40여 명은 수시로 인원을 교체하면 진행을 한다. 전체가 전통 속옷인 훈도시를 착용하고 유치원생부터 노인들까지 행렬을 이루는 모습 자체가 그들의 공동체의 일체감에 전율을 느끼게 한다. 마쯔리(祭り) 기간의 퍼레이드 경연은 장소와 시간대를 옮겨 다니면서 진행이 된다. 축제를 진행하는 시간 전에는 시설물이 없다. 한 시간 전에 도로에 안전 통제선을 설치하고 진행요원이 정위치 한다. 가마 달리기가 끝나면 바로 청소가 이루어지고 축제장의 장소였다는 거리를 잊게 한다. 축제장 주변에는 안내판이나 현수막 등이 거의 없다. 바로 킬러 콘텐츠인 야마카사를 메고 달리는 콘텐츠만으로 구성되어 운영되고 있다. 즉 콘텐츠 외에는 예산을 지출하지 않는다는 것이다. 대한민국에서 축제를 진행함에 있어 차지하고 있는 인건비의 비율이 높고 인건비 때문에 축제를 진행하기가 쉽지 않다. 약 1,000여 명이 10여 개의 가마 행렬를 잇는 10,000여 명이 보기에 따라 좀 민망한 전통의상 훈도시를 입고 펼치는 경연은 그들만의 공동체 문화를 엿볼 수 있는 축제라고 할 수 있을 것이다.

일본 오사카 벚꽃축제 스케치

대한민국을 대표하는 벚꽃축제인 진해 군항제를 몇십 년 동안 스케치하고자 하였으나 시간과 여건이 맞지 않아 방문하지 못하였다. 2019년에는 의령 의병축제의 총감독으로 일찍 내려가서 준비하던 중 어렵게 시간을 만들어 스케치하였다.

4월 7일에는 매년 기회를 엿보고 있던 일본의 벚꽃축제를 스케치하기 위해 2박 3일 일정으로 일본 오사카 벚꽃축제를 다녀왔다. 오사카성 일대의 벚꽃축제에서는 음식의 판매 부스가 몇 개 있을 뿐 무대 등의 설치물이 거의 없다. 지역민과 외국인이 소풍 나온 것처럼 벚꽃 아래에 돗자리를 깔고 만들어 온 음식을 나누어 먹는 문화의 축제였다. 많은 관광객이 담소를 나누면서 벚꽃 밑에서 음식을 나누어 먹으며 즐기는 모습은 매우 인상적이었다.

우리나라 60~70년대 학교의 소풍이나 가족의 나들이를 하던 그 시절의 문화를 연상하면 될 것이다. 현재의 우리나라의 벚꽃축제에서는 무대가 들어서고 많은 판매점이 들어와서 시끄러운 모습의 축제가 대다수다.

조폐박물관 일대 옆의 벚꽃축제장으로 이동하였다. 강 옆으로 죽 늘어선 10여 Km의 벚나무 밑에서 가족, 연인 등이 담소를 나누며 즐기고 있었다. 야간보다는 주간에 즐기는 벚꽃축제라는 인식을 갖게 하였다.

다음 날 교토의 벚꽃축제를 다녀왔다. 벚꽃 나무만 있으며 그 밑에서 사진을 찍으며 즐기는 모습을 보았다. 거기까지였다. 설치물은 전혀 없이 자연 그대로의 벚꽃 구경을 하고 있었다.

일본의 축제에서는 무대가 거의 없다. 주차장도 거의 없다. 자연스럽게 찾아와서 즐기는 축제로 운영되고 있다.

일본 제71회 신슈타츠 반딧불축제 스케치

대한민국 문화체육관광부 선정 대표축제인 무주반딧불축제에서 2000년부터 2018년까지 총감독으로 활동하였다. 2003년경 무주반딧불축제를 총감독하면서 무주군 축제기획단 20여 명이 축제하기 전에 벤치마킹하러 함께 신슈타츠 반딧불축제를 다녀온 적이 있다. 언젠가는 축제 시기에 와서 다시 보고자 하였는데, 약 15년이 지난 2018년에 혼자 스케치하고 왔다.

6월 13일(목) 인천공항에서 출발하여 처음 가는 개인 여행의 도쿄라 두려움도 있었다. 13일에는 도쿄에 도착하여 숙소에서 여장을 풀고 도쿄역 주변, 신주쿠, 아사쿠사, 우에노 등 주요관광지를 전철 승차와 주로 걸어 다니면서 스케치하였고, 신주쿠역에 가서는 열차의 시간표 등을 미리 체크하였다.

숙소에 들어와서 반딧불축제장 주변의 숙소를 예약하고자 하였으나 축제장 주변의 도시의 호텔에도 빈 객실이 없었다. 1차로 축제가 열리는 다쓰노, 2차로 축제장과 가까운 약 5만 명 오카야시(기차 15분 거리), 3차로 6만 명의 시오지리시(기차 40분 거리), 4차로 약 12만 명 마쓰모토시(기차 60분 거리, 약 38km)로 주변을 찾아봤지만, 객실이 없어 예약이 모두 되지 않았다.

6월 14일 난 신주쿠역에 가서 승차권을 구매하고자 하였다. 원래는 나가노시를 스케치하고 마쓰모토시로 오고자 하였으나 나가노시는 도쿄에서 출발한다고 하여 나가노시는 포기하고 바로 시오지리시로 예약하려 했으나, 예약이 되지 않았다. 고민을 하던 중 시오지리시를 그냥 지나쳐 더 큰 도시인 마쓰모토시에 하차하였다. 특급 6,500엔의 시오지리 표였지만 마쓰모토역에서 그냥 지나쳤다고 하니 추가 요금

없이 보내주었다. 신주쿠와 마쓰모토는 양쪽 종착역이었다. 역에 내려 배낭을 메고 숙소를 찾아 헤맸지만, 비어있는 객실이 없었다. 어렵게 발품 판 덕에 3성급 호텔 2박 조식 포함 25만 원에 예약하였다. 물가는 도쿄보다 더 비싸다는 느낌을 받았다.

일본에서 최고로 큰 반딧불축제인 제71회 신슈타츠 반딧불축제는 2019년 6월 15일부터 6월 23일까지 주로 토, 일요일에만 다쓰노 반딧불 공원에서 진행된다. 여기의 반딧불축제도 환경이 파괴되는 과정에서 자연을 보호하고자 생태계를 복원하는 차원에서 반딧불축제를 개최한다고 했다. 반딧불 공원은 산밑에 다슬기가 살 수 있는 도랑을 만들어 물의 깊이와 흐름의 속도 등을 고민하여 생태계를 만들었다. 난 축제가 15일부터 열리지만, 준비과정을 보러 14일 오후에 축제장을 방문하였다. 다쓰노역에 내리니 설치물이 없다. 소수의 가로등 베너와 호롱등으로 길을 안내하고 있다. 자동 매표기가 설치되어 있었다. 가로등 베너는 매년 재활용하는 것으로 보이는 것들이 약 1km 되는 구간에만 설치되어 있고 축제장으로 가는 1.5km 구간에서 등으로 안내를 하였다.

축제장 입구에서는 반딧불 환경 보호 보존기금으로 500엔을 받고 있었다. 15년만에 둘러보는 반딧불 관람 장소는 그리 크지 않았다. 금요일인 만큼 주로 사진 기자들이 자리를 잡고 있었다. 7시 30분 정도 되니 반딧불이 보이기 시작하였고 8시가 되니 반딧불이의 천국 즉 반딧불이가 완전히 꽃밭을 이루었다. 모두가 동심의 세계로 돌아간 듯 보였다. 수천 마리가 약 5천 평 되는 한 공간에서 날아다녔다. 난 반딧불이를 보고 다시 열차를 타고 마쓰모토시 숙소로 왔다.

6월 15일 반딧불축제가 열리는 날.

아침부터 비가 내린다. 오전에는 마쓰모토시 고성을 관람하고 숙소에 들어와서 축제장으로 이동할 준비를 하고 나섰다. 비 오는 날에 관광객이 올까? 어제 미리 잘 보았다고 생각하면서 이동하였다. 다쓰노역 앞에 도착하니 지역의 초등학생들이 펼치는 고적대가 행진하고 있었다. 100여 동의 간식, 체험 부스를 설치하여 놓은 공간에 사람들이 미어졌다. 같은 시간대 약 5,000명이 있는 것 같았다. 오후 6시 30분경 개막식을 진행하였다. 개막식에서 내빈은 약 50여 명, 관객은 200여 명이 말 그대로 자기네끼리 내빈 소개와 인사말 및 박 터트리기 선포식이 진행되었고 이것이 전부였다. 오후 7시 30분에 1.5km 되는 반딧불 공원으로 이동하여 밤 9시까지 반딧불이를 관람하고 오는 이것이 축제의 모든 것이었다.

반딧불 공원에서는 500엔의 입장료를 받는 자동판매기와 약 500대 댈 수 있는 주차장이 있었다. 관광객은 주로 반딧불 공원보다는 역전 주변에 차를 주차하고 걸어갔다. 관리는 동네의 어르신들이 거의 하는 것으로 보였다. 즉 일본의 반딧불 대표 축제이지만 지역의 어르신 약 50여 명이 참여하여 이끌어 가는 모습이었다.

축제 기간에 약 8만 명이 방문한다고 한다. 현수막 등은 거의 없고, 재활용하는 가로등 배너 약 100여 개와 1.5km 정도로 안내하는 등불 등이 전부였다. 간식 부스는 공간을 주면 참여 부스가 자체적으로 설치하는 것으로 보였다. 무대는 허름한 기존 무대에 5kw 정도 되는 음향과 객석 의자는 없이 진행되었다. 반딧불 공원에는 교육용 15평 정도 되는 텐트 한 동과 간이부스 4개 정도가 전부였다.

이것이 일본의 반딧불축제 전부였던 거 같았다. 내가 예상하는 예산은 관리하는 어르신 인건비 빼고 전체 설치물 예산이 2천만 원 밑으로 보였다. 일본을 대표하는 반딧불축제라고 하지만 2만 명이 안 되는 마을의 축제에서 8만 명을 유치하는 축제였다. 작은 동네라서 숙박할 수 있는 여건도 되어있지 않았다. 난 발품 팔아 마을 전체를 돌아봤다. 집마다 주차하여 있는 차들은 소형차들이었고 중형차는 거의 찾아볼 수가 없었다. 집마다 정원이 있었고 높은 빌딩은 없었다. 우리가 옛날 옛적에 살던 시골집에는 정원이 있었다. 옆에는 텃밭이 있었고 현재의 일본 시골 마을에서는 그때의 정겨운 맛을 볼 수 있는 환경이었다.

반딧불축제에 대한 전체를 스케치하고자 한다면 축제의 날에 가야 하겠지만 반딧불이만 보고자 한다면 굳이 축제 기간에 갈 필요가 없을 것이다. 축제의 날이 아니더라도 반딧불이는 날아다닐 수 있고 또한 볼 수도 있기 때문이다.

일본 오사카 스케치

2003년경 무주반딧불축제를 총감독하면서 무주군청 공무원들하고 반딧불축제의 벤치마킹을 한 후 두 번째로 찾아왔다. 예전에는 공무원분들을 따라다녔지만, 이번에는 사랑하는 직원들하고 같이 자유여행 식으로 방문하였다. 에어서울 왕복약 150,000원에 티켓을 구입하고 아파트 민박을 하루에 약 90,000원(15평 정도, 2인)에 3일을 예약하였다. 숙소는 신건물로서 아주 깔끔하였다. 인터넷상으로 예약을 하였고 메일에 나오는 방법으로 입구에서 우편함 같은 사물함에서 열쇠를 받고 숙박을 하면서 주인 얼굴 한번 보지 못하고 퇴실을 하였다.

숙소는 덴 가치야 역에서 500m 정도의 가까운 숙소로서 취사도구와 세탁기, 다리미 등의 생활용품이 모두 비치되어 있었고, 주변에 있는 대형 마트에서 가끔 식자재를 구매하여 조리하여 먹곤 하였다.

2일권 오사카 주유 패스를 3,300엔(약 33,000원)에 구매하면 권역 내에 있는 전철과 버스를 무한대로 승차할 수가 있고 주요관광지에 있어 무료로 관람과 온천 및 뱃놀이를 할 수가 있었다. 우리는 2일권 오사카 주유 패스를 구매하여 아주 알차게 관광하였다. 일본의 교통비는 매우 비싸다. 그러나 한국보다도 매우 저렴한 돼지고기와 소고기를 구매하여 숙소에서 안주 삼아 요리하여 먹는 분위기는 좋았다.

주간에는 관광지, 밤에는 난바의 거리를 헤맨다. 난바 거리는 인산인해로 사람이 많았고 서울의 명동보다 10배 이상의 크기로서 일본의 문화를 그대로 엿볼 수 있는 곳이다. 내가 가본 후쿠오카의 거리가 지하 문화의 거리였다면, 오사카는 지상에서 거의 이루어지는 문화였고 작은 것 하나라도 수백 년을 이어온 전통 상점들이 눈길을 끌었다. 우리에게서 전통의 역사가 있는 상점들이 얼마나 될까? 대한민국은 인스턴트 문화. 자고 일어나면 새롭게 간판이 바뀌어 새로운 상점이 생기는 나라. 직장에서 40대에 명퇴하여 자영업자로 내몰려 살아가야 하는 한국을 다시 한번 생각한다.

대한민국에서 자영업자나 소상공인으로 살아간다는 것은 몹시 어렵다. 일본의 상점들을 보면 대다수가 작은 상점에서 전통과 가문을 유지하며 살아가고 있는 모습을 보게 된다. 즉 그만큼 자영업자나 소상공인이 그 나라를 근본으로 지탱하고 있다는 것이다. 대한민국에서 40~50대는 대다수가 자영업자로 몰리게 된다. 인스턴트 자영업보다는 어떠한 부분에 있어 전문인으로서 자부심과 보람을 가지고 전통을 이어갈 수 있는 자영업자나 소상공인이 되는 문화가 정착되어야 경쟁력 있는 도시가 될 것이다. 역사와 전통을 이어가는 자영업자나 소상공인이 잘살 수 있는 나라로서 그들이 나라의 중심이 되어 모두가 행복해질 수 있는 대한민국이 되길 소망한다.

해외의 축제와 대한민국 축제의 비교 분석

해외의 축제에서는 ① 운영본부와 지원센터가 거의 없다. ② 주차장, 편의시설, 안내판이 거의 없다. ③ 지역 광고탑, 현수막, 가로등 배너 등이 거의 없다. ④ 무대 공연 즉 가수 공연이 공연예술축제 외에는 거의 없다. ⑤ 특산물 판매, 가공식품 판매가 거의 없다. ⑥ 이벤트 체험 부스 운영이 거의 없다. 콘텐츠 중심으로 구성한다. ⑦ 지역에 대대적인 홍보가 거의 없다. ⑧ 편의시설이 거의 없다. ⑨ 주제관, 각종 전시관 등이 거의 없다. 대한민국에서도 버릴 것은 과감히 버리고 콘텐츠 중심형의 축제로서 가성비가 높은 생산성의 축제로 만들어 가야 할 것이다.

대한민국의 축제에서는 콘텐츠 중심보다는 다양성에 대한 고민과 관광객의 편리성에 맞추어져 있다. 해외에서는 고생을 감수하고 관광객들이 찾아온다. 지역의 인프라를 가지고 지역을 알리는 데 집중하고 있다. 즐길 거리의 문화를 만들어 가고 있다는 것이다. 즉 높은 가치의 브랜드를 내세우고 있다. 현재 대한민국에서의 축제 방향성은 힐링 쪽에 많은 관심이 있으며 즐길 거리를 찾는다. 우리는 지역민의 인프라를 통하여 가치 있는 콘텐츠를 만들어 가야 할 것이다. 보여주는 것에서 참여하여 즐기는 것 등으로 구성해야 성공할 수 있다. 즉 대중이 참여하여 함께 즐기는 문화의 콘텐츠가 필요하다. 아니면 나만의 콘텐츠로 찾아가는 마을 축제의 활성화가 필요한 시기라고 할 것이다.

제7장

경쟁력 있는
글로벌 관광축제 개발을 위한 제안

나는 오랫동안 축제 현장에서 축제전문가로 활동해 오고 있다.

현장에서 터득한 실무의 경험과 관광경영학 박사과정의 이론적 연구를 바탕으로 대한민국을 대표하는 관광상품의 관광축제를 개발하기 위하여 노력해 왔다.

그동안 축제의 자문, 컨설팅과 대한민국 대다수 축제를 스케치하고 분석하면서 DB를 구축하고 한층 업그레이드시켜왔다.

항상 세계적으로 경쟁력 있는 축제 만들기에 고심하며 관광축제 상품을 개발하여 해외에 판매되는 글로벌 축제를 만들겠다는 야심을 가지고 행동해 왔다.

국내에서 그나마 외국인에게 인기가 있다고 하는 것은 보령머드축제일 것이고 해외 상품으로 판매되고 있는 것은 화천산천어축제가 유일할 것이다. 좋은 환경을 갖고 있음에도 이를 제대로 활용하지 못해 그저 동네 축제 수준에 그치고 있는 것이 현실이다.

박종부 감독이 제안하는
계절별 대한민국 대표 축제의 개발

우리가 해외 여행지를 선택하는 기준은 무엇인가? 첫째는 세계적이고 그 나라에만 있는 역사적인 곳 지역문화를 보고 싶어 할 것이다. 둘째는 현대적인 문화가 잘 갖춘 곳으로서 쇼핑 관광을 원한다. 세 번째는 일탈적이고 즐거움이 있는 축제일 것이다. 네 번째는 세계적인 예술적 가치가 있는 곳이다. 다섯 번째는 세계적으로 지역 명소가 이루어진 곳이다.

그럼 외국인이 대한민국을 찾는다면 역사적인 곳 어디를 찾을 것인가? 대한민국의 전통문화 역사를 어디에서 찾아야 할까? 하는 고민을 하게 될 것이다. 그래서 이러한 축제를 개발했다.

난 약 30여 년간의 준비한 자료를 토대로 경쟁력 있는 관광축제를 개발하여 놓았고, 타당성 있는 지자체와 조율을 하는 상황이다. 즉 약 40억을 투자하여 직접적인 소득으로 60억 이상의 매출을 올리고자 하는 산업축제로서의 견해를 가지고 있다. 수입은 입장 수입과 부스 판매 및 협찬금 등을 통하여 매출을 올릴 예정이고, 오픈하는 즉시 국제상품으로서 해외관광객을 유치하고자 한다. 2월에는 대한민국을 대표하는 전통문화 상품으로서 코리아 국제 세시풍속축제, 5월에는 코리아 국제 키즈 드림 축제의 체험과 전시, 판매로서 야외 산업전을 이끌어 가고자 한다. 8월에는 오랫동안 준비한 코리아 국제맥주축제를 15개 국가의 빅 텐트와 수제 맥주의 구성으로 이끌어 갈 것이고, 11월에는 코리아 국제풍물축제를 구성하여 전 세계의 문화 풍습으로 이끌어 관광객을 유치할 것이며, 12월에는 크리스마스 마켓을 통하여 살아있는 산업축제로 최소 3주간 이상으로 기간을 정하여 개최를 제안하고자 한다.

코리아 전통 세시풍속축제

대한민국의 역사와 다양한 전통문화를 엿볼 수 있는 코리아 전통 세시풍속축제다. 시기는 새해를 여는 설날과 정월 대보름의 기간에 다양한 콘텐츠를 구성, 대한민국의 전통 세시풍속 문화를 만들어낼 수 있는 축제로 만들어 가고자 한다. 이 시기에는 새해를 여는 한국의 문화에서 새해 소원을 빌기 위해 산과, 바다, 절로 간다. 또한, 1년의 운을 보기 위해 점을 보고 소원을 빈다.

겨울에는 대한민국의 다양한 세시풍속이 있다. 정월 대보름에는 오곡밥과 밥을 나누어 먹는 풍습이 있다. 대한민국에는 겨울 문화와 새해의 풍년을 기원하는 줄다리기와 차전놀이, 다양한 대동놀이 등 전통 무형문화재가 있다. 이러한 전통문화를 즐길 수 있는 시기가 이때이다. 이러한 상품을 개최연도부터 국제상품으로 만들어 해외 관광상품으로서 해외관광객을 유치하고자 한다.

프로그램의 구성은

1. 킬러 콘텐츠로서 대한민국 대동놀이를 상징할 수 있는 프로그램, 즉 2만 명이 참여하여 즐기는 줄다리기의 프로그램을 마지막 날 진행할 것이다.

2. 대동놀이마당 : 차전놀이 등 다양한 무형문화재의 전통 놀이마당을 구성한다.

3. 소원 마당 : 새해에는 소원을 빌러 바다와 산과 절로 간다. 떡시루를 설치하여 소원을 빌 수 있는 다양한 프로그램과 대한민국 점집, 토정비결 등을 모두 유치하여 구성하고 소원 풍등 날리기 등의 행사를 운영한다.

4. 전통음식 마당 : 정월 대보름에는 오곡밥을 해 먹는 전통이 있다. 겨울의 음식과 전통음식을 직접 체험하고 먹을 수 있는 프로그램을 운영한다.

5. 민속마당 : 대한민국을 대표하는 전통 민속공연과 전통 놀이마당을 운영하고자 한다. 예를 들어 쥐불놀이 등 다양한 겨울 세시풍속 체험행사를 매일같이 운영.

6. 겨울 마당 : 대한민국 산천에서 즐길 수 있는 겨울 콘텐츠를 구성하여 깡통 차

기, 눈썰매장, 군고구마 구워 먹기 등의 프로그램을 진행할 것이다.

7. 겨울 민속놀이마당 : 윷놀이 등 다채로운 겨울 민속놀이마당을 운영한다.

8. 세계민속 한마당 : 전 세계 민속공연으로 구성하여 진행한다.

9. 축제의 시기는 정월 초하루 설날부터 정월 대보름(음 1.15.)까지 2주일(약 15일) 진행한다.

10. 운영예산은 입장료 약 10,000원으로 300,000명(1일 2만 명) 기준으로 30억 원 축제를 첫해부터 관광 상품화하여 판매를 통하여 자생력 있는 축제로 만들어 갈 것이다. 이외 협찬과 30만 이상을 유치하여 대한민국을 대표하는 축제로서 경쟁력 있는 상품으로 만들어 갈 것이다.

(축제는 1회부터 관광상품의 기준으로 계획을 세워 중앙홍보와 여행사상품에 대한 계획으로 최소 30만 명 유치, 30억 기준으로 가성비가 높은 축제, 즉 수익을 내는 축제를 만들고자 한다. 세부적인 내용은 별도의 계획서에 구성되어 있다.)

코리아 키즈 국제 드림 페스티벌

1년 중 어린 자녀와 함께 최고로 많은 가족여행을 떠나는 계절이 5월이다. 그동안 축제를 진행하면서 분석한 자료에 의하면 어린이 체험 축제에서는 실패한 적이 없다. 축제프로그램 중 어린이에게 최고로 인기 있는 것은 어린이 체험행사라고 할 수 있다.

어린이 체험 중에도 여러 가지 놀이시설 체험이 있다. 그중에서도 공기 조형물의 놀이시설이 최고로 인기도가 높다는 것이 분석의 결과다.

대한민국에는 전국에 50여 공기 조형물 놀이시설 업체가 있다. 이 업체들을 참여시켜 대단지 전시, 판매, 교류, 놀이 체험축제장을 만드는 것이다. 그동안 공기 조형물의 축제는 소규모로 실내나 야외에서 진행됐다.

어린이 프로그램을 모티브로 판매자와 소비자 및 일반 관객이 상생할 수 있는 교류의 대형 축제를 오랫동안 기획해 왔다.

축제장의 구성은 50업체를 참여 목표로 계획하고 있다. 보통 한 작품당 10mx10m의 크기로 적어도 100점 이상의 참여 공간을 주고자 한다. 즉 한 업체에 공간을 150mx150m의 공간이 필요하다. 50여 업체를 참여시킨다면 적어도 1,500mx2,000m의 공간이 필요하다. 그 외에도 유아교육적인 것들과 체험 등의 프로그램들이 들어온다면 적어도 사방 2,000mx2,000m의 축제장 공간이 필요하다. 그 외 주차장 등의 공간이 더 필요할 것이다.

주최 측은 전체의 공간구성과 중앙홍보에 집중하여 관광객을 유치하고 운영한다.

프로그램별 주관은 참가업체들이 공간을 받아 직접 설치하고 운영한다. 공통사항만 주최 측이 운영하고 참가업체는 주최 측의 체계를 따른다.

축제에 대한 목적은
1) 축제로써 대한민국의 새로운 콘텐츠 프로그램을 만들어가는 것이다.

2) 어린이와 가족에게는 새로운 대형 놀이문화를 만들어준다.

3) 축제장에서 놀이시설 소비자와 공급자와의 교류문화를 만들어간다. 직접 체험과 가치를 통하여 판매 및 구매욕을 높인다.

4) 국제관을 통해 해외 상품들의 전시, 체험을 통하여 새로운 상품을 엿보고, 국내상품을 수출하는 데 이바지하고자 한다.

축제의 구성은

1) 공기 체험물 참여업체 50업체 배정(100점x50업체=5,000점 설치)

2) 유아나 어린이 교육 부스 200점

3) 국제 체험관 운영 50점

4) 어린이 행렬 공연

5) 특설무대(어린이와 연결된 문화 공연 및 안내)

6) 시기는 5월 2~4 째 주 21일간 운영을 한다.

운영비용은

1) 전체 입장료를 5,000원 정도 받고 기본적으로 즐길 거리를 이용할 수 있도록 한다. 축제 기간 3주 21일이며 하루 20,000명이 입장할 경우 축제 기간 중 420,000명이 입장하게 되고 210,000,000원의 매출과 각 판매 부스와 참여업체 수입에 대한 퍼센트 분배로 이루어진다.

전체 수입 약 40억 원 예상의 수입으로 중앙홍보와 기반시설 및 운영비로 사용한다.

2) 대형 공기 조형물 놀이시설 참여업체는 배정받은 공간을 자체적으로 설치하고 참여업체별 입장료를 받아 운영한다. 일정 퍼센트에 대하여 주최 측에 분배하여 행사의 운영비로 사용할 수 있도록 한다.

주최 측과 참여업체들이 상생할 수 있는 축제를 운영하고자 한다.

주최 측인 지역 지자체는 직접적인 소득과 간접적인 소득 및 지역 명소축제를 만드는 것에 있어 만족도와 경제효과를 볼 수 있도록 한다.

코리아 국제맥주축제

국내의 맥주 맛에 대하여 소비자들의 불만이 많다. 맛있는 맥주, 글로벌 맥주와 비교 분석을 할 수 있는 맥주축제를 10년 넘게 준비해 왔다.

중국의 맥주축제

중국 청도 국제맥주축제, 대련 국제맥주축제, 하얼빈 국제맥주축제를 10여 년 전부터 현장 스케치를 하면서 분석해왔다. 중국의 맥주축제는 주간 10위안, 야간 20위안을 받는다. 주간에는 사람이 많지 않지만, 야간에는 사람들이 거의 인산인해이다. 청도의 국제맥주축제장은 3곳에서 진행되고 있다. 브랜드별 맥주 1,000석 규모의 큰 텐트 관을 운영하는데 칭다오 맥주관은 1만석 규모로 진행을 한다. 보통 20~30여 큰 텐트 관을 운영하는데 큰 텐트마다 무대를 설치하여 다양한 장르의 공연을 진행한다. 축제장에서의 맥주와 안줏값은 저렴하지 않았고 시내의 단가와 축제장의 단가에 많은 차이가 있다. 중국의 맥주축제는 2주간 운영하였지만, 지금은 약 4주간 운영을 한다. 중국의 맥주축제는 맥주를 마시기 위한 큰 텐트 외에 놀거리 등의 전시, 체험장을 함께 운영한다.

일본의 삿포로 국제 맥주축제

눈축제가 열리는 삿포로 오도리공원 일대에서 1천석 규모의 6개 국제관을 구성하여 운영하면서 시내 곳곳에서도 생맥주 코너를 만들어 운영도 한다. 축제장에는 주차장이 없다. 무대공연이 없다. 입장료가 없다. 홍보 디스플레이 등이 없다. 저녁에는 빈자리가 없다. 맥주를 많이 시키는 문화는 아니다. 마실 만큼 500cc, 또는 1,000cc와 꼬치 몇 개의 안주를 시켜서 먹는다. 일본의 맥주축제는 축제라기보다 시민들이 참여하여 분위기를 즐기는 축제 형태라고 볼 수 있다.

독일 옥토버 페스트

브랜드별 1만 석의 큰 텐트 10여 동이 설치된다고 하지만 지금은 테러 관계로 큰 텐트에서의 수용 좌석을 줄이고 통로를 넓게 만들었다고 한다. 내가 보기에는 5천 석 약 10여 개 맥주 브랜드별 대형텐트와 다양한 놀이시설 및 대형 놀이기구가 구성, 설치되어 운영한다고 분석하였다. 축제장에는 대형무대가 없다. 큰 텐트마다 작은 무대에서 약 8인조의 악단들이 연주하면서 분위기를 이끌어간다. 전통 연주를 하고 같이 노래를 따라 부르면서 진행되는 축제이다. 독일도 한국이나 중국처럼 안주와 술을 많이 시켜서 먹는 스타일이 아니다. 먹을 만큼 시켜놓고 즐기는 축제 문화라고 할 수 있다. 독일의 맥주축제는 10월 첫째 주 일요일 전으로 2주간 진행된다. 다국적인이 참여하여 즐기는 축제라고 할 수 있다. 평일의 주간에도 브랜드별 맥주 큰 텐트마다 좌석이 거의 만석이다. 야간에는 예약해야 하고 대기를 해야 한다. 관광객이 너무 많아 정신이 없다. 예약하지 못하면 자리도 없다. 독일인은 전통 옷을 입고 전통 노래를 부르면서 맥주를 마시면서 즐긴다. 즐길 준비가 되어있는 축제라고 할 수 있다. 공식적인 주차장이 없다. 주변에 우리나라처럼 가로등 배너 등의 현수막이 전혀 없다.

대한민국에는 맥주 관광축제가 없다. 맥주축제라기보다는 국내 맥주 업체의 협찬을 받아 진행하는 판촉 행사라고 할 수 있다.

대구의 치맥축제 기간에는 매우 덥다. 낮에 참여할 공간이 없다. 치킨 한 마리 시켜 먹으면 배가 불러 더 먹을 수가 없다. 현재는 맥주 회사의 홍보 행사로 진행되고 있다. 국내에 있는 대다수 맥주축제가 이렇게 진행이 되고 있다.

코리아 국제 맥주축제는

1) 주 무대에서는 1만 석 규모로 구성하여 전 맥주 브랜드를 안내할 수 있는 무대 공연과 맥주 판매대를 운영한다.

2) 국내 맥주 브랜드관은 2,000석 규모의 국내관 3개를 운영하고자 한다.

3) 국제 맥주관은 1,000석 규모의 국제 브랜드 맥주관을 10여 개 운영하고자 한

다.

4) 수제맥주관을 1.000석 규모로 1개 관을 운영하고자 한다.

5) 다양한 국제 퍼레이드 공연을 운영하면서 분위기를 돋구고자 한다.

6) 참여 부스 및 놀이시설 등을 유치하여 관광객을 참여시키고 매일같이 맥주 기네스와 힐링 공간의 구성으로 즐기는 체험 축제를 만들고자 한다.

7) 주최 측에서는 중앙의 홍보와 전체행사장의 관리운영과 주 무대를 운영한다.

8) 브랜드별 맥주 관은 참여업체가 설치물을 설치하고 운영할 수 있는 시스템으로 운영하고자 한다.

9) 기간은 7월 말부터 8월 초까지 3주간(21일) 운영한다.

10) 예산은 약 30억 규모로 운영시스템을 갖추고 입장료 5,000원, 1일 입장객 20,000명으로 21일 동안 210,000,000원의 입장료 수입과 부스 수입 등으로 합계 30억 원으로 운영하고자 한다.

11) 주최 측에서는 총괄 기획, 섭외, 기반시설, 설치물의 운영과 주 무대를 운영한다. 또한, 중앙홍보에 집중하여 관광객의 유치에 심혈을 기울인다.

코리아 국제 풍물 페스티벌

대한민국에는 정서적으로 전통 풍물 문화와 야시장 및 품바에 대한 향수가 있다. 전국에서 풍물 축제가 이루어지고 있는 것을 보면 각자도생을 위하여 단조롭게 운영되고 있다. 난 경쟁력 있는 글로벌 국제 풍물축제를 만들어 볼까 한다. 대한민국 축제가 거의 마무리 되고 휴식 기간에 들어가는 11월에 글로벌 풍물 축제를 기획하여 대한민국을 대표하는 상생할 수 있는 축제를 만들고자 한다.

축제의 운영은

1) 축제의 비수기 기간인 11월에 3주(21일) 정도 진행을 하고자 한다.

2) 전국에 있는 품바 공연팀(50여 팀)과 전통 풍물팀(300여 부스)을 초청하여 구성, 연출, 운영하고자 한다.

3) 세계 풍물관(40여 부스)과 세계음식관(40여 부스)을 구성, 설치하여 운영하고자 한다.

4) 전국의 향토 음식관(100여 부스)과 지자체 농산물판매장(200여 부스)을 설치하여 직거래의 축제를 만들어 가고자 한다.

6) 전국의 놀이시설을 설치하여 놀이 공간(10여 개 공간)을 만들어 축제장을 구성하고자 한다.

7) 거리의 악사 등 전통 거리 축제를 운영하고자 한다.

8) 빛의 축제를 곁들여 축제장을 구성, 연출하고자 한다.

9) 주최 측에서는 전체의 축제 구성과 기반시설 및 총괄 운영을 하며 중앙의 홍보에 집중하여 지원하도록 한다.

10) 운영비는 입장료 3,000원으로 21일 동안 하루 20,000명이 입장하면 1,260,000,000원의 입장료 수입이 가능하고 부스 참여비 740,000,000원을 받아서 합계 20억 원으로 운영하고자 한다.

코리아 크리스마스 마켓

현재 대한민국에서는 크리스마스 시장의 열풍이 불고 있다. 크리스마스 마켓의 아이템을 찾고자 크리스마스 마켓의 원조인 유럽의 마켓을 찾아 스케치하기 위해 방문하였다. 프랑스, 독일, 체코, 오스트리아, 헝가리의 크리스마스 시장을 방문하였다. 유럽의 크리스마스 마켓은 보통 11월 말부터 12월 크리스마스인 25일 이전까지 약 한 달간 진행한다. 크리스마스 마켓의 콘텐츠는 나눔이었다. 크리스마스를 앞두고 크리스마스 마켓의 구성은 선물 판매 부스, 크리스마스 분위기 조성, 먹거리 등으로 구성하여 먹거리 부스에서 음식에 대한 나눔의 정과 선물을 구매하여 나눔을 실천하는 행사로 구성된다. 부스는 컨테이너로 그 나라의 크리스마스 분위기를 연출하였다. 크리스마스 마켓은 여행상품으로 구성되기도 하였다. 대한민국에서 나눔의 키워드로 크리스마스 시장 행사를 구성하여 분위기를 연출하고 나눔의 정과 훈훈한 정이 넘치는 행사를 만들어 보고자 한다.

구성은 1. 크리스마스 마켓 기념품 전시, 판매부스 100동

      2. 크리스마스 주제관 1동

      3. 체험 부스 30동

      4. 먹거리 나눔 부스 50동, 스텐딩

      5. 크리스마스 버스킹 공연 무대 운영

      6. 빛의 축제 분위기 조성

      7. 겨울 신촌 크리스마스 놀이 구성

      8. 부스는 몽골 텐트에서 벗어나 콘테이너형으로 콘텐츠에 맞는 부스 제작 운영

전세계 한인회를 찾아가는
코리아 문화 페스티벌 (Korea Culture Festiva) 개최

관광축제에 대한 정체성을 찾기 위해 대한민국의 축제는 물론 전 세계의 축제를 스케치해 오고 있다. 축제의 사례연구를 통하여 경쟁력 있는 축제의 방향성을 찾고자 노력했다. 그동안 축적해온 노하우인 가수 섭외, 공연팀 섭외, 해외 특집공개방송. 기업협찬, 관광축제, 전문연출력 등은 관계성에 있어 인적 네트워크에 대한 콘트롤 능력으로 전체적인 콘트럴 타워가 될 수 있다고 자부한다.

중국과 오랫동안 사업의 연계를 해왔다. 직접 연계사업을 하면서 겪었던 사연들도 많다.

중국 대련 한인회 사무국장이었던 중학교 동창의 도움을 받으며 중국 전역의 한인회를 방문하면서 중국과의 거래에 많은 도움을 받기도 하였다. 그동안 관광축제 전문가로서 또한 오랫동안 현장에서 총괄 진두지휘하여온 이벤트 CEO 총감독으로서 해외에서 활동하고 있는 한인회의 어려움과 한류 문화에 있어 열악함을 봤다. 애국심이 작동하는지 항상 세계 곳곳에 한류 문화와 대한민국의 문화를 알릴 수 있는 코리아 문화 페스티벌을 꿈꿔왔다. 이젠 그 시기가 된 것 같아 전 세계 한인회를 노크한다. 그동안 축적해온 노하우를 이젠 전세계의 한인회와 더불어 자랑스러운 대한민국의 한류 문화를 전파하고 전세계 한인사회와의 교류를 통하여 대한민국 문화의 뿌리를 내릴까 한다.

전 세계 곳곳에 'Korea Culture Festival'의 가치를 높여 정착시키고자 한다.

코리아 문화 페스티벌에서는 대한민국의 전통문화 소개 및 전시 체험, 전통 공연, 한류공연, 한류 음식 소개 등 다양한 내용으로 구성하고자 한다.

축제운영자금은 전 세계의 한인회와 곳곳에서 사업을 하는 기업들과의 상생 문화로 보조금과 협찬금을 만들어 대한민국의 문화를 알리는 데 일조하고자 한다.

대한민국 전역을 연계한 글러벌 관광 상품 및 남한산성의 국제 관광 상품 개발

전국을 연계한 관광상품이 지역경제를 활성화할 수 있다. 또한, 남한산성을 활용하여 경쟁력 있는 글로벌 관광상품을 만들어 보자.

관광객은 그 나라의 역사성 있는 전통문화를 관광하고자 한다. 또는 특별한 쇼핑과 새로운 명소를 찾아 나선다. 재방문율이 높은 상품은 참여하면서 어울리고 싶어하는 상품일 것이다. 대한민국에는 특별한 한류 상품이 있다.

대한민국에서 외국 관광객에게 관광상품으로 내놓을 곳이 몇 군데나 될까? 기본적으로 가는 곳은 경복궁일 것이다. 또한, 한복체험을 할 것이다. 아니면 명동에서의 쇼핑과 동대문시장을 방문할 정도일 것이다.

중국에서의 관광은 버스를 타고 3시간 이상 이동하는 상품이 많다. 상해 상품에서는 상해와 항주를 연결하여 상품을 판매한다. 상해와 항주의 거리는 3시간 이상이 걸린다. 식당하고 숙박과의 거리도 한 시간 이상 이동하면서 식사를 하거나 숙박을 하는 경우가 많다. 물론 저렴한 곳을 찾아 나서는 면도 있을 것이다. 대만의 관광상품에서도 타이베이에서 관광하고 한 시간 이상 이동하여 바다 주변의 리조트에서 숙박한 경우가 있었다.

유럽에서는 한두 시간 이동하면 국경을 넘어 숙박을 한다. 예를 들어 독일 옥토버 페스트를 진행하는 뮌헨의 숙박 요금은 축제 기간에 10배 이상을 받는다. 즉 50,000원의 호텔 숙박 요금을 500,000원까지 받는다는 것이다. 비싼 숙박 요금 관계로 축제를 즐기는 자유 관광객이 선택하는 것은 열차를 타고 한 시간 거리 정도를 이동하여 저렴한 지역에서 숙박하면서 축제에 참여하여 즐기는 것이다. 난 스페인 부뇰 토마토 축제를 스케치하기 위하여 뷰뇰과 한 시간 거리인 발렌시아에서 숙박하고 부뇰 축제장을 찾아 스케치한 적이 있다.

이런 예를 든 것은 관광과 숙박에 있어 서울만을 대상으로 하는 것이 아니라 대한민국 전국의 지역을 묶어 하나의 관광상품을 만든다면 부족한 숙박은 지방의 숙박을 활용할 수 있다는 것이다. 이젠 전국 지역을 연계한 관광상품을 만들어야 상생 속에 경쟁력과 생산성을 높일 수 있을 것이다. 이젠 대도시 중심의 관광에서 벗어나 전국 지역의 특화된 상품개발을 통하여 지역을 연계한 상품으로 운영하였을 때 경쟁력이 높아질 것이다. 그렇게 한다면 지역경제 활성화에도 큰 도움이 될 것이며 지역의 리조트, 호텔 등을 활용할 수가 있다. 자유 관광객을 위하여 교통망도 버스나 전철과 기차의 동선을 잘 구성하여 온라인으로 검색하면 쉽게 이해하면서 이동할 수 있는 서비스를 운영하여야 할 것이다.

중국 관광여행의 상품을 분석하면 중국 역사 소재의 공연과 서커스 등 특화된 공연과 실경 공연 등이 여행상품에 포함되어 판매한다.

중국 상해의 관광상품에서는 서커스 공연 등의 상품이 판매되고 항주로 이동하여 호수의 수상에서 진행되는 인상 서쪽 호수 야간 실경 공연의 상품이 진행된다. 인상 서호의 실경 공연은 수백 명의 출연진과 수백 미터의 무대 규모에 놀라게 한다. 나에게는 감동보다는 감탄을 준 공연이었다.

하루에 두 번 진행되는 송성가무 쇼의 실내공연은 약 4,000석으로서 일반석 약 300위안(한국 돈 약 5만 원)이 거의 의무적인 상품으로 판매가 된다. 수백 명의 출연자가 펼치는 공연은 감동과 감탄을 준다. 우리나라에서 공연상품 판매의 실태는 어떠한가? 1,000여 명 이상의 관람객이 관람할 수 있는 상설 공연을 나는 본 적이 없다. 난타, 태권 공연 등 200~300석 규모로 진행되고 있는 공연에서 감탄은 줄 수가 없고 약간의 감동과 메시지는 전달하고 있지만, 명소의 공연 가치에서는 떨어진다는 것이 현실적인 공연 가치의 평가이다.

우리나라에서는 정말 우리의 전통을 알릴 수 있는 상품을 만들 수 없을까?

베이징 관광상품에서는 만리장성의 관광코스가 거의 필수로 관광상품 판매에 포함되어 있다.

우리나라에서도 전통역사를 연계하여 관광상품을 만들어 낼 수 있는 관광지 장소가 있다. 바로 남한산성이다. 남한산성 내의 땅은 광주시 땅이다. 그 외 외곽으로 성남시와 하남시의 땅들이 접해 있다.

남한산성은 역사성이 높다. 경기도 광주시 남한산성면에 있는 곳으로 남북국시대 통일신라 시기에 축조되어 조선시대 수도 한양을 지키던 성곽으로 임금의 거처인 행궁과 관아건물들이 설치되어 있다. 군사요충지로서 삼국시대, 고려시대, 조선시대의 역사와 함께하였던 남한산성은 생활 터전이었다. 남한산성의 역사·문화적 가치가 높게 인정되어 2014년 6월 카타르 도하에서 개최된 유네스코 총회에서 세계문화유산으로 등재되었다.

병자호란을 겪은 역사는 인조와 함께 아픈 역사도 담고 있다. 산성은 삼국시대부터 2천여 년 동안 건설됐다. 시대에 따른 성벽을 쌓는 기법이 모두 보존된 산성이다. 역사성으로 본다면 백제를 건설한 온조왕과 연결이 되어 있을 수도 있다. 산성에서 바라보는 서울시와 하남시 및 성남시의 야경은 매우 아름답다.

남한산성에는 많은 역사성과 보물 및 설화가 많다. 또한, 산성이 매우 잘 보존되어 있다. 산성 안에는 20여 호의 식당들이 있다. 20여 곳의 식당들만 이전을 시킨다면 조선시대의 전통문화 단지를 재현시킬 수 있다는 것이다. 전통문화 단지는 조선의 양반촌, 서민촌, 저잣거리, 무형문화재 등으로 다양한 조선 문화 단지를 조성한다. 대한민국을 대표하는 역사문화 단지를 조성할 수 있는 여건을 모두 갖추고 있고 남한산성은 신라의 역사와 고려시대의 역사적인 유물도 많은 관계로 특화된 공간은 신라의 삼국시대 문화와 고려시대의 전통역사 단지를 조성할 수도 있다. 성내에는 식당 외에 대기업의 연수원이 있는데 기업의 연수원 대지는 광주시에서 부지교환에 대하여 고민해 볼 수 있지 않을까 생각한다. 그 부지를 활용해 상설공연장을 만들어 실경 공연을 할 수 있는 여건도 갖출 수 있다.

남한산성은 요새이다. 광주시에서 올라가는 도로는 경사가 낮지만, 협곡처럼 좁고 도로가 길다. 하남시에서는 경사가 높아 자동차가 올라가는 것은 어렵다. 성남에서 올라가는 도로는 2차선 도로라 좁고 경사가 높아 많은 관광버스가 왕래하기 쉽지 않다. 하지만 하남시나 성남시에서 케이블카를 설치하여 쉽게 올라가는 방법으로 관광상품을 만들 수도 있다. 중국의 만리장성에서도 대부분 케이블카를 타고 입산을 한다. 남한산성을 개발한다면 주간의 실내·외 전통역사 문화상품과 야간의 서울 야경 상품과 실경 공연 등의 구성으로 대한민국 전통역사의 연계상품을 대표할 수 있는 관광상품으로 만들어갈 수 있을 것이다.

이를 실현하고자 한다면 남한산성의 관리 시스템부터 개선해야 하지 않을까 싶다. 땅은 광주시의 땅이고 운영은 경기도에서 하면서 다시 경기문화재단에 위탁하여 운영한다.

또한, 현장의 남한산성 관광사업 등 여러 곳이 연결되어 있고 문화재청의 관리를 받는 관계로 복잡한 구조이다. 일사천리로 전체를 이끌어갈 수 있는 조직체를 구성하여 운영한다면 급성장시킬 수 있을 것이다.

대한민국을 대표할 수 있는 역사·전통 관광상품을 만들 수 있는 자원을 잘 활용하는 시기가 빨리 왔으면 하는 희망을 품어 본다.

문화체육관광부와 한국관광공사에서는 경쟁력 있는 관광상품에 대한 개발과 육성을 하고자 한다. VIP께서 경쟁력 있는 관광상품을 만들라는 지시로 급하게 움직인 경우가 있다. 급한 요청을 받고 연락이 와서 자문 및 컨설팅에 참석하여 느낀, 회의 내용은 장기적인 개발보다는 당장 상품을 만드는 데 있어 답을 찾고자 한다. 명소가 되어 탄생하는 관광상품이 하루아침에 나오는 것이 아닌데 답답한 면들이 있다.

남한산성 관광상품 개발에 있어 자문 및 컨설팅하면서 만나본 경기도, 경기문화재단, 광주시, 하남시, 성남시, 문화체육관광부, 한국관광공사에서는 아직 의욕이나 열정을 찾아볼 수가 없었다. 상품에 대한 확신이 없었거나 힘겨운 개발에 대한 소신과 열정이 부족하였을 수도 있을 것이다. 개혁적이고 소신과 열정이 있는 분이 나타나 남한산성을 잘 활용하여 전통 역사관광상품으로 경쟁력 있는 국제 명소를 탄생시켜 글로벌 관광상품을 만들어 낼 수 있기를 기원하여 본다.

제8장

문화체육관광부 축제 육성 전략

문화관광축제 정책 운영에 대한 분석 및 소견

문화체육관광부 관광정책 추진위원회로 활동하면서 '문화 관광축제 세계적 도약을 위한 정책'에 대하여 나는 문화 관광축제의 세계적 도약을 위한 정책에 대해 축제 전문가의 소견으로 분석하였다.

① 문화 관광축제는 성장잠재력이 큰 축제를 선발하여 지역 경제 활성화 및 전통문화 창달에 기여하는 국제적 축제로 육성하고자 1995년 이천도자기축제, 통영 한산대첩제를 시범으로 운영하였다. 1996년 문화 관광축제 이천도자기축제, 금산인삼축제, 광주 김치축제, 춘천 인형극제, 진도 영등제, 부산자갈치축제, 완도 장보고축제, 수원 정조대왕 행차 재연을 8대 축제로 선정하며 본격적으로 진행하였다. 선정된 8대 축제 중 현재까지 진행되고 있는 축제는 금산인삼축제, 진도 영등제, 수원 정조대왕 행차 재연 등 30% 정도가 경쟁력 있는 축제라고 할 수 있겠지만 이들의 축제도 글로벌 축제로서의 경쟁력 있는 축제는 아니라고 생각한다. 성장은 하였지만 20년이 넘은 현재도 정착시키지 못하고 있다. 왜 이런 상황이 되고 있는 것일까? 실무가 뒷받침되지 않은 상태에서의 이론과 추상적인 자문과 전문성이 부족한 컨설팅이 한몫하였고, 현재도 이러한 시스템이 지속되고 있는 상황이라고 판단한다.

② 문화체육관광부에서는 매년 40여 개의 문화 관광축제를 등급별로 선정하여 지원하면서 축제의 활성화에 도움을 주었다. 그러나 현실과 동떨어진 정책 속에 평가 제도와 이론적 지원은 축제 발전에 있어 많은 문제점을 도출시켰다. 이론적인 연구와 데이터는 참고의 요소로써만 활용될 수 있을 것이다. 세계적으로 성공한 축제들을 한국에서 진행하고 있는 축제 평가 제도로 평가를 한다면 문화관광부 선정 축제로 선정될 수 있는 축제는 거의 없을 것이다. 즉, 평가 제도에 대한 모순이 크다는 것이다. 축제는 바로 지역 문화와 인프라로 구성되어 진행되어야 한다. 국가

에서 아무리 예산을 지원하여 준다고 해도 지역의 문화와 인프라를 육성하지 않는다면 그 축제는 경쟁력이 있는 축제로 만들 수 없다. 문화체육관광부에서는 경쟁력 있는 축제로 육성하고자 한다면 지역 문화와 인프라 육성에 집중해야 할 것이다.

③ 축제를 진행함에 있어 최고로 중요한 것은 기본계획일 것이다. 기본계획이 제대로 작성되지 않는다면 그 축제는 절대로 발전되지 못할 것이다. 예전에는 관광축제에 대한 개념 없이 진행되었다. 그러나 현시대에서는 이벤트성 축제와 관광산업 축제에 대한 구분이 명확하다. 이벤트성 축제가 바로 낭비성 축제라고 지탄받는 이유는 외지인이 방문하지 않는 무대공연 등을 말하기 때문이다. 관광축제는 그 축제만이 가지고 있는 콘텐츠로서 외부의 방문객을 유치하는 프로그램을 말한다. 관광객은 그 축제만이 가지고 있는 킬러 콘텐츠가 있을 때 방문한다. 이러한 콘텐츠는 대행사가 아닌 그 지역의 문화와 인프라로 만들어가는 것이다. 그러나 잦은 인사이동이 지속성을 무너트리고는 한다. 이에 대한 해결방안이 필요하다. 경쟁력 있는 기본계획서를 작성하고자 한다면 대한민국 축제를 꿰뚫어 보고 세계적인 축제들을 답사 및 분석한 연구이론과 실무능력을 가지고 있을 때 가능하다.

기본계획서를 작성할 때에는 이론과 실무를 갖춘 전문가의 자문과 컨설팅을 받으며 함께 만들어가는 방식이 올바른 방법이다. 그러나 이론과 경험이 풍부하지 않은 어설픈 전문가를 선택하는 것은 배가 산으로 가는 격이다. 재차 강조해 속담으로 비유하자면 "선무당이 사람을 잡는다"라는 것이다. 이론과 실무 능력 그리고 세계적인 노하우를 가지고 있는 전문가를 선택하는 것은 축제 담당자들의 몫이라고 본다.

세계적인 축제들은 축제 전문 감독을 5년 정도의 계약 기간 속에 연출 조직을 갖춘다. 축제의 기획 등은 연출 집단에서 진행하고 관에서는 행정업무만을 지원하는 시스템으로 시즌를 앞두고는 시기별로 계약직 운영 스텝을 수백 명 채용하여 인력 창출까지 한다. 또한, 추진하고 있는 추진위원회나 재단은 수입 사업을 통하여 자생력을 높여간다.

대한민국에서도 자생력이 높은 조직 시스템을 갖추어야 한다. 자생력을 높이고자 할 때는 영혼을 불사르고자 하는 열정을 보일 수 있을 것이다. 주어진 예산으로만 진행하고자 하는 위원회에서는 영혼이 없는 상태에서 축제를 진행하는 시스템이기에 절대로 성공할 수 없다. 심포지엄에서 진주 유등축제 사무국장이 건의를 하였다. "협찬을 받고자 공문을 돌렸더니 감사에서 지적을 받아 멈추었다"라면서 본인이 생각하는 이 내용은 큰 문제라고 본다고 했다. 자생력을 높이기 위해서는 지역민 및 관계 기업들과 상생을 함께 할 수 있도록 하여야 하고, 협찬금 유치화를 합법화시켜야 할 것이다. 문화체육관광부에서는 이러한 것들을 조속히 해결하여 주어야 하고, 이론적으로만 자생력을 높이라고 하기보단, 자생력을 높일 수 있는 제도를 지원해 주어야 한다.

④ 문화체육관광부에서는 세계적인 축제로 발전 가능한 축제들에 대해 선택과 집중을 한다고 발표했다. 밀어붙이는 느낌이다. 20여 년 동안 글로벌 축제로의 도약을 위한 지원 육성을 해왔지만 제대로 정착하지 못하고 있다. 왜 그럴까? 어설픈 자문과 컨설팅 즉, 풍부한 실무의 노하우가 제외된 상황에서 이루어진 추상적인 자문과 컨설팅이 한몫하였다. 발명품이 나오기까지는 타인에게 피해를 입히지 않고, 수많은 실패와 과정 그리고 열정 속에서 하나의 발명품이 탄생된다. 그러나, 축제는 첫 행사부터 실패할 여유가 없이 바로 실행한다는 것이다.

비현실적인 자문과 컨설팅은 바로 실패의 축제로 갈 수 있다. 실패는 바로 혈세 낭비라는 소리를 들으며 쇠퇴 되어 지탄의 대상에 올라 중지될 확률이 높다. 풍부한 실무의 능력에 따른 자문과 컨설팅은 경험에서 나오는 것이기에 실패 확률이 그만큼 낮다. 이러한 점을 문화체육관광부에서 인식하고 고민해야 할 것이다. 현재 문화체육관광부에서 선정하고자 하는 글로벌 축제에서 경쟁력 있는 축제가 대한민국에 과연 있느냐에 대한 고민을 하고, 가치 여부를 알고 있어야 하며, 가치가 없는 축제에 대한 지원은 가능성도 없다는 것을 인지해야 한다. 빗대어 말하자면, 밑 빠진 독에 물을 넣는 것과 같은 행동이라고 본다. 이론적인 공부를 하였다고 축제 전문가, 축제 몇 번 하여 봤다고 전문가, 즉 전문가 난립이 이러한 사태를 만드는 데 일조하였다고 생각한다.

⑤ 문화체육관광부에서는 경쟁력 있는 축제로 가는 데 있어서 가치와 방향성에 대한 제언을 해주어야 할 것이다. 내가 이벤트, 축제, 방송, 언론사, 관광, 여행, 홍보 등의 다양한 업무를 30여 년간 참여하면서 겪은 견해로 보면, 가치와 방향성에 대한 제언은 이론적인 추구에서는 절대로 나올 수 없는 자원이라고 본다.

대한민국에서는 폭넓은 경험과 노하우를 가지고 안내하여 주는 전문가가 부족하고 그러한 노하우에 따른 지원을 받지 못하고 있는 이유가 발전에 있어 저해되고 있는 것이 대한민국의 현실이라고 본다. 진정으로 지원해 주어야 할 내용을 문화체육관광부에서 지원해 주지 못하고 있는 면이 최고로 큰 이유라고 본다. 현재 문화체육관광부에서 글로벌 축제로 경쟁력 있는 축제만 육성하고 나머지는 특별·광역시와 도에 의탁한다고 하는데, 특·광역시와 도에서는 인수인계를 받을 준비가 되어 있지 않았다는 것도 아주 큰 문제라고 본다. 인수인계하더라도 받을 수 있는 체계를 만들어 놓고 인수인계해야 한다. 무엇에 쫓기기에 이렇게 서두르고 있는지 의문이다. 문화체육관광부 지원정책을 20여 년 동안 지켜본 나로서는 너무 자주 바뀌었다고 본다. 한번 세우는 정책이 백년지계는 아니더라도 오랫동안 진행될 수 있는 정책을 만들어 주길 기대한다.

⑥ 얼마 전 축제 도시에서 진행되는 관광축제에 대한 대행사 선정에 따른 심사를 다녀왔다.

관에서는 관광축제로 도약하기 위한 제안서를 받은 것이다. 그러나 몇 년씩 그 축제를 실행한 팀의 제안서들이 관광, 유치전략, 상품 등에 관한 언급이 전혀 없었다. 무대공연, 홍보, 작은 체험 부스 등이 전부였다. 난 심했다는 생각이 들어 관에서 원하는 관광 상품화와 관광축제로의 도약에 따른 고민 좀 하라는 멘트를 하였다. 이것이 대한민국 현실인 것이다. 어떻게 하여야 관광산업축제로 도약할 수 있는지와 글로벌 축제로의 도약에 대한 고민을 거의 하지 않고 있었다. 또한, 세미나에 참여하여 주제토론을 하고는 한다. 축제 정책토론에서 엉뚱한 내용으로 시간을 낭비하는 경우를 자주 보곤 한다. 한마디로 답답함을 느끼게 한다. 우리는 이러한 문제들에 있어 작은 것부터 변화를 시켜 나가야 하지 않을까 하는 생각을 한다. 장인들에게서는 겉에서 보이지 않는 기술적인 면에 대한 노하우가 많고 이러한 내용은 실행하여본 전문가만이 알고 있다. 이러한 전문적인 기술을 끌어내서 활용할 수 있을 때 대한민국 축제를 급성장시킬 수 있을 것이다.

또한, 축제 현장에서 열정을 가지고 노력하는 축제를 담당하는 분들에게 고맙다는 인사도 드리고 싶고 보람된 마음으로 담당하지만 이러한 분들에게는 작은 보상이라도 해주어야 한다고 생각한다.

⑦ 지역의 군과, 작은 시는 말 그대로 절박함을 가지고 살아가고 있다. 줄어가고 있는 인구, 가지고 있는 것은 자연의 대지뿐이다. 이들이 할 수 있는 것은 재생의 도시. 즉 자연의 대지를 활용한 관광산업단지의 명소로 만들어 활력을 찾는 일이다. 그 중심에는 관광축제가 한몫을 한다. 문화체육관광부와 관련 부처에서는 이러한 절박함과 열정을 이해하여 주면서 현실적인 방안의 제시와 지원을 해야 할 것이다.

문화관광부 21년도
축제경쟁력 강화 지원사업 계획안

2019년 문화관광축제 선정 기준

1 　문화관광축제 추진 목표 및 추진 방향

□ 문화관광축제 추진 목표

ㅇ 성장 가능성이 있는 축제의 문화관광자원화 및 관광상품으로 특화

ㅇ 지역경제 활성화와 지역관광 진흥을 위한 생산성 있는 축제로 육성

□ 추진방향

ㅇ 문화관광축제 선정 심사 방식

　- 현장평가 비중을 일부 축소하고, 지자체에서 자체적으로 설정한 목표치 달성도를 평가에 신규 반영

구분	현장평가	소비자모니터링	분야별심사	종합심사	자체성과지표 달성도
2018년	40%	10%	20%	30%	–
2019년	35%	10%	20%	30%	5%

2 　2019년 선정기준

□ 문화관광축제 선정 기준

ㅇ 2018년 축제실적, 2019년 축제계획 및 향후 발전 가능성 등을 종합하여 항목별로 평가

평가항목	배점 (총100점)	주요 평가 세부내용
1. 축제의 기획 및 콘텐츠	45점	ㅇ축제 기획의 명확성과 주제 관련성 ㅇ대표 프로그램의 차별성.　ㅇ지역 특색문화 소재 활용성

2. 축제의 운영	25점	○축제 홍보 등 관광객 유치 활동의 적극성 ○물적 현장운영 우수성 ○인적 현장운영 우수성
3. 축제 발전역량	20점	○지역사회에 뿌리내림 정도 ○축제 추진주체의 체계화 정도 ○자립 및 자생 가능성
4. 축제의 효과	10점	○성과 분석 객관성 ○인근지역 관광 활성화 기여도
(감점)	(-9점)	· 연예인 동원 등 과도한 예산지출을 수반하는 프로그램이 포함된경우 · 홍보된 축제 프로그램을 특별한 사유 없이 실시하지 않거나 축소하는 등 축제 진행이 부실하게 이루어진 경우 · 주제와 무관한 의례식순이나 행사가 과도하게 포함되어 있는 경우

□ 선정 방법

○ 심사기준

현장평가	소비자모니터링	자체 성과지표 달성도	분야별 심사	종합 심사
35%	10%	5%	20%	30%

○ 심사평가위원회 구성 및 운영(안)

 - 분야별평가 : 기획 및 콘텐츠(45)/운영.발전역량.효과(55) 2개 분야 전문가 총 10명(각 분야별 5명)이 각 분야에 해당하는 부분만 평가

 - 종합평가 : 여행계, 문화예술계, 언론계, 관광계, 당연직 등 10여명의 심사위원이 축제별로 모든 평가지표를 종합 평가

구 분	축제명
부산(1개)	광안리어방축제
대구(2개)	대구약령시한방문화축제, 대구치맥페스티벌
인천(1개)	인천펜타포트음악축제
광주(1개)	추억의충장축제
울산(1개)	울산옹기축제
경기(5개)	연천구석기축제, 시흥갯골축제, 안성맞춤남사당바우덕이축제, 수원화성문화제, 여주오곡나루축제
강원(7개)	평창송어축제, 춘천마임축제, 평창효석문화제, 원주다이내믹댄싱카니발, 강릉커피축제, 정선아리랑제, 횡성한우축제
충북(1개)	음성품바축제
충남(2개)	한산모시문화제, 서산해미읍성역사체험축제
전북(3개)	임실N치즈축제, 진안홍삼축제, 순창장류축제
전남(4개)	영암왕인문화축제, 담양대나무축제, 보성다향대축제, 정남진장흥물축제
경북(3개)	포항국제불빛축제, 봉화은어축제, 청송사과축제
경남(3개)	밀양아리랑대축제, 통영한산대첩축제, 산청한방약초축제
제주(1개)	제주들불축제

2020-2021년 예비 문화관광축제 33개

구 분	축제명
서울	한성백제문화제, 관악강감찬축제
부산	영도다리축제, 동래읍성축제
대구	금호강바람소리길축제, 수성못페스티벌
인천	부평풍물대축제, 소래포구축제
광주	광주세계김치축제, 영산강서창들녘억새축제
대전	대전사이언스페스티벌, 대전효문화뿌리축제
울산	울산쇠부리축제, 울산고래축제
세종	세종축제
경기	부천국제만화축제, 화성뱃놀이축제
강원	원주한지문화제, 태백산눈축제
충북	지용제, 괴산고추축제
충남	강경젓갈축제, 석장리세계구석기축제
전북	부안마실축제, 군산시간여행축제
전남	목포항구축제, 곡성세계장미축제
경북	영덕대게축제, 고령대가야축제
경남	알프스하동섬진강문화재첩축제, 김해분청도자기축제
제주	탐라국입춘굿, 탐라문화제

2022 문화관광축제 정책
(제도 개선)

▶ 축제에 국비를 직접지원하는 형태 예산 지속 감소 → 간접지원 예산 증가

단위: 억원

구분	'14	'15	'16	'17	'18	'19	'20
직접지원	69	63	59	56	50	42	20
간접지원						13	30

▶ 축제 지원 유형

유 형	주요 내용
컨설팅	전문 컨설팅 업체를 통한 축제 진단, 축제운영주체의 수요에 따른 전문가·업체의 심층 컨설팅, 지원사업 유형에 맞는 컨설팅
축제 관광상품개발	축제 방한상품 개발, 기념품(머천다이징 MD) 등 상품 개발, 지역관광 및 유관 산업과 연계한 관광상품 개발 등 * 축제와 공연, 식음료, 문화재, 지역 관광자원 등 결합 관광상품 * (1단계) 사전조사(리서치) (2단계) 시제품 개발, 시험 (3단계) 상품판매 등 단계별 지원
축제 수용태세 개선	축제 안내 및 홍보물 등 안내·홍보체계 개선, 기자재 재활용·공동 활용, 축제 셔틀버스 등 교통체계 개선, 방문객 집계 및 결제시스템 도입 등
축제 홍보 마케팅	국내외 관광마켓·박람회 참가 지원(축제상품 홍보 및 판매), 해외 유력인사 팸투어, SNS 홍보 콘텐츠 제작 등
축제 빅데이터 분석	방문객수(통신사 데이터), 소비지출(카드사 데이터) 관련 기간별, 연도별, 연령대별 추이 분석 및 축제 개선을 위한 분석결과 제공
축제 관련 연구개발	축제 공간배치, 방문객 동선 등 개선 연구, 축제 조명·디자인 연구 등

▶ 성장 단계별 축제 지원 체계

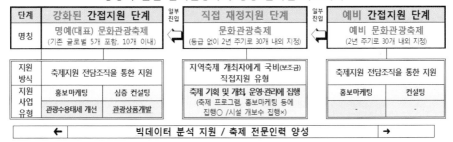

<중장기 관점 문화관광축제 성장 단계별 지원체계>

▶ 주요 개선사항

구 분	주요 개선사항	
	현행	개선
문화관광축제 지정	· 4등급제(대표·최우수·우수·유망) · 매년 선정(차년도 지원대상 축제를 전년도말 선정)	· 축제 등급 없음 · 2년 주기 지엉 ('19년말 지정 → '20 ∼'21년 문화관광축제 / '21년말 지정 → '22 ∼'23 문화관광축제)
지정 개수 및 직접지원 (지자체 보조) 예산 규모	· 문화관광축제 41개 (등급별 차등지원, 최대 32백만원 ∼ 최소 80백만원) · 육성축제 57개 (직접지원 없음. 홍보, 컨설팅 등 간접지원)	· 문화관광축제 30개 내외 지정 (등급없이 균등지원, 70백만원 이내 예상) · 예비 문화관광축제 30개 내외 지정 (직접 지원 없음. 홍보, 컨설팅 등 간접지원 등 동일)
지정 심사평가	· 자체성과지표달성도, 현장평가(전문가 축제 개최기간 현장평가), 온라인소비자평가, 분야별 심사, 종합 심사	· 자체성과심사 (신설:지정1·2차년도 계획 대비 주요성과, 개선사항 심사) 현장평가(소비자 현장평가신설, 전문가 편장평가), 축제 지속가능성 등 종합평가 (신설,경제, 사회문화, 환경적 측면 종합평가) *' 21년말 지정('22 ∼'23 문화관광축제) 부터 적용
비고	· 예비 문화관광축제는 광역 시도 추천을 통해 지정(추천 기준, 절차 등 별도 안내 예정) · 직접 재정지원기간 : 누적 총 10년간 지원으로 지원기간 제한(일몰제 유지)	

▶ '19년도 심사·평가 체계

〈 '19년도 문화관광축제 심사 평가 〉

구분 ('19년 등급 기준)		심사평가 절차 및 방법 ('19년말 지정 추진 시에 한하여 시범적용)
문화관광축제 (대표,최우수,우수)	→	**최소정량요건**(빅데이터 분석에 따른 축제 방문객 수 등) **충족 여부 검토 → 미충족 축제에** 대해서는 자체 소명자료 제출하도록 안내 → **(지정심사위원회)** 충족/미충족 최종 확인, '20∼' 21년 문화관광축제로 **최종 지정**
문화관광축제 (유망), 육성축제	→	**최소정량요건**(빅데이터 분석에 따른 축제 방문객 수 등) **충족 여부 검토 → 미충족 축제에 대해서는** 자체 소명자료 제출하도록 안내 → **(지정심사위원회)** 충족/미충족 최종 확인, 기존 방식과 동일하게 분야별평가 및 종합평가 (현장평가, 온라인소비자평가, 분야별평가 합산 등) 하여 '20∼' 21년 **문화관광축제로 최종 지정** *문화관광축제(유망)과 육성축제 비교 평가 실시

▶ 방문객수 최소정량요건

○ (최소정량요건) 빅데이터 분석 결과, 방문객 수 등 시범 적용

- 동 최소정량요건은 '19년도말 지정할 '20~'21년 문화관광축제에 한하여 시

범 적용(제도 전환 초기, 기존 축제 재지정 성격)

시범적용 요건	비고
인구 10만 미만 지자체 소재 축제 : 방문객 7만 또는 관외 방문객 3만 이상 인구 10만 이상 지자체 소재 축제 : 방문객 10만 또는 관외 방문객 8만 이상	다만, 문체부 빅데이터 분석결과 방문객 값을 미충족할 경우, 문화관광축제 방문객 집계지침에 따라 집계한 방문객 수 결과 값, 자료등을 소명자료로 제출하도록 하여, 최소정량요건 충족 여부 판단(지침 준수 여부, 결과 값 등 검토)

ㅇ(안내사항) 아프리카 돼지열병, 태풍 등 불가항력적 사유로 '19년도에 축제 개최 자체가 취소된 축제에 대하여 별도 심사기준 적용

 - 전년도 기준 심사 평가자료에 근거하되, '19년도 축제 개최계획 자료 등도 참고하여 문화관광축제 지정 추진

▶ '22〜'23년 문화관광축제

ㅇ(지정시기) '21년 11~12월 (지정은 2년 주기로 1회만 실시)

(지정심사.평가) 개편된 지정 심사.평가 방식에 따라 실시

 - 자체성과관리체계 강화, 소비자(수요자) 현장평가 도입 등 평가주체 다각화, 자생력, 지속가능성 중심으로 종합심사 개편

 - 자체성과심사(1~2차년도 합산 반영), 현장평가(1~2차년도 합산 반영), 지속 가능성 등 종합심사(2차년도말 실시)

시기	축제 개최 전	축제 개최 기간 중	축제 개최 후
(1차년도)	자체 축제계획 수립, 제출 (공통/개별지표 설정, 목표치 등 제시)	현장평가 실시 (소비자 현장점검, 전문가 현장평가)	자체 축제결과보고서 제출 (주요성과, 지표 달성도, 개선내용 등)
(2차년도)	자체 축제계획 수립, 제출 (공통/개별지표 설정 및 변경, 목표치 등 제시)	현장평가 실시 (소비자 현장점검, 전문가 현장평가)	자체 축제결과보고서 제출 (주요성과, 지표 달성도, 개선내용 등)

2차년도말 차기 문화관광축제 지정	1. 자체성과심사(계획, 실행, 성과.환류 중심으로 평가) 2. 현장평가(소비자 현장점검, 전문가 현장평가 합산하여 평가) 3. 축제 지속가능성 등 종합심사(정량 및 정성평가)

ㅇ(자체성과심사) 축제 성과를 관리하고, 개선을 추진할 수 있도록 자체 성과관리를 강화하고 이를 심사,평가에 반영

-지정된 문화관광축제('20~'21년) 대상으로 2차년도말에 서면심사. 지정 1차년도와 2차년도 축제결과보고서 심사(각각 동일 비율 반영)

-공동지표(문화관광축제 공통사항 제시) 및 자체지표(개별 축제 특성 등 반영)로 설정하고, 전년대비 실질적 개선 및 주요성과 평가

 * 기존 '자체성과지표 달성도 심사'('19년도 문화관광축제 선정.평가에서 첫 도입)의 문제점(자체지표의 대표성 부족, 형식적 설정.달성, 비교평가 불가 등) 개선

ㅇ(현장평가) 소비자 현장점검단 평가 및 전문가 현장평가로 구성

-소비자 현장점검단(모니터링) 평가 방식을 신규 도입하여 기존 전문가 위주 현장평가 방식 문제점 보완, 소비자(방문객) 시각 반영

*기존 소수 축제전문가(3명)가 축제기간 동안 현장을 방문하여 평가하던 방식 문제점(평가 객관성 부족, 공급자 중심 평가 등) 개선

-서면 확인사항, 현장평가에 부적합한 사항 등을 제외하고, 현장에서 경험하고 확인 가능한 평가항목 위주로 개선

-소비자 현장점검단 운영방식 검토 중(추후 통보/ 매년 실시*)

*축제의 경우, 날씨.기후.자연재해 등 외부 영향으로 축제를 개최하지 못하거나 축제 기간을 단축하는 등 연도별 변화가 많고, 예측이 불가한 측면 고려

-현장점검(모니터링) 보고서는 매년 해당 축제에 송부하여 축제 개선.보완 등에 반영하도록 할 예정

ㅇ(지속가능성 등 종합심사) 축제 자생력 강화 노력 등을 심사.평가 항목에 반영하여 문화관광축제 및 여타 지역축제 발전방향 제시, 질적 성장 유도

*광역 시도에서는 문화관광축제 심사.평가 지표를 준용하여 지자체 자체 축제 선정 및 지원하고 있음을 고려

<축제 지속가능성 평가부문(안)>
*평가지표 개발 과정에서 변경될 예정임

─(경제적 측면) 축제 재정자립, 축제 재원 및 재무관리, 축제산업화, 일자리창출 등
─(사회문화적 측면) 지역주민.단체 축제 참여, 지역민의 축제 인식, 교육 등
─(환경적 측면) 친환경, 환경보호 등
─(기타:가감점) 현행 가감점+축제지원전담조직 구성, 축제기획 등 핵심인력 운영 등

시기	축제 개최 전	축제 개최 기간 중	축제 개최 후
'20년 (1차년도)	축제별 축제계획 수립 (기존 방식, 자체 계획 수립)	현장평가 (기존 방식, 전문가 현장평가 실시)	축제별 축제결과보고서 작성 (기존 방식, 자체성과지표 달성도 등)
'21년 (2차년도)	자체 축제계획 수립, 제출 (제시한 작성지침, 안내에 따라 공통/개별지표 설정, 목표치 등 제시)	현장평가 (개선 결과 도출된 평가지표, 평가방식 적용하여 소비자 현장점검, 전문가 현장평가)	자체 축제결과보고서 제출 (제시한 작성지침, 안내에 따라 주요성과, 지표 달성도, 개선내용 등)

'21년말 차기 문화관광 축제 지정	▸ 자체성과심사　▸현장평가　▸축제 지속가능성 등 종합심사 ☞ 개선 결과 도출된 평가부문별 평가지표, 평가방식 등 적용하여 심사

현행 심사평가

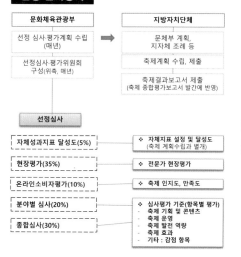

개선(안)

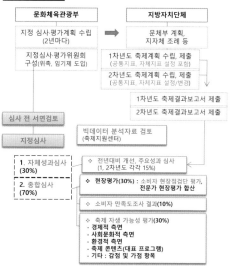

제8장 문화체육관광부 축제 육성 전략　　355

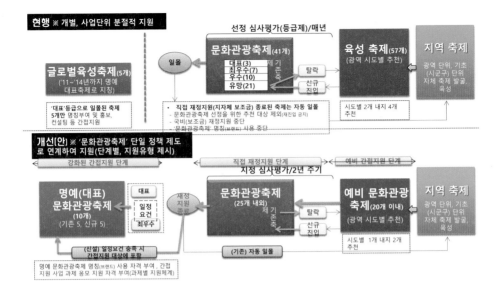

▶ 주요 변경내용

<지원방향> 국비 직접 지원 위주→간접 지원사업 확대

* 축제운영 주체로부터 축제 개최, 운영, 관리 등을 위해 필요사항을 파악 후
한국관광공사, 한국문화관광연구원, 대학, 연구기관을 통해 측면 지원

① 지정방법: 등급제(매년)→지정제(2년마다)

　(현행)글로벌 육성축제, 문화관광축제(대표, 최우수,우수,유망), 문화관광육성
축제

　(변경) 명예(대표)문화관광축제, 문화관광축제, 예비 문화관광축제

② 일몰제 정비: 명칭 개선 '일몰'→'재정 지원 기간 종료'

　누적 총 10년까지 지원(일몰제 최초 시행시점인 2010년부터 합산)

③ 최소정량요건 도입: 빅데이터 분석 기준 방문객 수 충족

　- 인구 10만 미만 기초 지자체 소재 축제: 방문객 7만 또는 관외 방문객 3만 이상

　- 인구 10만 이상 기초 지자체 소재 축제: 방문객 10만 또는 관외 방문객 8만
이상

④ 축제 역량 강화를 위한 전문 축제 지원체계 구축

- 전문인력 양성 및 관련 프로그램 추진
- 축제지원 전담조직 지원 법적 근거 마련(관광진흥법 개정 진행중)

▶ 2020~2021 정부지정 문화관광축제 지정 절차

Ⅰ. 문화관광축제

<지정규모> 30개 내외(전국)

<지정시기> 2019.12월말

지정후보	1차 심사	2차 심사	지정
2019년 현재 대표,최우수,우수축제 (20개)	최소 정량 요건만 확인	없음	최소정량요건 충족 시 지정(15개 내외)
2019년 현재 유망,육성축제(78개)	①최소정량요건 충족하고 ②심사점수 상위20%만 2차 심사 진행(전문가 현장평가 40%, 소비자온라인평가10%, 신청서류 심사 20%합산	PT발표(30%)	1,2차 점수 합산하여 상위순 지정(15개 내외)

▶ 2020~2021 정부지정 문화관광축제 지정 절차

Ⅱ. 예비 및 명예 문화관광축제

<지정규모>

- 예비 문화관광축제: 30개 내외

- 명예 문화관광축제 : 10개 이내(기존 글로벌 축제 5개 포함)

<지정시기> 2020년 1월~2월

<지정방법> 추후 문체부 공문으로 안내 예정

제9장

대한민국 축제 분석을 통한 멘토링

대한민국 축제의 사례를 통한 축제의 분석

현시대의 축제 분류

이벤트성 축제

일시적으로 특별한 문화형성을 이루고자 하는 이벤트성의 축제를 뜻하며, 가수 공연 위주로 구성되는 축제를 말한다. 한편으론 낭비성 축제라고 지탄받기도 한다. 이러한 축제는 입찰을 통해 전문 이벤트사와 진행하는 것이 바람직할 것이다.

관광콘텐츠형 축제

관광콘텐츠형 축제는 그 축제만이 가지고 있는 콘텐츠를 활용하여 지역경제 활성화에 주목적을 두고 있다. 즉 지역 인프라를 조성하여 관광상품을 만드는 것이 목적이다. 이러한 축제는 대행업체를 통해 진행하기보다는 전문가의 도움을 받아 함께 만들어 가는 체제가 바람직하다. 또한, 직접 분리 입찰을 통하여 운영하는 시스템도 필요하다.

관광콘텐츠형 축제는 지자체만의 참여가 아니라 지역민의 주인의식과 참여의식을 갖추어야 성공할 수 있으므로 지속적인 콘텐츠 개발과 인프라 조성이 필요하다.

공동체 축제

지역의 공동체가 이끌어 가는 축제로서 지역의 인프라가 조성되어야 한다. 공동체 축제는 큰 예산으로 축제를 운영하는 형태가 아니라 지역 인프라를 활용한 공동체로 운영하게 된다. 전문적인 작품이나 이벤트 대행사가 필요 없다. 오로지 지역민의 참여가 공동체 축제를 성공적으로 이끄는 원동력이라 할 수 있다. 대한민국 축제 또한 공동체 축제로 진행되어야 할 것이다.

기업, 단체 주도형 산업 박람회 축제

기업의 박람회 축제는 수익성을 목적으로 진행한다. 기업이나 단체에서 진행하는 박람회, 전시회는 참가 부스 비용과 입장료, 협찬을 통하여 직접적인 수입 창출로 이윤을 추구한다. 투자대비 직접적인 수익성이 있을 때 존재하는 축제로 전문 대행사체제로 진행하게 된다.

관 주도형 박람회 형 축제

지방 지자체에서 진행하는 엑스포(박람회)는 직접적인 수입보다는 지역 브랜드의 가치를 높이는 축제로서 간접적인 소득에 가치를 두고 개최하며 전문 대행사체제로 진행하게 된다.

1995년부터 문화체육관광부에서 관광축제 육성 정책으로 지원을 해 준 결과 많은 변화가 있었지만, 아직까진 경쟁력 있는 축제를 만들지 못하고 있는 것이 현실이다. 그 이유는 실무보다 이론적인 배경의 컨설팅이 한몫하였다고 생각한다.

2011년부터 제이비축제연구소를 설립하여 축제에 대한 전문적인 개발, 자문, 컨설팅, 현장평가위원 등 다양하게 활동하고 있다. 또한, 나의 이론적인 부족함을 관광학 석사와 관광 경영학에 관한 이론적 연구를 통하여 보완하였고, 전 세계의 주요 축제들을 방문 스케치하면서 분석했다. 나의 이러한 분석자료와 이론, 실무적 경험을 데이터로 대한민국만의 경쟁력 있는 축제를 만들어 가고자 한다.

나는 2000년대 초 대행사체제로 유지할 것인가? 아니면 총감독체제로의 전환을 할 것인가에 대한 고민을 많이 하였다. 사업적으로 접근을 하자면 대행사체제로 운영되어야 수입을 챙길 수 있다. 총감독체제는 총감독에 대한 인건비만 받고 전체를 운영하기 때문에 수입에서는 한정적이기 때문이다. 그러나 대한민국 축제 발전에 대한 열정이 대행사체제가 아닌 총감독체제로 방향을 바꾸어 총감독으로 참여하게 되었다.

대한민국 축제도 시대에 맞는
변화와 운영시스템을 바꿀 때가 되었다

경쟁력 있는 축제를 위해 이러한 것들이 변해야 한다

축제 담당자에게 소신, 열정, 개혁을 추구하는 오픈된 마인드가 있어야 한다.

정치적인 논리와 나눠 주기식의 축제 운영시스템은 절대로 성공할 수 없다. 합법화를 위한 서류에 의한 운영시스템이 아니라 현실적인 운영시스템과 구성, 연출을 시도할 수 있는 때 경쟁력 있는 축제로 만들어 갈 수 있을 것이다.

진정으로 변하고자 한다면 백문이 불여일견의 인식을 중요시하고 이론과 실무적인 전문 경험, 현실적인 자문 컨설팅을 통하여 변화시켜야 할 것이다.

경쟁력 있는 축제를 만들고 싶다면, 검증되고 이론과 실무를 겸비한 진정한 축제 전문가를 파트너로 함께 하였을 때 그 축제에 대한 성장성이 빠를 것이다. 현재 대한민국 축제를 보면 어설픈 자문 관계로 축제의 발전을 저해시키고 이벤트성의 방향에서 헤어나지 못하고 있는 것이 현실이다. 선무당이 사람 잡는다는 속담이 있다. 어설픈 자문과 컨설팅은 실패로 가는 지름길이다. 실무와 이론으로 풍부한 노하우를 갖춘 전문가와 함께하였을 때 그 축제는 빠른 속도로 발전할 것이다. 검증된 능력자를 잘 선택하는 것이 축제 발전에 대한 시작점이라고 본다. 파트너의 선택이 축제의 흥망성쇠를 가늠할 것이다.

경쟁력 있는 관광산업형 축제를 위해, 백문이 불여일견 멘토 역할을 하여, 정신적인 지주가 될 수 있는 전문가를 찾아 파트너가 되는 것이 성공 요소일 것이다.

정체성 있는 축제프로그램이 관광축제상품 성공비결

우리나라의 축제에서 평일 주간에는 거의 관광객이 없다. 즉 관광상품으로서의 가치가 매우 낮다. 외부 관광목적의 관광객보다는 지역민이 참가하는 지역축제일 뿐이다. 지방의 축제로 가면 더 썰렁한 현실과 마주할 수 있다. 대한민국의 대다수

축제가 콘텐츠 가치의 부족으로 관광 상품성보다는 지역성의 가치가 높은 결과라고 할 수가 있을 것이다. 지역경제의 활성화와 경쟁력 있는 관광축제를 만들고자 한다면 관광축제로서 상품성의 가치가 있는 축제를 만들었을 때 가능할 것이다.

해외의 축제는 무대 중심형의 축제가 아니다. 공연예술축제 외에서는 무대를 찾아볼 수가 없다. 즉 콘텐츠의 순수성으로 축제를 만들어가고 있다는 것이다.

해외의 축제에서는 지역문화를 기반으로 축제를 이끌어간다. 우리나라처럼 축제장 주변에 현수막, 가로등 배너, 광고탑 등이 없다. 우리나라도 콘텐츠의 정체성이 있는 축제프로그램을 구성하였을 때 경쟁력 있는 축제를 만들어 갈 수 있을 것이다. 가성비가 높은 축제로 구성, 운영하여야 할 것이다.

이젠 대한민국 축제에서도 낭비성의 축제는 없어져야 한다. 투자 대비 경쟁력 있는 축제 즉 자립도가 높고, 생산성 있는 축제를 만들어 가야 할 것이다.

오랫동안의 축제 현장에서 진두지휘한 기술의 경륜과 국내외 사례분석을 통해 준비한 글로벌 축제의 관광상품은 실패할 확률이 거의 없다고 본다. 순간적인 아이템으로 모방을 할 수는 있어도 그 깊이에 대한 방향성에서는 절대로 따라갈 수 없을 것이다. 풍부한 노하우와 준비된 기획, 연출자만이 제대로 된 기획, 구성, 연출이 가능할 것이다. 누구나 모방은 할 수도 있을 것이다. 그러나 제대로 준비가 되어 있지 않은 모방은 실패로 돌아갈 수밖에 없다. 어느 지자체든 대한민국을 대표하는 글로벌 축제로의 지역 명소를 만들어 지역경제에 활성화를 원하는 곳에 그간의 노하우를 풀고 싶다. 글로벌 기획은 끝났다. 관심이 있는 지자체와 함께 실행하는 날을 기대하여 본다.

이벤트사 생태계가 무너지고 있다

지역방송사가 지역축제를 접수하므로 이벤트사 생태계는 무너지고 있다.

① 축제 전문기획사로 전환하는 방송사로 인하여 이벤트업계가 위태롭다. 1980년대 대한민국에서는 이벤트란 단어가 생소하였다. 사업자 코드도 행사 대행이었다.

1990년대 초반에는 이벤트 행사하면 체육대회, 백화점 판촉 행사, 창립기념행사와 보험회사의 연도시상식과 프로스포츠 응원이 중심이었다.

이벤트란 단어 및 프로모션의 행사가 공식적으로 활성화가 된 것은 1993년 대전엑스포가 개최되면서부터다.

1990년대 중반에는 광고대행사가 업계의 순위에 대한 욕심으로 매출을 높이기위해 이벤트사들의 행사를 서로 윈윈하는 상황에서 대행사를 매출로 잡고는 하였지만, 이벤트사들의 수수료를 가로채지는 않았다.

1997년 IMF를 거치면 대한민국은 거의 모든 것이 바뀌었다. 회사의 공동체가 무너지면서 평생직장이란 개념이 없어졌다. IMF 전에는 공동체 문화로서 기업의 전진 대회, 기념식과 연계된 체육대회가 많이 활성화되었으나 모두가 무너지고 거의 없어진 상태이다.

대중들은 나눔보다는 개인주의 성향으로 바뀌면서 공동체에 대한 어떤 행사를 하기가 두려운 세상이 되었다.

IMF 전에는 상호 간의 신뢰로 대행사 선정도 기획서 하나로 평가를 하여 선정하고는 하였다. 그러나 IMF 이후에는 재무제표와 회사 인력조직표가 첨부되었고 외상 거래가 사라지면서 현찰이 오고 가는 세상이 되었다. 외상 거래가 없어진 부분은 서로에게 좋아진 부분이라 할 수가 있을 것이다.

② 입찰의 방식에서 재무제표와 회사 조직표(인원 규모), 신용평가서, 실적증명서 등이 정량적 점수로 20점을 배정하다 보니 열악한 이벤트 회사는 실무능력이

있어도 참여가 어려운 세상이 되었다. 그러다 보니 이름 장사하는 대행사가 생겼다. 이름 빌려주고 약 15% 정도를 대행사가 챙겨간다. 실제 기본기획서부터 실행계획서작성과 연출 등 모두를 이벤트사가 실행하지만, 순수익은 이름을 빌려준 대행사가 챙겨가는 것이다. 거기에다가 이벤트사까지 이윤을 제대로 챙기다 보면 실제 내용은 초라하여진다. 대다수의 대형 광고대행사와 방송업체에서는 회사의 사업자를 빌려주고 대행 수수료를 받는 행위를 하고 있다. 대형 이벤트사도 이러한 행위를 하고 있는 곳이 있다. 이렇게 진행된 행사에서는 문제가 생겼을 경우 서로 책임을 전과하여 상황이 복잡해지고 행사의 내용에 있어 투자한 만큼의 컬리티를 높이기 힘들다.

그렇다고 이러한 내용을 발주처가 모를까? 발주처도 모두 알고 있다. 그 마음도 이해는 한다. 만약에 사고라도 나면 이벤트사의 경제력으로는 책임을 질 수 없으니 실제 내용이 부실해진다고 하여도 감수하면서 안전한 대책이 있는 회사를 선호한다는 것이다.

③ 현재는 지방의 축제와 행사를 함에 있어 지방의 로컬 방송과 케이블 방송사들이 모두 축제 등 이벤트 행사의 입찰에 참여한다. 방송사는 기존의 방송시스템과 조직 및 재무제표를 내세우며 언론사란 입장에서 민선으로 선출된 단체장과 의원들을 압박하며 수주하여 가는 세상이 되었다. 문제가 심각한 상황까지 되었다.

④ 난 축제에 총감독체제를 처음으로 도입을 시켰다. 총감독체제를 도입시킨 이유는 대행사체제에서는 기본계획서를 작성하지 않고 입찰의 수주에서 맡은 업무만 금액에 맞게 잘 진행하면 되는 시스템이기에, 축제의 발전을 가져올 수가 없다는 판단 아래 총감독체제를 도입시켜 기본계획서부터 전문성을 가지고 분석하면서 실행계획서를 잘 작성하여 지역 인프라를 육성하고 직접 진두지휘할 수 있는 시스템으로서 성장을 시켜 왔다. 지금도 답답한 축제, 매년 똑같다고 지탄받는 축제가 많다. 경쟁력 있는 축제로 도약하기 위해 개혁적인 생각과 열정이 있는 담당자들이 나를 찾는다.

또한, 35년의 현장 노하우와 석·박사 학위 취득의 이론적 연구로 관광축제에 대한 데이터를 갖춘 전문가로 활동을 하고 있다. 이러한 노하우가 인정이 되어 코로나19의 현상에서도 거의 매일 대행사 선정 평가위원으로 활동을 하고 있다.

⑤ 대행사 선정 평가장에서의 분석하여 본다면 지방 축제에서는 지방의 민방, 지방의 MBC, 로컬 케이블 방송이 거의 필수적으로 참여한다. 또한, 중앙의 계열사 방송사까지도 참여한다. 이러한 경우로 분석을 하면 거의 방송사들이 수주게임을 하고 경쟁력이 약한 이벤트사는 거의 사라지고 있다는 게 너무 안타깝다는 생각과 나 또한 이벤트사 출신으로서 암담하다고 생각하게 한다.

⑥ 대한민국의 이벤트 행사의 근원은 이벤트사로부터 시작된다. 그러나 현시대의 입찰제도에서 전문이벤트사가 아닌 상태에서 방송사의 조직으로 밀고 오는 입찰 참여 시스템, 방송의 본연 사업체에서 벗어나 아예 이벤트사업부까지 확장하여 이벤트 행사의 입찰에 참여하는 방송사의 행위를 보면서 참으로 암담한 이벤트업계의 세상을 보게 된다. 방송사에서는 방송사에서 잘할 수 있는 사업 방향을 찾아 운영해야지 굳이 열악한 이벤트사의 사업을 가로채야 하는지 묻고 싶다. 공영방송사로서 해야 할 행위인지도 묻고 싶다.

⑦ 방송사에서 잘하는 것 공개방송과 홍보까지는 이해하겠지만 소상공인, 소기업인이 진행하는 이벤트 행사까지 방송사가 이벤트 회사로 변신하여 참여하는 것은 정부에서 이벤트 전문 소상공인, 소기업을 육성하기 위해서라도 제지해야 할 것이다. 이것이 서로의 영역에서 상생하는 것이다. 정부와 관에서는 이러한 영역을 지켜주는 것이 도리이며 책무이다.

⑧ 평가하다 보면 내용상 방송사가 주최 측의 콘텐츠에 관해 강하다고 생각해 본 적이 많지 않다. 그러나 프로그램 유치, 출연진과 스팟광고, 보도국의 뉴스 채널을 이용한 홍보 등의 면에서 이벤트사는 경쟁이 되지 않는다. 실제 행사에 참여도 하지 않는 방송사의 인력조직표, 이름 빌려주고 쌓아온 실적증명서, 재무제표의 신용평가 등의 정량적 점수 20점에서의 차이에서는 이벤트사가 경쟁할 수가 없다. 홍보의 입찰에서도 홍보전문대행 이벤트사도 방송사가 제출하는 제안서 내용에서 협찬금액, 스팟광고, 보도국 뉴스 등을 제안한 내용은 이벤트사 경쟁할 수가 없다. 주최 측에서는 콘텐츠는 부족하여도 당장은 홍보의 지원을 잘 받을 수 있을 것이다. 그러나 장기적으로 콘텐츠가 없는 축제는 관광객에게 외면받고 퇴출당할 것이다.

⑨ 난 이러한 제안을 한다. 차라리 대형 공연 부분이나 홍보 대행은 별도로 입찰을 통하여 방송사끼리의 게임을 통하여 선정하라고 한다. 현재 같은 전체적인 입찰에서 공연 부분이나 홍보 분야를 함께 구성한다면 이벤트사는 능력이 있어도 방송사와는 게임이 어렵다. 또한, 그 행사는 콘텐츠의 부재로 장기적으로는 경쟁력을 잃게 될 것이다

⑩ 정부와 관에서는 전 국민을 진정 사랑한다면 업계마다 전문 영역을 지켜주고 소상공인과 소기업들도 전문성을 가지고 경쟁력 있게 운영이 될 수 있도록 해야 한다고 강력히 촉구한다. 일본에서는 소상공인과 소기업들이 수백 년씩 가업을 유지하며 지켜오면서 전문성을 확보하고 있다. 대한민국은 잘 된다 싶으면 큰 기업이 작은 기업을 모두 잡아먹는 시스템이라 전문성을 가진 기술자는 사라지고 가업은 무너진다. 국민의 한 사람으로서 매우 슬프다. 진정성 있게 정부와 관에서는 현실적인 운영 시스템을 갖추어 달라고 강력히 부탁을 드리는 바이다.

⑪ 난 대행사 선정 입찰심사장에서의 평가 기준은 명확하다. 정량적인 재무제표 및 조직과 실적증명은 참고적인 데이터로 사용할 뿐이다. 참여하는 이력을 보면 행사를 잘할 수 있는지에 대한 평가는 쉽게 나온다. 이러한 점수는 비슷하게 준다. 심사의 직접적인 기준은 현실성 있는 제안의 내용인지와 주최 측이 원하는 콘텐츠를 잘 구성하고 있는지와 차별화되어있는 제안내용이 있는지에 대하여 점수를 차별화하여 부여한다.

오랫동안 현장에서의 활동과 평가위원으로 활동하면서 느끼는 것은 입찰제도와 평가 기준이 현실적으로 변경되길 바란다는 것이다.

총감독체제에 대한 분석

대한민국의 축제에서 현실적으로 경쟁력 있는 축제를 만들고 싶다면 전년도의 기본계획과 실행기획서 등에 대한 재분석이 필요하다. 축제에 대한 분석을 제대로 하지 않고 구성되는 기본계획서로는 절대 발전성이 없다.

축제를 진행하는 데 있어 문제는 기본계획서의 작성부터 시작된다. 잦은 인사이동으로 인해 전문성이 없는 기본계획서로는 절대 경쟁력이 없다는 것이다. 무엇이 문제인지도 모르고 작성되는 기본계획서가 문제인 것이다. 전문성의 부족은 전년도 기획서를 약간 수정하여 작성한 것을 입찰하여 대행시키는 것 아닌가?

대행사는 기본계획서를 작성하지 않는다. 성공의 포인트는 킬러 콘텐츠이고 지역 인프라의 육성 속에 지역 인프라의 구축으로 지역 인프라를 육성시켰을 때 성공시킬 수 있다. 대행사는 전체의 구성을 하지 않는다. 무대, 전시 중심으로 구성한다. 관광객은 무대에 관심 없다. 전시의 행사는 흥미를 잃게 한다. 결론은 대행사의 의존도가 높은 만큼 지역민은 외면한다.

총감독체제는 전문성을 가지고 현재의 축제상황에 전체를 분석하여 경쟁력 있는 기본계획서를 작성하여 지역 인프라를 육성하며 분리 입찰을 통하여 경쟁력 있는 축제를 만들어 간다.

요즘은 총감독체제에 대한 필요성을 인식하고 많은 곳에서 총감독체제를 운영하고 있다. 그렇다 보니 실력도 안 되는 많은 이들이 전문가를 사칭하며 총감독으로 활동하고 있다. 잘못된 총감독 선정은 실패로 돌아가고, 총감독체제에 대해 탓을 하게 한다.

총감독을 입찰하여 모집하는 때도 있다. 전문가는 입찰에 참여하지 않는다. 진정으로 축제의 성공을 바란다면 진짜 전문 능력자를 찾아 나서는 것이 바람직할 것이다.

대한민국 축제의 현실 분석

① 잦은 인사이동으로 전문적인 축제 지식의 결여 속에 작성되는 기본계획서는 무엇이 문제인지에 대한 인식 없이 전년도 답습형의 기본계획서는 경쟁력이 없다.

② 축제는 지역 인프라의 육성으로 진행된다. 일괄 의탁하는 축제는 경쟁력이 없다. 운영 시스템이 문제이다.

③ 축제는 이론이 아닌 실행이다. 이론은 추상이고 실무의 경험은 실패할 확률을 줄인다.

④ 경쟁력 있는 축제의 구성과 실행을 위해서는 넓은 식견이 필요하다.

⑤ 경쟁력 있는 축제를 위해서는 오너쉽 마인드, 열정, 방송, 언론, 여행, 관광, 홍보, 실무연출 등 다분야의 노하우가 필요하다.

축제 전문가를 찾는 경우는 이러한 분들이 찾았다

① 새로운 변화를 원하는 축제 담당.

② 매년 똑같다는 지탄받는 축제 담당.

③ 경쟁력 있는 축제를 만들어보고 싶은 축제 담당.

내가 진행하고 있는 총감독에서 이별을 당할 때는 두 가지의 경우이다.

첫째, 새로운 축제 담당이 업무를 맡으면서 총감독체제를 왜 해야 하는지에 대한 이유에 대한 분석이 부족한 상태에서 남들이 하는 입찰시스템을 원한다. 즉 영혼 없이 무탈한 것만을 찾는다.

둘째, 단체장의 의중에 따라 감독이 선정되는 시스템으로 분리된다. 난 축제에 있어 총감독체제를 처음 도입시켰고 지금은 정착되어 가고 있다. 너도나도 전문가. 총감독의 난립으로 실패하는 축제도 나온다. 그리고 총감독체제에 대한 시스템이 잘못되었다고 한다.

총감독시스템이 잘못된 게 아니라 총감독을 잘못 선정한 결과라고 나는 말을 한다.

총감독의 자질은 현란한 말솜씨로 현혹하는 감독, 말로 하는 지시형의 감독이 아니라 직접 진두지휘할 수 있는 풍부한 노하우를 갖춘 감독이다. 대형축제들을 수백 회 총괄한 경력자. 수백 회의 퍼포먼스의 작품을 연출한 경력자. 축제, 관광, 여행, 홍보, 방송, 언론, 기업 프로모션 등 다분야에서 풍부한 경험을 갖춘 전문가를 찾는 것이 성공 요소일 것이다.

관광축제 전문 총감독체제에 대한 제도 및 컨설턴트

① 이론과 실무는 다르다. 나는 이론적인 연구를 하였고 다분야의 노하우를 축적하였다. 국내와 세계적인 축제들을 오랫동안 스케치하고 분석하면서 대한민국 축제가 경쟁력 있는 축제로서 가야 할 방향성에 대하여 이해를 하고 있다. 경쟁력 있는 축제를 계획하고자 한다면 대한민국 메이저 축제, 글로벌 축제에 대한 분석을 제대로 하는 상태에서 풍부한 실무의 경험이 있을 때 경쟁력 있는 기본계획서 작성과 실행연출을 할 수가 있을 것이다. 검증된 박종부 감독은 실패할 확률이 없는 축제 전문 총감독이라고 자부한다.

② 너도나도 축제전문가라고 난립하여 있는 상태에서 잘못된 자문과 실행은 실패하는 축제가 될 것이라는 예견 속에서 진행되곤 한다. 이론적인 공부나 실행을 몇 번 하여 봤다고 총감독으로 참여하여 실행한 경우는 대다수의 축제가 실패하고 만다. 축제는 지역의 인프라이고 콘텐츠에 따른 일탈 속에 만족도를 높여야 하므로 무대 중심, 전시 중심 등으로 진행되는 축제는 대부분 실패한 축제라는 결과를 받고 있다.

③ 대한민국 축구는 세계 클래스의 월드컵 경기 등에서 경쟁하기 위하여 세계적인 명장을 찾아 나선다. 축제에서도 관광산업축제로 경쟁력 있는 축제를 만들고자 한다면 경쟁력 있는 글로벌 축제를 만들어 갈 수 있는 축제의 전문 감독을 만나야 한다.

④ 예술공연 축제에서는 예술감독이 적합하다. 그러나 축제감독 선정과정에서 축제 전문감독이 아닌 무대 예술감독, 영화감독 등을 선정하여 실패한 축제들이 많다. 실패한 후 축제 감독제의 시스템이 문제 있다는 평가를 한다. 축제 감독제가 문제 있는 것이 아니라 축제감독을 제대로 선정하지 못한 것이 실패 원인이다.

⑤ 세계적으로 성공한 축제들은 입찰을 통한 대행사 운영방식으로 하지 않는다. 대한민국에서는 축제의 운영에 있어 재단을 만들고 축제전문가라고 채용하여 운영하고 있다. 과연 그들이 최고의 전문가로서 경쟁력 있는 축제를 만들 수가 있는 자질이 있는지에 대한 분석을 제대로 하여야 할 것이다. 진정한 축제의 발전을 원한다면 축제 전문 총감독을 선임하는 데 있어서 입찰시스템의 선정이 아니고 제갈공명을 모시기 위한 삼고초려의 유비 마음을 읽어 진정한 축제 전문 총감독을 찾아 나서야 할 것이다. 전문가를 앉아서 기다리는 것은 소신과 영혼이 없는 담당자 즉 진실성이 없는 담당자라고 할 수 있을 것이다.

⑥ 축제가 어떻게 가야 하는지에 대한 방향성을 제대로 알고 있는 박종부 감독의 현실적인 자문과 컨설팅을 한번 믿어본다면 절대 실망이나 실패를 하지 않을 것이라고 확신을 한다.

⑦ 공고입찰에서는 진정한 축제의 전문가들은 불참한다. 진정으로 관광산업축제의 성공을 원한다면 대한민국 메이저급 관광축제에 총감독으로 참여한 풍부한 실무경험 및 이론적 연구로 세계적인 축제의 방향성을 제대로 이해하고 있는 관광산업축제 전문가를 찾아 나서야 한다. 대한민국에서 검증된 관광산업축제의 총감독 리스트를 작성하여 주관하고 있는 축제와 맞는 축제 전문가와 협상을 하여 선임하여야 할 것이다.

⑧ 축제전문가를 잘 선임한다면, 국내외 축제의 실무경험과 사례연구를 통하여 (1) 축제의 현황분석 속에 경쟁력 있는 축제의 기본계획서 작성, (2) 실행계획서 작성, (3) 현실적인 운영계획서 작성, (4) 콘트롤 타워가 되어 직접 진두지휘, (5) 퀄리티 있는 작품연출 등 (6) 신속한 일처리 및 직거래를 통한 예산 절감, (7) 지역 인프라를 육성하여 경쟁력 있는 축제를 만들어 갈 수 있을 것이다.

총감독 제도와 대행사체제의 비교 분석

항목	총감독 체제	대행사체제
업무	1.기본계획서 작성. 2.전체적인 실행계획서 및 예산서 작성. 3.총괄연출. 4.관광산업축제로의 전환.	1.기본계획서 작성하지 않음. 2.입찰에 따른 과업지시서 내용만 실행. 3.부분 참여로 전체 구성에 있어 전문성 결여

분석	1.지역 인프라 육성을 통하여 함께 하는 축제 2.전문성을 가지고 전체적인 업무 총괄. 3.콘텐츠 개발을 통한 관광산업축제로 도약 4.검증된 축제전문가와 함께 실행함에 있어 전문성을 가지고 신속한 일처리로 인력 절감과 분리 입찰 및 직접 발주로서 예산 절감함. 5.서류가 아닌 전문성을 가진 전문가 집단 참여	1.관광 콘텐츠의 구성이 아닌 무대공연, 부스체험, 전시 등의 맡은 업무만 진행. 2.매년 입찰을 통하여 진행하는 관계로 지속성 결여. 3.전체의 구성보다는 예산을 준 만큼 퀄리티 보장. 4.검증된 축제 전문가가 아니고 회사가 대행하는 체제로서 관광산업축제 전문성의 결여. 5.일괄 수주하여 분야별 하청에 하청으로 발주하는 관계로 유통과정의 예산 낭비 있음.

총감독의 업무

① 축제는 지역민이 참여하여 이끌어가야 한다. 그러하기에 지역민의 워크숍과 마인드의 변화를 시켜가며 참여시킨다.

② 기획단하고 만의 업무가 아니라 참여부서 및 단체 전체를 컨설팅 및 연출 지원을 하여 준다.

③ 축제 전반에 대한 종합연출 및 컨설팅

④ 전체 프로그램에 대한 운영계획, Cue-Sheet, 시나리오 작성

⑤ 축제 홍보에 대한 자문 및 홍보 지원

⑥ 프로그램별 공연구성 및 연출계획

⑦ 출연자에 대한 사전교육 및 리허설 등 공연지도

⑧ 행사장 시설물에 대한 점검 및 지원

⑨ 행사장 배치 및 디스플레이 점검 및 지원

⑩ 각종 행사, 공연단체, 방송연결 프로그램 섭외 및 유치

⑪ 기존 프로그램 개선방안제시 및 신규프로그램 제안

⑫ 축제 전문 총감독 1명, 연출 스텝 5명 이상 현장 투입

총감독체제를 도입하면 이러한 일들이 달라진다.

① 별도로 기획료, 연출료, 대행료가 지출되지 않기에 결과적으로 예산절감을 할 수 있다.

② 연출팀에서 공연 등을 직접 진두지휘하는 관계로 불필요한 공무원들의 인력과 시간을 절약할 수 있어 실적으로 공연, 시스템 등의 많은 예산을 절감할 수 있고 짜

임새 있게 연출될 수 있으며 전체를 검증하고 업그레이드시킬 수 있다.

③ 모든 프로그램을 일반적인 진행수준이 아닌 전문성을 띠고 업그레이드된 연출작품으로 표현할 수 있다.

④ 종합연출 및 총괄감독 체제로 분리된 행사가 아닌 한 작품으로서 구성하여 짜임새 있는 구성으로 퀄리티를 높이고 메시지를 제대로 표현할 수 있다.

⑤ 전문가의 컨설팅을 받기에 빠른 시간 내에 업그레이드될 수 있고 현실적인 축제로 구성하여 세계 속의 축제로 가기 위한 마인드가 형성되어 진정으로 관광객이 원하는 축제로서 지역민이 참가하고 지역경제에 활성화되는 성공적인 축제를 만들어 갈 수 있다.

총감독체제의 효율성

필자에게 총감독으로 요청하는 곳은 답답한 축제, 개혁적인 변화를 추구하는 축제, 어떠한 목표를 세워 성과를 올려야 하는 축제, 소신·열정·개혁적인 추구로 성과를 올리고 싶은 담당자 등이 프로필과 자료를 통하여 검증하고서 요청하여 축제에 참여하게 된다. 이러한 분들은 기존의 입찰제도와 총감독체제를 비교분석하고 총감독의 자질에 대한 분석으로 어떠한 전문가가 추구하는 축제에 맞는지에 대한 결론을 내어 요청한다.

축제를 진행하던 중 총감독을 하지 못하는 경우는 두 가지의 예를 들 수가 있다. 첫째 축제 담당이 바뀌면서 총감독체제에 대해 이해를 하지 않고 일반적인 입찰제도로 전환하는 경우이다. 둘째 단체장의 입김이 작용하는 경우이다.

대행사체제는 입찰을 통하여 회사 데이터인 정량적 점수와 정성적인 기획서의 평가를 통하여 지속성 없이 매년 평가하여 선정하여 운영한다.

총감독체제에서는 축제전문가 인물론으로서 한번 능력적으로 신뢰가 담보되면 수의계약 선에서 지속해서 참여한다. 축제의 기본은 지역의 인프라를 육성하여 진행하는 것이다. 또한, 기본계획서를 작성하고 실행계획서 등의 작성으로 진행한다. 기본계획서가 아주 중요하지만, 입찰제도에서는 기본계획서를 대다수가 전문적인 분석 없이 전년도의 기획서를 기본으로 약간의 변화를 주어 작성하고 프로그램계획에 있어서 이벤트적인 부분을 입찰을 통하여 진행하는 시스템이다. 이러한 시스템은 지역민을 외면시키고 콘텐츠를 만들어 내지 못하는 것으로 관광축제와는 거리가 멀어진다.

총감독체제는 전문성을 가지고 전년도의 자료를 분석하여 기본계획서부터 경쟁력 있는 축제를 만들기 위한 구성으로 작성하여 직접 발주로 유통과정을 줄여 예산을 줄이고 분야별 최고의 업체를 섭외하여 질을 높이고 지역민을 최대한 참여시키는 시스템으로 진행된다. 단위가 큰 발주사업은 일괄발주보다는 분리발주를 하고 총감독체제에서 총괄 진두지휘하며 전체의 구성이 한시스템으로 연결해 작품을 연출하는 방식이다.

해외 축제에서는 일괄발주 시스템이 없다. 총감독체제를 갖추어 지역민을 참여시키고 시기별로 직원을 채용하여 일자리를 창출하는 시스템으로 운영한다. 대한민국에서도 축제의 진행에서 합법화만 외칠 것이 아니라 현실적이고 진정성이 있는 운영시스템을 갖추었을 때 경쟁력 있는 축제를 만들어 갈 수 있을 것이다. 단발의 효과를 노리는 이벤트성 축제는 입찰체제로 운영할 수 있으나 지역의 인프라를 육성하여 진행하는 콘텐츠형의 관광산업축제는 총감독체제가 현실적이라고 결론을 내린다.

축제 전문 총감독과 축제재단과의 상생 법칙

전국의 관공서에서는 문화재단과 관광재단의 설립에 대한 붐이 일어나고 있으며 이제는 대다수 지자체에서 재단을 설립하여 운영하고 있다. 축제 업무 또한 재단으로 이관해 주고 있는 시스템에 대하여 분석하여 봤다.

재단에 업무를 이관하기 전까지의 분석

축제를 재단에 업무를 이관하여 주기까지는 관에서 축제 담당이 형식상 추진위원회를 설립하여 직접 기획하고 실행계획서를 작성하여 실·과·소에 배분하여 실행하였다.

실행은 일괄 입찰 발주 또는 총감독체제를 도입하여 진행하든지 아니면 직접 운영하는 시스템으로 하는 방식이 대한민국의 축제 운영 시스템이었다. 축제의 성과는 축제팀장의 소신과 열정 및 열린 사고와 개혁적인 추구로 결론이 났다. 마인드가 준비된 담당이 있는 경우는 예산의 증액과 변화를 추구하였지만 마인드가 부족한 담당은 답습 형의 축제로서 변화를 주지 못하였던 게 현실이다.

결론은 축제 담당의 마인드에 의해 성과에 대한 결론이 나왔다. 문화체육관광부에서도 축제 업무 담당 사무관의 마인드에 따라서 예산을 증액하여 정책을 만들어가는 모습을 보고는 하였다. 지나가는 업무로 생각하는 사무관에게서는 답습형의 실행으로 인해 새로운 정책이 나오지 않는 모습을 종종 보기도 하였다.

재단의 운영시스템에 대한 분석

현시대에서는 재단으로 축제업무를 이관하여 진행하는 곳이 많다. 재단은 관의 관광업무를 전반적으로 담당하며 축제를 한팀에서 담당하는 재단이 있고 문화예술과 스포츠를 담당하며 축제팀을 구성하여 운영하는 재단이 있다. 또한, 축제만을 전문적으로 진행하는 축제 전문재단이 있다. 중요한 것은 모든 운영에 있어 가성비가 높아야 한다. 즉, 자생력 있는 축제를 운영해야 한다는 것이다. 자생력 있는 축제를 위해서는 성과에 대한 방향성을 제대로 이해하고 준비를 해야 한다.

재단에서는 축제의 전문성을 갖추며 직접 운영하는 시스템이 작동되어야 한다. 재단에서 일괄 입찰을 통하여 관리만 하고자 한다면 재단 존재의 가치가 없다. 모든 업무에는 성과에 대한 소신으로 책임을 지고 열정으로 참여하였을 때 가치를 창출할 수 있을 것이다. 어느 가정이고 생활하기 위해서는 수입을 창출하고 그 수입에 맞추어 계획을 수립하고 지출을 한다. 대한민국 경제시스템에서 수입을 창출할 수 있는 기업형의 일자리를 만들어야지 세금으로 지출하는 일자리를 많이 만든다는 것은 국가의 경쟁력을 잃게 한다. 각자 어느 위치에서든지 가성비가 높은 성과를 내기 위해 노력하였을 때 상생할 수 있는 국가의 인재 시스템이 될 것이다. 재단도 지출만의 목적이 아니라 가능한 자생력 있는 재단으로 운영하는 것이 존재의 가치를 나타낼 수 있다. 축제 분야에서는 더욱더 그렇다. 100%의 자생력은 아니더라도 최대한 자립도를 높여야 한다는 생각을 가지고 업무에 임하여야 할 것이다.

재단에서도 꾸준히 전문인력을 육성해야 한다. 그러나 행정적인 조직체제의 시스템에서는 매우 어렵다. 재단에서는 작은 것부터 일괄 입찰로 대행을 주고 관리하는 시스템이 아니라 지역의 인프라를 육성하면서 직접 기획을 하고 실행하는 방법이 현명한 시스템이라고 할 것이다. 단시적인 이벤트나 공연은 입찰을 통하여 진행할 수 있겠으나 콘텐츠형의 관광 산업축제에서 일괄 입찰시스템으로는 절대 정체성을 가질 수가 없고 성과를 내기도 어렵다. 콘텐츠형의 축제에서 예술적인 가치를 따지는 작품의 축제를 빼고는 굳이 높은 컬리티를 요구하지 않기 때문이다. 지역의 인프라를 활용한 지역의 정체성이 있는 콘텐츠로 성과를 내기 때문이다.

관광축제 전문 총감독과 상생의 협약에서 돌파구를 찾아보자

재단에서 축제를 실행하는데 어렵다는 소리를 많이 한다. 뭔가 하고자 하면 관의 개입 및 지역단체의 이권개입과 단체장의 의도로 인해 변화가 어렵다는 하소연을 한다. 이러한 시스템에서는 재단에서 직접 변화를 주기가 어렵다. 나름대로 재단에서 축제 전문가로 업무를 담당하는 경우도 있다. 그러나 재단의 전문가는 조직체의 일원으로서 변화를 주기가 어려운 점도 있다.

경쟁력 있는 축제를 위해서는 다분야의 풍부한 실무의 경험을 갖춘 관광축제 전문가인 총감독을 선정하여 함께 만들어가는 시스템을 추천한다. 관광축제에 대한 전문성과 인지도가 있는 총감독을 선정하여 명분을 가진다면 누구도 쉽게 전문가인 총감독을 흔들지 못할 것이다. 이럴 때 개혁적인 추구로 변화를 시켜 갈 수 있을 것이다.

이론적인 명성의 총감독을 선임하면 실무에서 실패할 확률이 높다. 변화에 대한 의지가 높다면 이론과 실무가 겸비된 전문 총감독을 선임하였을 때 성과를 낼 수 있을 것이다.

전문 총감독은 재단에서 할 수 없는 부분에 대해서 전문성을 가지고 콘트롤타워가 되어 소통과 상생의 시스템을 갖추어 줄 수가 있을 것이다. 즉 전문가로서 단체장, 관, 민간단체 등에게 명분을 내세워 설득력을 통해 변화를 가져다 줄 수 있을 것이다.

재단에서 직접 운영하는 시스템에서도 전문 총감독의 지원을 받으며 전문 연출 스텝과 함께 지역 인프라 육성 속에서 분리 발주를 통해 예산을 절감하며 작품연출을 만들어가는 것이 생동감 있는 재단, 제대로 업무의 역할을 하는 재단이 될 것이다.

경쟁력 있는 축제를 만들기 위한 전략은 무엇일까?

축제에 대한 기본계획서 작성시 관광 산업화 축제에 대한 고민을 하고 이벤트성 축제가 아닌 관광산업축제로서의 기본계획서를 작성하고 현실적인 운영시스템을 갖추어야 한다.

킬러 콘텐츠에 대해 고민을 하여야 한다.

가. 어떤 이슈에 대한 프로그램으로 관광객을 유치할 것인가에 대한 고민

나. 어떠한 프로그램으로 관광객에게 만족감을 줄 것인가에 대한 고민

다. 관광객은 여러 가지의 프로그램보다는 확실한 한 가지의 목적의식을 가지고 방문한다.

축제를 진행할 시 지역문화의 인프라부터 육성해야 한다.

가. 지역민이 참여하여 함께 만들어가는 콘텐츠 재생도시로의 전환이 필요하다.

나. 지역민의 외면시는 절대 성공할 수 없다.

축제를 이끌어가는 30~40대 가족을 유치하기 위한 노력이 필요하다.

유치원생, 초등학생들이 함께 참여한다는 차원에서 아이들의 즐길 거리, 놀거리, 먹거리에 대한 고민 필요.

이슈가 되는 프로그램은 부스의 규모보다는 한가지의 BIG 프로그램을 개발해야 한다.

1만여 명 이상이 동시에 한 장소에서 참여할 수 있는 프로그램이 경쟁력과 화제성을 가지는 프로그램이라고 할 수 있다.

축제를 기획하고 운영할 때 예술성의 축제에서는 가치를 찾기가 쉽지 않다. 관광

객은 글로벌적인 가치를 원한다. 예술축제에서는 세계 최고의 아티스트 섭외 능력에 의해 축제에 대한 레벨이 정하여 진다. 관광축제는 그 축제에서만 가지고 있는 콘텐츠로서 그가치를 판단하여 참여한다.

성공한 축제를 위해서는 이러한 고민을 해야 한다.

가. 일탈, 어울림, 관광산업의 가치에 대해 고민을 하며 접근해야 한다.

나. 축제를 준비하는 분들의 소신, 열정, 열린 사고, 혁신적인 개혁 추구가 있어야 한다.

다. 모두가 축제 전문가라고 한다. 실무와 이론이 겸비된 축제전문가를 파트너로 만날 수 있을 때 성공적인 축제를 만들 수 있을 것이다.

경쟁력 있는 산업축제를 원한다면 아래와 같은 사항이 준비되어 있어야 한다.

가. 확실한 킬러 콘텐츠 구성 및 콘텐츠별 구역화 구성(미니 엑스포 형태의 구성)

나. 타 축제보다 특별하게 즐길 거리가 있어야 한다. 즉, 대형 체험 거리가 있어야 한다.

다. 만족도의 가치에 있어 재 방문율이 높은 프로그램인가에 대한 고민을 하며 프로그램 구성.

라. 즐길 수 있는 환경 조성 및 식당 운영에 있어 청결과 가치에 따른 품격 식당 구역 설치.

마. 편의시설 및 안내도와 콘트롤 타워에서 체계적인 운영시스템으로 운영되어야 한다.

바. 관광과 연결한 상품화 가치를 높여 숙박 연계 상품을 만들 수 있어야 한다.

사. 축제 참가자들이 즐기며 손님을 맞이하여야 한다. 친절 및 포토 모델이 되어주자.

축제 상품 판매에 대한 고민

가. 축제장에서 판매 단가를 높게 책정하여 단기적인 수입을 올릴 것인가?

나. 축제장에서 판매 단가를 저렴하게 책정하여 이미지를 남기고 장기간의 수입 창출을 올릴 것인가? (축제 명소 즉 축제 도시로서의 변신, 도시 이미지 상승 및 택배 문화, 사계절 관광지)

다. 일반적인 단가 책정, 상품별 품격에 따른 단가 책정, 1년 전부터 숙박과 연계한 상품의 인터넷 판매 (사전 예약 시 특혜 부여)

성공한 축제를 만들고 싶다면 이렇게 시도하라

지역 인프라 육성 및 축제문화 형성

(축제가 가야 할 방향성에 대해 이해를 하자. 작은 것부터 직접 참여하여 만들어 가자. 축제가 끝나면 다음을 준비)

가. 일괄 입찰하는 의탁이 아닌 직접 참여하여 만들어가는 시스템을 갖추자(일괄 입찰은 지역민을 외면하게 만든다). 필요하다면 분리 입찰을 통하여 예산을 절감 하고 질을 높여라.

나. 부족한 부분은 전문가들의 의견을 받으며 함께 만들어가는 시스템을 갖추자.

축제는 내가 살고있는 고향에 대한 자부심과 긍지를 심어준다. 참여하는 데 의의를 가지고 봉사하며 마음의 행복을 찾는 계기를 마련해 준다.

가. 당연히 작년 것을 답습한다는 마인드는 버려라.

나. 좋은 것은 계승하고 부족한 것은 현실에 맞게 구성하자.

다. 축제를 진행할 시 즐거운 마음으로 참여하자.

라. 좋은 축제를 만들고 친절을 베풀어 좋은 인상을 남기자.

예산 배정에 있어 과감히 버릴 것은 버리자.

가. 지역의 배너, 광고탑 등의 현수막과 설치물에 대한 예산은 삭감하고 중앙의 홍보에 집중하자.

나. 축제의 관광상품 개발에 집중하자. 이벤트성 전시, 가수 공연 등은 과감히 배제하자.

다. 지역의 명소를 만들어 경쟁력 있는 관광산업축제로의 변화를 가저 보자.

라. 특산물의 판매에 있어서 직접적인 수익도 중요하지만 브랜드의 가치를 높여 라. 과도한 금액 판매에 따른 현장 수입 목적이 아닌, 축제와 지역 이미지 상승으로 지속적 상품화에 대한 목적을 갖도록 하자.

축제의 성공은 갑질이 아니라
WIN WIN 전략에서 부터 시작된다

축제의 기본구성은 지역 인프라를 활용한 공동체의 화합축제이다. 예전의 축제는 지역공동체 축제로 형성되었다면 현시대에서는 지역경제의 활성화를 위한 산업축제로 전환되었다. 대한민국은 민간주도형이 아니라 관주도형으로 진행이 되고 있다. 축제는 나눔과 화합의 공동체로 진행이 된다. 그러나 아직까지 대한민국에서는 나눔·화합의 공동체라기보다는 개인주의 이기주의가 앞선다. 좀 더 문화의식이 참여하는 축제, 나눔의 축제로 형성이 되었을 때 진정성을 가지고 발전될 것이다. 관에서 발주하다 보니 축제 담당자들의 갑질 행태가 있다. 또한, 계약 후에는 보이지 않는 대행사의 갑질 행태가 있기도 하다. 모두가 그런 것은 아니다, 그런 경우들이 있다는 것이다.

축제의 발전은 상생에서부터 시작된다. 축제 담당 공무원은 어떻게 하면 축제와 관련된 관계자들과 함께할 수 있는지에 대한 진정을 가지고 항상 고민해야 한다. 민간인은 개인주의를 버리고 지역경제의 활성화를 위하여 공동체 행사를 하는 만큼 개인의 영리를 벗어나 나눔의 의미를 가지는 공동체에서 보람을 가져야 할 것이다. 공동체란 문화의식이 있고 개인이 있는 것 아닌가? 발주처에서도 돈으로만 축제를 할 수 없는 것이다. 이벤트나 축제의 운영에 있어 정가라는 것은 없다. 형성되는 금액은 있지만 나눔의 행사에서는 기업의 이윤보다는 상생의 문화축제로서 함께 할 수도 있어야 한다. 발주처에서 진정성을 보였을 때 대행사도 돈보다는 상생의 의미에서 최대한 협조하면서 지원을 할 수가 있을 것이다.

발주처와 대행사와의 관계만이 아니라 지역의 공동체에서 더 확장되어 기업체, 방송사, 언론사, 여행사에서도 상생의 협력이 가능할 것이다. 기업은 이미지를 먹고 운영이 된다. 기업도 지역에 나눔의 행사에 참여하여야 한다. 기업에서도 지역 나눔의 화합축제에서 이미지 등으로 얻을 게 많다. 삼성에서는 사우회 등을 통하여 전 세계적으로나 지역에 봉사하는 시스템을 운영하고 있다. 좋은 이미지에서 기업의 사보 활용과 기업의 인력이 함께 참여한다면 큰 소득을 얻을 수 있을 것이다. 방송 프로그램은 항상 이슈를 찾아다닌다. 이슈과 있는 프로그램을 시청자는 원하고 항상 새로운 정보와 이슈를 찾아다니는 게 방송사이다. 축제에서는 특별한 이슈와 함께 WIN WIN 할 수 있는 프로그램을 만든다면 방송사에서 방문하지 말라고 하여도 스케치하기 위하여 참여할 것이다. 관광객을 유치하기 위해서는 여행상품을 만들어야 하고 여행상품을 활용하기 위해서는 여행사에서 주도적으로 움직여줘야 한다. 기업의 여행상품이나 국제 상품을 운용하기 위해서는 지역경제와 대한민국 관광을 활성화하기 위하여 상생하는 방법을 찾아야 한다. 서로 공동체의 의식과 WIN WIN의 상생을 생각한다면 충분히 가능하다. 모든 면에서는 진실성이란 것이 깔려 있어야 가능하다는 것이다.

점차적으로 무너지고 있는 지역경제를 위하여 진정성을 가지고 함께 움직여야 한다. 경쟁력 있는 국제 상품을 위하여 진정성을 가지고 같이 고민하여 보자.

대한민국의 경쟁력 있는 문화의식을 위하여 상생에 같이 동참하여 보자고 제안을 한다.

30여 년을 ceo 총감독으로 다분야에서 활동한 노하우는 여러 가지의 방법이 보인다. 다 같이 문화의식을 높여보지 않겠는가?

가성비의 효과가 전혀 없는 온라인 축제는
미친 짓이다

방송국은 프로그램을 방송함에 있어 시청률을 가지고 프로그램에 대한 가치를 평가하여 존폐에 대하여 논한다.

축제의 기본은 무엇인가? 일탈 속에 어울림 아닌가? 물론 장르에 따라 다른 면이 있다. 그러나 축제의 기본은 지역주민이 주체가 되는 어울림이다. 또한, 지역경제 활성화에 대한 주목적을 가지고 개최한다. 온라인 방송은 그 자체의 느낌 없이 진행되는 것 아닌가?

흥미와 가치 없이 작성된 의식행사를 촬영하여 온라인으로 방송한다고 누가 볼 것인가? 거의 시청률이 없는 축제 방송이 될 것이다. 이 방송은 누구를 위한 것인지 의문을 갖게 한다.

과연 가성비에 대한 효과는 제대로 나올 수 있을까? 진정 지역경제의 활성화에 있어 직·간접적으로 성과를 얼마나 가져다줄 수 있는지에 대한 질문을 하고 싶다.

공연 축제가 아닌 콘텐츠형의 축제에서 무대공연을 온라인으로 방송한다면 이것이 과연 콘텐츠형의 축제라고 말할 수 있을까? 참으로 경제 논리에 맞지 않는 행위들을 하고자 하는 것 같다. 그러나 인지도 높은 공연을 온라인 방송을 통해 유료화한다면 흑자를 가져다줄 수도 있을 것이다. 그것은 성공한 축제라고 하여도 누구도 부인하지 못할 것이다. 관심도가 없고 보지 않는 영상물의 유료화 상영은 가능하지 않을 것이고 경제가치로 따진다면 미친 짓일 것이다.

예외적으로 온라인 방송이 축제 홍보물로서 홍보에 대한 가치의 가성비가 높게 효과를 준다고 하면 높은 평점이 나올 수도 있을 것이다.

축제를 꼭 경제 논리로 말할 수는 없지만 그래도 효과 없이 낭비성의 축제로 만들어서는 안 되는 것 아닌가? 자기의 예산이라면 투자 대비 효과 없는 곳에 투자하여 진행하겠나? 개인 돈이 소중한 만큼 나랏돈도 소중하게 사용되어야 한다. 우리는 투자 대비 경제적인 원리와 상표 가치 및 지역의 행복지수 등 다양한 방향에서 검토하여 운영하여야 할 것이다.

축제는 현장에서의 화합, 일탈의 어울림과 콘텐츠 프로그램으로 운영되는 것이 기본적인 비율이며, 지역경제의 활성화나 브랜드의 가치를 중요시하면서 개최하고 있다.

어느 쪽이든 가치에 대한 효과가 전혀 없다면 개최할 이유가 없다고 할 것이다. 그만큼 가치가 중요하고 가치 있는 축제가 개최되어야 할 것이다.

대한민국 기념식도 변해야 한다

기념식의 구성은 거의 동일하다. 특별한 게 있다면 주제공연이 추가되는 것이다. 보훈처에서 진행하고 있는 기념식은 입찰을 통하여 매번 거의 두 군데의 기획사가 진행하고 있다. 그렇다고 특별한 것이 있는 것은 없다. 식순에 의한 기념식, 의전이 중심이 되는 기념식, 잘한다고 평가를 하기보다는 그냥 밋밋하지만 무난하다고 할 수 있을 것이다. 보훈처에서는 매번 담당하는 기획사와 함께한다는 것은 그만큼 소통이 되어 안전하고 편할 수가 있다. 그러나 기념식도 이젠 무게감을 버리고 축제 형태의 구성이 되어야 할 것이다. 입찰을 통하지만 보이지 않는 뭔가가 작동하고 있을 것이다. 현장의 연출력 등에서 특별한 능력을 느끼지 못한 기획사 두 군데에서 거의 독점으로 수주하여 간다는 것은 재고하여 봐야 할 것이다.

기념식에서 장르에 따라 준엄함과 무게감도 필요하지만 이젠 구성·연출에 있어서도 새로운 변화를 추구하였을 때 그들만의 기념식이 아니라 국민 속으로 들어갈 수 있을 것이다.

미스트롯, 미스터트롯에 대한 거품과 가치

2019년 미스트롯에 대한 열풍이 불었고. 2020년에는 미스터트롯에 대한 열풍이 불었다. 방송용으로 꾸며진 출연자들이 현장에서도 그 진가를 찾을 수 있을까에 대한 분석을 해봤다.

난 1989년에 이벤트 회사를 설립하여 기업의 프로모션, CI 발표, 인기 스포츠 개막식과 올스타전 등 수많은 TV의 생방송 현장 총연출 감독과 방송사 공개방송 빅쇼 대행 등 30여 년 동안 3,000여 회 이상을 총감독으로 참여하여 연출하였다. 총감독으로서 전체의 구성연출과 때로는 세부적으로 작품연출을 하여 왔다.

스포츠조선의 미스트롯과 미스터트롯이 열풍 일으키며 많은 사랑을 받아왔다. 2019년에 겪은 미스트롯에 대한 평가를 한다면 미스트롯의 브랜드 지명에 대한 가치가 매우 높았다. 그러나 개인 인기곡이 없는 상태에서 출연한 행사장 현장의 무대에서는 싸늘함을 느낄 정도였다는 평가하고 싶다. 미스트롯 출신 중 소수만이 가창력과 예능 감각으로 분위기를 이끌어 갈 수 있는 수준이었다.

보통 다재다능한 재능을 가진 홍진영와 장윤정의 출연료가 약 14,000,000원 정도, 트로트계의 4인방이라고 하는 설운도, 송대관, 태진아 등의 출연료가 약 9,000,000선에서 형성된다. 시기와 섭외방법 및 섭외능력에 따라 차이가 있다. 이분들이 출연하면 확실하게 무대의 분위기를 이끌어가는 장악력이 있다. 히트곡들도 많고 연륜이 보인다. 그런 가운데 히트곡 하나 없이 방송용으로 만들어진 미스트롯 출신들의 출연료는 35,000,000원, 15,000,000원, 지명도가 없는 가수들도 미스트롯 출신이란 명목으로 약 8백~1천만 원 등을 요구하였다. 과연 15,000,000원의 출연료를 받고 현장에서 그만한 값어치를 해 줄 수 있을 것인가에 대해서는 전혀 아니라고 본다.

그동안 트로트 가수 섭외에 매우 어려움을 가지고 있었다. 어디를 가나 A급 가수들을 원한다. 내가 출연료를 주는 것은 아니지만 높은 출연료와 10여 명이 안 되는

A급 가수들을 행사철에는 전국의 행사장에서 모두가 섭외하는 과정이라 섭외하는 데 있어 어려움이 많았다. 그런 과정에 많은 스타가 배출된다는 것은 출연자 공급에 있어 좋아진다는 것으로서 매우 긍정적으로 본다.

난 현재 관광산업축제 총감독으로서 활동하고 있다. 문화체육관광부 선정 대표축제인 보령머드축제, 무주반딧불축제, 문경찻사발축제 등 300여 축제를 총감독하였다. 전반기에는 코로나19로 인하여 계약하였던 것들도 모두 환급하여 주고 이젠 가을의 것들을 섭외하고 있다.

주최 측에서 미스터트롯에 출연한 가수를 섭외해 달라고 하여 섭외해봤다. 2,000만 원, 1,500만 원, 1,000만 원 등 인기도에 따라 출연료를 요구하였다. 미스터트롯을 그동안 재미있게 보았지만, 방송용이 아닌 현장에서 수천 명을 장악할 수 있는 가수는 2~3명밖에 되지 않는다고 본다. 그것도 미스터트롯이란 방송의 이미지에 대한 거품이 있기 때문일 것이다. 적어도 4~5곡의 히트곡이 있을 때 진정한 A급 가수대열에 올라갈 수 있을 것이다. 그전까지는 이미테이션 가수와 다른 게 무엇이란 말인가.

현재 1,000만 원 요구하는 가수들의 얼굴은 TV로 봤지만 난 이름도 잘 모른다. 그렇다고 재능이 A급이라고 평가하지도 않는다. 경륜이 더 필요하다. 가수는 가창력으로 현장에서 분위기를 확실하게 장악할 수 있을 때 진정한 프로 가수라고 할 수 있을 것이다. 1,000만 원 요구하는 가수들이 그만큼 장악력 있다고 평가하지 않는다. 대한민국 최고라고 하는 트로트 4인방 가수들의 출연료 등급이다.

내가 공연을 함에 있어 많은 신인가수가 찾아온다. 인간적으로는 모두 출연을 시켜주고 싶지만, 현장의 작품에 대한 평가를 받으면 살아가고 있는 처지에서 출연시키기가 매우 어렵다. 방송의 쇼 PD들도 시청률에 대한 평가로 능력을 평가받으며 생활하고 있기에 그런 어려움이 있다. 나 또한 관객에게서 작품에 대한 평가를 받으며 살아가고 있는 연출가이기 때문이다. 큰 공연이라면 더욱더 그렇다. 그래서 축제장에 다양한 무대를 만들어 레벨에 맞는 출연자들을 구성하여 연출해 왔다. 30여 년 동안 방송과 무대공연 수천 회 이상을 구성, 연출하여 온 관계로 많은 신동 가수들을 포함하여 내 공연에 출연하지 않은 인기 가수가 없을 것이다.

대다수 가수들이 인기가 올라오기까지 배고픔과 생활의 빈곤함에 어려움을 겪어 봤을 것이다. 한탕주의의 이미지로는 절대 오래가질 못한다. 일관성과 진정성이 있을 때 오랫동안 스타로서 남아 있을 것이다. 댄스 가수보다는 트로트 가수들의 생명이 아주 길다. 아무리 배고픔에서 벗어나더라도 무명의 시절을 절대 잊지 말고 상생의 법칙 속에서 함께 행동하였을 때 사랑받는 가수가 될 것이다. 현시대에서는 어렸을 때 순간 잘못된 행동들의 내용과 사진이 인터넷에 돌아 이미지 막장으로 순간 끝을 맺을 수 있다. 수십 년 전 잘못된 행동이 미투가 되어 앞길을 막고 있는 세상이 되어있다.

지금 인기 스타가 되어있는 OO의 가수와는 많은 공연을 하였다. 나는 행사장에서 연예인들과 거의 사진을 찍지 않는다. 그러나 주최 측의 요청이 있을 때 자제를 시키지만 어쩔 수 없이 소개를 해줘야 할 때가 있다. 비서실의 요청으로 어쩔 수 없이 죄송하고 부끄러운 마음으로 "오늘 축제를 하는 지자체 군수님입니다." 하고 장OO 가수와 인사를 시켰다. 그런데 건성으로 불성실하게 인사하는 모습을 보고 그 가수의 인성에 실망하게 되었다. 지금도 방송에서 나오면은 진실성이 없는 가식성의 모습으로 나에게는 비치게 되어 채널을 돌린다. 그 외에도 많은 가수를 섭외하는 데 진실성이 없는 출연자들에 대한 거부감을 많이 느끼고 섭외에 있어 고려하고 있다. 물론 그 가수들도 많은 행사로 인하여 지친 마음에 그럴 수도 있겠지만, 공인이 된다는 것은 그만큼 힘들고, 상대방이 모두 이해하여 줄 것으로 생각해서는 안 된다고 말해주고 싶다.

1990년대 말 나는 많은 방송대행연출을 하는 상황에서 음반을 제작하게 되었다. 다른 소속 가수 OO와 방송촬영을 위하여 1박 2일로 섬에도 다녀왔다. 그 가수는 20대 초반이었고 현재는 중년 가수가 되었다. 난 제작자였고 그 가수는 신인 때였지만 지금은 사랑을 많이 받고 있다. 현장을 장악하는 모습에 난 최고의 가수로 인정하고 있다. 그러나 세월이 만든 것인지 그 가수의 인성에서는 나를 슬프게 한다.

이런 글을 쓰는 것은 모두가 평가하기에 따라 차이가 있을 수 있지만, 가치에 대한 진실성 없이 높은 거품의 출연료는 순간 돈독에 올라간 느낌을 줄 것이고 그 출연료는 독이 되어 돌아올 수도 있다는 것을 말해주고 싶다. 여기에는 스포츠조선과 제작사, 가수 등이 얽혀있을 것이다. 가수 출연료에서 많은 퍼센트를 스포츠조선이 가져가는 상황이라 그렇다는 말도 한다. 무명시절의 생활에서 많은 어려움이 있었을 것이다. 갑자기 스타가 된 것 같은 모습, 순간의 인기가 영원히 간다는 보장이 없다. 거품은 순간에 빠질 것이고 현장에서는 무대 장악력에 따른 냉정한 가치가 정하여질 것이다. 거품 속에서의 순간 영위보다는 오랫동안 남는 가수로서 돈보다는 진정성으로 사랑받는 가수가 되길 바라는 마음이다.

공적인 축제에서는 공공문화를 활성화하고자 노력을 한다. 많은 자원봉사자들도 참여한다. 지역 경제의 활성화에 대한 절박함으로 구성하고 연출한다. 축제는 돈보다 지역의 문화로 만들어가는 것이다. 외부의 관광객은 가수를 보러 오지 않는다. 상업적인 이벤트에서는 가치에 따라 출연료를 주고 섭외를 할 수 있다. 그러나 관광콘텐츠로 지역경제의 활성화를 위해서 공공문화에 참여하는 관계자와 관광객을 위해서는 거품이 많고 비중이 크게 작용하는 가수 출연을 배제해야 한다. 세계적으로 성공한 축제를 분석한다면 공연 축제를 빼고는 무대가 거의 없다. 콘텐츠만을 가지고 축제를 진행한다.

가수들도 이제는 공공문화 축제에 참여하는 데 의미를 두고 거품 없이 가치에 따른 적정선의 출연료를 책정하여 문화를 만들어가는 데 동참해야 할 것이다. 상업적인 행사가 아닌 공공문화 행사에서 너무 많은 출연료를 요구한다. 거의 공익성 있는 축제장에서는 동행이란 단어도 생각해 볼 여지가 있을 것이다. 가수는 콘서트장에서 능력대로 작품을 선보이고 수입을 만들어가는 것이 진정성 있는 모습이라고 본다.

이젠 대한민국 축제장에서는 축제의 콘텐츠와 관계가 없는 가수공연을 줄이고 지역 문화를 활성화해가는 것이 경쟁력 있는 축제, 즉 경쟁력 있는 도시로 육성하는 방법일 것이다. 공인인 가수들도 절박한 군·소 도시의 축제 문화에서 돈보다는 동참한다는 의식 속에 함께 살아가는 세상을 만드는 것이 행복한 대한민국을 만들어가는 것이라고 말하고 싶다. 또한, 공인들은 당연히 사랑받은 것을 되돌려 주면서 행하는 것이 사명이라고 말하고 싶다.

축제 방문객 수

대한민국 축제의 방문객 수는 현실성 있게 집계하여야 한다. 주차장의 확보에 대한 통계를 보면 그 축제의 방문객 인원이 대략적으로 집계가 된다.

나는 대한민국의 축제를 스케치했고 때로는 현장 평가위원으로 활동하였다. 또한, 총감독으로 참여하여 직접 진두지휘를 하였고 현장평가에 대한 용역을 받아 직접 통계를 내고 있다.

대한민국의 축제에서 대도시와 지방의 차이점이 크지만, 지방 축제에서 주말에 집계하여 본 결과 실제 3만 명 이상이 방문하는 축제가 거의 없다. 주말에 2만 명만 방문하여도 대박의 사건으로 기록하여도 좋다.

지방의 축제에서 평일 5천 명 방문하는 축제도 거의 없다. 그러면 여기에 평일과 주말 방문객을 더하면 축제 기간에 참여하는 합계 인원이 나온다. 보통 방문객은 약 3~4시간 축제장에 머문다. 즉 축제장에서는 약 3번의 방문객이 회전된다고 보면 될 것이다.

대한민국의 축제에서 방문객은 거의 자체적으로 자가용을 이용하여 방문한다. 주말 하루 2만 명의 관광객이 참여한다고 하였을 때 동 시간대 약 6천 명 이상이 현장에서 참여할 것이고, 차량당 3명을 계산하였을 때 주차장이 2천 대 이상 확보되어 있어야 맞는다. 축제의 관광객 수는 주차장을 확보하여 놓은 것을 계산하면 대략 집계 인원이 나온다.

실제 방문객을 집계하여 방문객이 활동하는데 맞는 화장실, 편의시설, 식당, 테마 공간 등을 구성해야 한다.

축제 자격증에 대한 논란

우리가 생활하는 데에는 전문성을 인정하는 다양한 자격증이 있다.

우리가 취득하고 있는 자격증이 공정성에 문제가 없는지 분석해봐야 할 것이다.

일정의 자격이 되면 일괄적으로 발급해주는 자격증이 있다. 예를 들어 운전면허증을 말할 수 있다. 전문성으로 깊이 들어간다면 자격증의 난이도와 가치에 대한 논란이 있을 수 있으나 이는 공정성을 담보로 한다.

운전면허증은 국가의 자격증이다. 자격 기준이 다른 이에게 피해를 주지는 않지만, 운전미숙 등의 경우는 있을 수 있고 사고의 잘못에 대해서는 자신이 책임을 진다. 또한, 다양한 분야에 따른 자격의 등급과 직종에 따라 자격 기준을 두고 이론적인 과정과 기본적인 실기를 종합하여 합격하면 자격증을 준다.

국가에서 발급하는 것이 아니라 일반 사단법인이나 단체에서 발급하는 자격증에 있어 어떠한 기준을 바탕으로 발급하고 있는지에 대한 분석이 필요하다. 객관식으로 문제와 답을 모두 알려주고 시험을 보는 것에 대한 가치는 어떻게 평가를 할 것인가? 일정한 기간 교육을 받거나 돈만 내면 합격을 시켜주는 자격증의 자격 논란은 어떠할 것인가?

이론적인 통계연구로 분석이 나오는 것은 이론적 연구가 가능할지도 모른다. 그러나 실무의 역할이 큰 상황에서 이론적으로만 평가하여 자격증을 수여한다는 것은 큰 모순이 아닌가.

이벤트는 아무리 완벽한 기획과 계획을 세우더라도 현장에서 운영하다 보면 종종 크고 작은 돌발상황이 발생하기 때문에 이를 문제 없이 해결해야 본 행사가 차질 없이 진행되는 분야이다. '그럼 돌발상황이 발생하지 않게 사전에 준비를 잘하면 되지'라고 생각한다면 그건 정말 이벤트에 대해 모르는 사람일 것이다. 따라서 이벤트는 이론적인 연구보다는 현장의 경험이 중요시되는 분야이다.

이벤트는 풍부한 경험 속에서 기획이 나온다. 아이템도 풍부한 경험의 응용 속에 나온다. 풍부한 현장 경험이 없다면 현실적인 기획이 나올 수 없다. 실무가 뒷받침되지 않는 추상적인 계획은 현실에서 실패할 확률이 매우 높다. 또한, 사람 간에 인적 네트워크 역시 매우 중요하다.

내가 운영하고 있는 회사의 경영자 입장에서 보면 축제 분야에서 관광학 등의 석·박사 학위를 취득하고 입사한다고 하여도 실무경험이 없는 상황에서는 경쟁력 있는 기획서가 작성될 확률은 거의 제로이다. 그렇다 보니 인턴부터 시작한다.

축제 전문기획사에서는 경쟁력 있는 기획서를 작성할 수 있는 능력으로 평가를 한다. 또한, 실무 운영력과 연출력으로 평가한다. 실무경험이 없는 상황에서는 실행계획서가 작성될 수 없고 작품연출에 대한 능력이 거의 없다고 봐야 할 것이다.

축제 계획서를 작성하는 데에서는 축제 현장스케치와 분석 속에 새로운 제안이 나올 수 있다. 또한, 많은 기능적인 소재를 제대로 알고 많은 연출작품을 분석하였을 때 창조적인 모방이라도 할 수가 있다. 이러한 현장실무경험과 많은 축제의 분석데이터가 머리 속에 축적되어 있을 때 경쟁력 있는 제안서의 계획서가 나올 수 있는 것이다.

이러한 것들을 어떻게 평가하여 자격증을 줄 수 있다는 것인가? 일당백이란 말도 있다. 신입 100명이 한 달 동안 작성할 수 없는 계획서를 풍부한 경험을 가진 경력자는 5일이면 혼자서도 경쟁력 있는 기획서를 만들어 낼 수 있다.

10일, 1개월, 수개월 강습을 받고 수료하는 자격증에 축제 전문가라는 호칭을 부여할 수 있을까? 전문가의 사전적 의미를 살펴보면 '어떤 분야를 연구하거나 그 일에 종사하여 그 분야에 상당한 지식과 경험을 가진 사람'이라고 명시되어 있다.

선무당이 사람 잡는다는 속담도 있다. 어설픈 능력을 갖추고 전문가로 행동한다면 국가적으로 엄청난 손실을 가져다줄 것이다. 그 자격증에 대한 검증을 어떻게 할 수 있을까? 영화감독에 대한 자격증 제도가 있는가? 감독을 자격증으로 검증하는 것을 보았는가? 축제의 강습은 자격증이 아닌 수료증으로서 축제에 대한 교육을 받았다는 데이터로 사용하는 것에 만족해야 할 것이다.

축제 전문가로 활동하기 위해서는 기본적으로

첫째, 축제에 관한 이론적 연구의 자질이 필요할 것이다.

둘째, 인적 네트워크 자원에 대해 얼마나 풍부한 노하우를 갖추었는지에 대한 데이터가 필요할 것이다.

셋째, 연출력에 대한 자질에 있어 평가와 연출을 할 수 있는 작품의 수준에 대한 평가가 필요할 것이다.

넷째, 기본계획서와 운영계획서 및 실행계획서 작성능력에 대한 평가가 필요할 것이다. 이것 또한 축제의 규모 수준과 역할의 능력에 대한 평가가 있어야 할 것이다.

다섯째, 총괄 진두지휘를 하고자 한다면 풍부한 연륜이 있을 때 콘트롤 타워가 될 수 있을 것이다.

마지막으로 대한민국 축제와 전 세계 축제를 이론과 현장스케치를 통한 비교분석 데이터로 설명할 수 있을 때 그 수준에 따라 자격증을 줄 수도 있을 것이다. 그런데 이러한 평가를 어떻게 할 수 있을 것인가가 최대 고민일 것이다. 이런 것들을 고려하지 않은 채 설득력 없는 상태에서 자격증 제도를 도입하여 운영한다면 진정성이 의심되는 상황에서 축제 분야를 혼란스럽게 만드는 제도가 될 것이다.

이론보다도 실무의 경험이 중요시되는 축제인 만큼 어설픈 자격증 제도는 독이 될 수도 있다. 각종 협회와 단체 등에서 발급되는 자격증은 대다수가 검증되어 있지 않고 돈벌이 수단으로 활용되고 있는 것이 현실이다. 개인이 운영하는 자격증 제도에서는 누군가에겐 피해를 줄 수도 있다. 대중을 상대하는 전문가의 자격증 제도에서는 대한민국의 축제 분야를 혼란스럽게 하고 국민의 세금을 운영하는데 큰 피해를 줄 수 있는 문제라고 생각한다.

또 단체나 협회에서 일정 교육을 받고 취득한 자격증을 가지고 진정한 전문가 행세를 하는 행위도 축제업계를 혼란스럽게 하고 질서를 흔들어놓고 있다. 국가 자격증 외에 사설 자격증 제도를 만들어 운영하는 곳이 대한민국에는 매우 많다.

현재 어설픈 자질을 가지고 전문가로 활동하고 있는 사람들은 축제의 발전을 저해시키고 불신을 조장하게 하고 있다. 또한, 남발되고 있는 축제 전문가, 어설픈 자질로 전문가처럼 활동하며 총감독으로 활동하고 있는 상황에서도 현재 총감독 제도에 대한 실망과 불신을 조장하고 있는 게 현실이다. 총감독 제도가 잘못된 것이 아니라 검증 없이 인맥을 바탕으로 수준이 낮은 전문가를 선정하여 실패하는 경우가 대부분이다.

진정한 전문가를 육성할 수 있는 체제를 제대로 갖추어 이 나라 관광산업의 발전에 이바지할 수 있는 운영시스템을 제대로 갖추길 기원한다.

축제와 관련되어 축제 관계자들을 만나 대화를 하다 보면 이런 말을 한다. "축제 전문가를 채용했어요.", "재단에 전문가들이 많이 있어요."

전문가라고 하는 그 전문가의 수준이 어느 정도인지 물어보고 싶다. 축제 몇 번 참여하였다고 전문가, 이론적으로 공부하였다고 전문가, 정말 경쟁력 있는 축제 또는 메이저 축제나 글로벌 축제를 만들고 싶다면 진정성 있는 능력자 전문가를 만나야 할 것이다.

이벤트성 축제와 관광콘텐츠형의 축제가 다르다. 이벤트성 축제의 전문가라고 하여도 관광축제에 대한 이해도가 부족하다면 절대로 관광콘텐츠형의 축제를 기획, 연출할 수 없다는 것을 명심하여야 할 것이다.

지자체에서도 전문가라고 하는 전문가 수준의 목표에 대한 분석이 필요하다. 대한민국 메이저 축제를 목표로 삼는다면 적어도 대한민국 메이저 축제에 대한 풍부한 경험이 있는 전문가 정도는 되어야 경쟁 속에 들어갈 수 있다.

글로벌 축제에 도전한다면 글로벌 축제를 기획, 연출할 수 있는 전문가로서 이론과 현장의 풍부한 자질이 겸비되었을 때 가능할 것이다.

지자체에서 내세우는 전문가에 대한 과대평가가 심한게 현실이고 능력이 부족한 전문가체제에서는 절대 경쟁력 있는 축제를 만들어 낼 수 없을 것이다.

축제 전문가의 자질에 대한 평가 및 축제 전문가에 대한 자격증의 제도는 충분한 설득력이 있을 때 가능할 것이다. 현재 축제에 대하여 일정한 교육을 받게 하고 남발하여 발행하는 자격증은 매우 위험하다. 자격증보다는 수료증을 주어 참고하는 것은 가능할 것이다. 그러나 자격증에 대한 서류에 특혜를 주어 진정한 전문가들에게 피해를 주면 안 된다는 것이다. 그 자격증이 축제 분야를 혼란스럽게 해서는 안 된다.

다시 말하자면 어느 축제의 평가나 대행사 선정에 있어서 축제에 대한 현장 경험이 없는 초짜지만 박사학위 관계로 현장의 15년 이상의 전문가인 능력자와 똑같이 직원 보유 점수를 받도록 기준을 내세운 평가 기준을 보았다. 기본적인 계획서나 실행계획서 및 운영계획서를 작성할 수 없는 자가 학위 하나로 경력자와 똑같은 대우를 받게 되는 제도, 이러한 비현실적인 제도는 현장을 너무 우습게 평가하는 제도로서 없어져야 한다. 이론과 현장의 풍부한 노하우가 갖추어진 전문가가 진정한 전문가라고 할 수 있다.

난립한 축제 포럼과 축제학교가
축제의 신뢰도를 떨어뜨린다.

관광축제는 문화체육관광부 정책에 따라 축제의 분위기가 좌우된다.

대한민국의 관광축제는 문체부 정책과 코로나19로 인하여 혼돈 속에 진행되고 있다. 왜 그럴까? 그 이유는 현장의 노하우가 뒷받침되지 않는 이론적 데이터에 의해 진행되는 관계로 현실성과 거리가 있는 추상적인 정책으로 진행되는 것이 원인이다.

난 35년 동안 현장에서 총감독으로 참여하여 진두지휘하였다. 또한, 관광축제의 이론적 연구로 박사학위를 받았다. 관광축제에 있어 머리보다는 현장의 노하우로 몸이 반응한다.

난 문화체육관광부 관광축제 정책기획위원으로 활동하였고 한국관광공사에서 관광축제 컨설팅위원으로 활동하였다. 현장에서 35년 동안 활동하면서 많은 관계자를 만나왔다.

지금은 대행사 선정 평가위원으로 활동하고 있다. 2021년에는 일주일에 2~4군데의 평가위원으로 활동했다. 평가위원으로 위촉받아 참여하다 보면 현실과 맞지 않는 질문을 하는 위원들이 있다. 참으로 답답함을 느끼게 한다. 현장을 모르는 상황에서 이론적 내용으로 질문하기 때문이다.

전국의 각 지역에서 관광축제에 대한 포럼을 진행하고 있다. 그 포럼을 분석하면 진정성을 찾기가 힘들다. 그들만의 리그로 진정성보다는 사업적 접근으로서 주최하는 관계자와 가까운 인맥만을 구성하여 진행한다. 그런 포럼에서 진정성과 컬리티가 있을까 하는 의문과 한심스럽다는 생각을 하게 된다.

축제학교에서도 마찬가지다. 주최 측과 가까운 인맥, 회원 등으로 구성하여 축제 강사를 구성한다. 그러한 구성은 컬리티가 낮은 강사 구성으로서 내용도 빈약하다. 물론 진정성보다는 회원들과 또는 주변의 관계자들과의 인적 관계, 또는 사업적 관계 때문에 그렇게 구성할 수밖에 없다는 것도 이해 못 할 바는 아니다. 그러나 대한민국 관광축제의 발전을 원한다면 단체나 협회, 학교 등에서는 집안의 구성에서 벗어나 진정성을 가진 강사 구성을 하고 나누어먹기식의 구성은 자제하여야 한다. 또한, 사단법인 등에서 나누어 주는 자격증은 공신력이 없다. 공신력 없는 자격증을 남발하는 것도 문제라고 할 수 있다. 후원금을 받기 위한 자격증, 참가자를 현혹하기 위한 자격증의 남발은 사회의 문제라고 할 수 있다. 자격증보다는 나름대로 배움을 청하였다는데 보람을 갖기 바란다.

내가 관광축제에 대한 레전드와 멘토의 닉네임을 얻기까지는 이벤트 분야 35년의 경력, 32년의 이벤트 대표이사 경력, 방송, 프로모션, 스포츠, 공연, 전시, 박람회 등 3,000여 회의 총감독, 대한민국을 대표하는 대표축제인 보령머드축제, 무주반딧불축제, 문경찻사발축제 등 300여 회의 총감독의 현장 최고 프로필의 노하우와 관광축제에 관한 이론적 연구로 석사, 박사학위를 취득한 전문가로서 인정을 받은 결과라고 나는 생각한다.

이론은 방향성을 제공하는 추상이고 현장의 노하우는 실패할 확률이 적은 실전이라고 나는 생각한다. 포럼이든 축제학교든 양심을 가지고 관계자나 회원에 나누어 먹기식이 아니라 진정성을 가지고 구성해야 대한민국 관광축제의 발전에 도움이 될 것이다.

진정성 있는 축제의 포럼, 워크숍, 축제학교는 계속해서 진행되어야 한다. 그동안 중앙부처, 문화체육관광부, 한국관광공사 등에서 자문과 컨설팅위원으로 활동하면서 느낀 점은 담당하는 분들이 많이 배우고 똑똑한 분들이지만 현실적인 현장의 노하우(현장의 전문가)보다는 현실과 동떨어진 이론적 데이터의 추구로 진행한 정책은 실패라는 결과를 받게 된다는 거였다.

관련된 교수분들도 불이익을 받을까 봐 진실성 있는 소견을 밝히지 못하는 경우가 있다. 나는 흔들리지 않는 나만의 길을 개척하여 가면서 현실적인 문제와 현실성 있는 의제를 제시하고자 한다.

성공적인 축제를 위해 조직 인원 4명이면 가성비 높은 축제를 만들 수 있다

축제 진행에 있어서 인건비 줄이는 것이 최고의 성공 요소이다

현시대에서는 뭔가 진행할 때 인건비가 차지하는 비중이 높다. 농사도 인건비가 높아 타산이 맞지 않는 세상이 왔다. 축제의 운영에서 인건비의 비중이 높아 현실적으로 진행하기 힘들다. 가성비가 낮은 축제는 성공하기 어렵다.

현시대에서는 인건비를 절감하기 위한 효율적인 운영 방법을 선택하는 것이 성공하는 비결이다.

축제의 운영을 위해 사무국을 운영한다고 가정하면 연간의 유지비는 얼마나 들까? 재단을 설립하여 운영한다고 가정하였을 때 얼마의 유지비의 예산이 지출될까? 그렇다고 사무국과 재단 축제 담당의 전문성은 얼마나 될까?

사무국과 재단에 위탁하여도 관에서 담당 팀장과 주무관의 업무는 지속된다. 상황에 따라 지속적인 업무를 위해 축제사무국과 재단이 필요할 수 있다. 사무국이나 재단과 함께할 때도 팀장과 담당 1명이 참여하여 함께 한다면 거의 모든 축제가 가능하다.

현실적인 축제 조직 인원 운영시스템 제안

30여 년 동안 총감독으로 참여하여 실행해 본 결과 최고로 효율적인 방법은 팀장, 주무관 1명, 다분야의 풍부한 실무의 전문성을 총감독, 조연출 감독 등 4명이 소통된다면 성공적인 축제를 만들어갈 수가 있다고 확신한다.

(조직 1) 팀장(공무원)은 축제를 위한 전체적인 결정권자로서 관련된 업체와의 소통 속에 정리하여 주면 된다.

(조직 2) 주무관은 행정적인 업무를 지원하면서 축제위원회의 업무를 대신하여 예산 지출에 대해 정산을 하면 된다.

(조직 3) 총감독은 풍부한 실무의 전문성을 가지고 기본계획서(전체예산계획, 홍

보계획 포함 등), 실행계획서를 조감독과 함께 작성하여 팀장과 협의를 통해 결정 받은 상황에 대해서는 전반적인 실행을 한다. 또한, 관련 업계 인적 네트워크를 지원하여 브랜드화 축제로 성공하는 데 일조한다.

(조직 4) 조연출 감독은 총감독을 지원하여 기획하고 운영을 지원하여 주면서 함께 진행하여 간다.

이렇게 4명의 조직 인원이 소통하면 축제는 전문성을 가지고 웬만한 축제는 모두 성공적인 축제로 만들어 갈 수가 있다.

전문성 없이 작성하는 기획은 추상적이라 실행에서 헤매고 시간 낭비 속에 작품의 수준을 떨어트리는 게 현실이다. 열정이 꼭 성과를 만들 수 있는 것은 아니다. 이론은 추상적이고 실무의 풍부한 경험과 능력은 실패할 확률이 거의 없다.

현장의 실행에서는 실·과·소 업무의 지원에 있어 평소대로 분담하여 배정하고 총감독이 사전에 미팅과 교육을 통하여 작품의 질을 높이며 효율적인 운영으로 시간을 줄여준다.

행사 기간에는 연출 스텝 4명을 지원하여 전체를 기획·연출을 할 수 있도록 한다. 요소에 필요한 인력은 아르바이트와 단기간 계약직으로 지역 인력 창출을 하면서 전체의 행사가 웬만하게 진행할 수 있도록 한다.

예산 집행의 운영방식에 대한 제안
성공적인 관광축제들은 일괄 입찰 시스템을 하지 않는다

예산 집행에서는 전체의 예산 발주는 일괄적인 입찰 발주에서 벗어나 직거래 방식으로 운영함으로써 지역 인프라를 최대한 육성하고 발주시스템에서 재하청의 중간 이윤을 줄여 예산 절감의 효과를 가져다주면서 그 예산을 재투입하여 알찬 축제가 되도록 한다. 수의계약 선이 넘는 부분은 분야별 분리 입찰을 통하여 총감독이 기획, 구성, 연출한다.

현재 대한민국의 축제에서 최고로 현명한 운영시스템이라고 추천을 한다.

문화재청의 공모사업에 대한 비현실적 입찰체제

2021년에는 문화재청과 관련된 공모사업에 대한 평가를 많이 했다. 향교, 서원, 문화재, 문화유산, 야행 등 많은 공모사업을 통하여 수주한 지자체가 입찰을 통하여 대행사를 선정하고 있었다. 많은 곳이 입찰공고를 냈지만, 입찰에 참여한 팀은 매우 적었고 그나마 소수의 참여한 기획사가 전국의 문화재 행사를 수주하기도 하였다.

상설이벤트 행사는 회당 약 50명으로 구성하여 당일 또는 1박 2일 등으로 약 6개월간 진행하는 사업이었다. 예를 들어 단일 발주금액은 2억이라고 하여도 상설행사라 40회를 나눈다면 회당 5백만 원밖에 되지 않는다. 현시대에서 예산 편성에서 무서운 것은 인건비 지출이다. 서울의 기획사들이 지역의 행사를 하기 위해서 교통비와 인건비로 지출하고 나면 실제 운영비의 지출이 많지 않다. 즉 비효율적인 운영시스템이다. 이 정도의 행사는 올바른 정신과 기본적인 실력만 있다면 누구든지 실행을 할 수 있을 것이다.

입찰보다는 지역의 단체에 의탁 행사나 계약직으로 직거래 하는 방식이 더 효율적이라고 할 수 있을 것이다. 부족한 점은 컨설팅위원을 위촉하여 기획서와 운영에 대한 지원하는 방식으로 운영한다면 지역의 인프라를 육성할 수도 있을 것이다. 입찰자격 조건도 특별한 것도 없는데 문화재 행사를 하여 본 실적을 요구하는 경우가 있다. 이러한 문안은 상식적으로 이해가 되지 않는 무지의 담당에서 나온 결과라고 할 수가 있을 것이다.

행사를 추진하는 문화재팀도 대다수가 자주 입찰하지 않는 행사를 담당함으로써 합법화만을 위한 평가를 하였지 현실적인 면에서는 매끄럽지 않은 면이 있었다. 먼저 문화재청 담당자들이 이러한 행사에 대한 인식이 필요한 것이다. 이론은 이론이다. 실무에 대한 현실적인 운영방식에 대해 이해를 하였을 때 예산 낭비를 줄이고 성과를 낼 수가 있을 것이다.

박종부 총감독의 축제에 대한 생각

진행과 연출의 착각은 경쟁력을 잃게 한다

축제를 구성·연출하는데 너무 쉽게 생각하는 경향이 있다. 진행은 공연순서에 의 해 하면 된다. 그러나 연출은 조명, 음향, 특수효과, 영상, 출연자 등을 모두 분석하고 요 소에 맞는 역할을 하였을 때 감동과 메시지가 있는 작품이 되는 것이다.

이러한 작품은 철저한 사전의 기획과 분석 속에 수정하면서 준비하여 리허설을 통하여 메시지와 감동이 있는 연출이 된다. 또한, 혼자서 할 수 있는 것은 없 다, 분야에 맞는 전문가들이 함께 참여하여 조직적으로 함께 움직였을 때 가능한 것이다.

축제에 대한 전체 구성에 있어서도 전문가의 능력이 필요한 것이고 개막식 퍼포먼스 등에서도 전문 스텝의 조직이 함께 하였을 때 가능하다. 축제장에서 아직까지 작품적인 연출을 하는 것을 거의 본적이 없다.

축제를 담당하는 관계자나 대행사에서의 전문연출자에 대한 인식의 부족에서 시작된 결과라고 이해한다. 그렇다고 야외축제장에서 꼭 작품의 연출을 요구하지는 않는다. 그러나 진행과 연출에 대하여 올바른 이해를 하고 담당해야 할 것이다.

대한민국 최고의 축제는 <국풍 81>로 기억 속에 남아 있다

내가 60년 살아오면서 나의 기억에서 최고의 이벤트는 국풍81과 2002년 월드컵 응원문화가 감동적인 기억으로 남는다. 국풍81은 전국민의 축제였다.

여의도광장에 전국의 지자체가 참여한 축제로 부스, 판매, 문화가 곁들인 대한민국 최고의 축제였다고 늘 생각하게 된다. 국풍81같은 대한민국의 축제를 만들어보고 싶다고. 과연 그런 구성의 축제가 가능할는지 모르겠지만.

축제는 독특하면서도 모방의 창조이다. 유사한 축제나 더 낳은 축제를 느껴보지 않고는 상상으로도 구성하기 쉽지 않다. 즉 축제를 담당하는 자가 성공적인 축제를 원한다면 방문스케치를 통하여 간접적인 실무에 대한 노하우를 축적하는 것만이 진정성이 있는 것이다. 방문스케치를 통한 노하우 축적이 어렵다면 실무와 이론이 풍부한 전문가를 영입하여 자문과 컨설팅을 받으며 함께 만들어가는 것이 정석일 것이다.

축제 담당 2~3년 차가 무섭다

축제를 진행하다 보면 첫해에는 측제 담당이 전문가의 의사를 많이 듣는다. 그러나 직접 경험을 하여 본 후에는 의견이 강해진다. 실행 경험에 대한 의견은 매우 바람직하다. 그 열정도 높이 산다. 그러나 개성이 너무 강해 소통이 안 되는 경우가 있다. 전체적인 분석을 하고 발전 방향에 대해 구성하지만 어설픈 의사의 내용으로 너무 힘들게 하는 관계로 축제의 변화에 저해요소로 작용하기도 한다. 즉 선무당이 사람 잡는다는 속담과 같을 것이다.

축제를 운영하면서 콘트롤 타워는 제대로 작동되고 있는가?

콘트롤타워는 이론적인 추구가 아니라 현장의 풍부한 노하우가 겸비된 상황에서 일사천리로 운영될 수 있는 시스템을 갖추어야 할 것이다. 명예적인 콘트롤타워, 전체의 행사에 대한 분석을 하지 못하고 있는 콘트롤타워, 풍부한 노하우가 축적되지 않은 컨트롤타워는 제대로 역할을 하지 못할 것이다. 결론적으로 제대로 갖춘 조직체계를 만들어야 한다. 콘트롤타워는 실행능력이 풍부한 전문가가 참여하였을 때 성공할 수 있다.

이벤트 대행사 선정 입찰의 평가위원에 대한 진실

난 이벤트 현장에서 30여 년이 넘는 동안 CEO 총감독으로 활동하였다.

2000년도 초반에는 관공서 행사의 입찰에 있어서 주최 측에서 평가위원을 내정하여 놓고 형식상 합법화를 위하여 진행하는 경우가 많았다.

난 평가위원을 로비하기 위해 치열하게 찾아다니는 것이 싫어 입찰 참여를 포기하고 수의계약만을 고집하며 총감독으로 활동을 하고 있다.

현재는 대한민국의 축제를 꿰뚫어 보고 있는 전문가로서 멘토를 하며 개혁을 추구한다. 결국은 답답한 축제 담당자들이 개혁적인 변화를 위하여 나를 찾게 되고 총감독, 컨설팅, 감리 등의 역할로 참여하고 있다.

2021년에는 코로나19의 상황에서도 평가위원으로 1년간 90여 회의 활동을 하였다.

공정하게 평가한다고 전국적으로 모집공고를 통하여 진행하는 평가위원의 구성을 분석하면 거의 2~5명은 구면인 분들이 참여하고 있다. 즉 평가위원으로 활동하고 있는 분들은 한정된 인력풀에서 움직이고 있다고 볼 수 있다.

그러나 가끔은 어떠한 조직체에서 집단으로 평가위원에 신청하여 평가위원으로 참여하고 그 회원이 대행사로 선정되면서 탈락한 참여 기획사에서 불공정하다며 반발하는 경우가 발생되고는 한다. 현재 양양송이축제 & 양양연어축제 평가에 대한 과정으로 많이 시끄럽다.

물론 진실성을 가지고 공정하게 평가하였다고 믿고 싶다. 그러나 오해받을 행동은 하지 않았으면 좋겠다. 참외밭에서 갓끈을 고쳐 매지 말라고 하는 속담도 있잖은가? 난 이러한 곳은 더 조심하게 된다. 이것이 상식 아닌가? 굳이 오해받을 행동은 하고 싶지 않다.

난 실무와 이론을 갖춘 전문가이다. 이쪽저쪽 아는 분들에게서 부탁도 들어온다. 예의상 알았다고는 하지만 결론은 진실성과 기획서에 의해 결정된다.

평가장에서 할 수 있는 것은 적격심사 또는 상대적 평가로 순위를 위한 점수를 부여하는 일이다. 가르치려고 할 일도 아니고 배우려고 해서도 안 된다. 아쉬운 점이 있어도 점수로 평가하여 주면 평가위원으로서 할 일을 하는 것이다.

기획서에서 거의 만점을 줄 정도로 완벽한 기획서를 본 적이 없다. 결론은 중상 정도의 점수를 준다. 또한 거의 최하점을 주지도 않는다. 결론은 적정선의 점수를 주고 나의 점수로 업체가 선정되도록 이끌지는 않는다. 그러나 대다수가 아니라고 하는 제안서에 많은 점수 차이를 주어 7명 중 2~3명이 주도적으로 업체를 선정하는 데 유리하게 하고자 하는 경우를 가끔은 현장에서 보게 된다.

관에서 어느 업체를 밀어주기 위한 평가는 거의 사라졌지만 아직도 전혀 없다고 할 수는 없다. 오히려 가끔은 평가위원들이 나쁜 행동을 하는 경우를 보게 된다. 평가위원들의 채점표를 보면 거의 판단된다. 나에게 부탁하는 업체에게는 가능한 한 공정하게 평가하여 공정한 평가장이 될 수 있도록 하여 준다는 답변을 한다.

기획서를 작성하는데 있어서 많은 열정과 노력 및 예산을 투여한 상황에서 진실적인 평가를 받지 못해 허무하게 탈락된다면 얼마나 억울할 것인가? 나도 이러한 경우를 많이 받아봤고 그러한 관계로 입찰을 포기하고 전문가로 활동하는 것도 그 이유 중의 하나다.

나는 요즘 연장자나 이론적인 평가위원이 위원장을 맡아 깊이가 없는 진행으로 답답함을 느끼는 경우를 가끔은 겪는다. 그러한 관계로 전문성을 가지고 올바른 평가장이 될 수 있도록 자의 반 타의 반으로 평가위원장이 되어 공정한 평가로 능력이 있는 참여업체가 선정될 수 있도록 노력한다. 앞으로도 잘못된 평가로 피해를 받는 대행사가 없도록 노력을 하고자 한다

박종부 총감독의 멘토링

1. 현장의 실무를 모르는 상태에서 작성하는 기획서는 경쟁력이 없다. 실무를 모르면 절대 작품연출을 끌어낼 수 없다. 실무를 모르는 상태에서 작성하는 기획서는 추상적이고 실패의 확률이 높다. 해결 방문은 실무의 능력자로부터 컨설팅을 받는 방법이다.

2. 관광 축제의 전체 구성연출은 일반의 이벤트적인 기획 능력만으로는 어렵다. 관광, 여행, 조직 등 다분야를 전반적으로 이해할 수 있을 때 경쟁력 있는 기본계획서와 실행이 가능하다. 또한, 작품연출은 출연진 시스템을 세부적으로 파악하고 연출하였을 때 가치 있는 연출작품이 탄생한다.

3. 창조적인 아이템은 모방으로부터 탄생한다. 벤치마킹에 따라 간접적인 경험을 통하여 업그레이드된 창작 작품이 나올 수 있다. 여기에도 실무의 경험이 없다면 추상적인 기획, 연출에 불과할 것이다.

4. 대한민국 축제의 개최에서 실제로 성과 없이 자화자찬으로 만족하는 축제가 대다수이다. 이러한 조직시스템은 경쟁력이 없으며 그 속은 곪아있다. 즉 하이브리드형 온라인 축제는 대부분 실패했다. 그런 상황에서도 대다수의 축제가 자화자찬으로 성공하였다고 한다. 성과가 없다는 것을 알면서도 영혼 없이 개최한 축제들이 많았다. 경쟁력 있는 축제를 위해서는 제대로 된 분석으로 기획, 구성하여 실행해야 할 것이다.

5. 2021년 대행사 선정평가에 대한 평가위원으로 90여 회 활동하였다. 활동하면서 느낀 결과 축제를 제대로 이해를 한 상태에서 기획, 운영을 할 수 있는 담당자는

아주 소수였다. 대행사를 선정하여 놓고도 대다수의 개최 측은 대행사와 협상할 수 있는 실무능력을 갖춘 담당자는 거의 없었다. 노력은 하지만 대충 넘어가는 것이 대한민국의 현실이었다. 실무 전문가 한 명만 위촉하여 컨설팅받으며 진행한다면 이러한 문제들은 모두 해결할 수 있다.

6. 축제의 개최를 하는 데 있어 실무능력을 갖춘 멘토가 옆에서 지원한다면 유익한 컨설팅과 함께 현실적인 운영시스템을 지원하여 줄 수 있을 것이다. 또한, 업체의 감리를 통하여 신속한 업무처리와 예산을 절감해 주는 것은 물론이고, 질적 상승의 효과와 방향성에 대한 멘토로서 경쟁력 있는 축제로 안내해 줄 수 있을 것이다.

7. 난 25년 동안 매년 200여 지자체를 방문 스케치하였다. 그중 70여 지자체와 축제를 함께 진행하였다. 축제를 진행하며 느끼는 것은 관광 축제 및 향토축제의 성공은 단체장의 열정과 담당자의 소신 및 열정으로 개혁적인 추구를 하는 축제들이 나름대로 빠른 성공의 결과를 가져다주었다. 현재는 많은 재단이 설립되고 재단이 주축이 되어 진행되는 경우가 많다. 그렇지만 재단에만 맡기고 관에서 적극적으로 지원해 주지 않는 축제는 경쟁력을 잃어버린다.

8. 재단에서 축제를 맡아 진행을 한다고 하지만 그 재단 직원이 대한민국을 대표하는 관광 축제나 경쟁력 있는 국제축제를 담당하기에는 대다수가 실무와 이론적인 노하우가 부족한 게 현실이다. 대한민국 관광 축제에서 경쟁력 있는 축제로 만들고 싶다면 대한민국 축제를 꿰뚫어 보는 식견을 갖추어야 한다. 또한, 대한민국을 대표하는 관광 축제를 기획, 연출한 실무 노하우가 있어야 할 것이다. 경쟁력 있는 국제축제로의 기획, 연출을 하기 위해서는 세계 축제에 대한 흐름을 분석하고 이론적인 면에서 벗어나 실무에 대한 노하우를 축적하였을 때 가능할 것이다. 또한 관광, 여행, 홍보, 방송 등 다양한 분야에 대한 풍부한 경륜과 노하우를 갖추었을 때 가능할 것이다. 담당의 부족한 부분은 이러한 노하우를 갖춘 전문가의 컨설팅을 받으며 함께 만들어가는 것이 바람직할 것이다.

9. 축제는 공연 축제, 일탈 축제, 특산물 축제, 지역 향토축제, 인물축제, 기념일 축제, 역사축제, 환경축제 등 다양한 장르로 구분된다. 공연 축제를 가지고 대한민국에서 경쟁력 있는 관광 축제로 만든다는 것은 쉽지 않다. 이러한 축제는 공연예술감독들이 적합할 것이다. 또한 공연예술축제는 얼마나 경쟁력 있는 세계적인 아티스트를 섭외하여 오느냐가 그 축제의 레벨이자 경쟁력이다. 레벨이 낮은 해외 아티스트나 국내 아티스트의 출연자로는 성공하기 쉽지 않다. 관광객은 일탈적인 체험 축제를 좋아한다. 매년 똑같은 것을 하여도 일탈적인 체험축제는 만족도가 높다. 화천 산천어 축제 등의 체험 행사가 그렇다. 현시대의 축제는 지역의 환경요소를 자원으로 한 힐링 축제가 주목받고 있다. 우리는 경쟁력 있는 축제를 위해서는 일탈의 축제나 축제와 연계한 힐링의 콘텐츠 구성으로 경쟁력 있는 관광 축제로 만들어가는 것이 방법일 것이다. 예술축제 외에서는 작품 위주의 축제를 원하지 않는다. 자연스럽게 함께 어울릴 수 있는 프로그램의 구성과 운영을 하면 된다.

10. 대한민국의 축제는 기획, 운영시스템에서 개혁적인 변화가 있을 때 경쟁력 있는 축제로 만들어 갈 수 있을 것이다. 이벤트적으로 단발로 하는 행사는 대행사를 선정하여 운영하는 것이 현실적일 것이다. 그러나 관광 축제는 지역의 인프라가 주축이 되어 개최되어야 한다. 이러한 축제는 대행사의 역할이 필요 없다. 대행사의 역할이 큰 만큼 지역민은 외면한다. 부족하지만 지역민이 함께 만들어가는 축제, 이러한 축제들이 경쟁력 있다. 현재는 52시간, 주휴수당, 업무시간 외 수당 등의 근로조건관계로 축제를 개최할 수 없는 상황까지 되었다. 순수한 지역 인프라가 구성되어 직접 운영할 수 있을 때 경쟁력 있는 축제로 만들어 갈 수 있을 것이다.

11. 현재는 많은 지자체에서 재단을 설립해 재단에서 축제를 개최할 수 있도록 권장하고 있고 그렇게 재단들이 설립되고 있다. 현재 자립도 없이 운영되고 있는 재단이 대다수이다. 결론은 이러한 재단은 가치를 잃어버리고 세금으로 이끌어 갈 수밖에 없는 재단으로서 지역민의 혜택을 뺏어가는 결과를 초래한다. 지역민에게 문화적인 혜택을 주기 위한 재단으로 운영하는 경우도 있지만, 지자체의 전체 운영예

산에 맞추어 적절한 운영시스템을 갖추어야 할 것이다. 또한, 예산만 지출하는 재단이 아니라 수익사업을 통해 자립도를 높여갈 때 경쟁력 있는 재단으로서 역할을 할 것이다. 자립도가 낮은 재단은 존재의 가치가 없다.

12. 재단에서 직접 기획, 연출하지 않고 대행사를 선정하여 운영하는 시스템에서 재단의 역할은 없다. 직접 기획, 연출하지 않는 재단은 필요의 가치가 없는 것이다. 재단은 지역민과 협력하여 함께 만들어가는 축제, 직접 기획, 연출하는 축제로 만들어가야 할 것이다. 실무의 노하가 부족한 경우는 실무 전문가들의 도움을 받으며 함께 만들어가는 축제로 가는 것이 바람직할 것이다.

13. 대한민국의 축제는 콘텐츠로 구성된 관광 축제와 지역 공동체를 위한 향토축제 및 산업전의 전시 축제로 구분이 된다. 현재는 향토축제에서 벗어나 대다수 축제가 무너져가는 지역경제를 위해 콘텐츠로 구성된 관광 축제를 개최하고자 노력한다. 이러한 경우 확실한 킬러 콘텐츠의 가치에 따라 축제의 흥망성쇠가 결정된다. 킬러 콘텐츠의 개발은 쉬우면서도 몹시 어렵다. 확실한 킬러 콘텐츠가 있다면 그 축제는 성공할 수 있다.

14. 축제를 기획하는데 있어 대다수가 인터넷으로 자료를 찾아 기획한다. 그러나 실무의 노하우가 없는 경우는 기획을 그릴 수는 있어도 현실적인 기획은 어렵다. 앞에 보이는 것만이 전부가 아니기 때문이다. 검색하여도 나오지 않는 무형의 노하우가 바로 그것이다. 풍부한 실무의 노하우가 있는 실무전문가에게서는 자료는 참고일뿐이고 머릿속에서 영상으로 스토리와 연출작품으로 실행을 하면서 기획, 연출한다. 이론적인 기획은 한계성을 가질 수밖에 없다. 또한 보이지 않는 사람의 능력과 니즈, 즉 연출력과 인적자원을 경험하여 보지 않고서는 모른다. 보이지 않는 것들의 역할이 아주 중요하다는 것을 인식해야 할 것이다.

15. 축제를 현장에서 기획, 연출한 경륜자는 풍부한 노하우로 현실적인 기획과

연출을 한다. 그러나 축제에 관하여 이론적으로만 연구한 석사, 박사는 현실적인 기획, 연출을 할 수가 없다. 축제의 방향성에 대하여 이해를 하지만 실무에 대한 노하우가 부족한 관계로 현실적인 기획, 연출이 되지 않기 때문이다. 그런데 문화체육관광부와 한국관광공사에서는 실무능력이 없는 자들을 대상으로 축제에 대해 교육을 하고 자격증을 수여한다고 한다. 참으로 현실을 모르는 탁상행정이 아닐 수 없다. 오랫동안 연구한 축제 박사들도 현실적인 기획서를 작성하지 못하는데 몇 주 교육을 받고 이론적인 시험을 통해 자격증을 수여한다는 것은 무식한 행위가 아닐 수 없다. 그러한 자격증을 남발한다면 실제 현장에서 활동하고 있는 전문가들에게 피해를 준다는 것을 인식해야 할 것이다.

16. 대한민국의 축제가 관광 축제로 정착을 하지 못하고 혼란을 주는 이유는 무엇일까? 축제의 정책을 만들고 실행하는 문화체육관광부나 한국관광공사에서 그 답을 찾을 수가 있다. 정책을 만들고 실행하는데 있어서 실무에 대한 것을 외면하고 데이터로만 통계를 내어 정책을 만들고 실행하는데 그 이유를 찾을 수가 있다. 물론 1995년 문화체육관광부 육성정책을 통하여 대한민국 축제가 많이 발전한 것도 있다. 그러나 현실에 대한 니즈와 실무에 대한 노하우를 외면하면서 실패한 이유를 들 수 있다. 축제는 이론적으로 되는 것이 아니다. 축제의 실행은 바로 현실이다. 어떠한 발명품처럼 실패하면서 보완하여 완성제품을 만드는 것이 아니라 축제는 실패하면 바로 세금의 낭비와 함께 지역민의 지탄을 받으며 존폐의 갈림길에 처하기도 한다. 정책을 만들면서 실무에 대한 자문과 제대로 된 실무자들의 컨설팅을 받으며 실패하지 않는 정책을 만들어가길 부탁한다.

17. 축제를 운영하는데 있어서 많은 관계자가 너도나도 축제전문가라고 활동을 한다. 잘못된 컨설팅과 자문은 실패하는 축제로 안내를 한다. 이론적인 전문가, 관광전문가, 여행전문가, 예술감독, 홍보전문가 등 다양한 전문가들이 있다. 경쟁력 있는 관광 축제를 만들기 위해서는 실행하고자 하는 전문가, 관련된 분야의 다양한 면에서 이론과 실무적으로 풍부한 노하우을 겸비한 담당자와 함께할 때 경쟁력 있

는 축제를 만들어 갈 수 있을 것이다.

18. 축제담당자들을 만나보면 잦은 인사이동으로 이론적으로나 실무에 대한 경험 없이 축제담당자가 되어 축제를 기획, 운영하는 경우를 많이 본다. 축제담당자는 전년도의 자료를 분석하고 약간 변경하여 기획하고 운영을 한다. 열정이 있는 담당자는 다른 축제에 대한 벤치마킹을 위해 스케치하러 다닌다. 그러나 바쁘다는 이유로 전혀 벤치마킹없이 전년도 자료만을 데이터로 삼고 기획, 운영하는 담당자들이 있다. 이러한 축제가 성공할 수 있을까? 이러한 축제는 경쟁력이 없다. 다른 축제의 세상은 모르고 자화자찬으로 성공하였다고 위로를 가진다. 참으로 한심스러운 담당자로서 무책임하다고 할 수 있을 것이다. 이러한 마인드의 담당자는 축제 담당자로서 퇴출해야 혈세를 낭비하지 않을 것이다.

19. 축제의 성공 요소는 기득권자 프로그램의 구성이 먼저가 아니라 전체 구성에 있어 콘텐츠 프로그램과 일정, 시간 및 효율적인 공간의 배치에서부터 시작된다. 즉 담당자들의 소신과 열정 및 현실적이고 개혁적인 추구가 가능할 때 경쟁력 있는 축제를 만들 수 있는 것이다.

20. 축제이벤트 분야에서 35년 동안 CEO 총감독으로 활동을 하다 보니 대한민국 축제를 꿰뚫어 보는 식견을 갖추게 되었고 그러한 활동이 레전드로 인정받으며 멘토의 역할을 하고 있다.
대한민국 축제의 문제점과 방향성에 대해 인식을 하고 있지만, 개혁적인 변화가 쉽지 않다. 필자와 연결되는 축제담당자들은 소신과 열정 및 개혁적인 추구로서 오로지 경쟁력 있는 관광 축제를 만들고자 하는 담당자들이지만 이러한 담당자를 찾기가 쉽지 않다. 진행하고 있는 축제도 담당자가 바뀌면 다시 원점으로 돌아와서 방향성과 경쟁력을 잃어버리는 축제로 전락하는 모습을 볼 때는 허무함을 느낀다. 우리는 누가 담당을 하여도 경쟁력 있는 축제로의 도약을 위해 기획, 운영, 연출을 할 수 있는 조직을 갖추어야 할 것이다.

이론상으로 전 세계 축제 성공사례를 분석했지만 내가 전 세계 주요 축제를 현장 방문 스케치를 통해 분석한 내용은 대한민국의 이론적인 내용과는 많은 차이가 있었다. 문화적인 차이도 있지만 우리는 우리에게 맞는 축제, 경쟁력 있는 축제로의 기획, 운영, 연출을 해야 할 것이다.

21. 내가 총감독으로 축제에 참여하여 진두지휘하면서 못하는 경우는 3가지 상황이 있다. 내가 총감독으로 참여를 할 때는 소신과 열정이 있는 축제 담당이 개혁적인 변화를 추구하고자 할 때 총감독체제에 대한 분석과 박종부 총감독에 대한 분석으로부터 시작되고 분석을 한 다음 확신이 들 때 요청을 하여 총감독으로 참여시킨다. 총감독으로 참여하는 축제에서 그만둘 때는 인사이동으로 축제를 담당하게 되는 상황에서 총감독체제에 대한 이해를 하지 못한 상태에서 '왜 총감독이 필요하지? 내가 총감독으로서 운영하고 대행사를 선정하여 운영하면 된다'고 하는 일반적인 마인드의 소유자가 담당할 때이다. 둘째는 단체장의 지명으로 총감독이 선임되어 내려오는 경우이다. 이러한 이유로 총감독을 그만두었을 때 그 이후의 상황을 분석하여 보면 지역민의 외면 속에 일괄입찰을 통하여 다시 원점으로 돌아와 콘텐츠 중심에서 이벤트형의 축제로 돌아가고 매년 콘텐츠 없이 똑같다는 지탄을 받게 된다. 축제의 성공 요소는 축제담당의 제대로 된 축제의 방향성에 대한 이해 속에 구성, 운영, 연출 시스템의 조직을 갖추었을 때부터 시작이 된다.

22. 총감독체제와 대행사체제는 무엇이 다를까? 전체적인 축제의 구성에서는 콘텐츠를 중심으로 한 기본계획작성, 실행계획서 작성, 실행에 대한 연출, 홍보계획, 예산계획 등으로 나눌 수 있다. 총감독은 전년도 자료의 분석을 통해 기본계획작성, 실행계획서 작성, 실행에 대한 직접 연출, 홍보계획, 예산계획 등 전반적으로 작성에 참여한다. 그러나 대행사체제는 축제에 대한 전문성이 부족한 축제담당의 전년도의 기본계획서에 대해 약간의 변화를 준 상태에서 입찰을 통해 발주한다. 대행사는 무대, 전시, 설치물의 중심으로 과업 지시서에 관한 내용으로 참여하여 예산을 받은 만큼만 실행한다. 참여하는 이벤트사도 관광 축제에 대한 이해도도 낮

고 과업 지시서 내용 외에는 관심이 없다. 결론은 관광 축제에서 지향해야 할 방향성과 콘텐츠와 관광객의 니즈와 떨어진 구성, 운영으로 경쟁력을 잃어버리며 진행하고 있는 것이 현실이다. 축제 담당도 어떠한 변화보다는 합법적인 운영 방법에서 편리성만을 찾는 운영시스템에서 변화를 시도하지 못하고 있는 것이 안타까운 대한민국 축제 현장의 현실이다.

23. 관광 축제로서의 성공 요소는 준비하고 있는 축제장이 어떻게 관광 명소로 만들 것인지에 대한 고민으로부터 시작된다. 잘된 축제는 그 지역이 명소가 될 것이고 그 명소는 관광지가 될 것이다. 현시대의 축제장은 일회성이 아니라 상설축제장으로 구성하고 있다. 상설축제장은 일년내내 관광지로서 지역경제의 활성화에 도움이 되는 축제장으로 운영된다. 축제장에서 또한 상설프로그램을 구성, 운영하고 명소를 만드는 데 집중해야 할 것이다.

24. 현시대의 축제는 관광 산업적인 면이 크다. 즉 축제와 지역의 환경요소를 결합하여 축제를 기획, 운영, 연출한다는 것이다. 축제의 기획은 관광객의 니즈 파악부터 시작되어 구성한다.

관광객에게 가치를 줄 수 있는 킬러 콘텐츠로 이목을 집중시켜야 한다. 그 킬러 콘텐츠의 가치에 의해 관광객은 갈 것인지 말 것인지에 대한 결론을 내고 방문을 할 것이다.

25. 대한민국의 관광축제의 정책과 발전은 문화체육관광부 관광축제 사무관으로부터 시작된다. 즉 관광 축제 담당 사무관의 소신과 열정 및 현실적이고 개혁적인 추구에 달렸다는 것이다. 수십 년 동안 문화체육관광부 관광축제 담당 사무관들과 소통하면서 내린 결론이다. 관광축제에 대한 열정이 있는 사무관이 담당할 때에는 현실적인 정책과 기재부로부터 많은 예산을 지원받아 온다. 그만큼 열정과 욕심으로 노력하였다는 결론이다. 담당 사무관의 열정이 부족한 경우에는 예산 편성이나 현실적인 정책이 잘 나오지 않는다. 때로는 엉뚱한 생각으로 비현실적인 정책이 쏟

아저 나오는 때도 있다. 물론 국가적인 정책과 문화체육관광부 전체적인 변화로 변화되는 일도 있지만 담당 사무관의 열정에 의해 관광축제의 발전이 달려있다는 것이다. 나는 소신과 열정이 있는 사무관이 관광 축제의 담당을 맡아 현실적인 추구로 노력해 주길 바란다.

26. 축제를 운영하는 재단을 분석하면 완전 독립적으로 운영하는 재단이 있지만, 단체장의 고정적인 관념. 지역사회 단체의 이기주의. 관의 입김으로 독립적인 운영이 현실적으로 힘들게 운영되는 곳이 있다. 이러한 재단 운영시스템에서는 개혁적인 추구가 힘들다. 틀에 박힌 업무. 능력자인 축제전문가 인물의 부재, 행정업무에서 축제작품업무의 개발에 대한 시간적인 한계에서 어려움을 갖고 있는 것이 현실이다.

관에서 계장급이 사무국장으로 파견되어 업무가 진행되는 것도 행정의 연속성이라 할 수 있다. 사무국장 정도라면 이론과 실무적으로 능력을 갖춘 전문가를 위촉하여 재단에서는 행정의 뒷받침을 하여 주며 함께 기획, 운영, 연출을 직접 하는 시스템이 어떨까 하는 제안을 한다. 또한 이론과 실무가 겸비된 멘토적인 전문가와 함께 한다면 콘트롤타워가 되어 재단의 업무를 지원하고 관과 지역민이 함께 어울려 이끌어 갈 수 있는 시스템을 갖출 수도 있을 것이다.

27. 대한민국 축제의 현실에 대한 결론.
1) 잦은 인사이동으로 전문적인 축제 지식의 결여 속에 작성되는 전년도의 답습형의 기본계획서는 경쟁력이 없다.
2) 축제는 지역 인프라의 육성으로 진행된다. 일괄의탁하는 축제는 경쟁력이 없다. 운영시스템이 문제이다.
3) 축제는 이론이 아닌 실행이다. 이론은 추상적이고 실무의 경험은 실패할 확률이 적다.
4) 경쟁력 있는 축제의 구성과 실행을 위해서는 넓은 식견이 필요하다. 현실은 쉽지 않다.

5) 경쟁력 있는 축제를 위해서는 주인의식, 열정, 방송, 언론, 여행, 관광, 홍보, 실무 연출 등 다분야의 노하우를 갖춘 전문가 필요하다.

28. 행사, 축제 등의 분야에서 대행사를 선정하는 과정에서 조달청에 일괄 의탁하여 진행하는 경우가 있다. 이러한 경우를 분석하여 본다면 책임성을 회피하기 위해 공정성을 주장하는 것이지만 실제 성과에 대해서는 기대를 할 수가 없다. 즉 영혼이 없는 철가방의 행위와 같다. 성과를 얻기 위해서는 기본계획부터 실행까지 직접 영혼을 담았을 때 가능할 것이다.

29. 이론과 실무가 풍부한 전문가를 찾을 때는 이러한 축제담당자가 전문가를 찾는다.
  1) 새로운 변화를 원하는 축제 담당.
  2) 매년 똑같다고 지탄받는 축제.
  3) 경쟁력 있는 축제를 만들어보고 싶은 축제.

재미로 보는 축제 담당의 성과에 대한 예상 진단

축제를 진행하는 담당자의 소신, 열정, 개혁적 추구 등에 의해 축제의 성과가 결정된다. 성과에 대한 예상 문제를 풀면서 진단하여 본다.

1. 전년도 답습형의 기획이 아니라 철저한 분석속에 경쟁력있는 내용으로 변화를 시도한다.

　　①매우 그렇다　　② 그렇다　　③보통이다　　④아니다　　⑤매우 아니다

2. 축제 담당자로서 축제에 대해 분석을 하며 파고들지만, 개인적인 고집이 세지 않다.

　　①매우 그렇다　　② 그렇다　　③보통이다　　④아니다　　⑤매우 아니다

3. 축제 담당 업무에 대한 소신과 열정이 강하고 개혁적이며 열린 마음을 가지고 있다.

　　①매우 그렇다　　② 그렇다　　③보통이다　　④아니다　　⑤매우 아니다

4. 축제 실무의 분석을 위해 타 축제의 방문 스케치를 많이 하고 있다.

　　①매우 그렇다　　② 그렇다　　③보통이다　　④아니다　　⑤매우 아니다

5. 내가 진행하고 있는 유사 축제를 모두 분석하고 있다.

　　①매우 그렇다　　② 그렇다　　③보통이다　　④아니다　　⑤매우 아니다

6. 대한민국의 경쟁력 있는 축제를 모두 분석하고 있다.

①매우 그렇다   ② 그렇다   ③보통이다   ④아니다   ⑤매우 아니다

7. 향토축제와 관광축제에 대한 방향성에 대하여 제대로 이해하고 있다.
①매우 그렇다   ② 그렇다   ③보통이다   ④아니다   ⑤매우 아니다

8. 진행과 연출에 대한 차이를 제대로 이해하고 있다.
①매우 그렇다   ② 그렇다   ③보통이다   ④아니다   ⑤매우 아니다

9. 축제를 진행해야 하는 운영시스템에 대하여 제대로 이해하고 있다.
①매우 그렇다   ② 그렇다   ③보통이다   ④아니다   ⑤매우 아니다

10. 축제 전문가 및 관련된 관계자들과 네트워크를 확보하고 잘 소통하고 있다.
①매우 그렇다   ② 그렇다   ③보통이다   ④아니다   ⑤매우 아니다

(①매우 그렇다 10점, ② 그렇다 7.5점 ③보통이다. 5점 ④아니다 2.5점 ⑤매우 아니다. 0점))

※ 90점 이상 : 대한민국 대표적인 브랜드축제를 만들어 갈 수 있다.

80점 이상 : 성과 속에 경쟁력 있는 축제로 만들어갈 수 있다.

70점 이상 : 성과를 낼 수 있는 자질이 있다.

60점 이상 : 특별한 성과는 어렵지만 보통 수준의 축제로 진행을 한다.

50점 이상 : 축제에 대한 성과를 기대하기 어렵다.

50점 이하 : 축제를 담당하면 안 된다. 지역에 손실을 끼치는 담당자다.

제10장

2022년 대한민국 지역축제
개최 현황

2022년 대한민국 지역축제 개최 계획

연번	광역단체명	기초단체명	축제명	축제유형	개최기간	개최장소	개최방식	최초개최년도	예산(백만원)	전담조직(축제사무국)	국비지원
1	서울	본청	2022 서울빛초롱축제	문화예술	11.4.~20.(예정)	종로구	오프라인	2009	700	서울관광재단	서울특별시
2	서울	강동구	제27회 강동선사문화축제	문화예술	22. 10. 8.~10.	서울 암사동 유적 일대	혼합형	1996	617	강동구	
3	서울	강서구	허준축제	문화예술	10.6.~10.9.	허준근린공원, 허준박물관 일대	대면	1999	395	허준축제 추진위원회	
4	서울	구로구	2022 구로G페스티벌	기타(주민화합)	9.30~10.2	안양천일대	혼합형	2003	800	구로구문화관광과	
5	서울	노원구	노원달빛산책	생태자연	10.7.~10.23.	당현천 일원	대면	2014	131	노원문화재단	
6	서울	노원구	수제맥주축제	주민화합	9.10.~9.11.	노원불빛정원	대면	2020	50	노원문화재단	
7	서울	노원구	노원탈축제	문화예술	10.1.~10.2.	노해로 일원	대면	2013	123	노원문화재단	
8	서울	서초구	2022 서리풀페스티벌	문화예술	9.19.~9.25.	서초구 전역	○대면	2015	1,000	서초문화재단	
9	서울	성동구	태조이성계축제	전통역사	9~10월중(1일)	살곶이체육공원	혼합형	1998	84	성동문화재단	
10	서울	성동구	응봉산개나리축제	생태자연	3~4월중(3일간)	응봉산	혼합형	1998	50	성동문화재단	
11	서울	성동구	두모포 페스티벌	전통역사	6월 중(미정)	왕십리광장	혼합형	2019	120	성동문화재단	
12	서울	성동구	세계민속춤 축제	문화예술	9월 중(미정)	왕십리광장	혼합형	2015	24.5	성동문화재단	
13	서울	양천구	해우리 문화축제	반려 문화 축제	9~10월	양천공원	대면	2018	100	양천문화재단	
14	서울	영등포구	제17회 영등포 여의도 봄꽃축제	생태자연	3월말~4월초 중	여의서로 및 한강공원 일대	혼합형	2005	705	영등포구청	
15	서울	용산구	2022 이태원 지구촌 축제	문화예술	10월중	이태원관광특구 일대	대면 / 혼합형	2002	315	이태원관광특구 연합회	
16	서울	중랑구	2022 서울장미축제	문화예술	5월중	중랑장미공원	혼합형	2015	600	중랑문화재단	문체부
17	서울	중랑구	2022 용마폭포문화예술축제	문화예술	10월중	용마폭포공원	혼합형	2016	113	중랑문화재단	문체부
18	서울	중랑구	북페스티벌	문화예술	4월/10월중	면목동/망우동	혼합형	2015	65		문체부
19	서울	도봉구	도봉과학축제	문화예술	7월 중	도봉구청	대면	2009	111	도봉구청	
20	서울	도봉구	도봉구 등 축제	문화예술	9월~10월	방학천, 우이천	대면	2013	250	도봉구청	
21	서울	도봉구	도봉산 페스티벌	문화예술	9.24.~25.	다락원 체육공원	혼합형	2017	120	도봉문화재단	
22	서울	도봉구	도봉서원 선비문화제	전통역사	4.10 / 10.5	도봉서원	대면	1996	17	도봉문화원	
23	서울	도봉구	도봉옛길 문화제	문화예술	5월 중	도봉구 일대	혼합형	2021	50	도봉문화원	
24	서울	도봉구	창2동 에코! 벚꽃축제	기타(주민화합)	4월 중	창2동 일대	대면	2013	55	창2동에코 벚꽃축제 추진위원회	
25	인천		2022년 인천펜타포트 음악축제	문화예술	8월중	송도일원	대면	2006	1160	인천관광공사	문체부
26	인천		제5회 지역특화 관광축제(동인천낭만시장,미추홀윈터마켓)	전통역사	10월, 12월(각 2일간)	동인천역 광장 주안역 광장	대면	2018	600		
27	인천		제6회 주성주섬음악회	생태자연	7월중	덕적도 서포리해변	대면	2016	65		
28	인천		송도대표축제	문화예술	10월중(2일간)	센트럴파크	대면	2022	250		
29	인천		청라대표축제	문화예술	9월중(2일간)	청라호수공원	대면	2022	250		
30	인천		영종대표축제	문화예술	10월중(2일간)	씨사이드파크	대면	2022	250		
31	인천		영종k-pop행사	문화예술	11월중	영종	대면	2022	280		
32	인천	강화군	제13회 고려산진달래축제	생태자연	4월중(9일간)	고려산	대면	2005	250	강화군문화관광과/강화군문화축제추진위원회	-
33	인천	강화군	제21회 삼랑성역사문화축제	전통역사	10월중(9일간)	전등사	혼합형	2001	230	삼랑성역사문화축제 조직위원회	문체부
34	인천	미추홀구	제19회 주안미디어문화축제	문화예술	9.16.~9.18.	인천 미추홀구 옛 시민회관 쉼터	혼합형	2004	230	인천광역시 미추홀구 축제추진위원회	-
35	인천	연수구	송도불꽃축제	문화예술	5월 혹은 8월중	송도달빛축제공원	대면	2019	500	연수문화재단	없음

연번	광역 단체명	기초 단체명	축제명	축제유형	개최기간	개최장소	개최방식	최초 개최년도	예산 (백만원)	전담조직 (축제사무국)	국비지원
36	인천	연수구	제2회 연수℃ · FESTA(연수씨페스타)	문화예술	10월 중	연수구 일대	혼합형	2021	290	연수문화재단	없음
37	인천	동구	제33회 화도진축제	전통역사	5월 중(2일간)	동인천역북광장, 화도진공원	대면	1990	362		없음
38	인천	서구	제27회 서곶예술제	문화예술	10.24.~ 10.30.	정서진광장, 서구문화회관 등 인천 서구 곳곳	혼합형	2018년	150	인천서구문화재단	
39	인천	중구	크리스마스 트리축제	문화예술	12월~1월 (약2달간)	신포 문화의 거리	대면	2014	209	인천중구문화재단	
40	인천	남동구	제22회 소래포구축제	생태자연	9~10월중 3일간	소래포구 해오름광장	혼합형	2001	700	남동문화재단	—
41	인천	부평구	부평풍물대축제	문화예술	9.30.~10.2.	부평일대	혼합형	1997	600	축제위원회	
42	대전	동구	제2회 대동천 가든 페스티벌	문화예술 생태자연	22.4월중 22.9월중	동구 대동천변	대면	2021	80		
43	대전	동구	제2회 대전부르스축제	문화예술 주민화합등	22.10.월중	동구 중부건어물특화거리, 한의약인쇄거리 및 중앙시장일원	대면	2021	230		
44	대전	동구	제4회 대청호벚꽃축제	문화예술 주민화합	22.4월중	동구 오동선 벚꽃길 일원 (신상동282번지 일원)	온택트	2019	300		
45	대전	중구	제13회 대전효문화뿌리축제	전통역사	9~10월 중 (3일)	뿌리공원 및 원도심 일원	혼합형	2008	800	대전효문화뿌리축제 추진위원회	문체부
46	대전	서구	2022 대전 서구힐링 아트페스티벌	문화예술	5.27.~5.29.	샘머리 및 보라매공원 일원	혼합형	2016	826	—	
47	대전	유성구	제27회 유성온천문화제	문화예술	5.6.~5.8.	온천로 일원	혼합형	1989	880	해당없음	
48	대전	대덕구	2022 대청호 대덕뮤직페스티벌	문화예술	4.1.~4.10. (예정)	대청공원 및 신탄진 인근	혼합형	2011	260		
49	대전	대덕구	대청호물빛영화제 (구 대청호가 그린 영화제)	문화예술	연중 시상식은 2022년 10월 중	관내 (시상식 : 대청공원)	혼합형	2021	100	대덕문화 관광재단	
50	대전	대덕구	제25회 동춘당문화제	전통역사	4.中(예정)	동춘당역사공원일대	혼합형	1996	80		
51	대전	대덕구	2022년 김호연재 여성문화축제	문화예술	2022.9월중	소대헌호연재고택 및 동춘당공원	혼합형	2010	30		
52	대전	본청	2022 대전사이언스페스티벌	기타 (과학전시체험 등)	10.21.~10.25.	대전컨벤션센터 등	온라인	2000년	1,160		
53	대전	본청	농산물 대축제 (우리농수산물 소비촉진 캠페인)	농특산물	09.30.~10.02.	대전월드컵경기장 일원	○대면	2003	93	㈜충청투데이	
54	대전	본청	2022 대전 토토즐 페스티벌	문화예술	10월 중 (예정)	원도심 일원(원동, 대흥동, 은행동 등)	○혼합형	2019	1000		
55	대전	대전 마케팅공사	2022 대전국제와인페스티벌	문화예술	10.10~16	DCC	○혼합형	2012	800	대전관광공사	
56	대전	대전 마케팅공사	자운대민군화합페스티벌	주민화합	4월예정	자운대내 군부대일원	대면	2019	50		
57	대전	대전 마케팅공사	반려동물 문화축제	주민화합	9월예정	서구보라매공원	혼합형	2017	80		
58	대전	민간추진 (대덕구)	계족산맨발축제	생태자연+ 문화예술	미정	계족산	미정	2006	200	맨발축제 운영사무국	
59	대전	유성구	제13회 유성국화전시회	문화예술	10.8.~10.30.	유림공원 등	대면 및 온라인	2010	660		
60	세종	—	여덟 번째 세종축제	문화예술	10월중	세종호수공원,중앙공원	대면	2013	900	세종시문화재단	—
61	세종	—	제20회 세종조치원복숭아축제	특산물	8.5.~8.7.	도도리파크(예정)	혼합형	2003	300	축제추진위원회	
62	세종	—	제5회 세종건축문화제	문화예술	10.5.~10.10.	중앙공원,시청사	혼합형	2018	70	건축과	
63	세종	—	제10회 김종서장군문화제	전통역사	10월중	김종서장군묘역(장군면)	대면	2013	60	—	
64	광주	시자체	2022 광주프린지페스티벌	문화예술	5.~10.	5.18. 민주광장 등 광주 일원	혼합형	2016	1300	광주문화재단	
65	광주	시자체	2022 아트피크닉	문화예술	4.~10.	중외공원	혼합형	2016	400	미정	

연번	광역 단체명	기초 단체명	축제명	축제유형	개최기간	개최장소	개최방식	최초 개최년도	예산 (백만원)	전담조직 (축제사무국)	국비지원
66	광주	시자체	제29회 광주세계김치축제	문화예술, 특산물	10.~11.	광주김치타운	혼합형	1994년	1061	광주세계김치 축제위원회	
67	광주	동구	제19회 추억의 충장축제	문화예술	10월중	충장로, 금남로 일원	혼합형	2004년	2400	추억의충장축제위원회	
68	광주	서구	영산강 서창들녘 억새축제	생태자연	10.7.~10.10.	영산강 자전거길안내센터 일원	혼합형	2015년	377	광주광역시 서구 문화예술과	
69	광주	남구	제39회 고싸움놀이축제	전통역사	2월중	고싸움놀이테마파크	혼합형	1983년	200	광주칠석고싸움놀이 보존회	
70	광주	남구	제11회 굿모닝양림	문화예술	10월중	양림동 일원	혼합형	2011년	160	남구문화원	
71	대구	본청	대구생활문화제	문화예술	5월, 10월	대구생활문화센터 등 대구일원	혼합형	2014	170	대구문화재단	
72	대구	본청	대구포크페스티벌	문화예술	07.28.~07.30.	코오롱야외음악당	혼합형	2015	310	대구포크페스티벌 조직위원회	
73	대구	본청	대구국제재즈축제	문화예술	10월중	수성못	대면	2005	300	대구국제재즈축제 조직위원회	
74	대구	본청	형형색색 달구벌 관등놀이	문화예술	4~5월중	대구전역	혼합형	2013	575	대구불교총연합회	
75	대구	본청	대구컬러풀페스티벌	문화예술	05.07.~05.08.	국채보상로 일원	대면	2005	2,000	대구문화재단	
76	대구	본청	대구국제뮤지컬페스티벌	문화예술	06.24.~07.11.	오페라하우스 및 공연장	혼합형	2007	2,950	대구국제뮤지컬 페스티벌	
77	대구	본청	대구국제오페라축제	문화예술	09.21.~11.12.	대구오페라하우스 등	혼합형	2003	2,000	(재)대구오페라하우스	
78	대구	본청	글로벌게임문화축제 e-Fun 2022	기타 (산업육성)	10월중	엑스코	혼합형	2000	370	대구디지털산업진흥원	
79	대구	본청	팔공산 산중전통장터 승시 재연	전통역사	10월중	동화사	혼합형	2010	550	대한불교조계종 동화사	
80	대구	본청	대구치맥페스티벌	기타 (산업육성)	7월중	두류공원 일대	대면	2013	2,170	한국치맥산업협회	문체부
81	대구	본청	대구국제패션문화페스티벌	기타 (산업육성)	7월중	온라인	온라인	2014	522	없음	
82	대구	본청	대구 약령시 한방문화축제	전통역사	10월중	대구 약령시 일원	혼합형	1978	520	대구약령시보존위원회	문체부
83	대구	중구	대구패션주얼리위크	특산물	05.13.~05.15.	주얼리특구	대면	2006	15	패션주얼리특구상인회	해당없음
84	대구	중구	대구스트리트모터페스티벌	기타(주민화합, 산업육성)	05.14.~05.15.	대구 중구 남산동 자동차골목 일원	대면	2010	83	대구스트리트모터 페스티벌 조직위원회	
85	대구	중구	종로맛길축제	기타(주민화합, 산업육성)	5월중	종로 일대	대면	2022	110	종로맛집골목상인회	
86	대구	중구	문화재의 밤, 대구로시간여행	문화예술	8월중	청라언덕 경상감영	혼합형	2022	150	없음	
87	대구	중구	김광석 나의노래 다시부르기	문화예술	9월중	신천둔치	혼합형	2013	165	대구문화방송㈜	
88	대구	중구	서문시장글로벌대축제	전통역사	10월 중	서문시장일대	혼합형	1997	250	서문시장상가연합회	중기부
89	대구	중구	빨간구두이야기	문화예술	10월중	향촌동 수제화골목	혼합형	2014	27.5	대구광역시 수제화협회	
90	대구	중구	교동시장한마음축제	전통역사	10월중	교동시장일대	혼합형	2011	70	교동시장 활성화구역상인회	중기부
91	대구	중구	동성로축제	기타 (주민화합, 산업육성)	10월중	동성로일원	혼합형	1990	30	(사)달성문화선양회	
92	대구	중구	봉산미술제	문화예술	10월중	봉산문화거리일원	혼합형	1993	20	봉산문화협회	
93	대구	중구	김광석페스티벌	문화예술	10월중	김광석거리일원	혼합형	2020	30	방천문화예술협회	
94	대구	중구	대구화교중화문화축제	문화예술	10월중	대구화교소학교, 종로거리일원	혼합형	2006	20	대구화교협회	
95	대구	동구	팔공산벚꽃축제	생태자연	4월중	팔공산 동화지구	대면	2009	30	팔공산 동화지구 상가번영회	
96	대구	동구	(미정)동구대표축제	주민화합	10월중	미정	대면	2022	200	대구 동구	
97	대구	동구	용암산성옥샘문화제	전통역사	10월중	불로천 다목적광장	대면	2006	15	용암산성 옥샘문화제 추진위원회	
98	대구	동구	팔공산 단풍축제	생태자연	10월중	팔공산 동화지구	대면	2000	30	팔공산 동화지구 상가번영회	

연번	광역 단체명	기초 단체명	축제명	축제유형	개최기간	개최장소	개최방식	최초 개최년도	예산 (백만원)	전담조직 (축제사무국)	국비지원
99	대구	서구	달구벌목민관 부임 마을축제	전통역사	10월중	서구일대 북비산 네거리	대면	2015	40	대구 서구	
100	대구	남구	대덕제 대구앞산축제	주민화합	4월~6월중	앞산 일원	대면	1987	280	남구문화행사 추진위원회	
101	대구	남구	대구할로윈축제	주민화합	10월중	앞산카페거리 및 안지랑곱창골목	대면	2019	80	남구문화행사 추진위원회	
102	대구	북구	금호강바람소리길축제	문화예술/ 생태환경	9월~10월중	금호강 산격대교 하단	미정	2015	340	행복북구문화재단	
103	대구	북구	논두렁밭두렁마을축제	생태환경	10월중	학정동 들녘	대면	2014	30	강북물부리단체협의회	
104	대구	수성구	수성못페스티벌	문화예술	09.23.~09.25.	수성못 일원	대면	2014	370	수성문화재단	
105	대구	달서구	장미꽃 필 무렵	생태자연	05.20.~05.22.	이곡장미공원 등	대면	2011	60	달서문화재단	
106	대구	달서구	선사문화체험축제	전통역사	10.08.~10.09.	한생청동공원 등	대면	2015	50	달서구문화재단	
107	대구	달성군	비슬산 참꽃문화제	문화예술	4월중	비슬산일원	혼합형	1997	250	달성문화재단	
108	대구	달성군	달성100대피아노	문화예술	10월중	사문진상설야외공연장	혼합형	2012	0	달성문화재단	
109	울산		울산태화강 대숲납량축제	기타	2022. 8.11.~8.14	태화강 국가정원	대면	2007	250	(사)울산연극협회	
110	울산		태화강공연축제 나드리	문화예술	2022. 10.	태화강 국가정원	대면	2018	200	울산문화재단	
111	울산		처용문화제	문화예술	2022. 10.	태화강둔치	대면	1967	350	울산문화재단	
112	울산		외솔한글마당	문화예술	2022. 10.	중구원도심	대면	2002	600	UBC	
113	울산	중구	2022 울산마두회축제	전통역사	06.03~06.05.	중구 원도심 일원	대면	2014년	450	울산마두회축제 추진위원회	
114	울산	중구	눈꽃축제	주민화합	12.24.~12.25.	중구 원도심 일원	대면	2006년	90	없음	
115	울산	남구	궁거랑 벚꽃 한마당	문화관광축제	2.15.	무거생태하천일원	대면	2009	170	울산제일일보	
116	울산	남구	제26회 울산고래축제	문화관광축제	04.28~05.01	장생포일원	혼합형	1995	1,250	고래문화재단	
117	울산	남구	장생포 수국 페스티벌	문화관광축제	6월 중	고래문화마을 수국정원	대면	2022	80	울산UBC	
118	울산	남구	울산 남구 문화유적 생태탐방 교육	문화관광축제	6월~11월중	장생포고래문화특구, 삼호대숲 일원 등	대면	2019	100	울산신문사	–
119	울산	남구	장생포 고래문화특구 런닝맨투어	문화관광축제	07.16.~07.17.	장생포 고래문화특구 일원	대면	2022	77	울산제일일보	
120	울산	남구	장생포 한여름 밤의 Horror Festival	문화관광축제	8월 중	고래문화 마을일원	대면	2017	220	울산UBC	
121	울산	남구	남구문화예술제	문화관광축제	9월 중	남구문화원 등	대면	2022	110	문화원	
122	울산	남구	남구강변영화제	문화관광축제	9월 중	태화강둔치	대면	2015	150	울산매일신문사	
123	울산	남구	태화강 빛 축제	문화관광축제	10월 중	태화강둔치	대면	2020	200	경상일보	
124	울산	남구	그린차락페스티벌 in 울산	문화관광축제	10월 중	문수국제양궁장	대면	2021	168	울산신문사	
125	울산	남구	버드페스티벌	문화관광축제	11.11.~11.13	태화강남구 철새공원	혼합형	2022	165	울산mbc	
126	울산	동구	제100회 어린이날 기념 동구 어린이 큰잔치	기타	5.4~5.5	동구청,어린이집 등	온라인		20		
127	울산	동구	2022년 울산조선해양축제	기타	7월중	일산해수욕장 일원	대면		500	울산조선해양축제 추진위원회	
128	울산	북구	제18회 울산쇠부리축제	문화예술	05.13.~05.15.	달천철장	혼합형	2005	600	울산쇠부리축제 추진위원회	
129	울산	울주군	울산옹기축제	전통역사	5월 중	외고산옹기마을일대	혼합형	2000	880	울주문화재단	문체부
130	부산	시자체	제35회 해운대북극곰축제	생태자연	2월 말	해운대 해수욕장	혼합형	1988	470	부산일보사	–
131	부산	해운대구	제38회 해운대 달맞이온천축제	전통역사, 주민화합	미정	해운대해수욕장 일원	미정	1983	미정	해운대구발전 협의회	–
132	부산	강서구	제6회 강서 낙동강변 30리 벚꽃축제	생태자연	3월말 예정 (3일간)	대저생태공원	대면	2015	295	강서구축제 추진위원회	–
133	부산	사상구	제19회 사상강변축제	주민화합	10월 중	삼락생태공원	대면	2001	280	사상문화원	–
134	부산	강서구	제20회 대저토마토축제	지역특산물 (대저토마토)	4월말 예정 (2일간)	강서체육공원	대면	2001	290	대저토마토축제 추진위원회	–
135	부산	시자체	제10회 낙동강유채꽃축제	생태자연	4월 중	대저생태공원	혼합형	2011	미정	(사)부산문화관광 축제조직위원회	–
136	부산	기장군	기장미역다시마축제	특산물	4월 중 (3일간)	이동항	혼합형	2008	60	기장미역다시마 축제조직위	

연번	광역 단체명	기초 단체명	축제명	축제유형	개최기간	개최장소	개최방식	최초 개최년도	예산 (백만원)	전담조직 (축제사무국)	국비지원
137	부산	기장군	기장멸치축제	특산물	4월 중 (3일간)	대변항	혼합형	1997	100	기장멸치 축제조직위	–
138	부산	중구	광복로 연등문화제	문화예술	04.20.~05.09.	광복로 일원	대면	2014	60	부산광역시 중구불교연합회	–
139	부산	중구	조선통신사축제	전통역사	05.05.~05.08.	용두산공원, 광복로 일원 등	대면	2003	500	부산문화재단	–
140	부산	시자체	원도심골목길축제	전통역사	5월 중	원도심 4개구 일원	혼합형	2015	150	(사)부산관광 축제조직위원회	–
141	부산	사하구	제11회 하단포구웅어축제	특산물	5월 중 3일	하단항 일원	대면	2006	30	부산시수협 하단어촌계	–
142	부산	북구	제9회 낙동강 구모나루 축제	문화예술	5.13.~5.15.	화명생태공원	혼합형	2011	380	(사)부산북구문화관광 축제조직위원회	–
143	부산	금정구	2022 금정문화축제	문화예술	개최일정 미정 (6월 미정)	온천천 등	혼합형	1996	250	금정구 금정문화재단	–
144	부산	해운대구	2022 해운대모래축제	문화예술	5월경	해운대해수욕장 일원	미정	2005	미정	부산문화관광 축제조직위	–
145	부산	시자체	제15회 부산항축제	전통역사	5.28.~5.29.	부산항북항	혼합형	2008	900	부산문화관광 축제조직위	해수부
146	부산	기장군	일광낭만가요제	기타(주민화합)	6~7월중 (3일간)	일광 해수욕장	대면	2002	18	일광낭만가요제 추진위원회	–
147	부산	영도구	수국꽃 문화축제	문화예술	6.25.~7.3	태종사경내	대면	2006	–	수국축제 추진위원회	–
148	부산	시자체	제22회 부산국제록페스티벌	문화예술	7월 중	삼락생태공원	혼합형	2000	미정	(사)부산관광 축제조직위원회	–
149	부산	해운대구	제16회 부산국제매직페스티벌	문화예술	8월 중	미정	미정	2005	미정	부산국제매직페스티벌 조직위원회	–
150	부산	시자체	제26회 부산바다축제	생태자연	8월 중	부산시 일원	혼합형	1996	미정	(사)부산문화관광 축제조직위원회	–
151	부산	기장군	기장갯마을축제	기타 (주민화합)	8월 중	일광 해수욕장	대면	1995	70	기장갯마을 축제조직위원회	–
152	부산	강서구	제20회 명지시장전어축제	지역특산물 (전어)	8월 말 예정 (3일간)	명지시장 일원	대면	2001	40	명지시장전어 축제위원회	–
153	부산	해운대구	해운대 해양레저축제	기타	9월 중	송정해수욕장 일원	미정	2017	미정	–	–
154	부산	부산진구	우리문화체험축제	전통역사	9월 중	부산시민공원 일원	대면	2007 (격년제)	50	–	–
155	부산	금정구	제6회 라라라페스티벌	기타	10월(3일간)	온천천	혼합형	2016	90	–	–
156	부산	기장군	정관생태하천학습문화축제	기타 (주민화합)	10월 중 (2일간)	좌광천 일원	대면	2012	150	정관생태하천학습 문화축제추진위원회	–
157	부산	기장군	철마한우불고기축제	특산물	10월 중 (4일간)	철마면	대면	2005	80	철마한우불고기 축제추진위원회	–
158	부산	남구	제24회 UN평화축제	기타 (주민화합)	10월 중(2일)	평화공원	대면	1997	230		–
159	부산	기장군	차성문화제	기타 (주민화합)	10월 중 (3일간)	기장읍 일원	대면	1995	290	차성문화제 추진위원회	–
160	부산	부산진구	제11회 서면메디컬스트리트 축제	기타	10월 중	서면메디컬스트리트 일원	혼합형	2011	100	(사)서면메디컬스트리트 의료관광협의회	–
161	부산	부산진구	제6회 전포커피축제	기타	10월 중	전포카페거리 일원	혼합형	2017	80		–
162	부산	수영구	제20회 광안리어방축제	전통역사	10월 중(3일간)	광안리해수욕장	대면	2001	770	수영구 축제위원회	문체부
163	부산	기장군	기장붕장어축제	특산물	9, 10월 중 (2일간)	칠암항	혼합형	2004	70	기장붕장어 축제조직위	–
164	부산	중구	제29회 부산자갈치축제	지역특산물	10.13.~10.16.	자갈치시장 일원 등	대면	1992	320	부산자갈치문화관광 축제위원회	–
165	부산	동래구	제28회 동래읍성역사축제	전통역사	10.14.~10.16.	동래읍성(북문), 동래문화회관 등	혼합형 (검토 중)	1995	507	동래문화원	–
166	부산	영도구	제30회 영도다리축제	문화예술	10.14.~10.16	아미르공원	대면	1993	357.5	영도문화원	–
167	부산	영도구	영도커피페스티벌	문화예술	10.14.~10.16	아미르공원	대면	2019	70	영도문화원	–
168	부산	동구	제19회 차이나타운특구 문화축제	문화예술	10.14.~10.16	부산 차이나타운 일대	혼합형	2004	170	차이나축제 추진위원회	–

연번	광역단체명	기초단체명	축제명	축제유형	개최기간	개최장소	개최방식	최초개최년도	예산(백만원)	전담조직(축제사무국)	국비지원
169	부산	연제구	제3회 연제고분판타지축제	전통역사	3.25.~3.27.	온천천,연산동고분군	대면	2018	290	연제구 축제 추진위원회	-
170	부산	사하구	제8회 다대포어항문화축제	전통역사	10월 중 2일	다대포항 일원	대면	2010	80	부산시수협 다대어촌계	-
171	부산	중구	제17회 보수동책방골목문화축제	문화예술	10월 중	보수동책방골목 일원	혼합형	1996	10	보수동책방 골목번영회	-
172	부산	서구	제13회 부산고등어축제	특산물	10.21.~10.23.	송도해수욕장	혼합형	2008	194	부산서구문화원	-
173	부산	사하구	제6회 부산어묵축제	특산물	10월 중	다대포 해변공원 일원	대면	2015	120	부산어제품 공업협동조합	-
174	부산	사하구	제12회 감천문화마을 골목축제	전통역사	10.~11. 중	감천문화마을 일원	대면	2011	140	감천문화마을 주민협의회	-
175	부산	수영구	부산불꽃축제	문화예술	11월 중	광안리해수욕장	혼합형	2005	1700	(사)부산문화관광 축제조직위원회	-
176	부산	중구	제14회 부산크리스마스트리문화축제	문화예술	11월 ~ 익년 1월	광복로 등	대면	2009	570	부산기독교 총연합회	-
177	부산	해운대구	제9회 해운대 빛축제	기타	11월경	해운대해수욕장 일원	미정	2014	미정	해운대구	-
178	부산	강서구	가덕도대구축제	지역특산물(가덕도대구)	12월 중순 예정(2일간)	대항항	대면	2015	75	가덕도대구 축제위원회	-
179	부산	해운대구	제23회 해운대달맞이언덕인문학축제	문화예술	미정	달맞이언덕 일원	미정	1998	12	해운대포럼	-
180	부산	해운대구	2023 카운트다운&해맞이 축제	기타	22.12.31.~23.1.1.	해운대해수욕장 일원	미정	미정	미정		-
181	경기	수원시	제58회 수원화성문화제	문화예술, 전통역사	10월 중(3일간)	수원화성	혼합형	1964	1,560	수원문화재단	문체부
182	경기	수원시	정조대왕 능행차 공동재현	문화예술, 전통역사	10월 중(2일간)	수원화성	대면	2016	1,270	수원문화재단	
183	경기	수원시	세계유산축전 수원화성	문화예술, 전통역사	10.1.~10.22.	수원화성	혼합형	2021	1,500	수원문화재단	문화재청
184	경기	수원시	수원화성 미디어아트쇼	문화예술, 전통역사	9.3.~10.2.	수원화성	대면	2021	2,000	수원문화재단	문화재청
185	경기	수원시	수원연극축제	문화예술	5.20.~5.22.	경기상상캠퍼스 탑동시민농장	대면	1996	511	수원문화재단	
186	경기	수원시	수원발레축제	문화예술	8.15.~8.21.	수원제10야외음악당	대면	2015	234	수원문화재단	
187	경기	수원시	수원재즈페스티벌	문화예술	9.9.~9.10.	광교호수공원 재미난밭	대면	2014	153	수원문화재단	
188	경기	수원시	제29회 음식문화축제	기타(주민화합등)	9월 중	(미정)	대면	1995	150		
189	경기	수원시	제32회 전국 무궁화 수원축제	생태자연	7~8월 중(미정)	(미정)	혼합형	2012	80		
190	경기	수원시	제17회 수원정보과학축제	기타(주민화합등)	10.15.~10.16.	수원컨벤션센터	혼합형	2004	520		
191	경기	용인시	제22회 용인사이버과학축제	기타(주민화합등)	10월 중(2일간)	시청 광장	대면	2000	20		
192	경기	용인시	용인패밀리페스티벌	기타(주민화합등)	10월 중(2일간)	용인미르스타디움	대면	2022	290		
193	경기	용인시	사계절테마축제(봄)	생태자연	4월 중(3일간)	용인농촌테마파크	대면	2019	60		
194	경기	용인시	사계절테마축제(여름)	생태자연	6월 중(3일간)	용인농촌테마파크	대면	2019	40		
195	경기	용인시	사계절테마축제(가을)	생태자연	10월 중(3일간)	용인농촌테마파크	대면	2019	60		
196	경기	용인시	사계절테마축제(겨울)	생태자연	12월 중(3일간)	용인농촌테마파크	대면	2019	40		
197	경기	용인시	제9회 경안천 창포 축제	전통역사	6.3.~6.4.	경안천	대면	2009	30	포곡관광발전협의회	
198	경기	용인시	제8회 백암백중문화제	전통역사	8.26.~8.28.	백암전통시장	대면	2011	90	백암백중문화보존위원회	
199	경기	고양시	고양행주문화제	전통역사	5.20.~5.22.	행주산성 일원	대면	1986	385	고양문화재단	
200	경기	고양시	고양호수예술축제	문화예술	9.30.~10.3.	일산호수공원 일원	대면	2008	548	고양문화재단	
201	경기	성남시	성남 축제의 날	문화예술	10.6.~10.9.	성남 일원	대면	2019	1,397	성남문화재단	
202	경기	화성시	제4회 품앗이 공연예술축제	문화예술	6월 중(4일간)	민들레 연극마당	대면	2009	70	화성시문화재단	
203	경기	화성시	제12회 화성뱃놀이축제	생태자연	6~9월 중(3일간)	전곡항 및 제부도	혼합형	2008	1,350	화성시문화재단	
204	경기	화성시	화성송산포도축제	특산물	9.3.~9.4.	궁평항 광장	대면	2013	250	(사)화성송산포도연합회	
205	경기	화성시	화성 평화 행사	문화예술, 생태자연	9~10월 중	화성호 및 화성드림파크 등	혼합형	2017	290		
206	경기	화성시	정조 효 문화제(정조대왕 능행차 화성구간)	전통역사	10월 중(2일간)	융건릉	혼합형	2002	1,380	화성시문화재단	
207	경기	부천시	제25회 부천국제만화축제	문화예술	9.22.~9.25.	부천시청, 한국만화박물관 등	혼합형	1998	570	한국만화영상진흥원	
208	경기	부천시	제6회 국제코스프레 페스티벌	문화예술	9.22.~9.25.	부천시청, 한국만화박물관 등	혼합형	2017	200	한국만화영상진흥원	
209	경기	부천시	제24회 부천국제애니메이션페스티벌	문화예술	10.21.~10.25.	부천시청, CGV부천 등	혼합형	1999	1,100	부천국제애니메이션페스티벌 조직위원회	

연번	광역 단체명	기초 단체명	축제명	축제유형	개최기간	개최장소	개최방식	최초 개최년도	예산 (백만원)	전담조직 (축제사무국)	국비지원
210	경기	남양주시	제36회 정약용문화제	전통역사	9월 중(2일간)	정약용유적지, 다산생태공원 일원	혼합형	1986	570	정약용문화제추진위원회	
211	경기	안산시	제18회 안산국제거리극축제	문화예술	5.5.~5.7.	안산문화광장	대면	2005	530	안산문화재단	
212	경기	평택시	평택 꽃 나들이	문화예술	4월 중~5월 초	평택시농업기술센터 및 농업생태원 일원	대면	2003	200	한국예총 평택지회	
213	경기	평택시	송탄관광특구 한마음대축제	주민화합	9월 중	서정동 관광특구로 일대	대면	1998	210	(사)송탄관광특구연합회	
214	경기	평택시	제1회 평택한가락페스타	주민화합	10월 중	소사별레포츠타운일원	대면	2022	430	평택시문화재단	
215	경기	평택시	무형문화재 축제	문화예술	9.23.~9.24.	평택시청앞	대면	2006	60	평택농악보존회	
216	경기	평택시	한미 어울림 축제	문화예술	7월 중(2일간)	미군부대 앞 거리	대면	2019	250	평택시국제교류재단	
217	경기	평택시	한미친선 한마음 축제	문화예술	10월 중(2일간)	안정리 로데오 거리	대면	2006	120	평택시국제교류재단	
218	경기	평택시	한미친선 문화 한마당	문화예술	10월 중(2일간)	신장쇼핑몰	대면	2004	120	평택시국제교류재단	
219	경기	평택시	평택 가을 수확축제	문화예술	10월 중	평택시농업기술센터 및 농업생태원 일원	대면	2022	30		
220	경기	안양시	안양충훈벚꽃축제	생태자연	4월 중(3일간)	석수3동 충훈2교 일대	(미정)	2003	70	안양문화예술재단	
221	경기	안양시	안양시민축제	기타 (주민화합 등)	9월 중(3일간)	평촌 중앙공원 등	(미정)	2000	650	안양문화예술재단	
222	경기	시흥시	제17회 시흥갯골축제	생태자연	9월 중	공원, 온라인	혼합형	2006	800		문체부
223	경기	시흥시	제1회 시흥거북썸(SSUM)축제	기타 (주민화합 등)	6월 중	시흥 거북섬 및 웨이브파크 일원	대면	2022	275		
224	경기	김포시	제6회 김포 아라마린 페스티벌	문화예술	8월 중(2일간)	김포 아라마리나	혼합형	2017	300		
225	경기	김포시	월곶 저잣거리 축제	전통역사	9월 중	김포 월곶면 군하리	혼합형	2019	100		
226	경기	김포시	김포 도심축제	문화예술	10월 중	금빛수로	혼합형	2020	50		
227	경기	파주시	파주개성인삼축제	특산물	10.15.~10.16.	임진각 광장	대면	2005	490	파주개성인삼축제추진위원회	
228	경기	파주시	파주장단콩축제	특산물	11.25.~11.27.	임진각 광장	대면	1997	684	파주장단콩축제추진위원회	
229	경기	파주시	파주북소리축제	문화예술	10월 중	파주출판도시	혼합형	2011	281	출판도시 문화재단	
230	경기	파주시	제20회 어린이책잔치	문화예술	5.5.~5.8.	파주출판도시	혼합형	2003	294	출판도시 문화재단	문체부
231	경기	파주시	제17회 헤이리 예술축제	문화예술	9~11월	헤이리 예술마을	혼합형	2005	84	헤이리	
232	경기	파주시	율곡문화제	전통역사	10월 중	율곡이이 유적지	대면	1987	200	파주문화원	
233	경기	의정부시	제21회 의정부음악극축제	문화예술	5.3.~5.14.	시청앞광장	혼합형	2002	860	의정부문화재단	
234	경기	의정부시	제4회 블랙뮤직페스티벌	문화예술	8.27.~8.28.	시청앞광장	대면	2018	350	의정부문화재단	
235	경기	의정부시	회룡문화제	전통역사	10.7.~10.9.	의정부시 일원	대면	1986	225	의정부문화원	
236	경기	광주시	제27회 광주남한산성문화제	전통역사	9.16.09.18.	남한산성도립공원	혼합형	1996	570	광주시문화재단	
237	경기	광주시	제25회 광주왕실도자기축제	문화예술	5.5.~5.8.	곤지암도자공원	혼합형	1997	590	광주시문화재단	
238	경기	광주시	제2회 광주허난설헌문화제	문화예술	6.17.~6.19.	남한산성아트홀	혼합형	2021	120	광주시문화재단	
239	경기	광주시	제1회 곤지암소머리국밥축제	특산물	4.16.~4.17.	곤지암읍구시가지	대면	2022	38	광주시곤지암소머리국밥 축제위원회	
240	경기	광주시	제20회 퇴촌토마토축제	특산물	6.17.~6.19.	퇴촌공설운동장	대면	2003	200	퇴촌토마토축제위원회	
241	경기	광명시	오리문화제	문화예술	5월 중	충현박물관 (오리 이원익 영우 등)	대면	1992	70	광명문화원	
242	경기	광명시	광명농악대축제	문화예술	10월 중	(미정)	대면	2007	70	광명농악보존회	
243	경기	광명시	구름산예술제	문화예술	10월 중	(미정)	대면	1991	149	(사)한국예총광명지회	
244	경기	광명시	위드코로나 문화백신 「switch : 스위치」 기획축제	문화예술	하반기	(미정)	대면	2022	300		
245	경기	하남시	하남이성산성문화축제	전통역사	9월 중	(미정)	혼합형	1996	200	하남문화재단	
246	경기	군포시	군포철쭉제	생태자연	4월 중	군포철쭉공원, 초막골생태공원 등	대면	2011	583	군포문화재단	
247	경기	오산시	제13회 오산 독산성문화제	전통역사	10.15.~10.16.	고인돌공원 및 독산성 세마대지 일원	혼합형	2010	590	오산문화재단	
248	경기	양주시	양주 회암사지 왕실축제	전통역사	9월 말~10월 초 (2일간)	회암사지 일원	혼합형	2017	295		

연번	광역단체명	기초단체명	축제명	축제유형	개최기간	개최장소	개최방식	최초개최년도	예산(백만원)	전담조직(축제사무국)	국비지원
249	경기	양주시	양주문화재야행	전통역사	9.23.~9.25.	양주관아 일원	대면	2020	363		문화재청
250	경기	양주시	양주 천만송이 천일홍 축제	생태자연	9월 말~10월 초 (2일간)	양주나리농원 일원	혼합형	2017	578		
251	경기	이천시	이천체험문화축제	기타 (주민화합 등)	5월 셋째주	(미정)	대면	2014	45	이천나드리	
252	경기	이천시	제24회 이천쌀문화축제	문화예술, 전통역사, 특산물	(미정)	설봉공원	(미정)	1999	815	이천문화재단	
253	경기	이천시	제36회 이천도자기축제	문화예술, 전통역사, 특산물	(미정)	예스파크	(미정)	1987	661	이천문화재단	
254	경기	이천시	제8회 이천인삼축제	특산물	11.4.~11.6.	설봉공원	대면	2015	300	이천인삼축제추진위원회	
255	경기	이천시	제12회 이천시 주민자치평생학습축제	주민화합	4~5월 중(3일간)	(미정)	대면	2005	186	이천시평생학습실무 추진위원회	
256	경기	이천시	이천시국제일루전페스티벌	문화예술	9월 중	이천시 설봉공원, 아트홀 등	혼합형	2020	500	이천시국제일루전페스티벌 조직위원회	
257	경기	이천시	제26회 햇사레장호원복숭아축제	특산물	9월 중(3일간)	햇사레농산물산지유통센터	대면	1997	150	햇사레장호원복숭아축제추진위원회	
258	경기	이천시	이천백사산수유꽃축제	생태자연	3~4월 중(3일간)	백사면 산수유마을	대면	2000	236	이천백사산수유꽃축제추진위원회	
259	경기	이천시	설봉산 별빛축제	문화예술	(미정)	설봉공원	(미정)	2004	38	이천예총	
260	경기	구리시	구리 행복 365 축제	문화예술	1.1.~12.31.(365일간)	광장,공원, 전통시장 등	혼합형	2021	280		
261	경기	구리시	제1회 구리 꽃길 축제	문화예술	4월 중	구리시 체육관로 일대	대면	2022	80	한국예총구리지회	
262	경기	안성시	안성맞춤 남사당 바우덕이 축제	문화예술	9월 말~10월 초	안성맞춤랜드	혼합형	2001	1,616	안성맞춤 남사당 바우덕이 축제위원회	문체부
263	경기	안성시	안성맞춤포도축제	특산물	9월 중	(미정)	대면	2007	50	안성맞춤포도축제위원회	
264	경기	안성시	죽주대고려문화축제	전통역사	9월 말~10월 초	죽산시내	대면	2004	50	죽주대고려문화축제위원회	
265	경기	의왕시	제17회 의왕철도축제	주민화합	5월 중 (2일간)	공원	대면	2002	288	의왕시축제추진위원회	
266	경기	의왕시	제17회 의왕백운호수축제	주민화합	9월 중 (2일간)	거리,호수근처	대면	2001	280	의왕시축제추진위원회	
267	경기	포천시	포천 산정호수 명성산 억새꽃 축제	생태자연	10.8.~10.16. (9일간)	산정호수	혼합형	1997	200	문화재단	
268	경기	포천시	백운계곡 동장군 축제	생태자연	22.12.24.~23.2.6.	도리돌마을	대면	2003	70	축제추진위원회	
269	경기	양평군	제23회 양평단월고로쇠축제	특산물	3월 중	단월레포츠공원	혼합형	1999	120	양평단월고로쇠축제추진위원회	
270	경기	양평군	제19회 양평 산수유 한우 축제	생태자연	3월 중	개군면 레포츠공원	대면	2004	120	양평산수유·한우축제추진위원회	
271	경기	양평군	제11회 용문면 산나물축제	특산물	4.29.~5.1.	용문역, 용문산관광지	혼합형	2008	120	용문면산나물축제추진위원회	
272	경기	양평군	제12회 용문산 산나물 축제	특산물	5월 중	용문산 관광지	혼합형	2008	600	양평군 축제추진위원회	
273	경기	양평군	제9회 양평 워터링 페스티벌(양평 불꽃축제)	주민화합	7월 중	옥천면 레포츠공원 및 사탄천 일원	대면	2012	120	옥천면물축제추진위원회	
274	경기	양평군	제4회 양평부추축제	특산물	10.24.~10.25.	양동면 석곡천일원	대면	2016	120	양평부추축제위원회	
275	경기	여주시	제34회 여주도자기축제	특산물	4.9.~4.17.	여주프리미엄아울렛 일원	혼합형	1990	830	여주세종 문화재단	
276	경기	여주시	여주오곡나루축제	특산물	10월 중(3일간)	신륵사 관광지 일원	혼합형	1998	947	여주세종 문화재단	문체부
277	경기	여주시	제6회 여주흥천남한강벚꽃축제	생태자연	4.8.~4.10.	흥천면 귀백리	혼합형	1997	100	여주흥천남한강벚꽃축제위원회	
278	경기	여주시	제16회 금사참외축제	특산물	5.27.~5.29.	금사근린공원 일원	혼합형	2007	165	금사참외축제위원회	
279	경기	여주시	여주선비장터 축제	주민화합	10월 초(2일간)	가남읍 시장, 도로변	대면	2018	93	가남읍 축제추진위원회	
280	경기	여주시	제18회 산북묵실축제	주민화합	10월 중(2일간)	산북체육공원 일원	혼합형	2005	60	산북묵실축제위원회	
281	경기	동두천시	소요단풍문화제	문화예술	10월 중	소요산 야외음악당	대면	1985	65	동두천문화원	
282	경기	동두천시	동두천락페스티벌	문화예술	10월 중	(미정)	대면	1999	250	동두천락페스티벌조직위원회	
283	경기	과천시	과천축제	문화예술	9.23.~9.25.	과천시 일원	대면	1997	1,150	과천문화재단	
284	경기	가평군	자라섬 재즈페스티벌	문화예술	10월 중(3일간)	자라섬	대면	2004	1,500	(사)문화현상	
285	경기	가평군	제1회 가평 가을꽃 거리축제	문화예술	9~10월 중(3주간)	음악역1939	대면	2022	350		

연번	광역 단체명	기초 단체명	축제명	축제유형	개최기간	개최장소	개최방식	최초 개최년도	예산 (백만원)	전담조직 (축제사무국)	국비지원
286	경기	연천군	제29회 연천 구석기 축제	전통역사	10월 중	연천 전곡리 유적	대면	1993	986	연천구석기축제추진위원회	문체부
287	경기	연천군	연천율무축제(연천농특산물큰장터)	특산물	10월 중	연천 전곡리 유적	대면	2008	290	연천군농산물큰장터추진위원회	
288	경기	연천군	연천국화축제	생태자연	10월 중	연천 전곡리 유적	대면	2014	400		
289	경기	연천군	제9회 통일바라기 축제	생태자연	9월 중	연천 호로고루 통일바라기공원	대면	2014	44		
290	경기	연천군	고려인삼축제	특산물	10월 중	연천 전곡리 유적	대면	2017	50	연천군인삼연구회	
291	경기	연천군	제1회 임진강 댑싸리공원 축제	문화예술, 생태자연	10월 중	임진강 댑싸리공원	대면	2022	91		
292	경기	연천군	제1회 당포성 별빛 축제	문화예술, 생태자연	10월 중	연천 당포성	대면	2022	30		
293	강원도	춘천시	토이페스티벌	문화예술	22. 6~7월	애니메이션 박물관 일원	혼합형	2017	350	강원정보문화진흥원	–
294	강원도	춘천시	막국수닭갈비축제	특산물	22. 6~9월	미정	혼합형	2008	500	춘천막국수닭갈비축제조직위원회	
295	강원도	춘천시	호수나라물빛축제	문화예술	22. 3월(예정)	하중도일원	대면	2022	1500	춘천시 관광과	
296	강원도	춘천시	제34회 춘천마임축제	문화예술	22. 5월	미정	대면	1989	659	(사)춘천마임축제	문체부
297	강원도	춘천시	제34회 춘천인형극제	문화예술	22. 3~12월	춘천인형극장 일원	혼합형	1989	1500	(재)춘천인형극제	문체부
298	강원도	춘천시	제24회 춘천연극제	문화예술	22. 5~8월	관내 극장 및 야외 소공연장 등	혼합형	1993	270	(사)춘천연극제	
299	강원도	춘천시	제29회 봄내예술제	문화예술	22. 5.1.~28.	관내 공연장, 박물관, 시장, 공원 등	혼합형	1994	110	(사)춘천예총	
300	강원도	춘천시	애니타운페스티벌	문화예술	22. 5~9월	애니메이션 박물관 일원	혼합형	1997	200	강원정보문화진흥원	
301	강원도	원주시	치악산왕발걸음축제	생태자연	22. 4월	치악산 둘레길3코스	대면	2019	10	악산왕발걸음축제추진위원회	
302	강원도	원주시	한지문화제	특산물	22. 5.5.~15.	원주한지테마파크 및 간현관광지 일원	혼합형	1999	230	원주한지개발원	
303	강원도	원주시	용수골꽃양귀비축제	생태자연	22. 5.25.~6.10.	용수골꽃농장	대면	2008	20	수골꽃양귀비축제추진위원회	
304	강원도	원주시	장미축제	생태자연	22. 5월	장미공원	대면	1999	10	장미축제위원회	
305	강원도	원주시	남한강축제	생태자연	22.6.4.~6.5.	법천소공원	대면	2008	10	남한강축제위원회	
306	강원도	원주시	치악산찰옥수수축제	특산물	22. 7월	문막체육공원	대면	2012	70	문막농업협동조합	
307	강원도	원주시	치악산복숭아축제	특산물	22. 8월	댄싱공연장 일원	대면	1999	30	치악산복숭아원주시협의회	
308	강원도	원주시	2022 대한민국 독서대전	문화예술	22. 9.23.~25.	댄싱공연장 일원 등	혼합형	2022	80	평생교육원 시립중앙 도서관	문체부
309	강원도	원주시	원주다이내믹댄싱카니발	문화예술	22. 9.28.~10.3.	댄싱공연장 및 원일로 일원	대면	2011	1810	원주문화재단	문체부
310	강원도	원주시	원주삼토페스티벌	전통역사	22. 9.30.~10.3.	댄싱공연장 일원	대면	2003	500	농촌지도자원주시연합회	–
311	강원도	원주시	원주문화재야행	문화예술	22. 9월	강원감영 외	대면	2018	80	원주문화원	
312	강원도	원주시	치악산한우축제	특산물	22. 10월	댄싱공연장 주차장	대면	2015	80	농업기술센터 축산과	
313	강원도	원주시	원주시 평생학습 대축제	기타(주민화합)	22. 10. 21.~22.	치악예술관 일원	대면	2021	45	원주 평생교육원 학습관	
314	강원도	원주시	원주그림책축제	문화예술	22. 10월	원주복합문화커뮤니티센터	혼합형	2021	300	원주문화재단	
315	강원도	원주시	치악산배축제	특산물	22. 11월	원주원예농협 하나로마트광장	대면	1998	20	치악산배원주시협의회	
316	강원도	강릉시	강릉 해맞이 축제	생태자연	22. 12. 31. ~ 23. 1. 1.	경포해변 중앙광장, 정동진 모래시계공원	대면	미상	128	해당없음	
317	강원도	강릉시	경포벚꽃잔치	생태자연	22. 3월 말	경포대 일원	대면	1993	195	해당없음	
318	강원도	강릉시	강릉단오제	전통역사	22. 5 ~ 6월	강릉단오전수교육관 및 강릉시 일원	혼합형	미상	1250	(사)강릉단오제위원회	
319	강원도	강릉시	강릉특산음식 홍보행사	특산물	22. 5. 21.~22.	경포호수 잔디광장 일원	대면	2021	90	해당없음	
320	강원도	강릉시	경포수제맥주축제	특산물	22. 7월 초	경포해변 중앙광장	대면	2019	100	경포비치비어페스티벌조직위원회	
321	강원도	강릉시	경포 썸머페스티벌	문화예술	22. 8월 초	경포해변 중앙광장	대면	1998	350	해당없음	
322	강원도	강릉시	주문진 해수욕장 페스티벌	문화예술	22. 8월 초	주문진 해수욕장	대면	2004	10	주문진해변운영위원회	
323	강원도	강릉시	주문진 오징어잡이 축제	특산물	22. 10월 초	주문진 물항장	대면	1999	72	주문진청년의소	
324	강원도	강릉시	강릉커피축제	문화예술	22. 10. 6.~9.	강릉아레나 및 강릉시 일원	혼합형	2009	710	강릉문화재단	문체부
325	강원도	강릉시	강릉국제영화제	문화예술	22. 10~11월	강릉아트센터, 강릉대도호부관아, CGV 등	대면	2019	3000	강릉국제영화제 사무국	–
326	강원도	강릉시	해양레포츠문화축제	문화예술	22. 9~10월	경포, 사근진 해변	대면	2021	150	해당없음	–

연번	광역 단체명	기초 단체명	축제명	축제유형	개최기간	개최장소	개최방식	최초 개최년도	예산 (백만원)	전담조직 (축제사무국)	국비지원
327	강원도	동해시	동해무릉제	문화예술	22. 10월	동해시 천곡동 일원	대면	1984	550	동해문화관광재단	해당없음
328	강원도	동해시	제3회 송정막걸리축제	기타(주민화합 등)	22. 9월	송정시장 일원	대면	2019	10	송정막걸리축제 추진위원회	해당없음
329	강원도	동해시	제3회 동해시 평생학습축제 (책문화 축제 병행 운영)	문화예술	22. 10월	동해문화예술회관 일원	혼합형	2018	120	동해시	해당없음
330	강원도	동해시	묵호등대 논골담길 축제	문화관광	22. 6월	동해시 묵호등대 일원	대면	2015	14	묵호동주민자치위원회	해당없음
331	강원도	태백시	한강·낙동강 발원지축제	생태자연	22. 7~8월	황지연못, 검룡소 등	혼합형	2016	522.8	태백시문화재단	-
332	강원도	태백시	태백제	주민화합	22. 10월	태백시, 태백종합경기장 등	혼합형	1981	362.5	태백시문화재단	-
333	강원도	속초시	속초 봄빛 축제 '청초누리'	기타	22. 4~5월	청초호유원지 일원	대면	2019	95	속초시	-
334	강원도	속초시	남북 실향민 문화 육성사업	문화예술	22. 5~6월	청호동 아바이마을	대면	2016	190	속초문화재단	행정안전부
335	강원도	속초시	속초 썸머 페스티벌	기타	22. 7~8월	속초해수욕장 일원	대면	2017	450	속초시	-
336	강원도	속초시	장사항 오징어 맨손잡기 축제	기타	22. 8월	장사항 일원	대면	1999	90	속초시	-
337	강원도	속초시	속초 빛 축제 '청초환희'	기타	22. 10월	청초호유원지 일원	대면	2018	380	속초시	-
338	강원도	속초시	제57회 설악문화제	문화예술	22. 10월	설악산, 시내 일원	대면	1966	650	속초문화재단	-
339	강원도	삼척시	삼척정월대보름제	전통역사	22. 2,7~20.	삼척 시내 및 오십천 둔치	혼합형	1973	600	삼척정월대보름제위원회	-
340	강원도	삼척시	삼척 장미축제	생태자연	22. 5~6월	삼척장미공원	혼합형	2016	355	삼척시(관광과)	-
341	강원도	삼척시	삼척비치 썸 페스티벌	문화예술	22. 7~8월	삼척해변	대면	2016	130	삼척시(관광과)	-
342	강원도	삼척시	삼척동해왕이사부축제	문화예술	22. 10월	삼척문화예술회관 일원	대면	2008	430	삼척동해왕이사부축제추진위원회	-
343	강원도	삼척시	삼척해변 빛 축제	문화예술	22. 12월	삼척해변	대면	2022	299	삼척시(관광과)	-
344	강원도	홍천군	제4회 홍천산나물축제	특산물	22. 4월말	홍천시내 및 강변 일원	혼합형	2019	290	홍천문화재단	-
345	강원도	홍천군	제6회 홍천강 별빛음악 맥주축제	특산물	22. 8월초	홍천시내 및 강변 일원	혼합형	2017	800	홍천문화재단	-
346	강원도	홍천군	제26회 홍천찰옥수수축제	특산물	22. 7월말	홍천시내 및 강변 일원	혼합형	1996	295	홍천문화재단	-
347	강원도	홍천군	제20회 강원홍천 인삼한우 명품축제	특산물	22. 10월초	홍천시내 및 강변 일원	혼합형	2003	450	홍천문화재단	-
348	강원도	횡성군	제11회 둔내고랭지토마토축제	특산물	22. 8월	둔내종합체육공원 및 시가지 일원	대면	2012	150	둔내고랭지토마토축제위원회	-
349	강원도	횡성군	제9회 횡성더덕축제	특산물	22. 9월	청일면 유동리 1150 일원	대면	2012	150	횡성더덕축제위원회	-
350	강원도	횡성군	제14회 안흥찐빵축제	특산물	22. 10월	안흥찐빵마을 일원	대면	1999	150	안흥찐빵축제위원회	-
351	강원도	횡성군	제3회 횡성호수길 축제	생태자연	22. 5월	갑천면 망향의 동산 일원	대면	2018	130	횡성호수길추진위원회	-
352	강원도	횡성군	제32회 횡성회다지소리 민속문화제	전통역사	22. 4월	우천 정금민속관 일원	대면	1986	100	횡성회다지소리민속문화제 위원회	-
353	강원도	영월군	단종문화제	전통역사	22. 4,22~24.	장릉외	혼합형	1967	980	영월문화재단	-
354	강원도	영월군	동강국제사진제	문화예술	22. 7,1.~9,30.	동강사진박물관	혼합형	2002	596	영월문화재단	-
355	강원도	영월군	동강뗏목축제	문화예술	22. 8,4~7.	동강둔치	혼합형	1997	779	영월문화재단	-
356	강원도	영월군	김삿갓문화제	전통역사	22. 9,23~25.	김삿갓문학관	혼합형	1998	493	영월문화재단	-
357	강원도	영월군	동강붉은메밀꽃축제	문화예술	22. 10,2~17.	동강둔치(삼옥리)	혼합형	2020	165	동강 먹골마을 협동조합	-
358	강원도	평창군	대관령눈꽃축제	생태자연	22. 1,21~30.	평창군 대관령면 송천일원	대면	1993	280	대관령면축제위원회	-
359	강원도	평창군	평창더위사냥축제	생태자연	22. 7~8월	평창군 대화면 땀띠공원 일원	대면	2013	100	평창더위사냥축제위원회	-
360	강원도	평창군	계촌마을클래식거리축제	문화예술	22. 8월	평창군 방림면 계촌클래식마을 일원	대면	2015	100	계촌클래식축제위원회	-
361	강원도	평창군	평창효석문화제	문화예술	22. 9월	평창군 봉평면 평창효석문화제 축제장 일원	대면	1998	660	이효석문학선양회	문체부
362	강원도	평창군	평창백일홍축제	생태자연	22. 9월	평창군 평창읍 평창백일홍축제장 일원	대면	2015	100	평창백일홍축제위원회	-
363	강원도	평창군	평창송어축제	관광특산	22. 12월~23. 1월	평창군 진부면 오대천 일원	대면	2007	60	평창송어축제위원회	문체부
364	강원도	평창군	평창농악축제	문화예술	22. 9월	평창군 용평면 농악축제장 일원	대면	2019	200	평창농악축제위원회	-
365	강원도	평창군	제19회 평창대관령음악제	문화예술	22. 6,22.~7,23.	평창군 대관령면 알펜시아 및 도내 일원	대면	2004	2400	강원문화재단	-
366	강원도	평창군	제4회 평창국제평화영화제	문화예술	22. 6월	대관령면 일원	대면	2019	2200	평창국제평화영화제	-

연번	광역단체명	기초단체명	축제명	축제유형	개최기간	개최장소	개최방식	최초개최년도	예산(백만원)	전담조직(축제사무국)	국비지원
367	강원도	평창군	강원국제예술제 강원작가전	문화예술	22. 10월	평창군 일원	대면	2022	1830	강원문화재단	–
368	강원도	평창군	오대산 문화축전	문화예술	22. 10월	오대산 일원	대면	2004	280	대한불교조계종 제4교구 본사 월정사	–
369	강원도	정선군	함백산야생화축제	생태자연	22. 8월	함백산 만항재 일원	미정	2006	10	함백산축제위원회	–
370	강원도	정선군	정선아리랑제	전통역사	22. 9월	아리랑공원 일원	미정	1976	1018	정선아리랑문화재단	문체부
371	강원도	정선군	정선사과축제	특산물	22. 11월	임계면 소재지 일원	미정	2017	100	임계면문화체육위원회 임계사과연구회 임계면행정복지센터	–
372	강원도	철원군	제40회 태봉제	문화예술, 전통역사	22. 10월	철원종합운동장	대면	1991	773	철원문화재단	–
373	강원도	철원군	제16회 철원 화강 다슬기 축제	생태자연	22. 8월	화강 쉬리공원	대면	2007	998	철원문화재단	–
374	강원도	철원군	2022 철원오대쌀 축제	특산물	22. 10.28~30.	고석정 일원	대면	2013	200	철원문화재단	–
375	강원도	철원군	세종대왕 강무행사 행차 재현	문화예술	22. 9월	고석정 꽃밭	대면	2022	50	철원문화재단	–
376	강원도	철원군	철원 DMZ 평화 꽃송이 축제	문화예술	22. 9월	고석정 꽃밭	대면	2019	200	철원문화재단	–
377	강원도	화천군	토마토축제	특산물	22. 7월말~8월초	사내면 문화광장 일원	대면	2003	660	추진위원회	–
378	강원도	화천군	물의나라화천 쪽배축제	생태자연	22. 7월말~8월초	화천읍 붕어섬일원	대면	2003	404	나라축제조직위원회	–
379	강원도	양구군	2022 양구 곰취축제	특산물	22. 5.5~8.	레포츠공원일원	혼합형	2004	500	양구문화재단	–
380	강원도	양구군	2022 제71주년 도솔산지구전투 전승행사	전통역사	22. 6.17~18.	레포츠공원일원, 도솔산위령비	대면	1998	150	양구문화재단	–
381	강원도	양구군	2022 국토정중앙 양구 배꼽축제	문화예술	22. 9.2~4.	레포츠공원일원	혼합형	2008	500	양구문화재단	–
382	강원도	양구군	제37회 양록제	기타	22. 10.6~8.	양구종합운동장 일원	대면	1985	295	양구문화재단	–
383	강원도	양구군	2022 DMZ펀치볼 시래기 축제	특산물	22. 10.29~30.	양구군 해안면 복지회관일원	대면	2006	150	양구문화재단	–
384	강원도	인제군	제4회 인제가을꽃축제	생태자연	22. 10월	인제군 북면 용대관광지	대면	2019	700	인제군문화재단	–
385	강원도	인제군	제22회 용대황태축제	지역특산물	22. 5.5~8.	인제군 북면 용대3 거리 일원	대면	1999	140	용대리황태축제추진위원회	–
386	강원도	인제군	제40회 합강문화제	문화예술제	22. 10월	인제군 일원	대면	1983	290	합강문화추진위원회	–
387	강원도	고성군	동해안 최북단 저도어장 대문어축제	지역특산물	22. 5월	현내면 대진항 일원	미정	2016	100	대문어축제위원회	–
388	강원도	고성군	삼포해변 서핑 축제 (미드나이트 피크닉 페스티벌)	기타(주민화합)	22. 7월	죽왕면 삼포해변 일대	미정	2017	50	별도조직 없음 / 민간위탁(㈜위고온)	–
389	강원도	고성군	해안선 레저스포츠 페스티벌	기타(주민화합)	22. 8월	죽왕면 봉수대 해변 일대	미정	2017	20	별도조직 없음 / 민간위탁(고성군 카누연맹)	–
390	강원도	고성군	고성군민의 날 및 수성문화제	전통역사	22. 9월	간성읍 고성종합운동장 일원	대면	1983	300	수성문화위원회	–
391	강원도	고성군	고성통일명태축제	지역특산물	22. 10월	거진읍 거진11리 해변	미정	1999	500	명태축제위원회	–
392	강원도	고성군	2022년 대한민국 온천대축제	문화관광	22. 10월	토성면 원암리 온천지구 일대	미정	2007	700	민·관 협의체 구성 (고성군, 온천이용시설)	–
393	강원도	양양군	제44회 양양문화제	전통역사	22. 6월	남대천 둔치	대면	1979	557	양양문화위원회	–
394	강원도	양양군	양양송이축제	특산물	22. 9~10월	양양 남대천 둔치	대면	1997	550	양양문화재단	–
395	강원도	양양군	양양연어축제	생태자연	22. 10월	양양 남대천 둔치	대면	1997	550	양양문화재단	–
396	강원도	양양군	양양해맞이축제	생태자연	22. 12. 31. ~ 23. 1. 1.	낙산해변, 낙산사, 동해신묘 등	대면	1996	70	양양문화재단	–
397	충북	청주시	청원생명축제	특산물	9~10월 중 10일	오창미래지공원	혼합형	2008	2,425	청원생명축제추진위원회	
398	충북	청주시	세종대왕과 초정약수축제	역사문화	10.7.~10.9.	초정문화공원, 초정행궁 일원	혼합형	2003	601		
399	충북	청주시	청주읍성축제	전통역사	9월 미정	원도심 일원	혼합형	2009	–		
400	충북	청주시	청남대재즈토닉페스티벌	문화예술	5월 미정	청남대	혼합형	2017	–		
401	충북	충주시	2022 충주호수축제	기타	7.27.~7.31.	중앙탑면	대면	2002	1,000	충주중원문화재단	없음
402	충북	충주시	제50회 우륵문화제	문화예술	1.1.~12.31.	충주시	대면	1971	500	(사)충주예총	
403	충북	제천시	제5회 겨울왕국 제천페스티벌	기타(계절축제)	22.12.~23.1.(약 40일 예정)	제천시내/의림지 일원	현장개최	2019	1,600	제천문화재단	자체사업
404	충북	제천시	제26회 청풍호 벚꽃축제	생태자연	4월중	청풍일원	현장개최	1997	60	제천문화재단	자체사업
405	충북	보은군	2022 보은대추축제	특산물	10.14.~.10.31.	뱃들공원	혼합형	2007	1,100	보은군축제추진위원회	–

연번	광역 단체명	기초 단체명	축제명	축제유형	개최기간	개최장소	개최방식	최초 개최년도	예산 (백만원)	전담조직 (축제사무국)	국비지원
406	충북	보은군	속리산 신화여행 축제	전통역사	7말~8월초(3일간)	속리산 잔디공원, 법주사	대면	1978	406		문화재청
407	충북	옥천군	제14회 향수옥천 포도복숭아축제	특산물	7월 중 3일간	옥천공설운동장 일원	혼합형	2007	590	없음	없음
408	충북	옥천군	제35회 지용제	문화예술	5.12~5.15.	구읍 일원	혼합형	1988	530	옥천문화원	없음
409	충북	영동군	제19회 영동곶감축제	특산물	1.5.~1.25.	온라인	온라인	2003	450	영동축제관광재단	
410	충북	영동군	제17회 영동포도축제	특산물	8.25.~8.28.	영동레인보우힐링관광지	혼합형	2004	860	영동축제관광재단	
411	충북	영동군	제53회 영동난계국악축제	문화예술	10.7.~10.10.	영동레인보우힐링관광지	오프라인	1965	1,100	영동축제관광재단	한국문화예술위원회
412	충북	영동군	제11회 대한민국와인축제	특산물	10.7.~10.10.	영동레인보우힐링관광지	혼합형	2010	455	영동축제관광재단	
413	충북	증평군	증평들노래축제	전통역사	5~6월	증평민속체험박물관 일원	미정	2004	60	증평장뜰두레농요보존회	문체부
414	충북	증평군	증평인삼골축제	특산물(기타)	9~10월	증평보강천체육공원 일원	미정	1992	334	증평문화원	문체부
415	충북	진천군	제22회 생거진천 농다리축제	전통역사	5월중	농다리 일원	미정	2000	2,000	진천문화원 / 생거진천농다리축제추진위원회	
416	충북	진천군	제43회 생거진천 문화축제	주민화합	10월중	백곡천 일원	미정	1979	1,979	진천문화원 / 생거진천문화축제추진위원회	
417	충북	괴산군	2022 괴산대학찰옥수수축제	특산물	7월 중순(3일)	괴산유기농엑스포광장	대면	2022	290	괴산축제위원회	
418	충북	괴산군	2022 괴산고추축제	특산물	8월 말일(4일)	괴산유기농엑스포광장	혼합형	2000	1,140	괴산축제위원회	
419	충북	괴산군	2022 괴산김장축제	특산물	11월 초(3일)	괴산유기농엑스포광장	혼합형	2019	500	괴산축제위원회	
420	충북	음성군	제23회 음성품바축제	문화예술	9.21.~9.25.	설성공원	혼합형	2000	780	음성예총	문체부
421	충북	음성군	제41회 설성문화제	전통역사	미정	설성공원	혼합형	1982	400	음성문화원	해당없음
422	충북	음성군	2022 음성명작페스티벌	특산물	9월말~10월초 (미정)	금빛근린공원(금왕읍)	대면	신규	–		해당없음
423	충북	단양군	제38회 소백산철쭉제	기타(주민화합 등)	5월 중	상상의거리	대면	1983	500	단양문화원	문체부
424	충북	단양군	제24회 온달문화축제	문화예술	10월 중	온달관광지	대면	1996	550	단양문화원	문체부
425	충북	단양군	제5회 쌍둥이힐링페스티벌	문화예술	5월 중	상상의거리	대면	2016	200	단양문화원	문체부
426	충남	천안시	천안흥타령춤축제	문화공연	9.21~9.25	미정	혼합형	2003	210	천안문화재단	
427	충남	천안시	천안호두축제	특산물	10월 중	광덕쉼터	혼합형	2008	96	천안호두축제추진위원회	
428	충남	천안시	천안북면위례벚꽃축제	생태자연	4월 초순(2일간)	은석초 및 병천천 일원	대면	2013	72	천안북면위례벚꽃축제추진위원회	
429	충남	천안시	입장거봉포도축제	특산물	9월중(2일간)	미정	대면	1993	63	입장거봉포도축제추진위원회	
430	충남	공주시	겨울공주 군밤축제	지역특산물	2월중	고마일원	혼합형	2018	230	겨울공주군밤축제기위원회	
431	충남	공주시	석장리 세계구석기축제	전통역사	5.5. ~ 5. 8	석장리박물관	혼합형	2008	1100	구석기축제조직위원회	
432	충남	공주시	계룡산 벚꽃축제	생태자연	4월중	동학사	대면	2004	20	계룡산벚꽃축제추진위원회	
433	충남	공주시	계룡산신산제	전통역사	4월중	계룡 양화리	대면	1998	30	계룡산신산제전통보존회	
434	충남	공주시	마곡사 신록축제	문화예술	4월중	마곡사	대면	2004	20	마곡사신록축제추진위원회	
435	충남	공주시	갑사황매화축제	생태자연	4월중	갑사	대면	2019	20	갑사상가번영회	
436	충남	공주시	공주항공축제	생태자연	9월중	정안천	대면	2009	20	공주경비행기	
437	충남	공주시	유구색동수국정원꽃축제	문화예술	6월중	유구천	대면	2019	250	여름공주축제조직위원회	
438	충남	공주시	제68회 백제문화제	백제역사	10. 1.~10.10	금강신관공원	혼합형	1955	30	백제문화선양위원회	
439	충남	공주시	구절산 구절초 축제	생태자연	10월중	신풍 구절사	대면	2019	20	구룡사구절초축제조직위원회	
440	충남	보령시	무창포 주꾸미,도다리 축제	특산물	3월~4월	무창포항일원	대면	2000	41.5	보조단체 미선정	–
441	충남	보령시	2022 옥마산 봄꽃축제	생태자연	4월 중순 / 2일간	옥마산 올레길, 옥마정 일원 등	대면	2011	3	옥마산벚꽃추진위원회	–
442	충남	보령시	제16회 주산봄꽃축제	주민화합	4월중	주산면 화산천변	대면	2005	71	주산면체육회	–
443	충남	보령시	대천해수욕장 조개구이 축제	특산물	5월중	대천해수욕장 일원	대면	2018	50	보조단체 미선정	–
444	충남	보령시	대천항수산물축제	특산물	5월중	대천항일원	대면	2010	60	보조단체 미선정	–
445	충남	보령시	오천항키조개축제	특산물	5월중	오천항일원	대면	2018	23	보조단체 미선정	–
446	충남	보령시	보령AMC모터페스티벌	기타	5월중	대천해수욕장	대면	2022	150	보조단체 미선정	–

연번	광역단체명	기초단체명	축제명	축제유형	개최기간	개최장소	개최방식	최초개최년도	예산(백만원)	전담조직(축제사무국)	국비지원
447	충남	보령시	제25회 보령머드축제	기타	7월~8월	대천해수욕장	대면	1998	6500	(재)보령축제관광재단	-
448	충남	보령시	무창포 신비의 바닷길 축제	기타	8~9월	무창포해수욕장	대면	1998	270	(재)보령축제관광재단	-
449	충남	보령시	효도관광퍼레이드	주민화합	909.~9.10.	은포2리 마을회관	대면	2019	10	마을 축제추진위원회	문체부
450	충남	보령시	보령예술제	문화예술	9~10월	보령문화예술회관	대면	1996	100	(사)한국예총 보령지회	-
451	충남	보령시	만세보령문화제	주민화합	10월 중	종합체육경기장	대면	1988	500	만세보령문화제 추진위원회	-
452	충남	보령시	제1회 원산도 붕장어 축제	특산품	10월~11월중순(2일)	원산도 일원	대면	2022	50	보조단체 미선정	-
453	충남	보령시	제19회 성주산단풍제	주민화합	10월~11월	성주산 자연휴양림 일원	대면	2002	60	성주산단풍제추진위원회	-
454	충남	보령시	제8회 청라 은행마을 단풍축제	생태자연	11월 첫째주(예정)	청라면 장현리	대면	2012	16	은행마을축제 추진위원회	-
455	충남	보령시	보령 김축제	특산물	11월중	대천해수욕장 머드광장	대면	2015	210	보조단체 미선정	-
456	충남	보령시	천북 굴축제	특산물	11월중	천수만테마파크	대면	2000	36	보조단체 미선정	-
457	충남	보령시	겨울바다사랑축제	기타	12월중	대천해수욕장	대면	2017	0	(재)보령축제관광재단	-
458	충남	아산시	제60회 성웅이순신축제	기타(주민화합 등)	4.29.~5.1	현충사, 은행나무길, 온양온천역	대면	1962	1100	아산문화재단	-
459	충남	아산시	한여름밤의 신정호 별빛축제	기타(주민화합 등)	8월 중	신정호	대면	1998	135	문화관광과	-
460	충남	서산시	제4회 해미천 벚꽃축제	주민화합	4월 중순(토, 일)	해미천 일원	대면	2017	58	벚꽃축제추진위원회	-
461	충남	서산시	팔봉산감자축제	특산물	6월중(2~3일)	기타(팔봉면 양길리)	대면	2002	80	팔봉산 감자축제 추진위원회	-
462	충남	서산시	서산갯마을축제	생태자연	6월 중(2일간)	왕산포구	대면	2011	71	서산갯마을축제추진위원회	-
463	충남	서산시	서산6쪽마늘축제	특산물	7월중(2~3일)	사적지(해미읍성)	대면	2007	150	6쪽마늘축제준비위원회	-
464	충남	서산시	삼길포우럭축제	생태자연	8월중(3일)	삼길포항	대면	2005	71	삼길포우럭축제추진위원회	-
465	충남	서산시	제19회 서산해미읍성축제	전통역사	10.07.~10.09.	해미읍성	대면 또는 대면,비대면 병행	2000	1160	서산문화재단	문체부
466	충남	서산시	서산뻘낙지먹물축제	생태자연	10월중(2일간)	중리포구	대면	2014	71	서산뻘낙지먹물축제추진위원회	-
467	충남	서산시	제23회 서산국화축제	생태자연	11. 4.~11. 13.	서산시 복남골길 31-1일원	대면	1996	100	없음(민간/축제 추진위원회 자체 추진, 서산국화축제추진위원회)	-
468	충남	서산시	간월도어리굴젓축제	생태자연	11월중(2일)	간월도	대면	2015	71	간월도어리굴젓축제추진위원회	-
469	충남	논산시	논산딸기축제	특산물	2.23.~2.27.	탑정호주변 / 유튜브 채널	비대면 개최(온라인)	1997	1000	논산딸기축제추진위원회	-
470	충남	논산시	해바라기축제	특산물	6월중(2일간)	논산시 채운면 일원	현장 개최	2016	10	해바라기축제추진위원회	-
471	충남	논산시	콩밭열무축제	특산물	8월중(2일간)	논산시 채운면 일원	현장 개최	2013	8	콩밭열무축제추진위원회	-
472	충남	논산시	상월명품고구마축제	특산물	9월중(2일간)	금강대학교 일원	현장 개최	2008	80	상월명품고구마축제추진위원회	-
473	충남	논산시	연산대추축제	특산물	10월 중순(3일간)	연산전통시장일원	현장 및 비대면 병행 등	2002	90	연산대추축제추진위원회	-
474	충남	논산시	강경젓갈축제	특산물	10월중(5일간)	젓갈공원 일원/ 유튜브 채널	온/오프라인 병행	1997	970	강경젓갈축제추진위원회	-
475	충남	논산시	양촌곶감축제	특산물	12월중(2일간)	양촌면 체육공원	현장 개최	2002	90	양촌곶감축제추진위원회	-
476	충남	계룡시	2022계룡세계군문화엑스포	문화예술	10.07.~10.23.	계룡시	대면	2022	19639	계룡세계군문화엑스포조직위원회	-
477	충남	당진시	제20회 면천진달래축제	기타	4월 중	면천읍성 일원	미정	2003	30	면천진달래민속축제집행위원회	-
478	충남	당진시	2022년 기지시줄다리기민속축제	전통역사	4월 중	기지시줄다리기박물관 일원	미정	미정	559	기지시줄다리기축제위원회	-
479	충남	당진시	제15회 순성매화벚꽃축제	기타	4월 중	갈산리 일원	미정	2008	30	순성면 축제위원회	-
480	충남	당진시	제 17회 장고항실치축제	특산물	4월 중	장고항 일원	미정	2006	40	장고항 실치축제 위원회	-
481	충남	당진시	제 16회 한진포구바지락갯벌체험축제	특산물	4월 중	한진포구 일원	미정	2007	40	한진포구바지락축제위원회	-
482	충남	당진시	제13회 순성왕매실& 당진맥주축제	특산물	6월 중	순성왕매실마을 일원	미정	2010	15	순성왕매실 영농조합	-
483	충남	당진시	제 13회 당진해나루황토감자축제	특산물	6월 중	상록초등학교 일원	미정	2010	60	해나루황토감자축제위원회	-
484	충남	당진시	제5회 합덕제연호문화축제	전통역사	7월 중	합덕제 일원	미정	2018	115	합덕제연호문화축제집행위원회	-

485	충남	당진시	제16회 삽교호조개구이축제	특산물	10월 중	삽교호 일원	미정	2007	40	삽교호조개구이축제위원회	-
486	충남	당진시	제5회 당진해나루황토고구마축제	특산물	10월 중	당진종합운동장 일원	미정	2018	50	해나루황토고구마축제위원회	-
487	충남	당진시	제34회 남이흥장군문화제	전통역사	10월 중	충장사 일원	미정	1989	50	남이흥장군문화제집행위원회	-
488	충남	당진시	제14회 당진국화전시회	생태자연	10월 중	합덕농촌테마공원 일원	미정	2009	100	미래농업과	-
489	충남	당진시	제45회 심훈상록문화제	문화예술	10월 중	당진시청 일원	미정	1968	90	심훈상록문화제집행위원회	-
490	충남	당진시	제18회 당진해나루쌀농특산물축제	특산물	11월 중	삽교호 일원	미정	2005	100	해나루쌀농특산물축제추진위원회	-
491	충남	당진시	제23회 왜목마을해넘이해맞이축제	기타	12.31~1.1	왜목마을 일원	미정	2000	90	왜목해돋이축제위원회	-
492	충남	금산군	제13회 금산천 봄꽃축제	주민화합	4월중	금산읍 금산천 둔치	대면	2008	10	금산천봄꽃축제추진위원회	-
493	충남	금산군	제13회 남일면 홍도화축제	주민화합	4월중	남일면 신정리 홍도마을	대면	2008	10	남일홍도화축제추진위원회	-
494	충남	금산군	제1회 금강전통민속축제	전통역사	미정	미정	대면	최초개최	40	미정	-
495	충남	금산군	제22회 비단고을 산꽃축제	생태자연	4월중	산꽃벚꽃마을 오토캠핑장	혼합형	2000	60	금산축제관광재단	-
496	충남	금산군	제2회 금산삼계탕축제	특산물	7월중	금산인삼관 광장	혼합형	2021	500	금산축제관광재단	-
497	충남	금산군	제40회 금산인삼축제	특산물	10월중	금산인삼관 광장	혼합형	1981	2500	금산축제관광재단	-
498	충남	금산군	제1회 깻잎축제	특산물	미정	금산인삼관 광장	혼합형	최초개최	290	금산축제관광재단	-
499	충남	부여군	부여세도 방울토마토&유채꽃축제	특산물&생태자연	4.22.~4.24.	세도면 황산대교 둔치 유채단지	혼합형	2018	350	부여세도 방울토마토 유채꽃 축제 추진위원회	-
500	충남	부여군	부소산 봄 나들이 축제	생태자연&전통역사	4.30.~5.8, 공연 및 체험프로그램 : 5.5.~5.7,	관북리 유적, 부소산성 일원	혼합형	2019	300	부여군/보조단체 미선정	-
501	충남	부여군	부여서동연꽃축제	생태자연	7.14.~7.17, 야간경관 및 편의시설 : 7.1.~7.31.	서동공원(궁남지) 및 백마강 일원	혼합형	2003	1300	부여군/보조단체 미선정	-
502	충남	부여군	백제문화제	전통역사	10.1.~10.10.	부여군 일원	혼합형	1955	1800	부여군/보조단체 미선정	-
503	충남	부여군	내산벚꽃축제	생태자연	4월 중	미정	혼합형	2022		부여군 내산면	-
504	충남	부여군	제19회 부여국화축제	작품전시	10.27.~11.7.(12일간)	서동공원(궁남지)	혼합형	2004	150	부여군/농업기술센터	-
505	충남	부여군	옥녀봉 진달래꽃 십리길 축제	특산물&생태자연	4.01.~4.10 (기간 중 1일)	옥산면 옥녀봉 일원	혼합형	2006	26	옥녀봉 진달래 자원화 및 축제 추진위원회	-
506	충남	부여군	굿뜨래 알밤축제	특산물	10.21.~10.23. (미정)	서동공원(궁남지) 및 백마강 일원(미정)	혼합형	2006	120	알밤축제추진단(미선정)	-
507	충남	서천군	동백꽃 · 주꾸미 축제	특산물	3월 중	서면 마량포구 일원	대면	2000	16	서면개발위원회	-
508	충남	서천군	광어 · 도미 축제	특산물	5월 중	서면 마량포구 일원	대면	2003	8	서면개발위원회	-
509	충남	서천군	꼴갑축제	특산물	6월 중	장항읍 물량장	대면	2009	14	꼴갑축제추진위원회	-
510	충남	서천군	한산모시문화제	특산물	6. 10.~6. 12.	한산면 한산모시관	대면	1989	1390	한산모시문화제추진위원회	문체부
511	충남	서천군	춘장대여름문화예술축제	문화예술	7월~8월중	서면 춘장대해수욕장 광장	대면	2004	50	춘장대해수욕장운영협의회	-
512	충남	서천군	홍원항 전어 · 꽃게 축제	특산물	9월 중	서면 홍원항 일원	대면	2001	8	홍원항 마을추진 위원회	-
513	충남	서천군	서천 금강 철새여행	생태자연	11월 중	마서면 조류생태전시관	대면	2011	80	서천철새여행행사추진위원회	-
514	충남	서천군	마량포 해넘이 · 해돋이 축제	관광	12. 31.~1. 1.	서면 마량포구 일원	대면	2000	40	서면개발위원회	-
515	충남	청양군	제23회 칠갑산 장승문화축제	전통역사	4월 중	칠갑산 장승공원	대면	2000	155	칠갑산장승문화축제추진위원회	-
516	충남	청양군	청양고추구기자축제	특산물	8월말~9월초	백세건강공원	대면, 온라인	2000	700	청양고추구기자축제추진위원회	-
517	충남	홍성군	제19회 홍성남당항새조개축제	특산물	01.21.~30.	남당항	온라인	2002	25	보조단체 미선정	-
518	충남	홍성군	제27회 홍성남당항대하축제	특산물	9월중	남당항	대면	1996	35	보조단체 미선정	-
519	충남	홍성군	제27회 광천토굴새우젓광천김축제	특산물	10월중	광천읍	대면	1996	45	보조단체 미선정	-

연번	광역 단체명	기초 단체명	축제명	축제유형	개최기간	개최장소	개최방식	최초 개최년도	예산 (백만원)	전담조직 (축제사무국)	국비지원
520	충남	홍성군	홍성역사인물축제	전통역사	5월13일~15일	홍주읍성	대면	2014	600	홍주문화관광재단	-
521	충남	홍성군	홍성한우바비큐페스티벌	특산물	10월29일~30일	홍주읍성	대면	2022	200	홍주문화관광재단	-
522	충남	예산군	제49회 윤봉길평화축제	전통역사	4.29.~5.1.	충의사	혼합형	1973	290	없음	
523	충남	예산군	출렁다리불꽃축제	문화예술	8월말	예당호	혼합형	2019	50	없음	
524	충남	예산군	예산황새축제	생태자연	9월중	황새공원	혼합형	2019	40	없음	
525	충남	예산군	제6회예산장터삼국축제	기타 (원도심활성화)	10.14.~10.20.	백종원거리	혼합형	2017	290	없음	
526	충남	예산군	제19회 예산황토사과축제	특산물	10월말	예산역전시장	혼합형	1983	250	없음	
527	충남	예산군	의좋은형제축제	전통역사	11.5.~11.6.	대흥면의좋은형제공원	혼합형	2005	170	없음	
528	충남	태안군	제18회 태안 국제 모래조각 축제	문화관광	7월	신두리 해수욕장	대면	2003	60		
529	충남	태안군	2022 태안거리축제	기타(특산물, 주민화합)	10월중 (1일)	태안읍 중앙로 일원	대면	2002	100	태안거리축제추진위원회	
530	충남	태안군	11회 태안군 몽산포항 주꾸미& 수산물 축제	특산물	4월 중	남면 몽산포항	대면	2010	80	-	
531	충남	태안군	21회 안면도 백사장 대하 축제	특산물	10월 중	안면읍 백사장항	대면	2000	80	-	
532	충남	태안군	제10회 태안국화축제	기타	10.20.~10.26.	옥파이총일선생생가지	대면	2013	98		
533	전북	전주시	제23회 전주국제영화제	문화예술	4.28~5.7	영화의거리일원	혼합형	2000	5,650	(재) 전주국제영화제조직위원회	문체부
534	전북	전주시	2022 전주 재즈페스티벌	문화예술	4월 중	전주일원	혼합형	2022	400	전주시	문체부
535	전북	전주시	제26회 전주한지문화축제	문화예술	5월 중 3일	한국전통문화전당	혼합형	1997	257	전주한지문화축제조직위원회	
536	전북	전주시	세계문화주간	문화예술	6월 중	전주일원	혼합형	2016	70	전주시	문체부
537	전북	전주시	제47회 전주대사습놀이 전국대회	문화예술	5.14~5.30	전주일원	대면	1975	540	전주대사습놀이 조직위원회	
538	전북	전주시	전주 단오 행사	전통역사	6.3~6.4	덕진공원 일원	혼합형	1959	80	(사)풍남문화법인	
539	전북	전주시	2022 전주얼티밋뮤직페스티벌	문화예술	8.5~8.7	전주종합경기장	혼합형	2016	500	전주문화방송	
540	전북	전주시	전주비빔밥축제	특산물	10.6~10.9	한옥마을일원	대면	2010	430	전주시	
541	전북	전주시	서학동갤러리길 미술축제(쿤스트서학)	문화예술	10월 중	서학동예술마을	혼합형	2018	35	서학동 갤러리 협의회	
542	전북	전주시	제12회 얼굴없는천사 축제	전통역사	10.3~10.4	노송동 천사공원	혼합형	2011	17.85	얼굴없는천사축제조직위원회	
543	전북	군산시	2022 제10회 군산시간여행축제	전통역사 문화예술	10.1~10.16	시간여행마을권역 구시청광장	혼합형	2013	859	군산시간여행축제 추진위원회	
544	전북	군산시	2022 제17회 군산꽁당보리축제	생태자연 특산물	4.30~5.4	미성동 국제문화마을 일원	혼합형	2006	234	군산꽁당보리축제 추진위원회	
545	전북	군산시	2022 군산짬뽕페스티벌	특산물	10월 중	짬뽕특화거리	혼합형	2020	90	군산시	
546	전북	군산시	2022 군산 수제맥주 페스티벌	문화예술 특산물	10월 중 2주간	내항 및 째보선창 일원	혼합형	2022	200	군산시	
547	전북	익산시	익산서동축제	전통역사	10월 중	금마서동공원	혼합형	2004	870	익산문화관광재단	
548	전북	익산시	제19회 익산 천만송이 국화축제	생태자연	10월~11월 중	중앙체육공원	대면	2004	1,299	기술보급과	
549	전북	익산시	두동편백마을 힐링 숲 축제	생태자연	11월 중	두동편백마을	대면	2019	32	두동편백마을	
550	전북	익산시	함라두레마당 떡볶이문화축제	주민화합	11월 중	함라두레마당	대면	2022	23	함라두레마당	
551	전북	정읍시	정읍 빛축제	생태자연	4월초(5일간)	하천	대면	1991	250	정읍시	
552	전북	정읍시	정읍천 빛축제	기타	10월~11월	하천	대면	2019	290	정읍시	
553	전북	정읍시	정읍 구절초 꽃축제	생태자연	9.29~10.17(18 일간)	공원	대면	2005	775	정읍시 농업정책과/ 정읍시구절초축제추진위원회	
554	전북	정읍시	솔티모시 달빛축제	생태자연	10월초(2일)	솔티마을	대면	2014	32	솔티마을	
555	전북	남원시	제92회 춘향제	문화예술	5.4~5.8	광한루원 및 요천로 일원	미정	1931	1,400	춘향제전위원회	
556	전북	남원시	제30회 흥부제	문화예술	10.7~10.9	사랑의 광장,인월면	미정	1993	340	흥부제전위원회	
557	전북	남원시	지리산바래봉 눈꽃축제	생태자연	1월~2월 중	운봉읍 용산리 268-6	온라인	2011	20	운봉애향회	
558	전북	남원시	지리산 바래봉 철쭉제	생태자연	4월말~5월초(30 일정도)	운봉읍 용산리 268-6	혼합형	1995	15	운봉애향회	
559	전북	남원시	지리산산수유꽃축제	생태자연	3월 중(2일간)	주천면 용궁리 일원	온라인	2010	10	주천면발전협의회	

연번	광역 단체명	기초 단체명	축제명	축제유형	개최기간	개최장소	개최방식	최초 개최년도	예산 (백만원)	전담조직 (축제사무국)	국비지원
560	전북	남원시	혼불문학 신행길 축제	문화예술	10월 중(2일간)	구)서도역 일원	혼합형	2014	32	노봉혼불문학마을회	
561	전북	남원시	한여름밤의 남원 막걸리축제	지역특산물	9.2~9.4	사랑의 광장	대면	2019	72	남원시	
562	전북	김제시	모악산마산제	생태자연, 특산물	4월중 3일간	모악산일원	혼합형	2008	179	김제시	
563	전북	김제시	지평선광활햇감자축제	특산물	4.17~4.18	광활초등학교 일원	혼합형	2007	50	지평선광활 햇감자추진위원회	
564	전북	김제시	지평선축억의 보리밭축제	특산물	5.4~5.6	진봉면 심포리 일원	혼합형	2011	72	진봉면 지역발전협의회	
565	전북	김제시	김제지평선축제	문화예술, 전통역사	9월~10월중 (5일간)	김제시 일원(벽골제)	혼합형	1999	2540	사)김제시 지평선축제 제전위원회	
566	전북	완주군	제10회 와일드&로컬푸드축제	특산물	9~10월 중	완주군 일원	혼합형	2011	2011	와일드& 로컬푸드축제추진위원회	
567	전북	완주군	제5회 오성한옥마을 오픈가든축제	기타(주민화합)	5월 중	소양오성한옥마을	대면	2018	32	오성한옥마을	
568	전북	완주군	제21회 완주삼례딸기축제	특산물	3월 중	삼례읍행정복지센터	혼합형	1996	100	삼례농협	
569	전북	완주군	제8회 곶감축제	특산물	12월 중	운주면	대면	2014	100	완주곶감축제제전위원회	
570	전북	진안군	제18회 진안고원운장산고로쇠축제	특산물	3월 초	주천면 일원	혼합형	2005	62	진안고원 운장산 고로쇠 축제 위원회	
571	전북	진안군	2022 진안고원 꽃잔디축제	생태자연	4월 중순	진안 원연장 꽃잔디 동산	대면	2009	10	진안고원 꽃잔디 축제 추진위원회	
572	전북	진안군	제14회 진안고원 수박축제	특산물	7월 말	동향면 체련공원	혼합형	2009	50	진안고원 수박축제 추진위원회	
573	전북	진안군	2022 진안홍삼축제	특산물	10월 중순	마이돈 테마공원	혼합형	2016	850	진안홍삼축제 추진위원회	문체부
574	전북	진안군	제4회 진안고원 가족과 함께하는 김치보쌈축제	특산물	11.18~11.19	마이돈 테마공원	혼합형	2019	50	진안YMCA	
575	전북	무주군	제26회 무주반딧불축제	생태자연	8.27~9.4	무주군 일원	대면	1997	2,200	(사) 무주반딧불축제제전위원회	
576	전북	무주군	제10회 무주 산골영화제	문화예술	6.2~6.6	등나무 운동장 일원	대면	2013	1,000	산골문화재단	
577	전북	무주군	제16회 두문낙화놀이축제	전통역사	8.5~8.6	안성리 두문마을 일원	대면	2007	32	두문리 낙화놀이 보존회	
578	전북	무주군	제11회 명천마을 맨손송어잡기 축제	생태자연	8.1~8.15	안성면 명천마을 일원	대면	2012	17	명천솔밭영농조합법인	
579	전북	장수군	제16회 장수 한우랑 사과랑 축제	특산물	10월말	의암공원 및 누리파크 일원	혼합형	2007	1,020	사)장수한우랑사과랑축제추진위원회	
580	전북	장수군	제6회 번암 물빛 축제	생태자연	7월말	장수 물빛 공원	대명	2017	32	번암면몰빛축제추진위원회	
581	전북	임실군	옥정호 벚꽃축제	문화예술	4.1~4.3	옥정호일원	혼합형	2022	35	운암면지역발전협의회	
582	전북	임실군	의견문화제	문화예술	5월 중	오수의견공원	혼합형	1986	270	의견문화제전위원회	
583	전북	임실군	필봉마을굿축제	전통역사	8월 중	필봉농악전수교육관	대면	1996	90	임실필봉농악보존회	
584	전북	임실군	사선문화제	문화예술	9월 중	관촌사선대	대면	1987	50	사선문화제전위원회	
585	전북	임실군	아쿠아페스티벌	기타 (주민화합등)	7월~8월	임실치즈테마파크	대면	2018	400	(재)임실치즈테마파크	
586	전북	임실군	임실산타축제	기타 (주민화합등)	12월말	임실치즈테마파크	대면	2017	400	(재)임실치즈테마파크	
587	전북	임실군	임실N치즈축제	문화예술	10.7~10.10	임실치즈테마파크, 임실치즈마을	혼합형	2015	900	임실N치즈축제제전위원회	문체부
588	전북	순창군	제20회 옥천골벚꽃축제	생태자연	4.7~4.10	순창경천	대면	2001	47	옥천골벚꽃축제 제전위원회	
589	전북	순창군	제3회 섬진강 슬로슬로 발효마을 축제	특산물	8.6~8.7	적성면 지내마을	혼합형	2019	34	적성슬로공동체	–
590	전북	순창군	제17회 순창장류축제	특산물	10.14~10.16	고추장민속마을	혼합형	2006	830	순창장류축제추진위원회	문체부
591	전북	고창군	고창 청보리밭축제	생태자연	4~5월중(23일간)	공음면 학원농장 일원	대면	2004	215	고창청보리밭 축제위원회	
592	전북	고창군	고창복분자와수박축제	특산물	6월 중	선운산 도립공원	혼합형	2005	230	고창복분자와 수박축제위원회	
593	전북	고창군	고창갯벌축제	생태자연	6~7월 중 (3일간)	심원만돌 일원	대면	1996	140	고창갯벌 축제위원회	
594	전북	고창군	고창해풍고추축제	특산물	8월 중 (2일간)	해리면일원	대면	1997	76	고창해풍고추 축제위원회	
595	전북	고창군	고창 모양성제	전통역사	10월 중(5일간)	고창읍성일원	혼합형	1972	1972	(사)고창모양성 보존회	
596	전북	고창군	바지락 오감체험 페스티벌	특산물	4.29~5.1	하전리	대면	2018	37	하촌어촌계	

연번	광역 단체명	기초 단체명	축제명	축제유형	개최기간	개최장소	개최방식	최초 개최년도	예산 (백만원)	전담조직 (축제사무국)	국비지원
597	전북	부안군	제7회 개암동 벚꽃축제	문화예술,기타(주민화합 등)	4.2~4.3	개암제일원	대면	2016	30	개암동벚꽃축제추진위원회	
598	전북	부안군	제14회 곰소젓갈발효축제	특산물	10월 중(3일간)	곰소 다용도 부지	대면	2007	120	곰소젓갈발효축제추진위원회	
599	전북	부안군	제9회 부안마실축제	문화예술, 기타(주민화합 등)	5.5 ~ 5.7	부안군일원(매창공원)	혼합형	2012	1,100	부안마실축제 제전위원회	
600	전북	부안군	봄맞이해변축제	특산물, 생태자연	4~5월 중	변산해수욕장 일원	미정	2019	120	문화관광과	
601	전북	부안군	변산바다로페스티벌	생태자연, 기타(주민화합 등)	8월 중	변산해수욕장 일원	미정	2019	250	문화관광과	
602	전북	부안군	노을축제	생태자연, 기타(주민화합 등)	9~10월 중	변산해수욕장 일원	혼합형	2018	500	새만금잼버리과	
603	전북	부안군	제12회부안가을愛국화축제	기타(주민화합 등)	10.28~11.6	자연마당	대면	2010	170	농업기술센터	
604	전북	부안군	유유참뽕축제	특산물	6.11~6.10	변산유유마을	대면	2015	32	유유마을	
605	전북	부안군	님의뽕축제	특산물	8.5~ 8.7	변산면	대면	2009	15	부안서림신문	
606	전북	부안군	고슴도치섬 위도상사화길 달빛걷기 축제	생태자연	8.29~8.30	위도해수욕장일원	대면	2014	15	위도면	
607	전북	부안군	설숭어축제	문화예술, 특산물	12월 중(3일간)	부안상설시장일원	대면	2010	50	부안상설시장상인회	
608	전남		2022 명량대첩축제	전통역사	9.23.~9.25.	울돌목 일원	혼합형	2008	1,600	(재)명량대첩기념사업회	
609	전남		제28회 남도음식문화큰잔치	특산물	10.8.~10.10.	여수세계박람회장 일원	혼합형	1994	1,077	(재)남도음식문화큰잔치	
610	전남	목포시	2022 목포유달산봄축제	생태자연	4.7~4.10.	유달산 및 근대역사거리 일원	대면	1996	200	목포시축제추진위원회	문체부
611	전남	목포시	2022 목포항구축제	생태자연	10.13~10.16.	목포항 및 삼학도 일원	대면	2006	800	목포시축제추진위원회	문체부
612	전남	여수시	제30회 여수영취산진달래체험행사	생태자연	3.25.~3.27.	영취산 일원	혼합형	1993	70	여수영취산진달래체험추진위원회	
613	전남	여수시	제56회 여수거북선축제	전통역사	5.6.~5.8.	이순신광장 및 여수시 일원	혼합형	1967	855	여수거북선축제추진위원회	
614	전남	여수시	제20회 거문도백도 은빛바다 체험행사	기타(주민화합 등)	8.12.~8.14.	거문도 일원	혼합형	2001	50	거문도백도 은빛바다체험추진위원회	
615	전남	여수시	2022 여수밤바다 불꽃축제	문화예술	9월중	이순신광장 및 장군도 앞 해상	혼합형	2016	410	여수밤바다불꽃축제추진위원회	
616	전남	여수시	여수여자만갯벌노을체험행사	생태자연	9.24.~9.25.	소라면 장척마을 일원	혼합형	2009	60	여수여자만갯벌노을체험행사추진위원회	
617	전남	여수시	여수동동북축제	전통역사	11월중	용기공원, 선소 일원	혼합형	2018	300	여수동동북축제추진위원회	
618	전남	여수시	제27회 여수향일암일출제	생태자연	12.31.~23.1.1.	돌산 임포마을 일원	혼합형	1996	60	여수향일암일출제추진위원회	
619	전남	순천시	제6회 순천 푸드앤아트페스티벌	문화예술	9월~10월중(3일)	순천 원도심 일원	대면	2016	620	공공(시군)	
620	전남	순천시	제23회 순천만갈대축제	생태자연	10월~11월중 (3일)	순천만습지일원	대면	1997	70	공공(시군)	
621	전남	순천시	제27회 낙안읍성 민속문화축제	전통역사	10.21.~10.23.	낙안읍성	대면	1993	210	낙안읍성보존회	
622	전남	순천시	제17회순천명품 월등복숭아체험행사	특산물	8.6~8.7.(2일)	월등면 잔디광장	대면	2003	64	순천명품월등복숭아 체험행사추진위원회	
623	전남	나주시	대한민국 마한문화제	문화예술	10월중	국립나주박물관 일원	대면	2015	590	나주마한문화축제추진위원회	
624	전남	나주시	영산포 홍어축제	특산물	4월중	영산강둔치체육공원 일원	대면	2003	170	영산포홍어축제추진위원회	
625	전남	나주시	천년나주목읍성문화축제	문화예술	5월중	금성관 및 나주향교 일원	대면	2019	100	천년나주목읍성문화축제추진위원회	
626	전남	광양시	광양매화축제	생태자연	3월중(9~10일)	매화마을 일원	대면	1997	290	광양매화축제위원회	
627	전남	광양시	백운산국사봉철쭉축제	생태자연	4월중(3일)	옥곡면 일원	대면	2006	30	백운산국사봉철쭉축제추진위원회	
628	전남	광양시	(가칭)광양2022 K-POP 슈퍼 페스티벌	문화예술	5월중(3일)	중마동 일원	혼합형	2022	500	공공(시군)	
629	전남	광양시	광양전어축제	특산물	8월중	진월면 일원	대면	1998	65	광양전어축제추진위원회	
630	전남	광양시	광양전통숯불구이축제	특산물	10월중(3~4일)	광양읍 서천변 일원	대면	1999	90	광양전통숯불구이축제추진위원회	
631	전남	담양군	제22회 담양대나무축제	생태자연	5.2.~5.8(7일)	죽녹원, 관방제림	대면	1999	610	(사)담양대나무축제위원회	
632	전남	담양군	용면추월산벚꽃축제	생태자연	4월중(2일)	추월산 광장 일원	대면	2006	20	용면청년회	
633	전남	담양군	창평전통음식축제	특산물	10월중(3일)	슬로시티방문자센터 일원	대면	2003	35	창평면주민자치회	
634	전남	담양군	담양산타축제	문화예술	12월중(10일)	원도심, 메타프로방스	대면	2017	250	담양산타축제추진위원회	
635	전남	곡성군	제12회 곡성세계장미축제	생태자연	5.21.~6.6.	섬진강기차마을	혼합형	2011	720	공공(시군)	
636	전남	곡성군	(가칭)제1회 아이스멜론 페스티벌	특산물	7.8.~7.10.	곡성레저문화센터	대면	2022	200	공공(시군)	

연번	광역단체명	기초단체명	축제명	축제유형	개최기간	개최장소	개최방식	최초개최년도	예산(백만원)	전담조직(축제사무국)	국비지원
637	전남	곡성군	제22회 곡성심청어린이대축제	기타(주민화합 등)	10.21.~10.30.	섬진강기차마을	혼합형	2021	480	공공(시군)	
638	전남	구례군	제23회 구례산수유꽃축제	생태자연	3.12.~3.20.	산동면 지리산온천관광지 일원	혼합형	1999	200	구례산수유꽃축제추진위원회	
639	전남	구례군	제18회 구례섬진강벚꽃축제	생태자연	3월말	문척면 오성권역 일원	대면	2005	35	섬진강벚꽃축제추진위원회	
640	전남	구례군	제78회 지리산남악제 및 군민의 날 행사	전통역사	4월중	마산면 화엄사지구 일원	대면	1945	335	지리산남악제 및 군민의날 행사 추진위원회	문화재청
641	전남	구례군	구례뮤직페스티벌	문화예술	7월중	구례읍 공설운동장 일원	대면	2014	300	(사)구례지연드림파크 입주기업체협의회	
642	전남	구례군	화엄음악제	문화예술	10월중	마산면 화엄사 일원	대면	2005	100	화엄음악제집행위원회	
643	전남	구례군	제14회 구례동편소리축제	문화예술	10월중	구례시시립체육공원 일원	대면	2008	250	구례동편소리축제추진위원회	
644	전남	구례군	제46회 지리산피아골단풍축제	생태자연	11월중	토지면 피아골 일원	대면	1976	120	지리산피아골단풍축제추진위원회	
645	전남	구례군	구례산수유웰니스페스티벌	생태자연	11월중	산동면 지리산온천관광지 일원	혼합형	2020	290	구례산수유축제추진위원회	문체부
646	전남	고흥군	제13회 고흥우주항공축제	문화예술	5.5.~5.8.	나로우주과학관 일원	대면	2004	350	고흥군축제추진위원회	
647	전남	고흥군	제20회 고흥 녹동 바다불꽃축제	특산물	5.5.~5.8.	녹동항구	대면	2001	60	녹동청년회의소	
648	전남	고흥군	제2회 고흥 유자 석류축제	특산물	11.3.~11.6.	풍양면 한동리 701-7 일원	대면	2019	640	고흥군축제추진위원회	
649	전남	보성군	보성다향대축제	특산물	4.15.~4.21.	차문화공원	대면	1975	730	보성다향대축제추진위원회	문체부
650	전남	보성군	서편제보성소리축제	문화예술	4.15.~4.17.	문화예술회관	대면	1998	475	서편제보성소리축제추진위원회	
651	전남	보성군	보성전어축제	특산물	8월중	율포해변	대면	2004	55	보성전어축제추진위원회	
652	전남	보성군	벌교꼬막&문학축제	특산물	11월중	벌교읍 거리	대면	2001	200	벌교꼬막&문학축제추진위원회	
653	전남	보성군	보성차밭빛축제	기타(주민화합 등)	12월중	차문화공원	대면	1999	700	공공(시군)	
654	전남	보성군	율포해변 불꽃축제	기타(주민화합 등)	12.31.~'22.1.1.	율포해변	대면	2019	500	공공(시군)	
655	전남	화순군	화순 국화향연	생태자연	10~11월(17일)	화순 남산공원	대면	2013	1,000	공공(시군)	
656	전남	화순군	적벽 문화제	생태자연	10월중(2일)	이서커뮤니티센터, 적벽 망향정	대면	1975	70	적벽문화제추진위원회	
657	전남	화순군	고인돌 문화축제	문화예술	4.16.~17.	고인돌유적지	대면	2014	100	고화순고인돌문화축제추진위원회	
658	전남	화순군	동구리 호수공원 봄축제	생태자연	4.30.~5.1.	동구리 호수공원	대면	2016	50	화순읍청년연합회	
659	전남	화순군	운주 문화축제	문화예술	5월중(2일)	운주사	대면	1996	90	화순운주문화축제추진위원회	
660	전남	화순군	백아산 철쭉제	생태자연	5.6.~5.7.	백아산	대면	1999	19	백아면청년회	
661	전남	장흥군	2022 정남진장흥키조개축제	특산물	5월초	수문항 일원	미정	2003	72	공공(시군)	
662	전남	장흥군	제15회 정남진장흥물축제	생태자연	7.30.~8.7.	탐진강변	미정	2008	1,730	장흥물축제추진위원회	문체부
663	전남	장흥군	2022 장평명품포두축제	특산물	9월중	장평면행정복지센터 광장	미정	2011	50	공공(시군)	
664	전남	장흥군	2022 회령문화축제	전통역사	10월중	회진항 일원	미정	2017	145	공공(시군)	
665	전남	장흥군	2022 장흥표고버섯축제	특산물	10월중	유치면 행정복지센터 일원	미정	2015	20	공공(시군)	
666	전남	강진군	제5회 강진군동금곡사 벚꽃30리길 축제	생태자연	4.1~4.3.	군동면 까치내로 일원	대면	2018	50	강진군금곡사벚꽃30리길축제추진위원회	
667	전남	강진군	제25회 전라병영성축제	전통역사	4.20.~4.24.	병영면 전라병영성 일원	대면	1998	250	강진군축제추진위원회	
668	전남	강진군	제14회 마량 미항 찰전어축제	특산물	9.16.~9.18.	마량항 일원	대면	2009	40	마량미항축제추진위원회	
669	전남	강진군	제50회 강진청자축제	전통역사	9.30.~10.6.	대구면 청자촌	대면	1973	800	강진군축제추진위원회	
670	전남	강진군	제7회 강진만춤추는 갈대축제	생태자연	10.28.~11.6.	강진만 생태공원	대면	2016	500	강진군축제추진위원회	
671	전남	해남군	제9회 땅끝매화축제	생태자연	3월중	산이 보해매실농원	대면	2009	60	산이면 문화체육진흥회	
672	전남	해남군	2022 송호해변 여름축제	생태자연	7월~8월중	송호해수욕장	대면	2019	200	공공(시군)	
673	전남	해남군	2022 오시아노 뮤직페스티벌	문화예술	8월중	오시아노 관광단지	대면	2021	200	공공(시군)	
674	전남	해남군	제4회 해남미남축제	특산물	10월말~11월초	대흥사 일원	대면	2019	650	해남군축제추진위원회	
675	전남	해남군	제25회 땅끝해넘이해맞이축제	생태자연	12.31.~'23.1.1.	땅끝 관광지	대면	1995	40	땅끝해넘이해맞이축제추진위원회	
676	전남	영암군	영암왕인문화축제	문화예술	4월중	왕인박사유적지	미정	1997	990	영암군향토축제추진위원회	문체부
677	전남	영암군	월출산국화축제	생태자연	10월~11월	월출산기찬랜드	미정	2009	300	공공(시군)	

연번	광역 단체명	기초 단체명	축제명	축제유형	개최기간	개최장소	개최방식	최초 개최년도	예산 (백만원)	전담조직 (축제사무국)	국비지원
678	전남	영암군	마한축제	전통역사	10월중	마한문화공원	미정	2015	150	마한촌 조성 및 마한축제추진위원회	
679	전남	영암군	영암무화과축제	특산물	9월중	미정	미정	1997	180	삼호읍 문예체육행사추진위원회	
680	전남	무안군	제25회 무안연꽃축제	생태자연	7월~8월(4일)	회산 백련지	대면	1997	700	무안군축제추진위원회	
681	전남	무안군	제9회 무안황토갯벌축제	생태자연	9월중(3일)	무안황토갯벌랜드	대면	2013	500	무안군축제추진위원회	
682	전남	무안군	2022 무안YD 페스티벌	기타(주민화합 등)	10월중(3일)	남악중앙공원	대면	2019	미정	공공(시군)	
683	전남	함평군	제24회 함평나비대축제	생태자연	4.29.~5.8.	함평엑스포공원	혼합형	1999	1,000	함평축제관광재단	
684	전남	함평군	2022 대한민국 국향대전	생태자연	10.21.~11.6.	함평엑스포공원	혼합형	2004	800	함평축제관광재단	
685	전남	함평군	2022 꽃무릇큰잔치	생태자연	9.16.~9.17.	해보면 용천사	대면	2000	60	해보면꽃무릇큰잔치추진위원회	
686	전남	함평군	2022 대한민국 난명품대제전	특산물	3.26.~3.27.	함평문화체육센터	대면	2005	60	함평난연합회	
687	전남	영광군	2022 곡우사리 영광굴비축제	특산물	4.22.~4.24.	법성포 뉴타운	혼합형	2016	140	곡우사리영광굴비축제추진위원회	
688	전남	영광군	제9회 영광찰보리문화축제	생태자연	4.29.~4.30.	지내들 옹기둥둥공원	혼합형	2011	70	영광찰보리문화축제추진위원회	
689	전남	영광군	2022 영광법성포단오제	문화예술	6.2.~6.5.	법성포단오제 전수교육관	혼합형	조선중기	390	법성포단오제보존회	
690	전남	영광군	제13회 영광천일염젓갈갯벌축제	생태자연	8.26.~8.28.	설도항	혼합형	2009	84	영광천일염젓갈갯벌축제추진위원회	
691	전남	영광군	제22회 영광불갑산상사화축제	생태자연	9.16.~9.25.	불갑사 관광지	혼합형	2001	398	영광불갑산상사화축제추진위원회	
692	전남	영광군	제13회 영광백수해안도로노을축제	생태자연	10.1.~10.2.	노을광장	혼합형	2009	107	영광백수해안도로노을축제추진위원회	
693	전남	장성군	제6회 빈센트의봄	생태자연	4월중	장성역광장, 장성공원	혼합형	2015	60	장성군축제위원회	
694	전남	장성군	제21회 황룡강 (共)길동무 꽃길 축제	생태자연	5월중	황룡강변 일원, 홍길동테마파크	혼합형	1999	400	장성군축제위원회	
695	전남	장성군	제6회 황룡강 노란꽃잔치	생태자연	10월중	황룡강변 일원	혼합형	2015	100	장성군축제위원회	
696	전남	장성군	제13회 축령산 편백산소축제	생태자연	10월중	축령산	혼합형	2008	30	장성군축제위원회	
697	전남	장성군	제23회 백양단풍축제	생태자연	11월중	국립공원 백암산, 백양사	혼합형	1996	20	장성군축제위원회	
698	전남	완도군	2022 완도장보고수산물축제	전통역사	5.5.~5.8.	완도해변공원, 완도읍 신지면 일원	혼합형	1995	785	완도군장보고수산물축제추진위원회	
699	전남	완도군	2022 청산도슬로걷기축제	생태자연	4.1.~5.8.	청산면 일원	혼합형	2009	250	청산도슬로걷기축제추진위원회	
700	전남	완도군	2022 청정완도 가을섬여행	문화예술	10월중	완도읍, 청산면, 보길면 일원	혼합형	2015	280	청정완도 가을섬여행 추진위원회	
701	전남	진도군	제43회 진도신비의바닷길축제	생태자연	4.17.~4.19.	고군면 회동리	대면	1978	800	진도군관광협의회	
702	전남	진도군	제9회 대한민국진도개페스티벌	특산물	5.3.~5.5.	진도개테마파크	대면	2012	100	공공(시군)	
703	전남	진도군	2022 진도문화예술제	문화예술	10월중(1개월)	진도군 일원	대면	2012	100	한국예총진도군지회	
704	전남	신안군	2022년 섬 튤립축제	생태자연	4월중(10일)	신안 튤립공원	혼합형	2008	90	신안튤립축제추진위원회	
705	전남	신안군	2022년 섬 겨울꽃 축제	생태자연	12월~'22.1월	천사섬분재공원	현장개최	2012	70	섬겨울꽃축제 추진위원회	
706	경북	포항시	포항 구룡포 대게 축제	특산물	2월중(2일간)	구룡포 아라광장	현장개최	2019	62.5	구룡포수협	
707	경북	포항시	포항해병대문화축제	문화예술	2022.4.31~5.1	오천읍 냉천수변공원, 도구해안	현장개최	2017	500	자체추진	
708	경북	포항시	포항 호미곶 돌문어 축제	특산물	4월중(2일간)	호미곶 새천년광장	현장개최	2009	18.1	호미곶돌문어축제 추진위원회	
709	경북	포항시	포항국제불빛축제	문화예술	2022.5.28~5.29	형산강둔치(변경가능)	현장개최	2004	860	포항문화재단	문화체육관광부
710	경북	포항시	장기산딸기문화축제	특산물	6월중(2일간)	장기면일원	현장개최	2009	23	장기산딸기문화축제 추진위원회	
711	경북	포항시	포항 영일만 검은돌장어 축제	특산물	7월중(2일간)	동해면 도구 해수욕장	현장개최	2014	54.2	경북매일신문	
712	경북	포항시	포항 철길숲 야행	문화예술	7~8월중(3일간)	포항 철길숲 일원	현장개최	2022	280	자체추진	
713	경북	포항시	포항 수산물 FESTIVAL	특산물	9월중(2일간)	송도동 포항 수협 활어 위판장 일원	현장개최	2013	27	포항수협	

연번	광역 단체명	기초 단체명	축제명	축제유형	개최기간	개최장소	개최방식	최초 개최년도	예산 (백만원)	전담조직 (축제사무국)	국비지원
714	경북	포항시	포항운하축제	생태자연	9월중(2일간)	포항운하 일원	현장개최	2014	102	포항MBC	
715	경북	포항시	연일부조장터문화축제	문화관광축제	10월중(2일간)	연일부조장터(형산강둔치)	현장개최	2008	125	연일향토청년회	
716	경북	포항시	제8회 포항흥해 황금들녘 허수아비 문화축제	전통역사	10월(2일간)	흥해읍 곡강천변 일원	현장개최	2009	0	흥해황금들녘허수아비문화축제위원회 (261-3001)	
717	경북	포항시	포항 구룡포 과메기 축제	특산물	11월중(2일간)	구룡포 아라광장	현장개최	1998	27.5	구룡포과메기사업협동조합	
718	경북	포항시	포항 구룡포 과메기와 함께하는 영일대 해맞이 행사	특산물	2022.12.31 ~2023.1.1	영일대 광장 일원	현장개최	2013	52.5	경북매일신문	
719	경북	포항시	호미곶한민족해맞이축전	문화예술	2022.12.31 ~2023.1.1	호미곶 해맞이광장	현장개최	1999	345	포항문화재단	
720	경북	경주시	2022 경주벚꽃축제	관광	4월경	경주일원	혼합	2017	290	경주문화재단	
721	경북	경주시	2022 제49회 신라문화제	문화예술	10월	경주일원	혼합	1962	2,710	경주문화재단	
722	경북	김천시	제7회 수도산 목통령 고로쇠 축제	특산물	3.20.~3.21.	증산면행정복지센터	대면	2011	30	수도산목통령고로쇠영농조합법인	
723	경북	김천시	김천자두꽃축제	주민화합	4월초(2일)	이화만리녹색농촌체험마을	대면	2011	50	농업기술센터	
724	경북	김천시	김천자두축제	농특산물	6월중(3일)	부항댐	혼합형	2010	250	김천자두협회	
725	경북	김천시	김천포도축제	농특산물	10월중(3일)	직지문화공원	혼합형	2010	250	김천포도회	
726	경북	김천시	농촌체험 페스티벌	기타	10월중순	농업기술센터 테마공원	대면	2009	80	농업기술센터	
727	경북	안동시	암산얼음축제	생태자연	미개최	남후면 광음리 암산유원지 일원	대면	2009	150	한국정신 문화재단	
728	경북	안동시	안동벚꽃축제	생태자연	4월초 (벚꽃개화시기에 따라 조정)	낙동강변 벚꽃도로 (예정)	대면	2012	90	한국정신 문화재단	
729	경북	안동시	썸머페스티벌	주민화합	7월 ~ 8월중	낙동강 둔치 일원(예정)	대면	2022 (신규)	90	한국정신 문화재단	
730	경북	안동시	2022년 문화재 야행 (월영야행)	전통역사	7월 ~ 8월 중 (4일간)	월영교 일원	대면	2017	290	한국정신 문화재단	문화재청
731	경북	안동시	안동국제탈춤페스티벌	문화예술	9. 30. ~ 10. 9.	탈춤공원 등 안동시 일원	대면	1997	1,800	한국정신 문화재단	
732	경북	구미시	2022 청춘, 金오천 2.4km	문화예술	4.1.~4.2.	금오천일원	대면	2016	50	공모단체	
733	경북	구미시	2022레저스포츠 페스티벌	문화예술	9~10월 중 3일	낙동강체육공원	대면	2019	660		국민체육진흥공단
734	경북	구미시	라면캠핑페스티벌	문화예술	7~8월	낙동강체육공원	대면	신규	60	미정	
735	경북	구미시	제2회 농업한마당대축제	특산물, 주민화합	10월중 (기간 중 5일)	낙동강체육공원	대면	2019	80	구미시 (농업정책과)	
736	경북	영주시	경북영주풍기인삼축제	특산물	10월중	풍기읍남원천	혼합형	1998	720	영주풍기인삼축제 조직위원회	
737	경북	영주시	한국선비문화축제	문화예술	5월중	순흥면 선비촌	혼합형	2001	480	영주문화관광재단	
738	경북	영주시	소백산철쭉제	생태자연	5월중	소백산	혼합형	1990	160	영주문화관광재단	
739	경북	영주시	영주사과축제	특산물	10월말	부석사	혼합형	2015	200	영주문화관광재단	
740	경북	영주시	무섬외나무다리축제	전통역사	10월중	문수면 무섬마을	혼합형	2015	72	영주문화관광재단	
741	경북	영천시	제19회 영천보현산별빛축제	기타	미정	보현산천문과학관 일원	혼합형	2004	280	영천보현산별빛축제위원회	
742	경북	영천시	제48회 영천문화예술제	문화예술	미정	미정	미정	1974	200	영천문화예술제추진위원회	
743	경북	영천시	제20회 영천한약축제	특산물	미정	영천한의마을	미정	2003	550	영천한방산업발전협의회	
744	경북	영천시	제21회 영천과일축제	특산물	미정	미정	혼합형	1998	270	영천과일축제추진위원회	
745	경북	영천시	제10회 영천와인페스타	특산물	미정	영천시농업기술센터	미정	2013	90	(사)영천와인사업단	
746	경북	상주시	상주 경천섬 자전거 축제	문화예술	10.7.~10.9.	경천섬 일원	대면	2022	800	상주시축제 추진위원회	
747	경북	문경시	문경찻사발축제	문화예술	4~5월 중	문경새재도립공원 일원	혼합형	1999	1,000	문경문화관광재단	
748	경북	문경시	문경사과축제	특산물	10월 중	문경새재도립공원 일원	혼합형	2006	360	문경문화관광재단	
749	경북	문경시	문경오미자축제	특산물	9월 중	동로면 일원	혼합형	2005	210	문경문화관광재단	

연번	광역 단체명	기초 단체명	축제명	축제유형	개최기간	개최장소	개최방식	최초 개최년도	예산 (백만원)	전담조직 (축제사무국)	국비지원
750	경북	문경시	약돌한우축제	특산물	10월 중	문경새재도립공원 일원	혼합형	2001	210	문경문화관광재단	
751	경북	문경시	전국락밴드 경연대회 및 수제맥주축제	문화예술	7~8월 중	문경영강체육공원	대면	2019	150	(사) 한국예술문화단체총연합회 문경지회	
752	경북	경산시	경산자인단오제	문화예술, 전통역사	06.03.~06.05.	경산자인의 계정숲	미정	1970	550	(사)국가무형문화재 경산자인단오제보존회	
753	경북	경산시	경산갓바위소원성취축제	문화예술, 전통역사	9~10월경(2일간)	갓바위공영주차장	대면	1998	260	갓바위축제추진위원회	
754	경북	경산시	제11회 경산대추축제	특산물	10.21.~10.23.	경산생활체육공원	대면	2006	170	(사) 한국농업경영인경산시연합회	
755	경북	의성군	제12회 의성세계하늘축제	문화예술	5월 중(2일간)	위천생태공원	혼합형	2011	430	의성세계하늘축제집행위원회	
756	경북	의성군	제5회 의성슈퍼푸드마늘축제	특산물	10월 중(3일간)	의성읍 일원	혼합형	2018	825	의성슈퍼푸드마늘축제집행위원회	
757	경북	청송군	제16회 청송사과축제	특산물	11.2.~11.6.	청송군 청송읍 용전천 현비아마 일원	대면	2004	0	청송군축제추진위원회	문체부
758	경북	영양군	제17회 영양산나물축제	특산물	5월 초	영양읍 일대	미정	2005	500	영양축제관광재단	
759	경북	영양군	제15회 영양고추 핫페스티벌	특산물	9월 중	서울광장	대면	2007	400	영양축제관광재단	
760	경북	영덕군	제25회 영덕대게축제	특산물	12.24~12.31.	영덕 해파랑공원	혼합형	1997	600	영덕문화관광재단	
761	경북	영덕군	블루로드 축제	특산물	5~6월	축산항 일원	혼합형	2006	90	영덕문화관광재단	
762	경북	영덕군	황금은어축제	공연 및 체험행사	7~8월	영덕읍 오십천 둔치	혼합형	1999	260	영덕문화관광재단	
763	경북	청도군	청도소싸움축제	전통역사	5~6월	청도소싸움경기장	대면	1999	530	청도소싸움축제추진위원회	
764	경북	청도군	청도반시축제	특산물	10.14.~10.16.	청도야외공연장일원	대면	2006	430	청도반시축제추진위원회	
765	경북	청도군	청도세계코미디아트페스티벌	문화예술	10.14.~10.16.	청도야외공연장일원	대면	2015	650	청도군	
766	경북	고령군	대가야체험축제	전통역사	4월 중	대가야생활촌 일원	혼합형	2005	900	고령군관광협의회	
767	경북	성주군	2022성주생명문화축제 &제7회성주참외페스티벌	문화예술	5월 중	성밖숲외 5개장소	혼합형	2011	1000	성주군축제 추진위원회	
768	경북	성주군	2022 성주 가야산황금 들녘메뚜기잡이체험축제	생태자연	10월중	수륜면 수성리 (어울림마당)	대면	2014	1000	황금들녘메뚜 기잡이 체험축제추진위원회	
769	경북	성주군	성주 성밖숲 희망길 와숲	문화예술	8월중	성밖숲	혼합형	2020	1000	성주군축제 추진위원회	
770	경북	칠곡군	낙동강세계평화 문화 대축전	문화예술	9월 또는 10월 중 3일간 예정	칠곡보생태공원 및 호국평화기념관 일원	혼합형	2013	1800	낙동강세계평화 문화 대축전 추진위원회	
771	경북	예천군	예천징터농산물대축제	특산물	10월 중	예천읍	대면	1999	300	예천농산물축제추진위원회	
772	경북	예천군	예천용궁순대축제	특산물	9월 중	용궁면	대면	2012	100	예천용궁순대축제추진위원회	
773	경북	예천군	2022 예천세계곤충엑스포	생태자연	8월 중	곤충생태원 및 예천읍시가지	대면	2007	2,000	예천문화관광재단	농림축산식품부
774	경북	예천군	2022 삼강주막 나루터축제	문화예술, 전통역사	9월 중	삼강주막 및 삼강문화단지 일원	대면	2010	150	예천문화사업단	
775	경북	봉화군	제24회 봉화은어축제	생태자연	07월말~08월초	관내 하천 및 주요 관광지	대면	1999	1660	봉화축제관광재단	문체부
776	경북	봉화군	제26회 봉화송이축제	특산물	08월말~09월초	관내 하천 및 주요 관광지	대면	1997	505	봉화축제관광재단	
777	경북	봉화군	시장애 불금축제	기타(주민화합 등)	05월~09월 (150일간)	관내 주요시장	대면	2019	100	봉화축제관광재단	
778	경북	봉화군	2021-2022 분천산타마을 운영	기타(주민화합 등)	07월~08월 12월~02월	분천역 일원	대면	2014	100	봉화축제관광재단	
779	경북	울진군	2022년 울진대게와붉은대게축제	특산물	2월말~3월초	후포한마음광장	비대면	2000	350	울진군축제발전위원회	
780	경북	울진군	울진금강송송이축제	특산물	9월말~10월초	왕피천공원	대면	2000	200	울진군축제발전위원회	
781	경북	울진군	죽변항 수산물 축제	특산물	12월 중순	죽변항	대면	2019	200	울진군축제발전위원회	
782	경북	울릉군	제20회 울릉오징어축제	특산물	미정	울릉군 저동항 일원	대면	2001	200	울릉군축제위원회	
783	경남	창원시	제8회 창원음식문화축제	특산물	10. 22	용지문화공원	대면	2013	150	음식문화축제위원회	
784	경남	창원시	제11회 아구데이축제	특산물	5.9.	오동동문화광장	대면	2011	40	아구데이추진위원회	
785	경남	창원시	제60회 진해군항제	문화예술	4. 1. ~ 4. 10.	진해구 일원	혼합형	1963	1,332	공모예정	
786	경남	창원시	제22회 마산국화축제	문화예술	10. 28. ~ 11. 6.	마산해양신도시(예정)	혼합형	2000	1,033	공모예정	
787	경남	창원시	창원진동미더덕축제	특산물	4월 중	진동면	미정	2005	123	창원진동미더덕축제위원회	
788	경남	창원시	진해만싱싱수산물축제	특산물	10월 중	속천항	미정	2019	65	진해수산업협동조합	

연번	광역 단체명	기초 단체명	축제명	축제유형	개최기간	개최장소	개최방식	최초 개최년도	예산 (백만원)	전담조직 (축제사무국)	국비지원
789	경남	창원시	창원홍하비축제	특산물	11월 중	미정	미정	2022	100	마산수산업협동조합	
790	경남	진주시	진주논개제	전통역사	5월 중	사적지	대면	2002	800	진주문화원	
791	경남	진주시	진주뮤직페스티벌	문화예술	8월 중	하천	대면	2019	290	(주)KNN	
792	경남	진주시	진주남강유등축제	전통역사	10. 1. ~ 10. 10.	하천,사적지	대면	2000	3,750	진주문화관광재단	
793	경남	진주시	개천예술제	문화예술	10. 3. ~ 10. 10.	사적지	대면	1949	2,000	한국예총진주지회	
794	경남	진주시	코리아드라마페스티벌	문화예술	10. 1. ~ 10. 10.	하천,사적지	대면	2006	960	코리아드라마페스티벌 조직위원회	문체부
795	경남	통영시	2022 제1회 통영국제트리엔날레	문화예술	03.18. ~ 05.08.	통영시 내륙 및 섬일원	혼합형	2022	8,000	통영한산대첩문화재단	
796	경남	통영시	통영국제음악제	문화예술	03.25. ~ 04.03.	통영시 일원 및 통영국제음악당	혼합형	2002	2,000	통영국제음악재단	문체부 (한국문화예술위원회)
797	경남	통영시	2022 통영 문화재 야행	문화예술	04.29. ~ 05.01.	삼도수군통제영, 통제영거리 일원	혼합형	2019	570	통영한산대첩문화재단	문화재청
798	경남	통영시	제61회 통영한산대첩축제	전통역사	08.11. ~ 08. 20.	통영시 일원	혼합형	1962	1,130	통영한산대첩문화재단	문체부
799	경남	사천시	2022년 사천시 삼천포항 수산물축제	특산물	4월 중	팔포항 일원	대면	2018	191	사천시삼천포항수산물축제 추진위원회	
800	경남	사천시	제20회 사천시 삼천포항 자연산 전어축제	특산물	7월 중	팔포음식특화지구 일원	대면	2002	138	사천시삼천포항자연산전어축제 추진위원회	
801	경남	사천시	남일대 전국청년 트롯가요제	주민화합	8월 중	남일대해수욕장	대면	2019	70	삼천포 남일대청년트롯가요제추진위원회	
802	경남	사천시	제12회 주민복지박람회	기타(주민화합 등)	10.20.~10.23.	노을광장	대면	2009	70	사천시자원봉사단체협의회	
803	경남	사천시	제1회 고려현종대왕축제	문화예술	10.20.~10.23	사천시청 노을광장	대면	1995	500	사천문화재단	
804	경남	사천시	제7회 별주부전축제	문화예술	7.16.~7.17.	비토마을 비토빌체험학교	대면	2014	62	별주부전추진위원회	
805	경남	사천시	사천시농업한마당축제	특산물	10월 중	미정	혼합형	2008	270	사천시농업한마당축제추진위원회	
806	경남	사천시	비봉내축제	전통역사	9월중	운동장	대면	2015	30	곤양비봉내축제추진위원회	
807	경남	김해시	제27회 김해분청도자기축제	문화예술	10.1.~10.10	김해분청도자박물관일원	대면	2009	379		
808	경남	김해시	허왕후 신행길 축제	문화예술	10월중	수릉원, 유튜브	혼합형	2014	250		
809	경남	김해시	제3회김해국제의생명과학축제	기타 (지역산업축제)	06.17.~06.19.	김해중소기업비즈니스센터	혼합형	2020	150		
810	경남	김해시	김해문화재야행	문화예술	09.30.~10.2	수로왕릉	대면	2017	208		문화재청
811	경남	김해시	제3회 불암장어문화축제	문화예술	6.25.~6.26.	마을(불암동행정복지센터 일원)	대면	2018	8		
812	경남	김해시	제7회김해꽃축제	○생태자연 ○특산물	5,6월중	대동생태공원	대면	1993	300	김해꽃축제추진위원회	
813	경남	김해시	진영단감축제	특산물	11월	진영공설운동장	대면	1985	198	진영단감축제위원회	
814	경남	김해시	김해독서대전	문화예술	10.21.~10.22.	수릉원 및 권역별 시립도서관	혼합형	2019	156		문체부 (한국출판문화산업진흥원)
815	경남	김해시	2022 김해시 평생학습 과학축제	문화예술	10.21.~10.22.	수릉원	대면	2007	142	김해시평생학습축제 위원회	
816	경남	김해시	김해세계크리스마스 문화축제	기타(주민화합 등)	12.1.~12.31.	분성광장 등	대면	2013	70	크리스마스문화축제 추진위원회	
817	경남	김해시	제44회 가야문화축제(60주년)	전통역사	4.14.~4.17.	연지공원	혼합형	1962	1,100	가야문화제 제전위원회	
818	경남	밀양시	제22회 밀양공연예술축제	문화예술	7. ~ 8월 중	밀양아리랑아트센터 밀양아리나	대면	2001	800	밀양문화재단	
819	경남	밀양시	제40회 대한민국연극제	문화예술	7. ~ 8월 중	밀양아리랑아트센터 밀양아리나	대면	1983	1,030	한국연극협회 경남지회	
820	경남	밀양시	제64회 밀양아리랑대축제	문화예술	5.5.~5.8.	영남루 및 밀양강변	혼합형	1957	2,210	밀양문화재단	문체부
821	경남	거제시	거제 맹종대나무 축제	생태자연	4.1. ~ 5.30.	맹종죽테마파크	혼합형	2012	7	맹종죽영농조합법인	
822	경남	거제시	제60회 거제옥포대첩축제	전통역사	5월말~6월초	옥포대첩기념공원 일원	대면	1962	260	거제시 문화예술과	
823	경남	거제시	제 14회 거제도 국제 펭귄수영축제	기타(해양스포츠)	6월경	덕포해수욕장	대면	2005	87	주민자치회	
824	경남	거제시	제3회 남부면 수국축제	생태자연	6월말~7월초	남부면	대면	2018	30	남부면발전협의회	
825	경남	거제시	거제 바다로세계로	기타 (해양스포츠행사 등)	8월초	지세포해양공원 외 4곳	대면	1994	571	거제시 관광과	
826	경남	거제시	제11회 청마모도축제	특산물/ 문화예술	8.27.~9.04.	둔덕면일원	혼합형	2013	40	축제조직위	

연번	광역 단체명	기초 단체명	축제명	축제유형	개최기간	개최장소	개최방식	최초 개최년도	예산 (백만원)	전담조직 (축제사무국)	국비지원
827	경남	거제시	제10회 청사초롱 가을추억 만들기 축제	기타(주민화 동)	10.01~10.09.	삼거동일원	대면	2013	22	청사초롱 가을추억만들기 축제 추진위원회	농식품부
828	경남	거제시	제16회 거제섬꽃축제	생태자연	10.29.~11.6.	거제시농업개발원	대면	2006	449	거제시 농업관광과	
829	경남	거제시	제15회 거제대구수산물축제	특산물	12월중	외포항	대면	2005	82	거제대구수산물 축제위원회	
830	경남	양산시	원동매화축제	생태자연	3월중	원동마을 일원	미정	2007	225	원동매화축제추진위원회	
831	경남	양산시	배내골고로쇠축제	특산물	3월중	배내골 홍보관일원	미정	2006	5	배내골주민자치위원회	
832	경남	양산시	원동청정 미나리축제	특산물	3월중	원동면 일원	미정	2015	5	원동청정미나리연구회	
833	경남	양산시	2022 물금 벚꽃 축제	생태자연	3월말	황산공원	대면	2013	44		
834	경남	양산시	2022 양산봄꽃축제	생태자연	4월중	양산천 둔치	대면	2008	22		
835	경남	양산시	양산웅상회야제	기타(주민화합)	5월중	웅상체육공원	대면	2015	400	양산웅상회야제추진위원회	
836	경남	양산시	삽량문화축전	전통역사	10월중	양산천 둔치	대면	1986	605	양산삽량문화축전추진위원회	
837	경남	양산시	차문화축제	지역축제	10월중	통도문화예술거리	미정	2017	20	통도예술마을협동조합	
838	경남	양산시	2022 양산국화축제	생태자연	10월중	미정	대면	2004	150		
839	경남	양산시	사과축제	특산물	10월중	배내골 홍보관일원	미정	2011	10	배내골주민자치위원회	
840	경남	의령군	가례 밭미나리 축제	특산물	2월 말(9일)	가례 밭미나리 집하장	대면	2019	20	자굴산 청정 밭미나리 작목회	
841	경남	의령군	제48회 의령홍의장군축제	전통역사	4.21.~4.24.	의령서동생활공원	대면	1973	845	의병기념사업회	
842	경남	의령군	한우산 철쭉제	생태자연	4월말(1일)	한우산 정상 일원	대면	1999	20	봉황청년회	
843	경남	의령군	신번문화축제	문화예술	9월 중	부림면	대면	2022	275		
844	경남	함안군	제34회 아라가야문화제	전통역사	4.22.~4.24.	함안공설운동장, 함안박물관일원	대면	1983	500	아라가야 문화제위원회	
845	경남	함안군	제28회 함안수박축제	특산물	4.22.~4.24.	함주공원 일원	대면	1993	184	함안수박축제위원회	
846	경남	함안군	제10회 강주해바라기축제	일반축제	8.19.~9.4.	강주마을 일원	대면	2013	54	강주해바라기축제위원회	
847	경남	창녕군	제61회 3.1민속문화제	전통역사	2.28~3.3.	국가무형문화재 놀이마당	대면	1961	140	(사)영산3.1민속문화상회	
848	경남	창녕군	제27회 부곡온천축제	생태자연	4월 중	부곡온천 관광특구 일원	대면	1994	140	(사)부곡온천관광협의회	
849	경남	창녕군	제17회 창녕낙동강유채축제	생태자연	4월 중순	남지유채단지	대면	2006	450	(사) 창녕낙동강유채축제위원회	
850	경남	창녕군	창녕문화재 야행 '가소로운 비사벌'	전통역사	6월 중	창녕읍 일원	대면	2022	200	창녕예총	문화재청
851	경남	창녕군	제1회 창녕 양파·마늘 축제	특산물	7월 중	창녕 공설운동장	대면	2022	400	창녕군	
852	경남	창녕군	제36회 우포누리와 함께하는 비사벌문화제	전통역사	10월 중	창녕읍 일원	대면	1986	260	(사)비사벌문화제전회	
853	경남	고성군	경남 고성 옥수수축제	지역특산물	미정	고성동부농협외곡지점	대면	2021	50	고성군 옥수수축제 추진위원회	
854	경남	고성군	당항포대첩축제	전통역사	미정	당항포관광지	대면	1998	50	당항포대첩축제위원회	
855	경남	고성군	소가야문화재	문화예술	미정	송학동 고분군	대면	1959	220	(사)소가야문화보존회	
856	경남	고성군	고성 가리비 수산물축제	지역특산물	미정	미정	대면	2017	75	고성군수산물축제추진위원회	
857	경남	고성군	촌스런축제	주민화합	미정	영현면 영동둔치공원	대면	2014		고성군/영현면발전위원회	
858	경남	고성군	고성공룡이야기 책축제	문화예술	미정	송학동 고분군	대면	2020		동시동화 나무의숲	
859	경남	고성군	만화방초 수국축제	생태자연	미정	만화초	대면	2018		만화방초	
860	경남	고성군	고성 독수리 철새맞이 생태축제	생태자연	미정	고성읍 기월리 일원	대면	2020		한국조류보호협회 고성지회	
861	경남	고성군	고성 수국 캠핑 페스티벌	생태자연	미정	그레이스정원	대면	2021		그레이스 정원	
862	경남	고성군	빛으로 만나는 문화축제	문화예술	미정	고성읍 동외광장	대면	2017		고성군기독교연합회	
863	경남	남해군	고현관음포 둑방봄꽃축제	생태자연	4월 일원	고현면 일원	대면	2016	—	고현관음포 둑방봄꽃축제추진위	
864	경남	남해군	보물섬 미조항 멸치축제	특산물	6월 중	미조북항	대면	2001	150	미정	
865	경남	남해군	창선고사리삼합축제	특산물	5월 중	창선면 일원	대면	2017	85	창선고사리삼합축제추진위원회	
866	경남	남해군	보물섬 마늘축제&한우잔치	특산물	6월 중	남해읍 일원	대면	2005	600	보물섬 마늘축제&한우잔치 추진위원회	

연번	광역 단체명	기초 단체명	축제명	축제유형	개최기간	개최장소	개최방식	최초 개최년도	예산 (백만원)	전담조직 (축제사무국)	국비지원
867	경남	남해군	상주은모래비치 섬머페스티벌	문화예술	8월 중	상주은모래비치	대면	2002	95	섬머페스티벌 축제추진위원회	
868	경남	남해군	보물섬 갈화 왕새우축제	특산물	8월 중	갈화항	대면	2017	16	보물섬 갈화 왕새우축제 추진위원회	
869	경남	남해군	독일마을 맥주축제	문화예술	10월 중	독일마을	대면	2010	307	남해군관광문화재단	
870	경남	남해군	보물섬 남해 커피축제	기타	10월 중	남해읍 남산공원	대면	2012	6	보물섬 남해 커피축제 추진위원회	
871	경남	남해군	이순신 순국제전	전통역사	11월(격년제)	이순신순국공원	대면	2017	160	남해군관광문화재단	
872	경남	남해군	보물섬 남해 설천 참굴축제	특산물	12월 중	설천면 일원	대면	2016	38	보물섬 남해 설천 참굴축제 추진위원회	
873	경남	남해군	상주해돋이& 물메기 축제	특산물	12.31~01.01	상주은모래비치	대면	2001	14	상주해돋이& 물메기 축제 추진위원회	
874	경남	남해군	가천 다랭이 해맞이축제	문화예술	12.31~01.01	가천다랭이마을	대면	2002	5	가천 다랭이 해맞이축제 추진위원회	
875	경남	하동군	화개장터 벚꽃축제	생태자연	3월중	하동군 화개면 영호남 화합 다목적광장	미정	1992	30	화개면 청년회	
876	경남	하동군	하동야생차문화축제	특산물	5월 중(하동세계차 엑스포 기간 내)	하동세계차엑스포 제2 행사장 및 화개, 악양면 일원	혼합형	1996	610	(사)하동야생차문화축제 조직위원회	
877	경남	하동군	하동북천 꽃 양귀비 축제	생태자연	5월중	하동군 북천면 일원	미정	2015	80	북천 코스모스메밀꽃 영농법인	
878	경남	하동군	알프스하동섬진강재첩축제	생태자연	7월중	하동송림 및 섬진강변 일원	미정	2015	500	알프스하동 섬진강문화 재첩축제위원회	
879	경남	하동군	섬진강 은어 낚시왕 대회	특산물	7~8월중	화개면 섬진강 일원	대면	–	30		
880	경남	하동군	하동술 맛 전어축제	특산물	8월중	술상항	대면	2012	28	술상어촌계	해양수산부
881	경남	하동군	하동북천 코스모스 메밀꽃 축제	생태자연	9월중	하동군 북천면 일원	미정	2007	80	북천 코스모스메밀꽃 영농법인	
882	경남	하동군	지리산회남재숲길걷기행사	생태자연	10월중	하동군 청암면 청학동 회남재 입구	미정	2014	54		
883	경남	하동군	제22회 토지문학제	문화예술	10.14~10.16.	최참판댁	혼합형	2001	90	토지문학제운영위원회	
884	경남	하동군	악양대봉감축제	특산물	11월중	악양면 평사리 공원 일원	미정	1998	미정 (추경예정)	하동 악양면청년회	
885	경남	산청군	제15회 지리산산청곶감축제	특산물	1.6.~1.23	–	온라인	2008	140	지리산산청곶감 축제추진위원회	
886	경남	산청군	제38회 산청황매산철쭉제	생태자연	5월중	산청황매산	미정	1983	160	산청군관광진흥과/ 산청황매산철쭉제위원회	
887	경남	산청군	제4회 산청생초국제조각공원꽃잔디축제	생태자연	4월중	산청생초국제조각공원일원	미정	2017	55	산청군 생초면	
888	경남	산청군	단성유채꽃축제	생태자연	4월중	산청경호강변 일원	미정	2019	50	산청군 단성면	
889	경남	산청군	산청경호강물페스티벌	생태자연	7월중	산청경호강변 일원	미정	2017	170	산청군관광진흥과/서경방송	
890	경남	산청군	산청한방약초축제	특산물	9월중	산청IC축제광장 및 동의보감촌	미정	2001	2,359	한방향노화과/ 산청한방약초축제위원회	문체부
891	경남	산청군	제16회 기산국악제전	문화예술	9월중	기산국악당 일원	미정	2007	140	기산국악제전위원회	
892	경남	산청군	제46회 남명선비문화축제	문화예술	10월중	한국선비문화연구원일원	미정	2001	160	선비문화제집행위원회	
893	경남	함양군	제61회 천령문화제	○ 문화예술 ○ 전통역사	5월중	함양상림공원일원	혼합형	1962	500	천령문화제 위원회	
894	경남	함양군	함양산삼축제	특산물	09.02.~09.11.	함양상림공원일원	대면	2004	130	함양산삼축제위원회	
895	경남	거창군	거창산양삼축제	특산물	5월경(3일간)	거창스포츠파크	대면	2018	50		
896	경남	거창군	제32회거창국제연극제	문화예술	7.22~8.5	수승대관광지, 거창관내일원	대면	1989	800	거창문화재단	
897	경남	거창군	2022 거창한마당대축제	기타(주민화 등)	9.22 ~ 9.25	거창군 일원	대면	2015	884	거창문화재단	
898	경남	거창군	감악산 꽃&별 여행	생태자연	10월 초	감악산 인근	대면	2021	50		
899	경남	합천군	제25회 황매산 철쭉제	기타(주민화합)	05.01.~05.15.	황매산	혼합형	1997	140	황매산 철쭉영농조합법인	
900	경남	합천군	제1회 황매산 억새 축제	기타(주민화합)	10.01.~10.31.	황매산	혼합형	2022	140	황매산 철쭉영농조합법인	
901	경남	합천군	대야문화제	문화예술	10월 예정	합천읍	대면	1992	560	대야문화제전위	
902	경남	합천군	합천바캉스축제	기타(관광축제)	미정	합천일원	혼합형	1995	215		
903	경남	합천군	합천기록문화축제	문화예술	10월 예정	대장경테마파크	대면	2019	200		
904	제주	본청	성산일출축제	생태자연	22. 12. 30 ~ '23.1.1	성산일출봉	미정	1984	240	성산일출축제추진위원회	

연번	광역 단체명	기초 단체명	축제명	축제유형	개최기간	개최장소	개최방식	최초 개최년도	예산 (백만원)	전담조직 (축제사무국)	국비지원
905	제주	본청	탐라문화제	문화예술	10.5.~10.9.	탐라문화광장 등	혼합형	1962	1,700	한국예총제주특별자치도연합회	
906	제주	서귀포시	서귀포 칠십리축제	문화예술	10월 중	서귀포시 일원	대면	1995	417		
907	제주	본청	제17회 제주마축제	문화예술	10월 중	한국마사회 제주경마장	대면	2004	40	한국마사회	
908	제주	제주시	탐라국 입춘굿	전통역사	2월 중	제주목관아 일대	혼합형	1999	150	민예총	
909	제주	제주시	제주들불축제	전통역사	3월 중	새별오름	혼합형	1997	1,568	제주시 관광진흥과	
910	제주	제주시	전농로 왕벚꽃축제	문화예술	3월말	삼도1동 전농로 일대	미정	2005	95	전농로왕벚꽃축제위원회	
911	제주	제주시	제29회 제주왕벚축제	문화예술	3월~4월	애월읍 장전리 일원	혼합형	2016	57.2	애월읍연합청년회	
912	제주	서귀포시	제39회 제주유채꽃축제	생태자연	3~4월 중	가시리 유채꽃광장 일대	대면	1983	211	서귀포시 관광진흥과	
913	제주	제주시	제12회 우도소라축제	특산물	4월 중(3일간)	천진항 일원	대면	2009	71	우도연합청년회	
914	제주	서귀포시	제12회 가파도 청보리축제	문화예술	04.01.~05.08.	가파도	대면	2009	10	가파도청보리축제위원회	
915	제주	서귀포시	제26회 한라산 청정 고사리축제	특산물	4~5월 중	한남리 산76-7 고사리 축제장	미정	1995	0	남원읍 축제위원회	
916	제주	제주시	제19회 방선문축제	전통역사	5.7.~5.8.	방선문	미정	2004	28	방선문축제위원회	
917	제주	본청	제4회 은갈치축제	특산물	5월 중	서귀포항 일원	대면	2019	160	서귀포은갈치축제위원회	
918	제주	서귀포시	제19회 보목자리돔축제	특산물	5~6월 중(3일간)	보목포구	대면	2000	40	보목자리돔축제위원회	
919	제주	서귀포시	제7회 돈내코 원앙축제	기타(관광)	6~8월중	돈내코	대면	2014	10	영천동축제위원회	
920	제주	제주시	제4회 하하페스티벌	문화예술	07.08.~07.09.	북수구광장	대면	2018	50	제주시 일도1동	
921	제주	서귀포시	표선해비치 해변하얀모래 축제	기타	8.6~8.7(예정)	표선해변	대면	1995	50	표선리마을회	
922	제주	제주시	제21회 삼양검은모래축제	생태자연	07.23.~07.24.	삼양해수욕장 일원	대면	2000	28.5	삼양검은모래축제위원회	
923	제주	서귀포시	제 20회 예래생태체험축제	생태자연	7월 중	논짓물	대면	2000	40	예래동주민자치위원회/ 예래생태체험축제위원회	
924	제주	제주시	제17회 이호테우축제	기타	7월말~8월초	이호테우해수욕장	대면	2004	20	이호테우축제위원회	
925	제주	제주시	제8회 월대천 축제	기타(주민화합 등)	7월~8월	월대천 일원	대면	2013	20	외도동주민자치위원회	
926	제주	서귀포시	제7회 서귀포시 송산동 자구리축제	문화예술	7~8월 중(2일간)	자구리공원	대면	2014	38		
927	제주	제주시	제14회 금능원담축제	문화예술	08.01~08.02	금능해변	대면	2008	20	제주시 한림읍	
928	제주	제주시	제20회 도두오래물축제	문화예술	08.12~08.14	도두동	대면	2001	20	도두오래물축제위원회	
929	제주	제주시	제1회 제주레저힐링축제	문화예술 / 레저스포츠	08.01.~11.30.	제주시 일원(주행사장 새별오름) (주 행사장 새별오름)	혼합형	2022	488	제주시 관광진흥과	
930	제주	서귀포시	제18회 쇠소깍축제	기타(관광)	8월중(2일)	쇠소깍	대면	2003	43	효돈동연합청년회	
931	제주	본청	제주성읍마을 전통민속재현 축제	전통역사	미정	성읍마을	대면	1994	50		
932	제주	본청	제15회 제주해녀축제	문화예술 / 전통역사 / 기타(주민화합 등)	09.23.~09.25.	제주도 일원	혼합형	2007	240	제주해녀축제추진위원회	
933	제주	본청	제14회 추자도 참굴비 축제	특산물	9월 중	추자도 일원	대면	2008	48	추자면축제추진위원회	.
934	제주	제주시	제12회 산지천 축제	문화예술	9월 중	산지천 일대	대면	2008	73	산지천축제위원회	
935	제주	제주시	제6회 화북동 4.3역사 및 유배길 걸음걱(樂) 축제	전통역사	9~10월 중	화북청소년문화의집	대면	2015	50	화북동축제추진위원회	
936	제주	제주시	제7회 고마로마문화축제	전통역사	10.07.~10.08.	고마로 및 신산공원	대면	2014	29	고마로마문화축제위원회	
937	제주	본청	제6회 제주광어 대축제	특산물	10월 중	제주시민복지타운	대면	2016	0	제주광어대축제추진위원회	
938	제주	본청	제6회 FPC 한수위 수산물 대축제	특산물	10월 중	한림수협다목적어업인 종합지원센터 일대	대면	2016	108	FPC한수위수산물대 축제추진위원회	
939	제주	서귀포시	제28회 서귀포칠십리축제	문화예술	10월 중	서귀포시 일원	대면	1995	417	서귀포시 관광진흥과	
940	제주	서귀포시	2022 중문칠선녀축제	주민화합	10월 중	중문대포연못로 일원	대면	1995	100		
941	제주	제주시	2022 봉개 오름축제	생태자연	10월 중	봉개동 제주4.3평화공원 맞은편	대면	2009	40	봉개동축제추진위원회	
942	제주	제주시	제9회 삼도풍류축제	전통역사	10월 중	관덕정 및 목관아지 일대	대면	2012	20	삼도2동주민센터 삼도풍류축제추진위원회	

444   전국 방방곡곡 페스티벌

연번	광역 단체명	기초 단체명	축제명	축제유형	개최기간	개최장소	개최방식	최초 개최년도	예산 (백만원)	전담조직 (축제사무국)	국비지원
943	제주	본청	제21회 최남단 방어축제	특산물	11월 중	모슬포항 일원	대면	2002	143	최남단방어축제위원회	
944	제주	제주시	제12회 백난아가요제	문화예술		미정	대면		35	제주시 한림읍	

저자소개

박종부 총감독 프로필

1. 인적사항

· 이   름 : 박 종 부
· 전화번호 : 02-455-7111/ 010-3392-9444
· 주   소 : 서울시 광진구 구의강변로 52 영풍빌딩 4층

2. 학력사항

· 1981. 03 ~ 1988. 02 용인대학교 태권도학과 입학, 졸업(태권도 전공) (육군 보병 만기제
           대 83.05~85.12)
· 2012. 03 ~ 2014. 08 경희대학교 관광대학원 컨벤션 전시 이벤트 학과(관광학 석사/박람회,
           MICE, 전시, 축제, 관광 전공)
· 2014. 08 ~ 2019. 02 안양대학교 일반대학원 관광경영학과(관광경영학 박사/축제, 관광 경
           영 전공)

3. 저서 및 논문

· 저 서 : 총감독 박종부의 축제 현장 스케치(컬처플러스·2017.12.)
· 논 문 :
  1) 지역축제 체험 요소가 축제 이미지 지역 애호도에 미치는 영향에 관한 연구 :
     (안성 남사당 바우덕이 축제를 중심으로 / 한국관광학회 제32권. 제5호 2018. 08)
  2) 문화관광축제 서비스품질이 지역브랜드 자산, 지역 태도, 지역 애호도에미치는 영향 :
     (축제유형에 따른 다중집단분석을 중심으로 / 한국관광레저학회 제30권 제9호 2018. 09)
  3) 문화관광축제 체험이 지역브랜드인지도, 지역브랜드 이미지 및 지역에 대한 태도에 미치는
     영향 : (2019 얼음 나라 화천 산천어축제를 중심으로 / 한국 관광 연구학회 제33권 제5호.
     2019.05
  4) 박사학위논문: 축제 서비스품질과 축제 체험이 지역 브랜드자산 및 지역 애호도에 미치는
     영향 : (축제유형에 따른 비교를 중심으로) 등의 다수 논문 발표
  5) 지역브랜드 자산이 지역 태도, 축제성과 및 지역 애호도에 미치는 영향:
     (문화관광축제 방문객을 대상으로 / 한국레저학회 제32권 제6호 2020.06) 등의 다수 논
     문 발표

· 전문분야 : 관광, 여행, 컨벤션, 전시, 포럼, 방송, 공연, 이벤트, 홍보, 프로모션, 스포츠 등

4. 직장이력 내용

· 1986.07 ~ 1987.08 : 기업산업연수 활동
· 1987.01 ~ 1990.12 : 이벤트 입문(한국 여가레크리에이션 협회)
· 1987.09 ~ 1989.05. : 1)(주)현대 훼미리타운   2)직위 : 과장
　　　　　　　　　　　　3)업무 : 이벤트, 여행, 관광, 워크숍
· 1989.06.19. ~ 2012.08 : 1)(주)부일기획(이벤트) 설립.   2)직위 : 대표
　　　　　　　　　　　　3)업무 : 축제, 스포츠, 프로모션, 공연, 방송무용, 치어
· 2011.09.30. ~ 현　재 : 1) 제이비 축제연구소.
　　　　　　　　　　가. 직위 : 대표　　나. 사업자등록번호 : 303-11-10780.
　　　　　　　　　　다. 업무 : 관광경영,축제, 개발, 연구, 컨설팅, 학술연구, 포럼,
　　　　　　　　　　　　　　전시, 컨벤션, 스포츠 등
　　　　　　　　　2) 주식회사 제이비 컴즈.
　　　　　　　　　　가. 직위 : 대표이사　　나. 사업자등록번호 : 206-86-69130
　　　　　　　　　　다. 업무 : 공개방송 대행, 축제, 프로모션, 스포츠, 기념식,
　　　　　　　　　　　　　　컨벤션 등
　　　　　　　　　3) 주식회사 제이비엔텀 쇼비즈
　　　　　　　　　　가. 직위 : 대표이사　　나. 사업자등록번호 : 206-86-69159
　　　　　　　　　　다. 업무 : 업무 : 방송(섭외, 대행, 제작), 가수, 공연팀,
　　　　　　　　　　　　　　아티스트 에이전시 및 메니저 먼트 5,000여 DB 제공

5. 자문 및 컨설팅 활동

· 2019~현재 : 문화체육관광부 관광 축제 정책기획위원, 한국관광공사 관광 축제 컨설팅위원
· 2012~2012 : 태안반도 관광레저도시 축제 분야 자문위원 (문화체육관광부, 한국관광공사 주
　　　　　　　최/주관)
· 2010~현재 : 서울시, 고성공룡엑스포, 순창장류축제, 태백 눈축제 등 전국 축제, 엑스포와 지
　　　　　　　자체 등 자문위원 활동
· 2016~2017 : 울진군축제 집행위원 활동
· 2015~2018 : 경기도축제, 서울시 축제 현장 평가위원 활동
· 2020~2021 : 인제군축제 육성위원, 전라북도 축제 세미나 및 컨설팅위원, 경기도 관광축제
　　　　　　　컨설팅 강의 등 활동

6. 학술 연구 활동

· 축제 학술 세미나 주관 : 함양 산삼축제 발전방안 심포지엄(함양군),
　　고창모양성제 학술 개최 및 사례연구를 통한 발전 방향의 발제(고양군청),
　　ICT 시대에 대비하는 온라인 이벤트 산업의 활성화 교육(과학기술정보통
　　신부/한국이벤트산업협회) 등
· 축제 개발 및 발전 방향 연구용역 : 2020 안동 세계유산(문화제/도산서원,병산서원,하회마을,
　　봉정사.)프로그램 강화방안, 2021 삼척 유채꽃 축제 활성화 방
　　안, 2020 충주세계무술축제 발전 방향, 합천바캉스 축제 개발,
　　강진군동벚꽃축제개발 등 연구 용역

7. 총감독 주요 경력 내용

· 문화체육관광부선정축제 : 보령머드축제, 무주반딧불축제, 문경전통찻사발축제, 순창장류축제,
　　하동야생차축제, 영동난계국악축제, 함양산삼축제, 김해도자기축제, 서천한산모시문화제,
　　괴산청결고추축제, 강경젓갈축제, 충주세계무술축제, 태백산눈축제, 대관령눈꽃축제,
　　무안백련축제, 아산이순신축제, 풍기인삼축제, 양양송이축제 등 총감독
· 일반축제 : 의령의병축제, 칠곡낙동강 세계평화문화축전, 성주생명문화축제, 남한산성문화제,
　　허준축제, 문경사과축제, 양양연어축제, 울산등불축제, 수원화성문화제등불축제,
　　증평인삼축제, 청송사과축제, 수원화성등불축제, 정읍사 부부사랑축제, 보현산 별빛 축제,
　　의령 토요애 축제 등 300여 축제 총감독
· 방송연출 : 프로스포츠 개막식,올스타전 TV 특집 생방송, 축제 특집공개방송 TV,
　　Radio 300여회 현장 총감독
· 프로스포츠및 국제대회 : 농구, 배구, 씨름, 야구, 축구 등 프로스포츠 및 국제대회 개막식,
　　올스타전 등 300여 회 기획, 연출, 총감독
· 도민 및 기업체육대회 : 강원, 전북, 제주, 충북 도민체전 및 쌍용자동차 전사 체육대회 등 1,000
　　여 회 총괄기획 및 총감독 연출
· 프로 모션행사 : 삼성전자문화축제, 웅진식품 신상품 발표회, 프로농구시상식, JC전국대회,
　　농업경영인전국대회, 월드컵성공기원패션쇼, 기공식, 준공식,
　　미스코리아 선발대회 등 1,000여회 총괄 기획 및 총감독 연출

8. 박종부 총감독의 시대별 활동사항

· 1986.07.01. 이벤트 입문(산업연수,관광,여행,리조트,이벤트 등)
· 1989.06.19. 부일기획(이벤트) 설립
· 1990년대 초
　　☞ 기업의 프로모션, 마케팅, 그룹 및 전사 체육대회, 프로스포츠 등 기획, 연출과 방송 무용,

치어리더를 운영함.

· 1990년대 중반
- ☞ 스포츠 대회 TV 생방송 전문대행 연출 : KBS TV, SBS TV, MBC TV 등의 스포츠 대형 행사인 농구, 배구, 씨름 천하장사, 야구, 축구, 아이스하키 등 인기스포츠의 개막식과 올스타전의 TV 생방송에 있어 현장 총감독으로 참여하여 총괄기획, 연출자로서 TV 빅스포츠 생방송 작품연출함.
- ☞ 대형 스포츠대회 부일기획 타이틀 협찬 : 대형스포츠 대회인 SBS 아이스하키 대축제 (SBS TV 2일간 경기 및 축하공연 생방송 / Radio 공개방송)의 메인협찬사로 참여하여 부일기획컵 SBS 아이스하키 대축제 등 진행
- ☞ 축제 전문 참여 : 축제가 활성화되어 있지 않은 시대인 1995년 명동 축제, 대학로 축제에 밀려 어렵게 진행되던 신촌 문화축제를 맡아 기업 협찬 유치와 자비 투자로 메인 협찬사가 되어 서울 최고의 축제로 만듦.
- ☞ 스포츠 전문대행 : 농구, 배구, 씨름 천하장사, 야구, 축구, 아이스하키 등 인기스포츠의 개막식과 올스타전 및 시즌이벤트에 이벤트를 가미하여 비전 퍼포먼스와 어울림 축제 형태로 기획, 연출하여 새로운 스포츠 문화를 정착시킴.

· 1990년대 말
- ☞ 특집공개방송 전문대행 : TV, Radio, 케이블 TV 공개방송 대행사로 활동하며 야외에 공개방송을 도입하여 정착시킴.
- ☞ 언론사 문화사업 대행 : 언론사의 사업과 연결한 이벤트를 활성화 시킴.
- ☞ 댄스그룹 음반 제작 : IMF 속에 음반 제작 및 영화제작의 사업을 추진하다가 축제로 업무 전환함

· 2000년대 초반
- ☞ 중앙의 대형행사를 하면서 터득한 노하우와 인맥을 활용하여 방송, 언론사를 연계한 기획, 연출력을 바탕으로 전국의 축제와 연계하여 새로운 바람을 일으키며 무주반딧불축제 등에 처음으로 총감독 제도를 도입하여 정착시킴.
- ☞ 도민체육대회 등에서도 컨설팅과 총감독으로 활동하며 총감독 제도를 도입하였고 획일적으로 기획되었던 오전의 개막식을 야간 개막식으로, 관중의 강제 동원에서 자발적인 참여로, 엘리트 체육대회에서 문화제전으로, 단순한 개막식에서 메시지가 있는 퍼포먼스와 공개방송을 연결한 축하공연 등을 구성하여 즐기는 체전으로 변화시켜 정착시키는 데 일조함
- ☞ 국제대회 스포츠대회 개막식 등의 총감독으로 활동하며 경기와 결합한 문화제전으로 만들어감

· 2000년대 말
- ☞ 경쟁력 있는 관광 축제의 정착을 위하여 문화체육관광부 지정 축제 전문으로 자문, 컨설팅, 심사위원, 총감독으로 활동하며 현실적이고 생산적인 축제를 만들고자 장인정신으로 활동하고 있음.

· 2010년대 초 ~ 현재

    ☞ 컨벤션, 전시, 포럼, 관광, 축제 등에 대한 전공의 이론적 연구를 통하여 관광학 석사학위 취득

    ☞ 관광개발, 축제, 경영 등에 대한 전공의 이론적 연구를 통하여 관광경영학 박사학위 취득

    □ 제이비 축제연구소를 설립하여 축제 관광 전문으로 개발, 자문, 컨설팅, 학술연구, 평가 위원 활동과 축제, 공연, 컨벤션, 포럼, 전시, 박람회 등의 실무 강의를 통하여 전문 컨설 턴트로 활동하고 있음

9. 축제 현장 평가위원 활동

· 서울시 현장평가위원 활동(서울시/서울문화재단/한국정보경영평가) : 광나루 어울마당(광진구), 마포새우젓축제(마포구), 허준축제(강서구), 글읽는 나라문화제전(서울전통문화예술진흥원), 서울시민과 함께 사진촬영대회(한국사진작가협회), 서울시민과 함께하는 차문화축제(BBS 불 교방송), 세종대왕납시오(한국지역산업문화협회) 등

· 경기도 현장평가위원 활동(경기도/경기관광공사) : 남양주 정약용 축제 등 현장평가위원 활동

· 전라북도 현장평가 및 컨설팅 활동(전라북도/전북 문화관광산업연구원) : 고창모양성제, 순창 장류축제, 무주반딧불축제, 김해지평선축제, 부안마실축제, 남원춘향제, 군산시간여행축제 등

10. 대행사 선정 평가위원 활동 내용

· 2021년 활동 :

    2월: 1)목포유달산 봄축제(21.02/목포시), 2)울산 스마트관광도시 조성사업 컨소시엄 참여 기업 용역(21.02/울산시)

    3월: 1)해운대모래축제(21.03/해운대구), 2)세종시 문화재(향교,고택) 활용사업(21.03/세 종시), 3)IP 융복합 라이선싱 지원사업(한국콘텐츠 진흥원/21.03), 4)평택 국제 평화 안보 포럼(21.03/평택시),

    4월: 1)패션문화전시지원사업(한국콘텐츠진흥원/21.04), 2)콘텐츠산업포럼(<정책,게임, 음악,이야기,방송,금융>/한국콘텐츠진흥원/21.04.), 3)삼척 장미축제 경관조명설치용 역(21.04/삼척시), 4)인제군 시가지 중심 경제활성화 발전방향(21.04/인제군), 5)만 화·웹툰불법 유통 사이트 이용 근절 캠페인 위탁용역(21.04/한국콘텐츠진흥원), 6)캐 릭터 IP 상품유통 테스트베드 위탁용역(21.04/한국콘텐츠진흥원), 7)IFEZ 10대 야간 경관 명소화 사업기본 및 실시 설계 수립용역(21,04/인천경제청 도시디자인단), 8)태 백시 생생문화제(21.04/태백시),

    5월: 1)성남 산림복지프로그램(숲해설) 운영(21.05/성남시), 2)평택시 문화지대 기반 활성 화 사업(21.05/평택문화재단), 3)대중음악 공연 분야 인력지원사업 심사(21.05/한국